HEINRICH MEIER

Nietzsches Vermächtnis
Zwei Bücher über Natur und Politik

HEINRICH MEIER

Nietzsches Vermächtnis

Ecce homo und *Der Antichrist*

Zwei Bücher über Natur und Politik

C.H.Beck

www.chbeck.de
Satz: Fotosatz Amann, Memmingen
Druck und Bindung: Pustet, Regensburg
Umschlaggestaltung: Geviert, Grafik & Typografie, Michaela Kneißl
Umschlagabbildung: Nach dem Gemälde von Edvard Munch,
«Friedrich Nietzsche», 1906,
Öl auf Leinwand (Ausschnitt), Thielska Galleriet, Stockholm;
Foto: Heritage-Images/Art Media/akg-images
Gedruckt auf säurefreiem, alterungsbeständigem Papier
(hergestellt aus chlorfrei gebleichtem Zellstoff)
Printed in Germany
ISBN 9 78 3 406 73953 8

myclimate
klimaneutral produziert
www.chbeck.de/nachhaltig

INHALT

ZWEITES BUCH

Natur und Politik II

Der Antichrist
Fluch auf das Christenthum

ANHANG

Götzen-Dämmerung
oder
Wie man mit dem Hammer philosophirt

Was ein Philosoph ist, das ist deshalb
schlecht zu lernen, weil es nicht zu lehren ist.

Friedrich Nietzsche: *Jenseits von Gut und Böse*

VORWORT

«Umwerthung aller Werthe» nennt Friedrich Nietzsche die Ausrichtung des Lebens an einem Typus höchster Bejahung, die er mit *Ecce homo* und *Der Antichrist* ins Werk zu setzen beansprucht. Das Zweigespann, in dem sein Œuvre zum Abschluß kommt, stellt sich indes zugleich in den Dienst der entschiedensten Verneinung. Es trägt die schärfste Kritik vor, der ein Philosoph das Christentum unterzog. Der Autor tritt mit dem Gestus des Gründers und Gesetzgebers auf, der die Geschichte der Menschheit in zwei Stücke bricht. Aber in beiden Büchern gilt sein vorrangiges Interesse der Natur des Philosophen. Wie das Ja und das Nein zusammengehen, wie Natur und Politik sich näher bestimmen, wie Nietzsches Intention das politisch-philosophische Doppelgesicht regiert, das ist Gegenstand der vorliegenden Schrift. *Nietzsches Vermächtnis* begreift die Dyade *Ecce homo* und *Der Antichrist* als das späte Hauptwerk, das die Stelle des von Nietzsche in vollem Bewußtsein und mit gutem Grund verworfenen *Willens zur Macht* einnimmt.

Meine Auseinandersetzung mit *Ecce homo* und *Der Antichrist*, die Nietzsches Œuvre im ganzen heranzieht, knüpft an die Auslegung des dichterischen Hauptwerks an, die ich in *Was ist Nietzsches Zarathustra?* veröffentlichte. Dies gilt nicht nur für die Lehren des Übermenschen, des Willens zur Macht und der Ewigen Wiederkunft, sondern vor allem für die Deutung von *Also sprach Zarathustra* als einem Unterfangen der Selbstverständigung. Die Klärung und Scheidung, die Nietzsche mit dem Zarathustra-Versuch erreichte, von der Kritik des Futurismus zur Überwindung der Tragödie, von der Absage an die Erlösung zur Trennung des Philosophen vom Propheten, sind in der «Umwerthung aller Werthe» vorausgesetzt und haben in der Darstellung der Dyade ihren Niederschlag gefunden.

Über Natur und Politik führt nicht nur die Untersuchung fort, der *Was ist Nietzsches Zarathustra?* zugehört. Es handelt sich auch um das angekündigte Gegenstück zu der Schrift *Über das Glück des philosophi-*

schen Lebens, in der ich mich mit Jean-Jacques Rousseaus *Les rêveries du Promeneur Solitaire* auseinandersetze. Daß beide, Rousseau und Nietzsche, das letzte Buch auf eine Darstellung des philosophischen Lebens verwandten, ist ein Zusammentreffen, das bisher keine Beachtung fand. Daß die *Rêveries* und *Ecce homo* lange Zeit die am wenigsten verstandenen Schriften Rousseaus und Nietzsches blieben, beruht nicht auf einer bloßen historischen Koinzidenz. Es hat seinen Grund zum einen in der Rhetorik, die die Autoren jeweils für die besondere Aufgabe wählten. Zum andern in der Erwartung der Leser, ein ernstzunehmendes philosophisches Werk werde durch seinen doktrinalen Gehalt ausgewiesen, eine Erwartung, die um so mehr für ein Hauptwerk gilt, das ein «systematisches Hauptwerk» zu sein hat. Als Nietzsche sich entschied, den Systemen, an denen die «Geschichte der Metaphysik» nicht Not leidet, kein weiteres hinzuzufügen, nahm er in *Götzen-Dämmerung*, dem Buch, das der abschließenden Dyade unmittelbar vorausgeht, unter der Überschrift «Sprüche und Pfeile» dieses Urteil über den Willen zur Macht auf: «Der Wille zum System ist ein Mangel an Rechtschaffenheit.»

Nietzsches Vermächtnis. Zwei Bücher über Natur und Politik wurde durch sechzehn Seminare vorbereitet, die ich seit 2001 an der Ludwig-Maximilians-Universität München zu Nietzsche veranstaltete. *Ecce homo* unterrichtete ich im Winter 2004–2005 und im Winter 2015–2016, den *Antichrist* im Winter 2005–2006 und im Winter 2012–2013. Am Committee on Social Thought der University of Chicago machte ich *Ecce homo* im Frühling 2009 und den *Antichrist* im Frühling 2013 zum Gegenstand von Seminaren, in denen ich meine Auslegung entwickelte.

Das erste Kapitel des Ersten Buchs lag einem Vortrag zugrunde, den ich auf Einladung der Max-Beckmann-Gesellschaft im Februar 2018 in der Pinakothek der Moderne in München hielt. Der Titel lautete: «*Ecce homo*. Nietzsche über das philosophische Leben.»

München, 8. April 2019 H. M.

NOTIZ ZUR ZITIERWEISE

Die Siglen *KGW*, *KGB* und *KSA* bezeichnen die von Giorgio Colli und Mazzino Montinari herausgegebenen bzw. begründeten Nietzsche-Editionen: *Werke. Kritische Gesamtausgabe*. Berlin–New York 1967 ff. *Briefwechsel. Kritische Gesamtausgabe*. Berlin–New York 1975 ff. *Sämtliche Werke. Kritische Studienausgabe in 15 Bänden*. Dritte Auflage. München 1999.

Ecce homo. Wie man wird, was man ist und *Der Antichrist. Fluch auf das Christenthum* werden unter Verwendung der Siglen *EH* und *AC* nach der Edition von Colli und Montinari (*KSA* 6) zitiert. Für *Ecce homo* fand ständige Beachtung und wird gelegentlich herangezogen die Edition von Karl-Heinz Hahn und Mazzino Montinari: *Ecce homo. Faksimile der Handschrift*. Leipzig 1985 (*Faksimile*).

Die Stellen aus *Ecce homo* werden jeweils nach *Teil* (Vorwort, Kapitel I, II, III, IV), *Nummer* (*Abschnitt*) und *Sektion* (*Unterabschnitt*) angegeben, die Seiten der *KSA* stehen in Klammern. Die Abschnitte zu den zehn Büchern Nietzsches in *Ecce homo*, Kapitel III werden durch die Titel ohne Kursivsetzung bezeichnet: *EH* III, Also sprach Zarathustra 8, 3 (349).

Die Stellen aus *Der Antichrist* werden nach *Paragraph* und *Sektion* angegeben, die Seiten der *KSA* stehen in Klammern.

Die Abkürzungen S. für Seite und Anm. für Anmerkung bleiben Querverweisen innerhalb des vorliegenden Buchs vorbehalten. Aus anderen Publikationen wird unter Verwendung der Abkürzungen p. und n. zitiert.

ERSTES BUCH

Natur und Politik I

Ecce homo
Wie man wird, was man ist

I
Leben

Ecce homo und *Der Antichrist* haben die Natur des Philosophen zum Gegenstand. Die Dyade verhandelt die nächst verwandten Fragen, was ein Philosoph ist und was ein philosophisches Leben ausmacht. Nietzsche wendet seine letzten Bücher nicht an die Darstellung eines doktrinalen Systems, das die meisten Leser mit der Philosophie verbinden, sondern geht den Weg zu Ende, den er mit *Jenseits von Gut und Böse* eingeschlagen und dann über *Wir Furchtlosen*, *Zur Genealogie der Moral* und *Der Fall Wagner* bis zur *Götzen-Dämmerung* verfolgt hat: Er unternimmt es, durch Kritik und Kontrastierung den Philosophen zu bestimmen und Zug um Zug die Konsequenzen aus der Selbstverständigung zu ziehen, die er mit *Also sprach Zarathustra* erreichte.[1] Ihrem ersten Gegenstand entsprechend haben die beiden Bücher zukünftige Philosophen zum Adressaten. Nietzsche läßt schon in den Vorworten keinen Zweifel daran, daß er den *Antichrist* und *Ecce homo* für Leser geschrieben hat, die geeignet sind, ein philosophisches Leben zu führen. Doch zugleich wendet er sich an Nichtphilosophen. Nicht in dem Sinn, in dem der Autor eines sorgfältig geschriebenen philosophischen Werkes sich bewußt ist, daß er über den vorzüglichen Adressaten hinaus andere Leser finden wird, zu denen er sprechen kann und die er jedenfalls nicht außer acht lassen darf. Vielmehr so emphatisch, daß darüber der erste Adressat in Vergessenheit zu geraten scheint. Nietzsche richtet seine Rede an die Öffentlichkeit, die Menschheit, den Menschen. Sie steht ausdrücklich im Dienst einer historischen Aufgabe: der Umwertung aller Werte. *Ecce homo* und *Der Antichrist* sind Teil von Nietzsches Politik.

«Umwerthung aller Werthe» nennt Nietzsche die Neuausrichtung

1 Die erste Veröffentlichung, in der Nietzsche nach *Also sprach Zarathustra* im eigenen Namen spricht, und die letzte, die dem Zweigespann *Ecce homo* und *Antichrist* den Boden bereitet, sind die einzigen Bücher, in deren Untertitel Nietzsche die Philosophie und das Philosophieren erwähnt.

des Lebens an einem Typus der höchsten Bejahung, die er mit *Ecce homo* und *Der Antichrist* ins Werk zu setzen beansprucht. Als *Umwerthung aller Werthe* figuriert in *Ecce homo* außerdem das Buch, das uns unter dem Titel *Der Antichrist* bekannt ist. Nietzsche beendete es, wie er der Öffentlichkeit zweimal, in *Götzen-Dämmerung* und in *Ecce homo*, mitzuteilen Sorge trägt, am 30. September 1888. Es lag satzfertig vor, als Nietzsche zwei Wochen später mit der Niederschrift von *Ecce homo* begann. Nach dem Willen des Autors sollte es aber erst ein Jahr nach *Ecce homo* – in großer Auflage und in mehreren Sprachen gleichzeitig – veröffentlicht werden, so daß der Leser, ehe ihm das Buch vorgelegt und der wahre Titel enthüllt würde, Gelegenheit hätte, sich zunächst auf *Ecce homo* einzulassen. Das Programm der «Umwerthung aller Werthe», mit dem der Revolutionär die weltgeschichtliche Bühne betritt, bezieht sich auf die Umwertung zurück, die das Christentum heraufführte und zur Wende der Zeit ausrief. Die Überschriften, die Nietzsche für die beiden Bücher wählt, heben die Gegenstellung zum Christentum schärfer und plastischer hervor, als dies irgendein Philosoph zuvor tat. Mit dem *Antichrist* macht er sich offenbar die äußerste Feinderklärung des Christentums zu eigen. Und mit *Ecce homo* fordert er die Leser auf, ihren Blick auf ihn statt auf Christus zu richten und sich von dem Leitbild der Passion, das ihnen aus dem Evangelium, aus Kirchen oder Museen geläufig ist, abzuwenden, um sich mit der Darstellung des Lebens zu befassen, die seine Schrift enthält. Der polemische Charakter der beiden Bücher muß und soll Jedermann ins Auge springen. Er hat wesentlich dazu beigetragen, daß das philosophische Unternehmen, das sie nicht nur unter Nietzsches Schriften auszeichnet, beinahe ein Jahrhundert lang nicht die Aufmerksamkeit fand, die ihm gebührt.

Zwei andere Hindernisse, über die Nietzsche im Unterschied zur rhetorischen Zurüstung seiner Bücher keine Kontrolle hatte, erschwerten den Zugang. Nietzsches Schwester ignorierte die Absicht des Autors und setzte sich über seine Verfügungen hinweg. Anstatt das exzentrische Meisterwerk, das sie in Händen hielt, in der vorgesehenen Reihenfolge und der für den Druck festgelegten Gestalt herauszugeben, beschäftigte sie sich mit einer Kompilation nachgelassener Fragmente, die die von Nichtphilosophen gehegten Erwartungen an ein philosophisches «Hauptwerk» zu befriedigen geeignet wäre. *Der Antichrist* wurde 1895 veröffentlicht. *Ecce homo* ging ihm nicht voraus, sondern folgte ihm

1908, zwanzig Jahre, nachdem Nietzsche das Manuskript an den Verleger Naumann geschickt hatte, und sieben Jahre nach der postumen Publikation von *Der Wille zur Macht*, den Nietzsche 1888 aus einsehbaren Gründen verwarf. Die Dyade war auseinandergerissen.[2] Nietzsches Erkrankung tat ein übriges, daß der philosophische Rang der beiden Bücher verkannt wurde. Als «Werke des Zusammenbruchs» schienen sie nicht die Auseinandersetzung zu verdienen, die *Also sprach Zarathustra* oder *Jenseits von Gut und Böse* offensichtlich verlangen. Ihre Anstoß erregende Rhetorik, die die wahre Anstößigkeit des Unternehmens zu schützen bestimmt war, galt besonnenen Lesern jetzt als Indiz des sich ankündigenden Wahnsinns. Im Schatten, den die Krankheit warf, wurden die polemischen Überschriften *Der Antichrist* und *Ecce homo* bald als Symptome der Megalomanie des Autors, bald als Ausdruck seiner Hybris genommen.

Philosophische Naturen sollten durch den erschwerten Zugang nicht abgehalten, sondern zur Verstärkung ihrer Anstrengungen angespornt und zum Aufbieten ihrer Fähigkeiten herausgefordert werden. Zumal sie der Untertitel des ersten Buchs von Nietzsches Doppelwerk auf die rechte Spur zu setzen vermag. Denn *Wie man wird, was man ist* weist, anders als der Untertitel des zweiten Buchs, *Fluch auf das Christen-*

2 *Der Antichrist* erschien nicht, wie von Nietzsche gewünscht, als selbständige Veröffentlichung, sondern wurde gedruckt in: *Nietzsche's Werke*. Erste Abtheilung. Band VIII. *Der Fall Wagner. Götzen-Dämmerung. Nietzsche contra Wagner. Der Antichrist. – Gedichte*. Leipzig, C. G. Naumann, 1895, p. 211–313. Der Untertitel der von Fritz Koegel besorgten Edition lautete: *Versuch einer Kritik des Christenthums* und nicht, wie von Nietzsche verfügt: *Fluch auf das Christenthum*. Der letzte Absatz des Textes wurde ebensowenig wiedergegeben wie das «Gesetz wider das Christenthum». Die ersten Einzelausgaben brachten zwei kleine Verlage in Hannover (Licht) und Nürnberg (Hoffritz) im Jahr 1932 heraus. *Ecce homo* erschien 1908 im Insel Verlag, Leipzig, herausgegeben und mit einem Nachwort versehen von Raoul Richter, in einer Auflage von 1250 Exemplaren. Die ersten zuverlässigen Ausgaben, die die von Nietzsches Schwester vorgenommenen Fälschungen und Auslassungen behoben, legten Giorgio Colli und Mazzino Montinari 1969 in *Nietzsche Werke. Kritische Gesamtausgabe* (Berlin, Walter de Gruyter) VI 3, p. 253–372, sowie Karl-Heinz Hahn und Mazzino Montinari 1985 in der Kassette *Ecce homo. Faksimile der Handschrift* (Leipzig, Edition Leipzig) vor. Am 2. Januar 1889, zwei Tage vor seinem Zusammenbruch in Turin, hatte Nietzsche Constantin Georg Naumann zur raschen Drucklegung aufgefordert: «Vorwärts mit *Ecce*!» (*KGB* III 5, p. 571). Zum Titel cf. *Johannes* XIX, 5.

thum, ins Zentrum des philosophischen Vorhabens. Mit dem Anklang an das Pindar-Wort, das Nietzsche sich in der *Fröhlichen Wissenschaft* als Ruf des Gewissens «Du sollst der werden, der du bist» zu eigen macht, bedeutet er dem ersten Adressaten: Deine Sache wird verhandelt.[3] *Ecce homo* wird sich nicht darin erschöpfen zu berichten, wie Nietzsche der wurde, der er *heute* ist, sondern zeigen, wie er zu dem wurde, was er sein soll. Das Buch verspricht Aufschluß darüber zu geben, wie Nietzsche, oder einer von Nietzsches Art, wird, was er seiner Natur nach ist, d. h. nach Maßgabe seiner höchsten Möglichkeiten sein kann. Die Antwort, die *Ecce homo* umreißt, lautet auf eine knappe Formel gebracht: Das Werden zu sich bedarf der richtigen Bestimmung der *Aufgabe*. Wenn der Leser auf den inneren Zusammenhang zwischen der polemischen Ausrichtung, die die Haupttitel anzeigen, und der philosophischen Frage, die der Untertitel von *Ecce homo* enthält, aufmerksam geworden ist, kann er mit Grund annehmen, daß die Aufgabe der «Umwerthung aller Werthe» dem Vorhaben der Aufklärung des Autors wesentlich zugehört. Die offensive Rhetorik wird ihn dann nicht in die Irre führen. Und wenn er sich auf die beiden Bücher eingelassen und von der Luzidität ihres Aufbaus überzeugt hat, wird er feststellen, daß es Nietzsche, als er sie schrieb, weder an Scharfsinn noch an Übersicht fehlte und daß die Kraft seines Denkens und die Subtilität seiner Mitteilung weit davon entfernt waren, eine Minderung aufzuweisen.[4] *Ecce homo* und *Der Antichrist* sind Bücher im anspruchsvollsten Sinne, und ihr Verfasser befindet sich auf der Höhe seines Könnens.

Ecce homo beginnt mit einem Fanfarenstoß: «In Voraussicht, dass ich über Kurzem mit der schwersten Forderung an die Menschheit herantreten muss, die je an sie gestellt wurde, scheint es mir unerläss-

3 Pindar: *Pythische Oden* II, 72. *Die fröhliche Wissenschaft* 270, cf. 186, 335 und 338 (*KSA* 3, p. 519, 503, 563, 567–568). Siehe auch *Also sprach Zarathustra. Ein Buch für Alle und Keinen* IV, 1, 14 (*KSA* 4, p. 297).

4 Sigmund Freud urteilte ein halbes Jahr nach Erscheinen von *Ecce homo*, am 28. Oktober 1908, in der Mittwochs-Gesellschaft der Wiener Psychoanalytischen Vereinigung über das Buch: «Das Kennzeichen dafür, daß diese Arbeit Nietzsches als eine vollwertige und ernste aufzufassen ist, bietet uns die Erhaltung der Meisterschaft in der Form.» Andreas Urs Sommer: *Kommentar zu Nietzsches* Der Antichrist, Ecce homo, Dionysos-Dithyramben, Nietzsche contra Wagner. *Historischer und kritischer Kommentar zu Friedrich Nietzsches Werken* (= *NK*) Band 6/2. Berlin 2013, p. 347.

lich, zu sagen, *wer ich bin.*» Im ersten Satz teilt Nietzsche mit, daß er sich an den denkbar umfassendsten Adressaten wenden und ihm das Schwerste abverlangen wird, etwas, für das es in der Geschichte kein Beispiel gibt. Ebenfalls im ersten Satz, so scheint es, stellt er die innere Ordnung des Doppelwerkes fest. Das gegenwärtige soll das «über Kurzem» folgende Buch vorbereiten, das er schon in *Götzen-Dämmerung* ankündigte.[5] *Ecce homo* dient offenbar dem *Antichrist*. Oder pointierter ausgedrückt, die beiden Teile der Dyade verhalten sich zueinander wie Mittel und Zweck. Um mit seiner Forderung Gehör finden zu können, muß Nietzsche die Autorität beglaubigen, mit der er spricht. Zwar sagt er von sich, was Paulus vom christlichen Gott sagte, daß er sich nicht «unbezeugt gelassen» habe. Doch die Werke, aufgrund deren man wissen könnte, wer er ist, mit welchem Recht und aus welchem Wissen er die «schwerste Forderung» erhebt, genügen nicht zu seiner Autorisierung. Denn sie sind der Menschheit unbekannt. Er ist ihr unbekannt. Das «Missverhältniss» zwischen der «Grösse» seiner Aufgabe und der «Kleinheit» seiner Zeitgenossen, die ihn weder gehört noch gesehen haben, könnte schreiender nicht sein. Um die Kluft zu schließen, muß Nietzsche so laut und zwingend, so gewinnend und schockierend auftreten, daß es nicht länger möglich sein wird, ihn zu überhören oder zu übersehen. Aus der Größe der Aufgabe – der «Umwerthung» bzw. des *Antichrist* – erwächst die *Pflicht*, die *Ecce homo* begründet: «Unter diesen Umständen giebt es eine Pflicht, gegen die im Grunde meine Gewohnheit, noch mehr der Stolz meiner Instinkte revoltirt, nämlich zu sagen: *Hört mich! denn ich bin der und der. Verwechselt mich vor Allem nicht!*» Mit *Ecce homo* kommt Nietzsche seiner Pflicht nach, den Blick auf sich zu lenken: Seht auf diesen Menschen. Bevor er mit der «schwersten Forderung», mit Geboten oder Verboten, an die Menschheit herantritt, wird er zeigen, wer er ist, was er ist. Anders als der Gott des Moses wird er sein Sein nicht in Einem Fragezeichen sammeln und es der Zeit oder dem ausstehenden Ereignis überantworten. Er wird der Menschheit sagen: ich bin *der und der*. Was nicht heißt, daß er dem Leser nicht, näher besehen, zu sagen weiß: ich bin der *und* der. In keinem Fall will er verwechselt werden. Denn weder für den ersten noch für den weitesten Adressaten wird die Ant-

5 *Götzen-Dämmerung oder Wie man mit dem Hammer philosophirt*, Vorwort und Streifzüge eines Unzeitgemässen 51, 2 (*KSA* 6, p. 58 und 153).

wort auf die Frage: Wer spricht? dem Verständnis von Nietzsches Rede äußerlich bleiben.[6]

Um die Absicht der Forderung, die der erste Abschnitt ankündigt, den Charakter der Aufgabe, die er einführt, und die Berufung auf die Pflicht, die er folgen läßt, vor Mißverständnissen zu schützen, verwendet Nietzsche den zweiten Abschnitt darauf, scharfe Abgrenzungen vorzunehmen: Er ist «kein Moral-Ungeheuer», will nicht als «Heiliger» gelten und denkt nicht daran, «neuen Götzen» das Wort zu reden. An die Spitze stellt er die Trennung von der Moral, die er später die «Entselbstungsmoral» nennen wird: «ich bin sogar eine Gegensatz-Natur zu der Art Mensch, die man bisher als tugendhaft verehrt hat. Unter uns, es scheint mir, dass gerade Das zu meinem Stolz gehört.» Die «Umwerthung» findet ihren Niederschlag in dem, was als tugendhaft verstanden wird. Sie erlaubt einen neuen Stolz. Vor allem aber entscheidet sie darüber, welche Art Mensch verehrt, am meisten verehrt, am höchsten verehrt wird. Sie stürzt die alte Rangordnung und richtet eine neue auf. Die zweite Abgrenzung gibt Nietzsche Gelegenheit, seine Natur zum erstenmal durch eine positive Bezugnahme zu bestimmen: «Ich bin ein Jünger des Philosophen Dionysos, ich zöge vor, eher noch ein Satyr zu sein als ein Heiliger. Aber man lese nur diese Schrift.» Die erste Erwähnung des Philosophen fällt mit der ersten Erwähnung eines Gottes zusammen. Wer als «Heiliger» gelten kann und was es heißt, ihn so zu nennen, hängt davon ab, wem der höchste Rang zugebilligt, oder genauer gesprochen, was als die höchste Art alles Seienden erkannt wird.[7] Nietzsche geht so weit, dem Leser zu erwägen zu geben, *Ecce homo* könnte «vielleicht gar keinen andren Sinn» haben, als den Gegensatz von Satyr und Heiligem, den Unterschied zwischen der Nachfolge des einen und der Nachfolge des anderen Gottes, «in einer heitren und menschenfreundlichen Weise zum Ausdruck zu bringen». Was es mit der Heiterkeit und Menschenfreundlichkeit von *Ecce homo* auf sich haben mag, kann erst gesagt werden, wenn wir den Schluß erreicht haben. Nietzsches Verhältnis zu dem Gott, der ein Philosoph ist, wird uns, soviel läßt sich vorwegnehmen, bis zur letzten Zeile der Schrift beschäftigen. Nachdem der Autor seine Menschenfreundlichkeit ins Spiel ge-

6 *EH* Vorwort, 1 (257). *Apostelgeschichte* XIV, 15–17. *Exodus* III, 14; cf. XXXIII, 19.

7 Beachte *Also sprach Zarathustra* III, 12.19, 6–11 (p. 261); cf. Vorrede, 2, 8–21 (p. 13–14) und IV, 6, 13 (p. 322) sowie I, 10, 4 (p. 58).

bracht hat, beeilt er sich, die dritte Trennlinie auszuziehen: «Das Letzte, was *ich* versprechen würde, wäre, die Menschheit zu ‹verbessern›. Von mir werden keine neuen Götzen aufgerichtet». Die Stoßrichtung ist klar. Daß Nietzsche die Menschheit nicht im Sinne der vorherrschenden Wertschätzungen «verbessern» will, daß er gegen weltverneinende Ideale und haltlose Wünschbarkeiten Front macht, daß er sich nicht dazu versteht, «bunte Bälge» auf Wolken zu setzen, all das überrascht nicht. Auch sei vermerkt, daß etwas nicht zu versprechen, nicht ausschließen muß, es zu versuchen. Gleichwohl wirft die letzte Abgrenzung Fragen auf. Trat Nietzsche nicht wiederholt als Fürsprecher eines neuen, vornehmen Ideals hervor? Wird die «Umwerthung aller Werthe» tatsächlich ohne «Götzen» auskommen? Kann sie der Lüge entraten? Oder zielt die Aufgabe, von deren Größe das Vorwort spricht, am Ende weder mit noch ohne Anführungszeichen versehen darauf, die Menschheit zu *verbessern*? Sollte die angekündigte Forderung ebendeshalb die schwerste sein, weil sie keine solche Verbesserung verspricht? Wie, wenn in ihr die Absage an den Futurismus jeder Art ihren letzten und tiefsten Ausdruck fände? «*Götzen* (mein Wort für ‹Ideale›) *umwerfen* – das gehört schon eher zu meinem Handwerk. Man hat die Realität in dem Grade um ihren Werth, ihren Sinn, ihre Wahrhaftigkeit gebracht, als man eine ideale Welt *erlog* ...» Das Handwerk, das er beherrscht, ist die Kritik, die Aktivität, die ihm entspricht, ist das Philosophieren. Nietzsche hat sie kurz zuvor im Untertitel von *Götzen-Dämmerung* herausgestellt. Wenn er «Ideale» umstürzt, befreit er den Blick auf die Wirklichkeit, deren Sinn nicht über oder hinter ihr zu suchen ist und weder einer Sinn-Stiftung in der Vergangenheit noch einer Sinn-Gebung durch die Zukunft bedarf. Wenn er die «ideale Welt» angreift, geht es ihm um die Erkenntnis der Welt, wie sie ist. Die Wendung gegen den Idealismus wird zum Signum der Wendung zur Philosophie. Doch die Wendung zur Philosophie kann die politische Rechtfertigung nicht entbehren. Nietzsche darf sich von der Spannung, die er mit der Trias *Forderung*, *Aufgabe*, *Pflicht* im ersten Abschnitt aufgebaut hat, nicht zu weit entfernen. Im letzten Satz des zweiten Abschnitts schlägt er den Bogen zurück zur Menschheit. Sie sei durch die «*Lüge* des Ideals» «bis in ihre untersten Instinkte hinein» korrumpiert worden, «bis zur Anbetung der *umgekehrten* Werthe, als die sind, mit denen ihr erst das Gedeihen, die Zukunft, das hohe *Recht* auf Zukunft verbürgt wäre.» Die Umkehrung der Umkehrung, die Umwertung der Werte, die im Dienst der

Erkenntnis steht, wird, so lautet Nietzsches Versprechen an die Menschheit, Bürge sein ihres Rechts auf Zukunft.[8]

Im Zentrum des Vorworts kommt die Menschheit nicht vor. Die Mitte gehört ganz der Philosophie. Oder dem Autor und seinem ersten Adressaten.[9] Nietzsche spricht von der Philosophie, wie er nie zuvor von ihr sprach. Anders als die Ankündigung der «schwersten Forderung» nahelegen könnte, stellt er nicht auf den Beruf der Philosophie zur Gesetzgebung, ihre Macht, Werte zu schaffen, oder ihre Verantwortung für die Zukunft der Gattung ab. Er hebt nicht ihr herrschaftliches Amt hervor, sondern betont ihren subversiven Grundzug. In unerreichter Klarheit bestimmt er die Philosophie als Lebensweise. Er unterstreicht ihren solitären Charakter und läßt keinen Zweifel daran, daß sie nicht Jedermanns Sache sein kann. So wie «diese Schrift» dem Leser, für den sie geschrieben ist, Aufschluß darüber geben wird, was es mit dem «Jünger des Philosophen Dionysos» auf sich hat, so können Nietzsches Schriften insgesamt dem Leser zur Probe dienen, ob er für die Philosophie geeignet ist oder nicht: «Wer die Luft meiner Schriften zu athmen weiss, weiss, dass es eine Luft der Höhe ist, eine *starke* Luft. Man muss für sie geschaffen sein, sonst ist die Gefahr keine kleine, sich in ihr zu

8 *EH* Vorwort, 2 (257–258). *Also sprach Zarathustra* II, 17, 23 (p. 164). Zum Philosophen Dionysos siehe meine Schrift *Was ist Nietzsches Zarathustra? Eine philosophische Auseinandersetzung*. München 2017, p. 235 mit n. 231 und p. 58–59 mit n. 66.

9 Das Vorwort besteht aus vier Nummern, gliedert sich aber bei näherer Betrachtung in drei Teile: Die Abschnitte 1 und 2 gehören inhaltlich zusammen. Abschnitt 2 wird auch durch seinen Beginn als Fortsetzung von Abschnitt 1 ausgewiesen: «Ich bin zum Beispiel durchaus kein Popanz ...» Die dritte Nummer ist durch einen Gedankenstrich am Anfang und einen Gedankenstrich am Ende als zentraler Teil von den Abschnitten 1 und 2 einerseits, von Abschnitt 4 andererseits deutlich geschieden. Als einzige der vier Nummern ist sie durch die Verwendung weiterer Gedankenstriche ihrerseits in drei Sektionen gegliedert – ein Stilmittel, das Nietzsche zur Kennzeichnung des Aufbaus der Abschnitte bzw. Aphorismen nicht nur in *Ecce homo*, sondern ebenso in seinen anderen Schriften häufig einsetzt. Die *Philosophie* wird im zweiten der drei Unterabschnitte des zentralen Teils zum erstenmal erwähnt und kommt als *meine Philosophie* außerdem im dritten Unterabschnitt vor. Sie bleibt im ersten Teil (Nummern 1 und 2) und dritten Teil (Nummer 4) unerwähnt. Die *Menschheit* kommt im ersten und dritten Teil viermal (in den Nummern 1 und 4 jeweils einmal, in Nummer 2 zweimal) vor. Im zweiten Teil findet sie keine Erwähnung.

erkälten. Das Eis ist nahe, die Einsamkeit ist ungeheuer». Nietzsche warnt und lockt zugleich: «– aber wie ruhig alle Dinge im Lichte liegen! wie frei man athmet! wie Viel man *unter* sich fühlt!» Das Pathos der Distanz geht mit der Einsamkeit zusammen, und beide schließen, zwischen sich, Serenität und Freiheit ein. Das ist der Ort, um die Philosophie, von der seine Schriften Zeugnis ablegen, beim Namen zu nennen: «Philosophie, wie ich sie bisher verstanden und gelebt habe, ist das freiwillige Leben in Eis und Hochgebirge – das Aufsuchen alles Fremden und Fragwürdigen im Dasein, alles dessen, was durch die Moral bisher in Bann gethan war.» Nietzsche führt die Philosophie als *Leben*, als distinkte Form des Lebens ein. Die Region, der er sie zuordnet, hat mit dem Meer und der Wüste, die er an anderen Stellen aufruft, um das philosophische Leben, seinen Beginn oder seine Verwandlung, durch Metaphern zu charakterisieren, die Unwirtlichkeit gemeinsam, die extremen Bedingungen, unter denen das Leben geführt und bestanden werden muß. In Eis und Hochgebirge kann man sich bewegen, wie man in die Wüste gehen oder sich auf die hohe See begeben kann. Aber man kann sich dort nicht beständig, nicht ausschließlich, nicht ohne Unterbrechung aufhalten. Eis und Hochgebirge, das offene Meer, die Ödnis der Wüste verweisen auf den Wechsel von Aufstieg und Abstieg, das notwendige Hin und Her, die Folge von Aufbruch, Rückkehr und neuem Aufbruch. Alle drei zeichnet der weite, unverstellte Horizont aus, wobei die Metapher von Eis und Hochgebirge den beiden anderen die natürliche Artikulation der Höhenunterschiede und die Assoziation der freien Übersicht voraus hat. Alle drei stehen für die Abkehr von der gemeinen Klugheit, für das Verlassen des Reichs gesicherter Satzungen, für die Entfernung von Meinung, Glaube, Überlieferung, für den Bruch mit der Konvention. Was die Philosophie als eine distinkte Form des Lebens bestimmt, ist ihre suchend-versuchende Ausrichtung, die sie vor keiner Autorität haltmachen läßt, weil sie sich bei keiner Antwort beruhigen kann, die ihre Beglaubigung einer Autorität schuldet. Die Philosophie ist das Leben, das auf radikales Fragen gegründet ist und sich in radikalem Fragen gegründet weiß. Darin liegt die prinzipielle Spannung zu Moral, Politik, Religion beschlossen. Nietzsche läßt es an Schärfe nicht fehlen. Hat er dem Leser die Philosophie im ersten Zug als *das freiwillige Leben in Eis und Hochgebirge* vor Augen gestellt, so kennzeichnet er sie im zweiten als *Wanderung im Verbotenen*. Die Philosophie sucht das Verbotene nicht nur auf, wenn sie sich mit dem befaßt, was in Acht und Bann getan worden ist. Als distinkte Form des Lebens, dem ein Verbot entgegensteht, gehört sie selbst zum Verbotenen.[10]

Die Einsicht in den grundsätzlichen Konflikt hat weitreichende Konsequenzen für das Verständnis der Philosophen der Vergangenheit. Aus der Erfahrung, die ihm seine «Wanderung *im Verbotenen*» gab, kam für Nietzsche, wie er mitteilt, «die *verborgene* Geschichte der Philosophen, die Psychologie ihrer grossen Namen an's Licht», da er «die Ursachen, aus denen bisher moralisirt und idealisirt wurde», anders sehen lernte, «als es erwünscht sein mag». Zwei Lesarten sind denkbar: (1) Die großen Namen der Philosophie wagten sich nicht weit genug ins Verbotene, weil ihnen der Mut dazu fehlte oder weil sie die Einsamkeit nicht ertrugen. In diesem Fall handelte es sich bei ihnen nicht um Philosophen in Nietzsches Verständnis und ihre verborgene Geschichte wäre wesentlich die Geschichte einer Defizienz. (2) Oder aber die großen Philosophen moralisierten und idealisierten, weil sie im Verbotenen daheim waren und den prinzipiellen Konflikt mit Politik, Moral, Religion sehr genau erkannt hatten. In der konventionellen Geschichte fänden mithin die Lehren, Taten und Einrichtungen ihren Niederschlag, mit denen die berühmten Namen dem Konflikt Rechnung trugen. Wohingegen es der verborgenen Geschichte obläge, das Handeln der Philosophen aufzuklären: ihre Anstrengungen, das philosophische Leben zu schützen, eine erzieherische Wirkung zu entfalten, auf die Öffentlichkeit Einfluß zu nehmen, dem Volk zu dienen. In der einen wie in der anderen Lesart betrifft die verborgene Geschichte der Philosophen eine Wahrheit, die der Philosoph sich selbst schuldet. Nietzsche sagt kein weiteres Wort über die verborgene Geschichte. Statt dessen führt er, nach einem Gedankenstrich, der den mittleren vom letzten Unterabschnitt des zentralen Teils trennt, die *Wahrheit* in das Vorwort ein: «Wie viel Wahrheit *erträgt*, wie viel Wahrheit *wagt* ein Geist? das wurde für mich immer mehr der eigentliche Werthmesser.» Die Umwertung aller Werte soll offenbar die Wahrheitsfähigkeit, und nicht etwa die Lebensdienlichkeit, als Maßstab der Rangordnung ausweisen. In Rede steht dabei die Wahrheit, der sich einer aussetzt, nicht die Wahrheit, die er anderen zumutet. Es geht um die Erkenntnis der Wahrheit, nicht um deren Verkündigung. An den

10 Beachte das erste Verbot, das im Text von *Ecce homo* ausdrücklich *als Verbot* auftritt, als das «*Verbot* an uns: ihr sollt nicht denken!» II, 1, 4 (279).

Leser, der viel Wahrheit wagen und ertragen kann, der für die Erkenntnis geeignet ist, wendet sich Nietzsche mit einer adhortativen Ansprache, die den Ohren Fernerstehender oder zukünftiger Historiker «moralisierend» klingen mag: «Irrthum (– der Glaube an's Ideal –) ist nicht Blindheit, Irrthum ist *Feigheit* ... Jede Errungenschaft, jeder Schritt vorwärts in der Erkenntniss *folgt* aus dem Muth, aus der Härte gegen sich, aus der Sauberkeit gegen sich». Nach dem Appell an die Tugenden, ohne die ein philosophisches Leben nicht zu denken ist, spielt Nietzsche mit großer Geste den Reiz des Verbotenen aus, wobei er vermittels eines Wortes aus Ovids *Amores* zugleich die Kraft in Erinnerung ruft, die dieses Leben trägt, beflügelt und bis zum Ende aufrechterhält: «Nitimur in *vetitum*: in diesem Zeichen siegt einmal meine Philosophie, denn man verbot bisher grundsätzlich immer nur die Wahrheit.» Nietzsche ist nicht der erste «Verderber der Jungen», der mit der verbotenen Frucht zu locken weiß. Aber keiner vor ihm verband mit dem Streben nach dem Verbotenen die Proklamation: In hoc signo vincam. Das Vertrauen, das Nietzsche in die Stärke der Kraft setzt, die Platon als Eros faßte und die er selbst seit der großen Zäsur in seinem Leben «die Leidenschaft der Erkenntniss» nennt, insonderheit sein Vertrauen, daß sie durch Verbote nicht abgeschreckt, sondern angestachelt wird, spricht gegen die erste Lesart der «verborgenen Geschichte». Das *Nitimur in vetitum* kann für die Philosophen der Vergangenheit nicht weniger Gültigkeit beanspruchen als für die Philosophen der Zukunft. Wenn man bisher, in Nietzsches so hyperbolischer wie präziser Formulierung, *grundsätzlich* immer nur die Wahrheit verbot, so betrifft das Verbot offensichtlich nicht diese oder jene Wahrheit, sondern *die* Wahrheit, um die es dem freiwilligen Leben in Eis und Hochgebirge geht. Die Wahrheit, die Ziel des rückhaltlosen Fragens ist.[11]

Doch was verheißt Nietzsche, wenn er der Zuversicht Ausdruck verleiht, daß *seine Philosophie* dereinst siegen werde? Erwartet er, daß die Lehren, die man mit ihm verbinden und mit denen er als großer Name

11 *EH* Vorwort, 3, 1–3 (258–259). Cf. *Was ist Nietzsches Zarathustra?*, p. 126–127 mit n. 135. «Nitimur in vetitum semper cupimusque negata» («Wir streben immer nach dem Verbotenen und begehren, was uns versagt wird»), Ovid: *Amores* III 4, 17. Beachte *Die fröhliche Wissenschaft* 152 und 252 (p. 495 und 533). Siehe außerdem *Jenseits von Gut und Böse. Vorspiel zu einer Philosophie der Zukunft* 227 (*KSA* 5, p. 162).

in die Geschichte eingehen wird, sich allgemein durchsetzen? Nimmt er an, daß die zukünftigen Philosophen sich die Doktrin des Willens zur Macht zu eigen machen oder den Glauben der Ewigen Wiederkunft teilen werden? Sagt er womöglich vorher, daß die Umwertung aller Werte Einrichtungen schafft, die nichts Geringeres als das Ende der Philosophie besiegeln, wie er sie «bisher verstanden und gelebt» hat? Zeigt die viermalige Verwendung des einschränkenden «bisher» die Hoffnung auf eine grundsätzliche Veränderung, die Aufhebung der Spannung zu Moral, Politik und Religion an? Wird der Sieg seiner Philosophie die Philosophen künftig der Notwendigkeit entheben, im Verbotenen zu wandern? Oder wird *seine Präsentation* der Philosophie diejenigen, die für sie geeignet sind, da sie das Wichtigste mit ihm gemeinsam haben, für *die Philosophie* gewinnen, wie er sie verstand, versteht und verstehen wird?

Der dritte Teil des Vorworts gibt erste Hinweise. Nietzsche widmet ihn *Also sprach Zarathustra* und wiederholt, aufs äußerste gedrängt und verkürzt, die Bewegung, die er in den Teilen 1 und 2 vom allgemeinen zum vorzüglichen Adressaten vollzogen hat. Über das *Buch für Alle und Keinen* sagt er, daß es unter seinen Schriften «für sich» stehe. «Ich habe mit ihm der Menschheit das grösste Geschenk gemacht, das ihr bisher gemacht worden ist.» Er nennt es das höchste und das tiefste Buch. Es spreche «mit einer Stimme über Jahrtausende hinweg», und «die ganze Thatsache Mensch» liege «in ungeheurer Ferne *unter* ihm». Wie er die Menschheit ins Vorwort zurückholt, um sich sogleich von ihr abzusetzen, so führt er seine Parodie der Bibel ein, um sie in einem Atem von dem naheliegenden Verständnis abzuheben, es handle sich um das Buch eines neuen Glaubens. «Hier redet kein ‹Prophet›, keiner jener schauerlichen Zwitter von Krankheit und Willen zur Macht, die man Religionsstifter nennt.» Nicht nur hat Nietzsche dem Helden seiner Dichtung den Namen eines Religionsstifters aus dem Morgenland gegeben. Es ist kein Zweifel, daß er ihn auch als Propheten auftreten und wie einen Propheten reden läßt, obschon nicht als einen «Propheten», der sich aus dem Gehorsam des Glaubens verstehen will. An einer Krankheit leidet Zarathustra nach eigenem Geständnis: der Ekel begleitet ihn wenigstens ebenso lange, wie er die Menschheit den Übermenschen als den «Sinn der Erde» zu lehren sucht. Und wer könnte Zarathustra Wille zur Macht absprechen? Um so bemerkenswerter, daß Nietzsche zu Beginn von *Ecce homo* ganz auf das abstellt, was Zarathustra werden soll. Statt des Willens zur Macht, der dem Propheten und dem Philosophen zukommt, hebt er Zarathustras Weisheit hervor: «Man muss vor Allem den Ton, der aus diesem Munde kommt, diesen halkyonischen Ton richtig *hören*, um dem Sinn seiner Weisheit nicht erbarmungswürdig Unrecht zu thun.»[12] Die elf Verse, die Nietzsche dem Leser anschließend zu Gehör bringt, damit er auf den Sinn von Zarathustras Weisheit aufmerksam werde, sind weder der berühmten «Vorrede» entnommen, mit der Zarathustra sich an das Volk auf dem Markt wendet, noch der längsten Rede des Buchs, «Von alten und neuen Tafeln» (III, 12), in der Zarathustra eine Ansprache an nicht anwesende «Brüder» imaginiert, die in einer unbestimmten Zukunft mit ihm Gesetzestafeln «zu Thale und in fleischerne Herzen tragen» sollen. Sie sind vielmehr in gegenchronologischer Folge drei Reden entnommen, die Zarathustra an seine Jünger richtet: als er zum letztenmal von ihnen scheidet («Die stillste Stunde»), als er nach Jahren in der Einsamkeit zu ihnen zurückkehrt («Auf den glückseligen Inseln») und als er sie zum erstenmal verläßt («Von der schenkenden Tugend»). Die drei *Zarathustra*-Stellen, die Nietzsche auswählt, handeln nicht vom Übermenschen und vom letzten Menschen. Sie rufen auch nicht dazu auf, einen neuen Adel zu schaffen. Sie bewahren Stillschweigen über doktrinale Gehalte. Die erste – ein Wort, das sich Zarathustras Seele in einer Unterredung mit sich selbst zuflüstert – schließt auf ihre Weise an die laut tönende Eröffnung von *Ecce homo* an: «Gedanken, die mit Taubenfüssen kommen, lenken die Welt». Die mittlere Stelle preist das Glück des Reifens. Die dritte und mit Abstand längste endlich verweist den «Menschen der Erkenntniss» an ihn selbst und auf einen Weg, den er allein gehen muß.

Mit Rücksicht auf die «schwerste Forderung», die er der Menschheit angekündigt hat, kann Nietzsches Erläuterung des «grössten Geschenks», das der Menschheit «bisher» gemacht worden ist, in Staunen setzen: Nicht nur keine Heilige Schrift, kein Ruf zur Entscheidung, keine Verheißung des großen Umschwungs. Auch keine Betonung von Härte, Ernst oder Untergang, sondern von Güte, Heiterkeit und Glück. In *Also sprach Zarathustra*, beteuert Nietzsche, werde «nicht ‹gepre-

12 Der *Wille zur Macht* und die *Weisheit* werden in nächster Nähe in den Text eingeführt. Bei dem Willen zur Macht, der den Propheten kennzeichnet, handelt es sich um die erste von vier Verwendungen von *Wille zur Macht* in *Ecce homo*. Die *Weisheit*, die Zarathustra zugesprochen wird, deutet auf das Erste Kapitel voraus.

digt›», es «wird nicht *Glauben* verlangt: aus einer unendlichen Lichtfülle und Glückstiefe fällt Tropfen für Tropfen, Wort für Wort – eine zärtliche Langsamkeit ist das tempo dieser Reden.» Doch der Leser muß für sie geschaffen sein. «Dergleichen gelangt nur zu den Auserwähltesten; es ist ein Vorrecht ohne Gleichen hier Hörer zu sein; es steht Niemandem frei, für Zarathustra Ohren zu haben …» Das Geschenk für die Menschheit erweist sich als ein Geschenk für die Wenigsten. Nietzsche richtet bei seiner Präsentation des *Zarathustra* den Blick von Anbeginn an auf den ersten Adressaten. Auch noch bei der Kontrastierung Zarathustras mit Jesus, für die er das dritte Zitat aufbietet und mit der das Vorwort endet – «Er redet nicht nur anders, er *ist* auch anders …» –, bleibt dies der entscheidende Gesichtspunkt. Zarathustra ermahnt seine Jünger, ihm nicht nachzufolgen, sich aus dem Zustand der Verehrung für ihn zu befreien und sich von seiner Autorität zu lösen. «Ihr sagt, ihr glaubt an Zarathustra? Aber was liegt an Zarathustra! Ihr seid meine Gläubigen, aber was liegt an allen Gläubigen! / Ihr hattet euch noch nicht gesucht: da fandet ihr mich. So thun alle Gläubigen; darum ist es so wenig mit allem Glauben. / Nun heisse ich euch, mich verlieren und euch finden». Der Zarathustra, den Nietzsche gegen den «Welt-Erlöser» stellt, will, daß aus Jüngern Philosophen werden. Oder daß die, die ihm verwandt sind, werden, was sie sind.[13]

Nietzsche setzt seinen Namen unter das Vorwort, in dem zuletzt, acht Verse lang, Zarathustra gesprochen hat. Mit der Unterzeichnung gibt er die Aufforderung zum Alleingehen, die Zarathustra an die Jünger richtete, an den ersten Adressaten weiter. Die Untersuchung, wie man wird, was man ist, kann beginnen. Doch auf das Vorwort, das einige Überraschungen bereithielt, folgt eine neue Überraschung. Zwischen den «Inhalt» und das Erste Kapitel «Warum ich so weise bin» schaltet der Autor ein zweites Vorwort ein, das keine Überschrift trägt und auch im Inhaltsverzeichnis keine Erwähnung findet. Durch ein außerordentliches Vorwort bereitet er den Leser auf ein außerordentliches Buch vor. Der Vorspruch umfaßt fünf Sätze und steht in Nietzsches Œuvre einzig da: «An diesem vollkommnen Tage, wo Alles reift und nicht nur die Traube braun wird, fiel mir eben ein Sonnenblick auf mein Leben: ich

13 *EH* Vorwort, 4, 1–2 (259–261). *Also sprach Zarathustra* II, 22, 30 (p. 189). II, 2, 1–2 (p. 109). I, 22.3, 2–9 (p. 101). Cf. III, 12.4, 1 und 12.11, 6–7; 12.12, 1–11 (p. 249, 254–255). Siehe *Was ist Nietzsches Zarathustra?*, p. 44–45 und 49.

sah rückwärts, ich sah hinaus, ich sah nie so viel und so gute Dinge auf einmal.» Hier redet offenkundig keiner jener «schauerlichen Zwitter von Krankheit und Willen zur Macht», die nicht zu leben wüßten, wenn sie nicht noch Seher wären, dessen, was allererst geschaffen werden muß, und sich nicht im Advent wähnten, dessen, was die Wende der Not bringen soll. Der vollkommene Tag, von dem Nietzsche spricht, ist nicht Gegenstand von Sehnsucht und Hoffnung. Er ist auch nicht der verklärenden Erinnerung vorbehalten. Er gehört der Gegenwart. In ihr verbinden sich Nietzsches Betrachtung und Innewerden zum Urteil der Vollkommenheit. Das Urteil ist die Frucht der Erkenntnis des Guten in seinem Leben, das der «Sonnenblick» im Ganzen trifft. Nietzsche schaut rückwärts und vorwärts in der Zeit, und zugleich sieht er aus dem Gang des Werdens *hinaus*, innehaltend, um gleichsam vertikal zum Geschehen zu betrachten, was ist, um zu sammeln und zu sondern, was er ist. «Nicht umsonst begrub ich heute mein vierundvierzigstes Jahr, ich *durfte* es begraben, – was in ihm Leben war, ist gerettet, ist unsterblich.» Der vollkommene Tag ist heute. Nietzsche datiert das innere Vorwort auf die vierundvierzigste Wiederkehr seiner Geburt. Er verbindet *Ecce homo* mit einem natürlichen und nicht mit einem historischen Datum wie den *Antichrist*. Während die Menschheit sich den 30. September 1888, den Tag des «grossen Siegs», den Nietzsche mit der Vollendung der «Umwerthung» errang, als den Beginn einer neuen Zeitrechnung einprägen soll, wird ihr der 15. Oktober 1888, der für Nietzsche ein vollkommener Tag ist, nicht zum Vermerken in ihrem Kalender mitgeteilt. Nietzsche «durfte» sein vierundvierzigstes Jahr begraben, er war nach Maßgabe des eigenen Guten befugt dazu, da er der Zeitspanne das Beste abgewann, das er ihr abzugewinnen vermochte. Was in dem Lebensjahr *Leben* im emphatischen Sinn war – denn das Leben bedarf der Unterscheidung –, das Leben, das über sich hinauszielt, das Leben der höchsten Intensität und der tiefsten Versenkung, ist geborgen. Es ist «gerettet» in den Erfahrungen und Einsichten, die Nietzsche im Gang des Werdens gemacht und erworben hat. Es ist «unsterblich» in den Werken, in denen er diese Erfahrungen und Einsichten, für sich und andere, bewahrt hat.

«Die *Umwerthung aller Werthe*, die *Dionysos-Dithyramben* und, zur Erholung, die *Götzen-Dämmerung* – Alles Geschenke dieses Jahrs, sogar seines letzten Vierteljahrs!» Die drei Werke, die Nietzsche nennt, erschöpfen weder die Liste der Bücher des vierundvierzigsten Lebensjahres – *Der Fall Wagner*, der im Frühling entstand und im September 1888 erschien, bleibt ungenannt –, noch folgt die Reihenfolge ihrer Erwähnung der Chronologie ihrer Entstehung oder ihres Erscheinens – die *Götzen-Dämmerung* befand sich bereits im Druck, die *Umwerthung* sollte *Ecce homo* nach einem Jahr folgen, und zur Drucklegung der *Dionysos-Dithyramben*, die in Teilen bis zu *Also sprach Zarathustra* und in die Zeit davor zurückreichen, gab es noch keine Verfügungen. An die Spitze stellt Nietzsche den Titel, der seine Forderung und sein Geschenk an die Menschheit anzeigt, ans Ende den, der ohne Umschweife auf sein Handwerk und seine hauptsächliche Aktivität hinweist. Die beiden Werke markieren die Polarität von *Aufgabe* und *Erholung*, die in *Ecce homo* eine wichtige Rolle spielen wird. Während das erste Vorwort die Aufgabe in Rücksicht auf die *Umwerthung*/den *Antichrist* einführt, führt das zweite die Erholung ein, um sie mit der *Götzen-Dämmerung* zu verbinden. Die *Dionysos-Dithyramben* in der Mitte mögen für den Autor einstehen, der alleine tanzt.[14] Da Nietzsche die drei Bücher als Geschenke bezeichnet, können wir annehmen, daß er alle drei als Werke betrachtet, mit denen es ihm gelang, etwas zu schaffen, woran «die Zeit ihre Zähne» umsonst versuchen wird, und daß sie der Form wie der Substanz nach seiner Bemühung «um eine kleine Unsterblichkeit» genügten. Bevor er sie anderen zum Geschenk macht, sind sie Geschenke für ihn selbst.[15] «*Wie sollte ich nicht meinem ganzen Leben dankbar sein?*» Die Adresse für Nietzsches Dankbarkeit, die sich unmittelbar auf die Geschenke des letzten Jahres bezieht, ist sein ganzes Leben. Die Lebensweise, die er wählte und an der er festhielt, die

14 Cf. Xenophon: *Symposion* II, 19. *Also sprach Zarathustra* I, 7, 22 und 26 (p. 49–50); *Jenseits von Gut und Böse* 295 (p. 237–239).

15 Siehe *Götzen-Dämmerung*, Streifzüge eines Unzeitgemässen 51,1 (p. 153). – Der dritte Satz des Vorspruchs lautete bis zur Schlußredaktion Ende Dezember 1888: «Das erste Buch der *Umwerthung aller Werthe*, die <ersten sieben> *Lieder Zarathustra's*, die *Götzen-Dämmerung*, mein Versuch, mit dem Hammer zu philosophiren – Alles Geschenke dieses Jahrs, sogar seines letzten Vierteljahrs!» (*Faksimile*, p. 7.) Die Änderung ist nicht nur deshalb von Interesse, weil sie – im Einklang mit einer entsprechenden Aussage an anderem Ort (III, Götzen-Dämmerung 3) – belegt, daß Nietzsche ein Nachfolge-Projekt für den im Sommer 1888 verworfenen *Willen zur Macht*, das über den *Antichrist* hinausgehen würde, aufgab. Sie zeigt auch – in Übereinstimmung mit Änderungen weiterer Stellen –, daß Nietzsche das bereits eingereichte Druckmanuskript bis zum Schluß *verbesserte*, d. h., daß er sich für erkennbar *überlegene* Lösungen entschied.

Widrigkeiten, die ihn kräftigten, die Ereignisse, die ihn anregten, die Freunde, denen er sich zuwandte, die Feinde, die ihn herausforderten, sein Leben im ganzen ermöglichte die Erfahrungen und Einsichten des Jahres, das er begrub. Die Dankbarkeit, die die Seele weitet, trägt der Unverfügbarkeit des Zusammenspiels von Notwendigkeit und Zufall Rechnung. Einer Unverfügbarkeit, die die eigene Natur betrifft und die im Gelingen eines Werks augenfällig wird. «Und so erzähle ich mir mein Leben.» Seinem Leben dankbar, läßt Nietzsche es für sich Revue passieren. Vom ersten Satz des äußeren zum letzten Satz des zweiten Vorworts haben wir den Spannungsbogen durchmessen, der *Ecce homo* bestimmt: Von der Menschheit, der der zukünftige Gesetzgeber Auskunft schuldet, wer spricht, zum Autor, der sich Rechenschaft gibt, was sein Leben ist. Von der schwersten Forderung zur Selbsterkenntnis. Der fünfte Satz des Vorspruchs gewinnt noch schärfere Konturen, wenn wir uns, wie wir sollen, einer ähnlich klingenden Aussage erinnern, die Nietzsche Zarathustra zu Beginn der Rede «Von alten und neuen Tafeln» vor Jahren in den Mund legte. Auf seinem Berg sitzend und «des lachenden Löwen mit dem Taubenschwarme» harrend, die ihm einst bedeuten sollen, daß seine Stunde gekommen sei, sagt Zarathustra: «Inzwischen rede ich als Einer, der Zeit hat, zu mir selber. Niemand erzählt mir Neues: so erzähle ich mir mich selber.» Nietzsche wartet nicht auf die «Zeichen» eines verheißenen «Untergangs». Er erzählt sich sein Leben nicht, um die Zeit bis zum Eintreten des consummierenden Ereignisses zu überbrücken. Mit einem Wort: er wartet, anders als der Prophet, nicht seiner *Erlösung*.[16]

Nietzsche ist, wie die Vorbemerkung bezeugt, bei sich selbst. Er schreibt das Buch für sich und seinesgleichen, Dank abstattend für das Gute, auf das sein «Sonnenblick» fiel. Er beginnt die Arbeit an *Ecce homo. Wie man wird, was man ist* an einem vollkommenen Tag.[17]

16 *Also sprach Zarathustra* III, 12.1, 1–3; 12.3, 9–13; 12.4, 1 (p. 246, 248–249).
17 *EH* Vorbemerkung, 1–5 (263). – Nietzsche hatte zu einem früheren Zeitpunkt den Untertitel *Ein Geschenk an meine Freunde* erwogen. Auch in diesem Fall fand er eine überlegene Lösung. Denn der endgültige Untertitel spricht zur Sache und sagt den Freunden mit der Vorbemerkung in ebenso vielen Worten, daß *Ecce homo* ein Geschenk für sie ist. Siehe S. 17–18.

II

Weisheit

Ecce homo ist in vier Kapitel gegliedert, deren Überschriften gleichlautend beginnen. Bei genauerer Betrachtung ergibt sich indes, daß der Viergliedrigkeit des Buchs nicht anders als der Viergliedrigkeit des Vorworts eine Dreiteilung zugrunde liegt: Die ersten beiden Kapitel beziehen sich insonderheit auf Nietzsches Sein, das dritte auf Nietzsches Werk und das vierte auf Nietzsches Wirkung. Die Zusammengehörigkeit des ersten und des zweiten markiert der Autor durch die Eröffnung des dritten Kapitels: «Das Eine bin ich, das Andre sind meine Schriften.» Nicht minder kommt sie in der inneren Verschränkung der Kapitel I und II zum Ausdruck. Auf die acht Abschnitte von *Warum ich so weise bin* folgen in *Warum ich so klug bin*, dem einzigen der vier Kapitel, das mit einem Gedankenstrich beginnt, ebenfalls acht Abschnitte, während die Abschnitte II, 9 und II, 10 beiden Kapiteln gehören. Nietzsche setzt den Schluß des ersten Teils durch zwei Gedankenstriche am Ende von II, 8 ab und nimmt zu Beginn von II, 9, die Kapitel zusammenführend, den Untertitel von *Ecce homo* auf: «An dieser Stelle ist nicht mehr zu umgehn die eigentliche Antwort auf die Frage, *wie man wird, was man ist*, zu geben.» Daß in *Ecce homo* beinahe alles Wichtige von der Zahl Vier regiert wird oder in Vielfachen von Vier auftritt, unterstreicht die Fragen, auf die das Spiel von Dreiteilung und Viergliedrigkeit unsere Aufmerksamkeit lenkt. Warum verhandelt Nietzsche das Eine in zwei Anläufen? Weshalb verwendet er zwei Kapitel auf seine Tugenden? Wie unterscheidet sich seine Weisheit von seiner Klugheit? Und wie verhalten sich beide zur «Umwerthung aller Werthe»?

Die *Weisheit* wird weder im ersten noch im zweiten Kapitel erwähnt. Auch *weise* kommt in ihnen nach der Überschrift von Kapitel I nicht mehr vor. Dagegen ist in Kapitel II wiederholt von *Klugheit* die Rede, und gleich im zweiten Satz bekräftigt Nietzsche ausdrücklich die Selbstzuschreibung der Überschrift, *klug* zu sein. Nietzsche bedeutet dem Leser, daß er die Klugheit als ein Wissen begreift und daß dieses Wissen die Einzelheiten und Umstände der Lebensführung betrifft: er spricht von «meiner Moral». Mit dem Verständnis der Klugheit als eines praktischen Wissens und einer das Handeln orientierenden Tugend knüpft er an die bis zu Aristoteles zurückreichende Tradition der Unterscheidung von Sapientia und Prudentia, Sophia und Phronesis an. Er gebraucht *Klugheit* jedoch außerdem im Sinne einer nicht auf Wissen fußenden oder bewußt herbeigeführten, sondern erst in der Rückschau erkennbaren Zweckdienlichkeit. So attestiert er etwa dem Instinkt, einem Umweg oder einer Entwicklungsverzögerung Klugheit.[1] Da die Klugheit im zweiten Kapitel durch die Verwendung des Begriffs erläutert wird, springt um so mehr ins Auge, daß Nietzsche im ersten Kapitel mit Rücksicht auf die Weisheit nichts dergleichen tat. Wer sich über die Weisheit klarwerden will, bleibt auf seine eigenen Kräfte verwiesen. Die Weisheit läßt sich nicht lehren, wie sich die Klugheit lehren läßt. Der Leser, der die Frage der Weisheit im Ernst stellt, kann die Antwort im Nachdenken über den Aufbau der beiden Kapitel, ihr Aus- und Zueinander, finden. Die Bestimmungen der Klugheit, das praktische Wissen und die Zweckdienlichkeit, die *Warum ich so klug bin* bereithält, geben ihm näheren Aufschluß über den architektonischen Vorrang der Weisheit und legen ihm die Rückkehr zum Beginn von *Warum ich so weise bin* nahe, das im Licht der gewonnenen Einsicht oder der erhärteten Vermutung eine zweite Lektüre verlangt. In Kenntnis beider Kapitel liegt für ihn jetzt am Tage, daß die vier Worte, mit denen Nietzsche einsetzt, «Das Glück meines Daseins», das Leitmotiv des ersten Teils von *Ecce homo* anschlagen. Offenbar ist die Weisheit auf das Glück gerichtet. Oder das Glück ist, recht verstanden, ein Werk der Weisheit.[2]

Auf den ersten Blick scheint der Auftakt, den Nietzsche wählt, in eine andere Richtung zu weisen: «Das Glück meines Daseins, seine Einzigkeit vielleicht, liegt in seinem Verhängniss: ich bin, um es in Räthselform auszudrücken, als mein Vater bereits gestorben, als meine Mutter lebe ich noch und werde alt.» Nietzsche ruft im ersten Atem nicht die Weisheit, sondern die Notwendigkeit auf. Das Glück seines Daseins gründet in seiner unverfügbaren Herkunft. Die Beatitudo geht in letzter Instanz auf die Fortuna zurück. Zu zeigen, wie die Weisheit sich zur Notwen-

1 *EH* II, 1 (278 und 281); II, 3 (284); II, 8, 1–2 (291–293); II, 9 (293).

2 Im Vorwort, in dem Nietzsche die Weisheit und das Glück in den Text einführt, verbindet er mit Zarathustras Weisheit die «Lichtfülle und Glückstiefe» von Zarathustras Rede (Vorwort, 4, 259–260).

digkeit ins Verhältnis setzt und dabei ihr Werk hervorbringt, ist der eigentliche Gegenstand der beiden Kapitel, in denen Nietzsche sich anheischig macht zu erklären, warum er so weise und so klug sei. Er beginnt mit seiner «doppelten Herkunft, gleichsam aus der obersten und der untersten Sprosse an der Leiter des Lebens», die ihn nach seinem Vater zu einem Décadent und nach seiner Mutter zu einem Anfang prädestiniert. Ein «Verhängniss», das seine Weisheit als Glücksfall begreift. Und zwar zuallererst als Glücksfall für den Philosophen. Denn die Doppelung, daß er «als» sein Vater bereits gestorben und «als» seine Mutter noch am Leben ist, soll ihm ebenjene «Neutralität» erlauben, die Nietzsche in *Das Problem des Sokrates* förmlich ausschloß: die «Freiheit von Partei im Verhältniss zum Gesammtprobleme des Lebens».[3] Diese Freiheit, von der er sagt, sie zeichne ihn «vielleicht» aus, setzt ihn in den Stand, ein begründetes Urteil über das Leben abzugeben. Wir erfahren im ersten Abschnitt noch mehr über den Philosophen. Nietzsche hebt hervor, daß sich in der Zeit, als die *Morgenröthe* entstand, «vollkommne Helle und Heiterkeit, selbst Exuberanz des Geistes» bei ihm «nicht nur mit der tiefsten physiologischen Schwäche, sondern sogar mit einem Excess von Schmerzgefühl» vertrugen. Später wird er uns davon unterrichten, daß es sich bei der *Morgenröthe* um das erste jasagende Buch handelte, das er nach dem Beginn seines philosophischen Lebens schrieb. Doch schon hier teilt er mit, er habe damals eine «Dialektiker-Klarheit par excellence» besessen und Dinge «sehr kaltblütig» durchdacht, zu denen er «in gesünderen Verhältnissen nicht Kletterer, nicht raffinirt, nicht *kalt* genug» sei. Nach dieser Variation über das Sokratische Thema der Praxis des Sterbens und Totseins verfehlt Nietzsche nicht, seine Leser daran zu erinnern, daß ihnen – aus der *Götzen-Dämmerung* – bekannt sein mag, inwiefern er Dialektik als «Décadence-Symptom» betrachtet, «zum Beispiel im allerberühmtesten Fall: im Fall des Sokrates.» Sokrates ist der erste Philosoph, der in *Ecce homo* nach dem Gott Dionysos beim Namen genannt wird. Was Nietzsche

3 «Man muss durchaus seine Finger darnach ausstrecken und den Versuch machen, diese erstaunliche finesse zu fassen, *dass der Werth des Lebens nicht abgeschätzt werden kann.* Von einem Lebenden nicht, weil ein solcher Partei, ja sogar Streitobjekt ist und nicht Richter; von einem Todten nicht, aus einem andren Grunde.» *Götzen-Dämmerung*, Das Problem des Sokrates 2 (p. 68).

mit Sokrates verbindet, reicht ungleich tiefer als das, was beide trennt.[4] Doch Nietzsches «Verhängniss» erweist sich als Glücksfall nicht nur für den Philosophen, sondern ebenso für die Menschheit: «Ich habe für die Zeichen von Aufgang und Niedergang eine feinere Witterung als je ein Mensch gehabt hat, ich bin der Lehrer par excellence hierfür, – ich kenne Beides, ich bin Beides.» Seine «doppelte Herkunft» ließ Nietzsche zum Experten «in Fragen der décadence» werden, die er am eigenen Leib erfahren und immer aufs neue «vorwärts und rückwärts buchstabirt» hat. Sie bewirkte, daß sich die Beobachtung und alle Organe der Beobachtung bei ihm verfeinerten, daß er sich in der Optik des Kranken wie der des Gesunden übte und schließlich die Meisterschaft im Einnehmen und Verwerfen, im Bejahen und Verneinen entgegengesetzter Perspektiven erwarb, die ihn zu dem Wegweiser macht, der der Menschheit not tut: «Ich habe es jetzt in der Hand, ich habe die Hand dafür, *Perspektiven umzustellen*: erster Grund, weshalb für mich allein vielleicht eine ‹Umwerthung der Werthe› überhaupt möglich ist.» Es handelt sich um das dritte *vielleicht* in der Rhetorik der Auszeichnung und der Einmaligkeit, die Nietzsche zur Untermauerung seiner Autorität im Hinblick auf die «schwerste Forderung» aufbietet.[5]

Wenn Nietzsche es «in der Hand» hat, die Perspektiven umzustellen, so deshalb, weil er nicht nur «ein décadent» und zugleich «dessen Gegensatz» ist, sondern weil die beiden Seiten, die er unter Berufung auf seine «doppelte Herkunft» geltend macht, einander nicht paritätisch gegenüberstehen. Sie sind vielmehr hierarchisch geordnet. In Nietzsches Ausdrucksweise gesprochen: seine «Krankheit» ist Teil einer umfassenderen, einer grundlegenden «Gesundheit». Er beansprucht, «gegen die schlimmen Zustände immer die *rechten* Mittel» gewählt zu haben. «Als summa summarum war ich gesund, als Winkel, als Specialität war ich décadent.» Nietzsche unterbricht die Erzählung von «Vater» und «Mutter» folgerichtig, um im Zentrum des Teils des ersten Kapitels, der der Herkunft gewidmet ist (I, 1–3), die «Wohlgerathenheit» seiner Natur zu exponieren. Der Wohlgeratene ist «ein auswählendes Princip». Er befindet sich «immer in *seiner* Gesellschaft, ob er mit Büchern, Menschen oder Landschaften verkehrt». «Er erräth Heilmittel gegen Schä-

4 Cf. *Götzen-Dämmerung*, Das Problem des Sokrates 7–9 (p. 70–71).

5 *EH* I, 1 (264–266). Das *vielleicht* im letzten Satz ist das dritte *vielleicht* zur Auszeichnung Nietzsches von insgesamt vier *vielleicht* im ersten Abschnitt.

digungen, er nützt schlimme Zufälle zu seinem Vortheil aus; was ihn nicht umbringt, macht ihn stärker.» Er bleibt notwendig am eigenen Guten ausgerichtet. Auf die Krankheit zurückblickend, die ihn in seiner schwersten Krisis befiel, hebt Nietzsche hervor: «ich machte aus meinem Willen zur Gesundheit, zum *Leben*, meine Philosophie … Denn man gebe Acht darauf: die Jahre meiner niedrigsten Vitalität waren es, wo ich *aufhörte*, Pessimist zu sein: der Instinkt der Selbst-Wiederherstellung *verbot* mir eine Philosophie der Armuth und Entmuthigung.» Es gehört zu Nietzsches Weisheit, daß er *seine Philosophie*, die Ausarbeitung ihrer Konzeption und die Präsentation ihres Lehrgehalts, in ständiger Rücksicht auf *seine Natur* vorantrieb. Wobei er nicht dem Schein den Vorzug gab oder sich von den vermeintlich tödlichen Wahrheiten abwendete, wie der junge Nietzsche es für geboten gehalten hatte, sondern seine Periagoge, ganz im Gegenteil, unter der Voraussetzung größtmöglicher «Kälte» erreichte und mit einer «Dialektiker-Klarheit par excellence» zu Werke ging. Von da an glaubte er weder an «Unglück» noch an «Schuld». Der Wohlgeratene, als den Nietzsche sich in I, 2 beschreibt, «wird fertig, mit sich, mit Anderen». Das Ressentiment hält ihn nicht gefangen, die Melancholie lähmt ihn nicht, da er zu vergessen weiß. Er bleibt Herr auf dem eigenen Weg. Nietzsche faßt die innere Notwendigkeit, die seine Natur und sein Gutes verbindet, in die hyperbolische Aussage: «er ist stark genug, dass ihm Alles zum Besten gereichen *muss*.»[6]

Nach der Exposition seiner Wohlgeratenheit, ohne die seine Weisheit nicht zu denken ist, kehrt Nietzsche zu «Vater» und «Mutter» zurück. Aber er spricht nicht länger von seiner «doppelten Herkunft», und anders als der Vorrang erwarten lassen könnte, den er seiner «Gesundheit» bescheinigt hat, rekurriert er nicht auf die Vitalität der Mutter, um sie von der Dekadenz des Vaters abzuheben. Nietzsche nimmt einen Perspektivenwechsel vor. Die Herkunft wird nicht mehr unter dem Gesichtspunkt von Gesundheit und Krankheit, sondern im Hinblick auf die Unterscheidung von Göttlichkeit und Gemeinheit behandelt. Zunächst scheint Nietzsche an die vorangegangene Erzählung anzuschließen: «Ich betrachte es als ein grosses Vorrecht, einen solchen Vater gehabt zu haben». Während Sokrates sich auf seine Mutter bezog und an deren Hebammenkunst erinnerte, preist Nietzsche seinen Vater und

6 *EH* I, 2 (266–267); cf. *Götzen-Dämmerung*, Sprüche und Pfeile 8 (p. 60).

stellt ihn den Lesern als Prediger vor Augen, dem die Bauern, zu denen er sprach, das Aussehen eines Engels nachsagten. Von der ätherischen Erscheinung geht Nietzsche geradewegs zur «Frage der Rasse» über, um sich, mutmaßlich der väterlichen Linie folgend, als «ein polnischer Edelmann pur sang» vorzustellen, «dem auch nicht ein Tropfen schlechtes Blut beigemischt» sei, «am wenigsten deutsches.» Doch der Pole oder Nichtdeutsche ist so gut wie der Edelmann oder die vornehme Natur nur eine Station auf dem Parcours zur Dissoziation von allen familiären Zuordnungen und politischen Vereinnahmungen. Die Trennung, auf die es ankommt, wird an Mutter und Schwester statuiert: «Wenn ich den tiefsten Gegensatz zu mir suche, die unausrechenbare Gemeinheit der Instinkte, so finde ich immer meine Mutter und Schwester, – mit solcher canaille mich verwandt zu glauben wäre eine Lästerung auf meine Göttlichkeit.» Die «physiologische Contiguität», die ihn mit Mutter und Schwester verbindet, resultiert in einer «disharmonia praestabilita» und verhindert Nietzsche nicht, dem *göttlichen Platon* als Zugehöriger Einer Spezies auf gleicher Ebene zu begegnen. Nietzsche weist der Mutter bei der Bestimmung seiner Natur im neuen Durchgang eine andere Rolle zu. An die Stelle der Polarität einer «doppelten Herkunft», die fortwährend ihre Wirkung entfaltet, tritt eine veritable Opposition: Erst im Bewußtsein des Gegensatzes, der ihn von dem scheidet, wofür «Mutter und Schwester» stehen, *wird* Nietzsche, *was er ist*. Nietzsche geht so weit, «Mutter und Schwester» zur sinnfälligen Herausforderung für die Lehre der Ewigen Wiederkunft zu erheben. Sie seien imstande, ihn in seinen «höchsten Augenblicken», wenn ihm die Kraft fehle, «sich gegen giftiges Gewürm zu wehren», blutig zu verwunden. Er «bekennt», daß «der tiefste Einwand gegen die ‹ewige Wiederkunft›», sein «eigentlich abgründlicher Gedanke, immer Mutter und Schwester sind.» In den höchsten Augenblicken ist er wehrlos gegen «Mutter und Schwester», da sich sein Glück im Jasagen zum Ganzen ausspricht. Und ebendieses Jasagen sollte in der «ewigen Wiederkunft» seinen nicht zu überbietenden, seinen höchsten Ausdruck finden. Wenn ihr allerdings immer, um nicht zu sagen ewig, «Mutter und Schwester» entgegenstehen, wird die Leistungsfähigkeit und mithin der Sinn der Lehre der Ewigen Wiederkunft zweifelhaft. Denn sie wurde konzipiert, um den Ekel und die Entrüstung zu bezwingen, die Nietzsche jetzt in beinahe ebenso vielen Worten zum tiefsten Einwand gegen die «ewige Wiederkunft» erklärt. Offenbar vermag die vornehme Natur, ob sie sich die Lehre der Ewigen Wiederkunft zu eigen macht oder nicht, ihren Ekel und ihre Entrüstung nicht anders denn durch einen Akt des Willens zu überwinden. Nietzsches Weisheit bewährt sich darin, daß sie sein Ja zum Ganzen auf eine Grundlage stellt, die ihn des Glaubens an die Ewige Wiederkunft enthebt. Doch wir sind vorausgeeilt.[7] Nietzsche erreicht das Ziel des zweiten Durchgangs, die Ablösung von Familie und Rasse, von Gesellschaft und Zeit, abermals mit einer hyperbolischen Rede. Was Aristoteles in der knappen Formel zum Ausdruck brachte, ein Mensch werde von einem Menschen und der Sonne erzeugt, trägt Nietzsche auf seine Weise in drei Sätzen vor: «Man» sei «*am wenigsten* mit seinen Eltern verwandt»; die «höheren Naturen» hätten «ihren Ursprung unendlich weiter zurück»; und die «*grossen* Individuen» seien «die ältesten»: «ich verstehe es nicht, aber Julius Cäsar könnte mein Vater sein – oder Alexander, dieser leibhafte Dionysos ...» Hörten wir bei der ersten Erwähnung des Gottes, daß Dionysos ein Philosoph ist, so erfahren wir bei der zweiten, daß ein Mensch Dionysos sein kann. Der Philosoph Nietzsche vermag sich nicht damit zufriedenzugeben, ein *Jünger* des Dionysos zu sein.[8]

7 Cf. *Also sprach Zarathustra* II, 20, 41–46 (p. 181) und III, 13.2, 31–39 (p. 274–275); beachte *Was ist Nietzsches Zarathustra?*, p. 99–101 sowie 147–151. – Die «ewige Wiederkunft» hat in I, 3 ihren ersten Auftritt. Es ist eine von vier Erwähnungen in *Ecce homo*.

8 *EH* I, 3 (267–269). Aristoteles: *Physik* II, 2, 194b11; cf. *Metaphysik* XII, 5, 1071a15; beachte Leo Strauss: *Persecution and the Art of Writing*, in: *Social Research*, 8:4 (November 1941), p. 593 n. 21. Cf. *Matthäus* XII, 46–50 und *Markus* III, 31–35. – Abschnitt I, 3 wurde von Nietzsche im Dezember 1888 neu geschrieben. Nietzsches Schwester unterdrückte die neue Fassung des Abschnitts, die «Mutter und Schwester» scharf angreift, und ließ in der Erstausgabe von *Ecce homo* 1908 die Vorgängerversion von I, 3 veröffentlichen, die keinen solchen Angriff aufwies. Die Edition von Colli und Montinari publizierte den Text 1969 erstmals in der Fassung, die Nietzsche selbst für den Druck bestimmte. Ein Vergleich der beiden Versionen von I, 3 ergibt, daß sich Nietzsche für die philosophisch sehr viel aufschlußreichere und gewichtigere Fassung entschied. Der einzige Satz, den er aus der Vorgängerversion wörtlich aufnahm, bildet die Eröffnung der endgültigen Fassung: «Ich betrachte es als ein großes Vorrecht, einen solchen Vater gehabt zu haben.» Der letzte Satz lautet: «In diesem Augenblick, wo ich dies schreibe, bringt die Post mir einen Dionysos-Kopf ...» In der früheren Fassung gibt es keine Bewegung vom Vater zu Dionysos. Dionysos wird sowenig genannt, wie in ihr die «ewige Wiederkunft» vorkommt oder von Gemeinheit und Göttlichkeit die Rede ist.

Die Weisheit hat das Ganze zu ihrem Bereich, Göttlichkeit und Gemeinheit, Ursprung und Zugehörigkeit. Sie betrifft die Einschätzung des Lebens, die Einordnung und Feststellung der eigenen Natur, die Wahrnehmung der Welt. Da die Wahrnehmung der Welt und die Einschätzung des Lebens nicht von der Feststellung der Natur zu trennen sind, verwendet Nietzsche, nachdem er im ersten Teil des Kapitels den Blick auf die Herkunft gerichtet hat, den zweiten Teil (I, 4–8) auf die Hygiene, die ihm seine Weisheit anempfiehlt. Ohne von der «Umwerthung aller Werthe» zu sprechen, zeigt er in concreto, zu welcher Umwertung sich seine Einsicht, dem «Willen zum Leben» folgend und diesen Willen gutheißend, verstand. Nietzsche verklammert die beiden Teile durch den ausdrücklichen Rückbezug auf den Vater, mit dem er die ersten beiden Abschnitte zur Hygiene jeweils beginnt (I, 4 und 5). Wo die meisten bestrebt sind, *für* sich einzunehmen, versichert Nietzsche, daß er, wie sein christlicher Vater, «nie die Kunst» besessen habe, *gegen* sich einzunehmen, auch dann nicht, wenn es ihm «von grossem Werthe schien». Mit der Dyade *Ecce homo* und *Antichrist* wird ihm schließlich eine Probe dieser Kunst gelingen. Der ersten Wert-Aussage läßt Nietzsche zur Verdeutlichung einen ironischen Nachsatz folgen: «Ich bin sogar, wie sehr immer das unchristlich scheinen mag, nicht einmal gegen mich eingenommen.» Nicht nur, daß er nicht gegen sich einzunehmen wußte, er kann in seinem Leben «keine Spuren davon entdecken», daß jemand «bösen Willen» gegen ihn gehabt hätte, «jenen Einen Fall abgerechnet», der ihm in der Verhandlung seiner Herkunft Gelegenheit gegeben hat, kontrastierend seine wahre Zugehörigkeit anzuzeigen.[9] Eher schon hätte er sich «über den guten Willen zu beklagen, der keinen kleinen Unfug» in seinem Leben angerichtet habe. Das erste Ziel von Nietzsches Umwertung ist das Herzstück aller Gesinnungsmoral, dem der prominenteste Verteidiger einer «sittlichen Welt-

9 Im Druckmanuskript stand ursprünglich: «Man mag mein Leben hin und herwenden, man wird darin <keine> nur selten, im Grunde nur Ein Mal Spuren davon entdecken, daß <je> Jemand bösen Willen gegen mich gehabt hätte» (*Faksimile*, p. 9). Als Nietzsche im Dezember 1888 die alte durch die neue Version von I, 3 ersetzte und vom «unsäglichen Grauen» sprach, das «Mutter und Schwester» ihm einflößten, versäumte er nicht, die Andeutung «nur selten, im Grunde nur Ein Mal» in I, 4 entsprechend aufzulösen: «jenen Einen Fall abgerechnet». Siehe S. 30, Anm. 15. – Die Erstausgabe und alle Editionen vor Colli und Montinari gaben den Text in der ursprünglichen Fassung wieder.

ordnung» in neuerer Zeit bescheinigte, daß nichts, weder in noch außerhalb der Welt, zu denken möglich sei, «was ohne Einschränkung für gut könnte gehalten werden» als eben «allein ein *guter Wille*.»[10] Von der in Zweifel gezogenen Güte, d. h. dem in Frage gestellten guten Werk, des guten Willens schreitet Nietzsche rasch zum «Misstrauen überhaupt hinsichtlich der sogenannten ‹selbstlosen› Triebe» voran, insonderheit der «gesammten zu Rath und That bereiten ‹Nächstenliebe›», um endlich zum Mitleiden zu gelangen, das «nur bei décadents eine Tugend» heiße. Nietzsche selbst hatte im *Fall Wagner* das Mitleid zur Tugend der Décadents erklärt,[11] die, wie wir jetzt hören, aus ihrer Schwäche, aus der «Widerstands-Unfähigkeit gegen Reize», kurz: aus der Not eine Tugend machen. «Ich werfe den Mitleidigen vor, dass ihnen die Scham, die Ehrfurcht, das Zartgefühl vor Distanzen leicht abhanden kommt, dass Mitleiden im Handumdrehn nach Pöbel riecht und schlechten Manieren zum Verwechseln ähnlich sieht». Nietzsche übt seine Kritik am Mitleid aus betont vornehmer Perspektive, und er macht die Untugend des Décadent zum ersten Exempel einer Tugend des Vornehmen: «Die Überwindung des Mitleids rechne ich unter die *vornehmen* Tugenden». Zur Erläuterung, was es mit der vornehmen Tugend auf sich hat, zieht er den Vierten Teil von *Also sprach Zarathustra* heran, den er in der späteren Erörterung des Buchs mit keiner Silbe erwähnen wird: «ich habe als ‹Versuchung Zarathustra's› einen Fall gedichtet, wo ein grosser Nothschrei an ihn kommt, wo das Mitleiden wie eine letzte Sünde ihn überfallen, ihn von *sich* abspenstig machen will. Hier Herr bleiben, hier die *Höhe* seiner Aufgabe rein halten von den viel niedrigeren und kurzsichtigeren Antrieben, welche in den sogenannten selbstlosen Handlungen thätig sind, das ist die Probe, die letzte Probe vielleicht, die ein Zarathustra abzulegen hat – sein eigentlicher *Beweis* von Kraft ...» Die vornehme Tugend soll, soviel ist klar, darin bestehen, der Versuchung des Mitleids standzuhalten. Ebenso klar ist, daß sich in ihr – wie in jeder Tugend – die eigene Stärke erweisen muß, die Kraft, eine Schwäche zu bezwingen. Weniger klar ist der Zweck, dem die Tugend dient. Besagen die beiden Wendungen *sich nicht von sich abspenstig machen lassen* und

10 Immanuel Kant: *Grundlegung zur Metaphysik der Sitten* 1, erster Satz (Akademie Ausgabe, Bd. 4, p. 393).
11 *Der Fall Wagner. Ein Musikanten-Problem*, Turiner Brief vom Mai 1888 7 (*KSA* 6, p. 29).

die Höhe seiner Aufgabe rein halten dasselbe? Sind die Ausrichtung am eigenen Guten und der Einsatz für die Aufgabe Eins oder Zwei? Und wenn sie Zwei sind, in welchem Verhältnis stehen sie zueinander? Nietzsches doppeldeutige Rede markiert den Ausgangspunkt. Sie lenkt unsere Aufmerksamkeit auf die Rolle der *Aufgabe*. Sie stellt uns vor eine Frage, die ins Zentrum des Buchs führt. Der Schlüsselbegriff von *Ecce homo* tritt hier, nach dem Vorwort, zum erstenmal im Text auf. Es werden noch fünfunddreißig Verwendungen von *Aufgabe* folgen, und die Entwicklung des Arguments nimmt schon bald Fahrt auf.[12] Was das *Mitleid* betrifft, so bleibt festzuhalten, daß Nietzsches Kritik zwar offenkundig den vornehmen Adressaten von *Ecce homo* im Blick hat, daß sie aber nicht im Kontext der Diagnose der Gegenwart vorgetragen wird, in der Nietzsches Schriften dem Mitleid als Symptom der Willensschwäche der Zeit seit langem einen prominenten Ort zugewiesen haben. Das Mitleid wird vielmehr zum Thema als einer der Affekte, vor denen auf der Hut zu sein die Weisheit Nietzsche gebietet, um seine Unversehrtheit und Unabhängigkeit zu wahren. Aus demselben Grund widerrät sie der Vergeltung und hält sie ihn davon ab, in Fällen, «wo eine kleine oder *sehr grosse* Thorheit» an ihm begangen wird, sich durch Verteidigung oder Rechtfertigung in Auseinandersetzungen mit Menschen zu verstricken, die nicht Seinesgleichen sind. «Meine Art Vergeltung besteht darin, der Dummheit so schnell wie möglich eine Klugheit nachzuschicken: so holt man sie vielleicht noch ein.» Es mag von Vorteil sein, für eine «Missethat» Dank abzustatten. Wenn es aber gilt, das Nagen eines Affekts zu vermeiden, plädiert Nietzsche dafür, statt Stillschweigen zu bewahren und magenkrank zu werden, grob zu erwidern: «ich möchte die Grobheit nicht unterschätzt wissen, sie ist bei weitem die *humanste* Form des Widerspruchs und, inmitten der modernen Verzärtelung, eine unsrer ersten Tugenden.» Eine weitere Umwertung im Sinne der Selbsthygiene. Noch sehr viel herausfordernder fällt die Aufwertung des inneren Reichtums gegenüber allen Gewissensbissen aus:

12 In *Also sprach Zarathustra* kommt der Begriff *Aufgabe* nicht vor. Die «Versuchung» des Mitleids für die «höheren Menschen» kann Zarathustra als Philosophen von seinem eigenen Guten, der Höhe der Klarheit und der Selbstgenügsamkeit, abspenstig machen oder als Propheten von der Erfüllung seiner Sendung abhalten. Aber der Philosoph und der Prophet sind nicht Eins, sondern Zwei. Siehe *Was ist Nietzsches Zarathustra?*, p. 230–232.

«Wenn man reich genug dazu ist, ist es selbst ein Glück, Unrecht zu haben.»[13]

Was bei der Vergeltung, der die Weisheit widerrät, und in einer wichtigen Rücksicht zuvor schon beim Mitleid in Rede steht, ist das Nichtloskommen und Nichtfertigwerden der *Rach- und Nachgefühle*: das Mitleid, das sich nicht in einem Akt des Erbarmens entlädt, die Vergeltung, die nicht mit einer Klugheit erledigt oder durch eine Grobheit abgetan ist. Das Gebot der Selbsthygiene gilt dem *Ressentiment*, das, aus Schwäche geboren, in Abhängigkeit hält. Es gilt dem Geist der Rache, der Ohnmacht bezeugt und aufbegehrt gegen die Welt, wie sie ist. Nietzsche schreibt auch die «Aufklärung über das Ressentiment», die ihn auszeichnet, seiner «langen Krankheit», d. h. der ihm besonderen Doppelperspektive von Krankheit und großer Gesundheit, zu. «Das Problem ist nicht gerade einfach: man muss es aus der Kraft heraus und aus der Schwäche heraus erlebt haben.» Als Décadent und als dessen Gegensatz beansprucht Nietzsche, über die notwendige zweifache Erfahrung zu verfügen. Das Kranksein sei selbst «eine Art Ressentiment». Denn als Kranker weiß man «von Nichts loszukommen, man weiss mit Nichts fertig zu werden, man weiss Nichts zurückzustossen, – Alles verletzt.» Als «grosses Heilmittel» stellt Nietzsche dem Kranken den Fatalismus vor Augen, den Verzicht auf jede Auflehnung, «die Herabsetzung des Stoffwechsels, dessen Verlangsamung, eine Art Wille zum Winterschlaf». Der Fatalismus soll davor bewahren, sich vom Ärger bestimmen, vom Unmut beherrschen zu lassen, dem «Durst nach der Rache», dem «Giftmischen in jedem Sinne» anheimzufallen. Die andere Therapie, die er dem Décadent am Beispiel der Diätetik Buddhas aufzeigt, setzt auf bewußte Umwertung. Der «tiefe Physiolog Buddha» wird dafür gelobt, begriffen zu haben, daß das Ressentiment «das Verbotene *an sich* für den Kranken – *sein* Böses» ist. Das Lob Buddhas für dessen Wissen der Natur, die Physiologia, geht einher mit einem ersten Angriff auf die Moral des Christentums, das kontrastierend in den Text eingeführt wird. Die Religion Buddhas, «die man besser als eine *Hygiene* bezeichnen dürfte, um sie nicht mit so erbarmungswürdigen Dingen wie

13 *EH* I, 4–5 (269–271). Nietzsche schließt den fünften Abschnitt mit einem immoralistischen Gegenentwurf zur Heilstat des christlichen Gottes: «Ein Gott, der auf die Erde käme, dürfte gar nichts Andres *thun* als Unrecht, – nicht die Strafe, sondern die *Schuld* auf sich zu nehmen wäre erst göttlich.»

das Christenthum ist, zu vermischen», zielte auf seelische Gesundheit. Es ging ihr um die heilende Wirkung. Und sie knüpfte diese Wirkung an den «Sieg über das Ressentiment: die Seele *davon* frei machen – erster Schritt zur Genesung. ‹Nicht durch Feindschaft kommt Feindschaft zu Ende, durch Freundschaft kommt Feindschaft zu Ende›: das steht am Anfang der Lehre Buddha's – so redet *nicht* die Moral, so redet die Physiologie.» Nietzsche begnügt sich weder mit dem kurzfristigen Heilmittel des Fatalismus, noch gibt er sich mit der praktischen Wirkung der Diätetik zufrieden. Es gehört zu Nietzsches Weisheit, daß er «den Kampf mit den Rach- und Nachgefühlen» in *seiner Philosophie* aufgenommen hat. Erst der Ernst seiner philosophischen Auseinandersetzung gibt dem Kampf die ganze Reichweite – «der Kampf mit dem Christenthum ist nur ein Einzelfall daraus» – und treibt ihn bis zum entscheidenden Punkt voran: Nietzsche läßt es nicht dabei bewenden, seine Philosophie zum Instrument der Selbstaufklärung des Décadent zu machen, um dessen Genesung zu befördern. Er macht sie zum Ort der Selbstkritik des Philosophen im Hinblick auf dessen eigenste Gefahr, den Geist der Rache. Der Geist der Rache – eine andere Bezeichnung für die Dysfunktionalität des Willens zur Macht, der im Willen zur Wahrheit des Philosophen am Werk ist – steht dem wichtigsten Ziel des Philosophen, der Erkenntnis der Welt und seiner selbst, am meisten entgegen, da er den Philosophen am hartnäckigsten irrezuleiten vermag, indem er die Welt anders erscheinen läßt, als sie ist.[14] Nietzsche ist *so weise*, weil er den Willen zum Leben in seiner Philosophie fruchtbar zu machen wußte und den Kampf mit den Rach- und Nachgefühlen in ihr austrug, die für ihn als Décadent und als Philosophen von zentraler Bedeutung sind. Er unterstreicht den Zusammenhang, der zwischen seiner Weisheit und seiner Philosophie besteht, dadurch, daß er in *Warum ich so weise bin* zweimal, im Zentrum des ersten (I, 2) und im Zentrum des zweiten Teils (I, 6), nachdrücklich von «meiner Philosophie» spricht.[15] Was den doktrinalen Gehalt seiner Philosophie angeht, so

14 Der Zusammenhang zwischen dem «Geist der Rache» und dem «Willen zur Macht» des Philosophen wird näher behandelt in *Was ist Nietzsches Zarathustra?*, p. 97–103.

15 In *Ecce homo* kommt *meine Philosophie* viermal vor. Die beiden Verwendungen in *Warum ich so weise bin* sind die mittleren: Vorwort, 3 (259); I, 2 (267); I, 6 (273); III, Der Fall Wagner 4 (363).

kann die Zarathustra aufgetragene Lehre der Ewigen Wiederkunft als eine Rekombination des Heilmittels des Fatalismus und der Diätetik der Umwertung verstanden werden: aus dem Nein der Auflehnung wird das äußerste Ja zur Welt, wie sie war, wie sie ist und wie sie sein wird. Nietzsche betont – ganz Zeuge der Wahrheit, der durch sein Leben seine Lehre zu beglaubigen sucht – die Sicherheit seines «Instinkts» im praktischen Umgang mit dem Ressentiment. Später werden wir, am geeigneten Ort, erfahren, daß es seine Wendung zur Philosophie war, die ihn aus nicht weniger als einer «Gesammt-Abirrung» seines «Instinkts» befreite und zu sich zurückführte. In keinem Fall sagt er etwas davon, daß er des Glaubens an die Ewige Wiederkunft bedurfte hätte, um der «Rach- und Nachgefühle» Herr zu werden. «In Zeiten der décadence *verbot* ich sie mir als schädlich; sobald das Leben wieder reich und stolz genug dazu war, verbot ich sie mir als *unter* mir.» Beide Male gründete das Verbot in seiner Einsicht in die *Physiologia* im eminenten Verstande des Begriffs. Im Zustand der Schwäche bewahrte ihn das Wissen des Abträglichen. Im Zustand der Fülle war es das Wissen der wahren Zugehörigkeit.[16]

Auf die Betrachtung der *Reaktion*, der die Gefahr innewohnt, den Philosophen von seinem Ziel abzubringen und ihn außer sich sein zu lassen, folgt ein Blick auf die *Aktion*, die seiner Natur entspricht. Nietzsche nennt diese Aktion «Krieg». Eine Provokation, die geeignet ist, zumindest klarzustellen, daß Nietzsche seiner «Art nach» nicht dem Fatalismus zugeschlagen werden darf und daß er im Wichtigsten, in der für den Philosophen entscheidenden Hinsicht, nicht durch die Diätetik Buddhas erfaßt wird. Sosehr die «grosse Vernunft» ihn veranlassen mag, in Zuständen der Schwäche, d. h. ausnahmsweise und vorübergehend, sich «wie ein Fatum» zu nehmen, sosehr besteht seine Weisheit darin, über sich hinaus zu wollen, d. h., sich von seinem zeitweiligen Selbst zu unterscheiden und über den Status quo hinaus zu zielen, um das zu werden, was er seiner Natur nach ist. Der «Krieg», von dem Nietzsche als erstes sagt, er sei «ein ander Ding» als das Ressentiment und die Rache, ist nicht der Krieg im allgemeinen, in dem Ressentiment und Rache sehr wohl von erheblichem Gewicht sein können. Der «Krieg» steht ein für den aus eigener Initiative begonnenen Kampf, die bewußt

16 *EH* I, 6 (272–273); III, Menschliches, Allzumenschliches 3 (324). Cf. I, 2 (267) und S. 37.

gewählte Auseinandersetzung, das Sichmessen zum Zweck der Selbst-Überwindung im Sinne der Selbst-Unterscheidung. Der «Krieg», um den es geht, handelt nicht von der Feindschaft, die einem durch andere aufgezwungen wird, sondern von der Feindschaft, die aktiv zu bestimmen bei einem steht. *Feind* in diesem Verstande sein zu können ist Ausdruck einer «starken Natur».[17] Die starke Natur, die zu ihrer eigenen Höhe gelangen soll, braucht Widerstände, «folglich *sucht* sie Widerstand: das *aggressive* Pathos gehört ebenso nothwendig zur Stärke als das Rach- und Nachgefühl zur Schwäche.» Nachdem Nietzsche in den beiden Zentren von *Warum ich so weise bin* seine Philosophie in Konjunktion mit seiner Natur als einem *auswählenden Prinzip* gebracht und diese als *reiche Natur* charakterisiert hat (I, 2 und I, 6), verbindet er jetzt die *starke Natur* mit dem *Philosophen*, der seinen ersten Auftritt seit der Erwähnung des «Philosophen Dionysos» im Vorwort hat. Es ist die Natur des Philosophen, um die es geht, und es ist die Aufgabe des Philosophen, auf die es ankommt, wenn er vom «Krieg» spricht: «jedes Wachsthum verräth sich im Aufsuchen eines gewaltigeren Gegners – oder Problems: denn ein Philosoph, der kriegerisch ist, fordert auch Probleme zum Zweikampf heraus. Die Aufgabe ist *nicht*, überhaupt über Widerstände Herr zu werden, sondern über solche, an denen man seine ganze Kraft, Geschmeidigkeit und Waffen-Meisterschaft einzusetzen hat, – über *gleiche* Gegner …» Die Stärke des Philosophen hat in den *Problemen*, die er in Angriff nimmt, sie hat in der *Aufgabe*, die ihm not tut, «eine Art *Maass*». Nietzsche läßt keinen Zweifel daran, daß die geistige Kriegsführung, die er verhandelt, am eigenen Guten des Philosophen ausgerichtet ist: «Wo man verachtet, *kann* man nicht Krieg führen; wo man befiehlt, wo man Etwas *unter* sich sieht, *hat* man nicht Krieg zu führen.» Entsprechend fallen die «vier Sätze» der «Kriegs-Praxis» aus, die seine Selbsthygiene aufstellt: (1) Ich greife nur Sachen an, die siegreich sind. (2) Ich greife nur Sachen an, wo ich alleine

17 Der politische Theologe, der glaubt, daß die Feindschaft auf eine göttliche Verfügung zurückgehe und der Feind ein Werkzeug der göttlichen Vorsehung sei (*Genesis* III, 15), schreibt die Aktion dem Feind zu. Der Feind bestimmt sich durch seinen Angriff als Feind. Es liegt in der Konsequenz dieses Glaubens, daß der Teufel an die Stelle der Natur tritt. Siehe dazu meine Auseinandersetzung mit Carl Schmitts Konzeption des Feindes und der Feindschaft in *Die Lehre Carl Schmitts. Vier Kapitel zur Unterscheidung Politischer Theologie und Politischer Philosophie*. Stuttgart–Weimar 1994, 4. Auflage 2012, p. 75–90 und 102–105; beachte p. 44–47.

stehe. (3) Ich greife nie Personen an, sondern bediene mich der Person nur als eines starken Vergrößerungsglases, «mit dem man einen allgemeinen, aber schleichenden, aber wenig greifbaren Nothstand sichtbar machen kann.» (4) Ich greife nur Dinge an, wo jeder Hintergrund schlimmer persönlicher Erfahrungen fehlt, wo der Angriff sich mithin nicht aus dem Ressentiment speist. «Im Gegentheil, angreifen ist bei mir ein Beweis des Wohlwollens, unter Umständen der Dankbarkeit.» Den vier Maximen liegt der Eine Wille zugrunde, die Selbststeigerung zu befördern und dabei die Unabhängigkeit zu wahren. Die dritte Maxime erläutert Nietzsche anhand seiner Kritik an David Friedrich Strauß, bei der es tatsächlich um den Mangel an Maßstab und Urteil der deutschen Bildung ging, sowie anhand der Attacke auf Richard Wagner, die die «Falschheit» einer Kultur zum Gegenstand hatte, «welche die Raffinirten mit den Reichen, die Späten mit den Grossen verwechselt.» Für die vierte und aufschlußreichste Maxime wählt er ein Beispiel, das mehr als ein Beispiel ist. Er zieht seine Auseinandersetzung mit dem Christentum heran, so daß die Betrachtung der geistigen Kriegsführung in seiner Proklamation zum Abschluß kommt, «ein Gegner des Christenthums de rigueur» zu sein. Nietzsche gestattet sich den «Krieg» gegen das Christentum, da er «von dieser Seite aus keine Fatalitäten und Hemmungen erlebt» habe und «ferne davon» sei, «es dem Einzelnen nachzutragen, was das Verhängniss von Jahrtausenden ist.» Er beansprucht, mit anderen Worten, keine Rach- und Nachgefühle gegen Christen zu hegen und in keine Abhängigkeit vom Christentum verstrickt zu sein. Das «Verhängniss» des Christentums erwies sich nicht als «Fatalität» für Nietzsche. Seine christliche Herkunft vermochte seiner wahren Zugehörigkeit nichts anzuhaben. Das Christentum wirkte auf ihn nicht als Hemmung, sondern als Herausforderung. Das Verbot, das vom Christentum ausgeht, verhalf Nietzsche zur Klarheit über den eigenen Weg. Am Nein, das es spricht, schärfte sich Nietzsches Ja. So vermag der «Gegner de rigueur» dem Christentum Dank zu zollen. Das aber heißt, daß dem Christentum Stärke eignen, daß es, auf seine Weise, ein Ganzes sein muß.[18] Wenn Nietzsche ihm den «Krieg» erklärt, kann es nicht schlechterdings unter die «erbarmungswürdigen Dinge» eingeordnet werden. Der Autor von *Ecce homo* und *Der Antichrist* gibt zu Protokoll: «Ich ehre, ich zeichne aus damit, dass ich meinen Namen mit

18 Beachte *Götzen-Dämmerung*, Streifzüge eines Unzeitgemässen 5 (p. 114).

dem einer Sache, einer Person verbinde: für oder wider – das gilt mir darin gleich.»[19]

Zu Beginn des achten und letzten Abschnitts nennt Nietzsche den Gegenstand, den das Kapitel von Anfang an verhandelt hat, beim Namen. Er spricht zum erstenmal ausdrücklich von *seiner Natur*: «Darf ich noch einen letzten Zug meiner Natur anzudeuten wagen, der mir im Umgang mit Menschen keine kleine Schwierigkeit macht?» Dieser Zug, die «vollkommen unheimliche Reizbarkeit des Reinlichkeits-Instinkts», die ihm eigen sei, könnte als die verläßlichste Stütze der Selbsthygiene erscheinen, die im zweiten Teil des Kapitels (I, 4–8) im Vordergrund steht. Die Dinge sind indes verwickelter. Denn die Reizbarkeit von Nietzsches «Reinlichkeits-Instinkt» bedarf ihrerseits einer Art Hygiene. Sie bedeutet eine besondere Herausforderung für seine Weisheit. Das Argument, das Nietzsche vorträgt, ist schlagend einfach: Der Reinlichkeits-Instinkt weist ihm den Weg in die Einsamkeit. Er macht ihm den «Verkehr mit Menschen» zur «Gedulds-Probe» und verlangt ihm eine «beständige Selbstüberwindung» ab: «meine Humanität besteht *nicht* darin, mitzufühlen, wie der Mensch ist, sondern es *auszuhalten*, dass ich ihn mitfühle …» Um dem Zwang zu entkommen, der ihn außer sich hält, hat er *Einsamkeit* nötig, «will sagen, Genesung, Rückkehr zu mir». War im ersten Abschnitt des zweiten Teils offengeblieben, ob es für Zarathustra, als er der Versuchung des Mitleids zu widerstehen hatte, am Ende darum ging, sich nicht von sich abspenstig machen zu lassen oder die Höhe seiner Aufgabe rein zu halten, so steht im letzten Abschnitt außer Frage, daß Nietzsche die Einsamkeit und die Rückkehr zu

19 *EH* I, 7 (274–275). – Nietzsche hatte seine «Kriegs-Praxis» im Druckmanuskript ursprünglich in *fünf* Sätze gefaßt: «Fünfter und letzter Satz: ich greife nur Dinge an, die ich von Grund aus kenne, – die ich selbst erlebt, die ich bis zu einem gewissen Grade selber *gewesen* bin. – Das Christenthum meiner Vorfahren zum Beispiel zieht in mir seinen Schluß, – eine durch das Christenthum <ins Große gezüchtete> selber groß gezogne, endlich souverän gewordne Strenge <und Lauterkeit in Dingen der Wahrheit> des intellektuellen Gewissens wendet sich *gegen* das Christenthum: in mir richtet sich, in mir *überwindet* sich das Christenthum <selbst>. –» (*Faksimile*, p. 12.) Im Dezember 1888 streicht Nietzsche den «fünften und letzten Satz» und notiert den neuen Schluß, mit dem er sich als «ein Gegner des Christenthums de rigueur» ausweist. Er entscheidet sich damit nicht nur ein weiteres Mal für die Vierzahl, sondern behebt auch die Vorwegnahme und Doppelung eines Gedankens, der in Kapitel IV, dort «Zarathustra» zugeschrieben, vorgetragen wird.

sich in eins setzt. Von der Aufgabe ist nicht mehr die Rede, schon gar nicht von einer Aufgabe, die als Auftrag oder Sendung Erfüllung heischte. So kann Nietzsche ohne Umstände, ohne Einschränkung und ohne Überleitung, erklären: «Mein ganzer Zarathustra ist ein Dithyrambus auf die Einsamkeit, oder, wenn man mich verstanden hat, auf die *Reinheit* ...» Doch jetzt kommt die Komplikation. In der vierten Sektion des Abschnitts, die zugleich die letzte des Kapitels ist, bekennt Nietzsche: «Der *Ekel* am Menschen, am ‹Gesindel› war immer meine grösste Gefahr ...» Danach bringt er nur noch «die Worte» zu Gehör, «in denen Zarathustra», wie Nietzsche sagt, «von der *Erlösung* vom Ekel redet». In den sechzehn Versen, die dem Kapitel «Vom Gesindel» entnommen sind, *redet* Zarathustra davon, daß er sich vom Ekel erlöste, indem er sich mit Flügeln, die ihm sein Ekel schuf, «die Höhe erflog, wo kein Gesindel mehr am Brunnen sitzt». Tatsächlich ist Zarathustra, wie der weitere Verlauf des Dramas zeigt, zum Zeitpunkt der Rede weit davon entfernt, sich vom Ekel befreit zu haben. Die Krisis, in die ihn sein Ekel stürzt, steht ihm allererst bevor. Was Zarathustra vorträgt, bezeichnet im besten Fall eine Vision, deren Gehalt der philosophischen Bestimmung harrt. Ohne eine solche Bestimmung und die zugehörige allegorische Auslegung sind die angeführten Verse indes geeignet, die Illusion zu nähren, das Problem des Ekels, d. h. der Entrüstung über die Welt, wie sie ist, ließe sich durch eine Itio in partes, durch die Entfernung vom «Gesindel», durch den Rückzug in die Einsamkeit *lösen*. Der Unmut gegen den Menschen erlischt nicht, wenn der «kleine Mensch» aus dem Gesichtskreis entschwindet. Ein Autor, der von sich sagt, «eine extreme Lauterkeit gegen mich ist meine Daseins-Voraussetzung, ich komme um unter unreinen Bedingungen», kann nicht mit sich im reinen bleiben, wenn er sich verschließt gegen das, was er weiß. Was Nietzsche im letzten Abschnitt des ersten Teils festhielt, gilt auch im letzten Abschnitt des zweiten: Er vermag über die Gemeinheit der «Canaille» buchstäblich nicht hinwegzusehen. Sie bleibt «immer» ein «Einwand», dem er sich stellen muß. Bei der Reizbarkeit seines Reinlichkeits-Bedürfnisses stößt die Diätetik an ihre Grenzen.[20]

20 *EH* I, 8 (275–277); I, 3 (268); *Also sprach Zarathustra* II, 6, 19–34 (p. 125–127); II, 20, 7–12; 22–31 (p. 178–179, 180); III, 13.2, 31–39 (p. 274–275). Cf. *Was ist Nietzsches Zarathustra?*, p. 60–62 mit n. 69. – Nietzsche fügte Abschnitt I, 8 im Dezember 1888 in das Manuskript ein (*Faksimile*, p. 13–14).

Die Weisheit Nietzsches koordiniert seine Philosophie und seine Natur. Sie lenkt seinen Willen zum Leben in die Bahnen des Wissens und bestimmt ihn zur eingehenden Auseinandersetzung mit den Rach- und Nachgefühlen, um seine Selbstgenügsamkeit zu befördern. Sie läßt ihn die beiden Pole seiner «doppelten Herkunft» in Zucht nehmen und für die Erkenntnis, seiner selbst wie seiner Zeit, fruchtbar machen. Sie hält ihn an, über den Reichtum, den er in sich birgt, zur Klarheit zu kommen und nicht weniger über seine größte Gefahr, die er im Ekel am Menschen erkennt. Und da der Ekel, um den es Nietzsche geht, durch keine Ausweichbewegung abzuschütteln ist, überantwortet Nietzsches Weisheit ihn der Obhut seiner Philosophie. Der «Dithyrambus auf die Einsamkeit», die Zarathustra-Dichtung, ist in diesem Verstande eine groß-angelegte Untersuchung des Ekels, ein Experiment in Rücksicht auf seine Auswirkungen und eine Exploration der Untiefen und Fallstricke bei seiner Überwindung. Doch warum erkennt Nietzsche im Ekel am «Gesindel» seine *größte* Gefahr? Nietzsche war für den vornehmen Affekt «immer» in hohem Maße anfällig.[21] Das bezeugen u. a. seine Hoffnung auf die Wiedergeburt der Tragödie und die Sehnsucht nach einem neuen Mythos zur Bezwingung des Optimismus in den Schriften vor der philosophischen Wende. Nach der Periagoge ist der vornehme Affekt nicht nur ein Fall für die Selbsthygiene wie das Ressentiment oder das Mitleid. Der Ekel am Menschen wird zur größten Gefahr für den Philosophen, da er den *Geist der Rache* heraufbeschwört. Er hielte Nietzsche davon ab, zum Ganzen Ja zu sagen. Der Ekel ist das größte Hindernis für die Erkenntnis der Welt und für Nietzsches Glück.

21 Zum Ekel am «kleinen Menschen» oder am «Gesindel» als dem eigentlich vornehmen Affekt siehe *Also sprach Zarathustra* III, 13.2, 33–39 (p. 274–275) und IV, 3.1, 11–15 (p. 305). Cf. *Was ist Nietzsches Zarathustra?*, p. 146–148 und 172.

III

Aufgabe

Die Aufgabe hat ihren großen Auftritt am Ende von *Warum ich so klug bin*, in den beiden Abschnitten, in denen der erste Teil von *Ecce homo* kulminiert. Doch schon in den acht Abschnitten davor ist sie das Thema von Nietzsches Klugheit, wie das Glück der Gegenstand seiner Weisheit ist. Dabei bezieht sich die Klugheit in Kapitel II nicht weniger auf Nietzsches Natur als die Weisheit in Kapitel I. Der Wegweiser und Platzhalter *so wie ich bin*, d. h., so wie ich *meiner Natur nach* bin, den Nietzsche im Zentrum zweimal symmetrisch einsetzt, bezeichnet die Achse, um die sich das Kapitel dreht.[1] Daß die Weisheit die Führung behält, wird durch die Abschnitte II, 9 und II, 10 unterstrichen, in denen Nietzsche die Antwort auf seine größte Gefahr gibt und in denen beide Kapitel ihren Abschluß finden. Die Rangordnung von Weisheit und Klugheit spiegelt sich darin wider, daß das erste Kapitel zweimal *meine Philosophie* aufruft, wohingegen das zweite zweimal von *meiner Moral* spricht. Nietzsche läßt keinen Zweifel aufkommen, daß er die Moral als Mittel begreift. Seine Moral steht im Dienst seines Guten und muß sich an diesem Zweck messen lassen. Sie ist in den ersten acht Abschnitten von Kapitel II mit alltäglichen Angelegenheiten der Lebensführung befaßt, mit Ernährung, Aufenthalt und Erholung, mit dem, was Nietzsche «die ganze Casuistik der Selbstsucht» nennt. Aber die Verhandlung der scheinbar «kleinen Dinge» wirft von Anfang an die Frage auf, in welchem Verhältnis sie zu den «grossen Aufgaben» stehen. Insbesondere gilt dies für die *Erholung*, die Nietzsche in der Vorbemerkung als Gegenbegriff zur *Aufgabe* einführte. Abermals weist der Aufbau, den Nietzsche für das Kapitel wählt, auf das Problem hin. Denn fünf der zehn bzw. acht Abschnitte sind der «Erholung» gewidmet. Die «Ernährung» und der «Ort» oder das «Clima» müssen sich mit je einem Ab-

1 *So wie ich bin* wird von Nietzsche zweimal verwendet: Im zweiten der drei Unterabschnitte von II, 5 und im zweiten der drei Unterabschnitte von II, 6 (288 und 290). Cf. *EH* II, 9, erster Satz (293).

schnitt begnügen. Ist die Erholung Mittel zum Zweck der Aufgabe? Und wie, vor allem, steht es mit der Aufgabe selbst: Ist sie Zweck oder Mittel?[2]

An die Spitze der Kasuistik der Selbstbewahrung und Selbststeigerung, die seiner Moral Orientierung gibt, stellt Nietzsche die Mehrung und Vertiefung seines Wissens, die ihm eine kluge Ökonomie eingetragen hat. Zu Beginn von II, 1, des längsten und mit elf Unterabschnitten am stärksten aufgefächerten Abschnitts von *Warum ich so klug bin*, postuliert er: «Ich habe nie über Fragen nachgedacht, die keine sind, – ich habe mich nicht verschwendet.» Was in Nietzsches hyperbolischer Aussage in Rede steht, ist nicht ein beliebiges «Nachdenken», das sich am Ende als fruchtlos herausstellte. Vielmehr geht es, wie er durch die Behauptung, «eigentliche *religiöse* Schwierigkeiten» nicht aus Erfahrung zu kennen, im nächsten Schritt zu verstehen gibt, um ein Nachdenken, das die ganze Existenz erfaßte und alle Kräfte beanspruchte. Ein Nachdenken etwa, das die Zerrissenheit des Sündenbewußtseins austrägt oder sich an der Last des bösen Gewissens abmüht. Das Ansinnen der Sündhaftigkeit weist Nietzsche von sich, und gegen das böse Gewissen macht er, durchaus im Einklang mit dem Lehrer der Phronesis, geltend, daß ihm «ein zuverlässiges Kriterium» dafür fehle, «was ein Gewissensbiss ist». Im Hinblick auf die vornehmen Leser setzt er einen moralischen Einwand hinzu: «nach dem, was man darüber *hört*, scheint mir ein Gewissensbiss nichts Achtbares ... Ich möchte nicht eine Handlung *hinterdrein* in Stich lassen». Wenn er, um einen vornehmen Point d'honneur gegen den Gewissensbiß auszuspielen, dafür plädiert, «den schlimmen Ausgang, die *Folgen* grundsätzlich aus der Werthfrage wegzulassen», kommt er der im ersten Kapitel attackierten Gesinnungsethik auf einem anderen Weg bedenklich nahe. «Etwas, das fehlschlägt, um so mehr bei sich in Ehren halten, *weil* es fehlschlug – das gehört eher schon zu meiner Moral.» Ein solcher Ehrenpunkt – Nietzsches Offerte an das heroische Bewußtsein – gehört *eher schon* zu seiner Moral, da er die Widerständigkeit und, bis zu einem gewissen Grade, die Unabhängigkeit stärkt. Aber er gehört *nicht wirklich* zu seiner Moral.[3] Die kluge Ökonomie verlangt vor allem, aus Fehlschlägen zu lernen und Irrtümer

2 *EH* II, 10 (295).

3 Die Wörter *eher schon* hat Nietzsche zwischen den Zeilen eingefügt (*Faksimile*, p. 15).

zu beheben, um der Verschwendung von Kraft und Aufmerksamkeit zu wehren. Im dritten Schritt erläutert Nietzsche, worauf sich die Fragen beziehen, von denen er im ersten sagte, daß sie keine seien. «Gott», «Unsterblichkeit der Seele», «Erlösung», «Jenseits», so hören wir, zählten zu den Begriffen, denen er «keine Aufmerksamkeit, auch keine Zeit» geschenkt habe, «selbst als Kind nicht, – ich war vielleicht nie kindlich genug dazu?» Wiederum handelt es sich um eine *offensichtlich* outrierte Aussage. Auch wenn wir, wie wir müssen, den Gott an der ersten Stelle der Viererreihe auf den Gott der Offenbarungsreligion einschränken – wer ließe sich davon überzeugen, daß der Autor des Aphorismus «Der tolle Mensch» in der *Fröhlichen Wissenschaft* «Gott» weder Aufmerksamkeit noch Zeit schenkte? Ganz zu schweigen vom Verfasser des *Antichrist* und von *Ecce homo* selbst. Und wie, Nietzsche hätte in den Jahren, die er mit Zarathustra verbrachte, die Frage der «Erlösung» nicht durchbuchstabiert? Nietzsches extreme Übertreibung soll uns offenbar die existentielle Distanz vor Augen rücken, aus der er über die christlichen Vier nachdachte. Sie berührten ihn im Innersten so wenig, wie der christliche Glaube insgesamt sich mit seinem Sein verträgt, den er, noch im selben Abschnitt, auf ein Credo quia absurdum zurückführt. Wie der zweite Schritt dem Verständnis des ersten, so kommt der vierte der Erklärung des dritten zu Hilfe. Nietzsche stellt heraus, daß er den Atheismus nicht «als Ereignis» kenne. Der Atheismus verstehe sich bei ihm vielmehr «aus Instinkt». Nietzsche folgt in Rücksicht auf das Wichtigste der eigenen Notwendigkeit: «Ich bin zu neugierig, zu *fragwürdig*, zu übermüthig, um mir eine faustgrobe Antwort gefallen zu lassen. Gott», wohlverstanden der allmächtige Gott, «ist eine faustgrobe Antwort, eine Undelicatesse gegen uns Denker –, im Grunde sogar bloss ein faustgrobes *Verbot* an uns: ihr sollt nicht denken! ...» Es ist seine philosophische Natur, die Nietzsche bestimmt, das Christentum zurückzuweisen und sich nicht zu «verschwenden».[4]

In einem scharfen Schnitt, auf den größtmöglichen Kontrast bedacht, wechselt Nietzsche von der Theologie zur Physiologie. Ganz anders als die Antwort der Religion interessiere ihn eine Frage, «an der mehr das ‹Heil der Menschheit› hängt, als an irgend einer Theologen-Curiosität:

4 *EH* II, 1, 1–4 und 8 (278–279 und 280). *Die fröhliche Wissenschaft* 125 (p. 480–482). Siehe S. 23–25. Cf. meine Schrift *Politische Philosophie und die Herausforderung der Offenbarungsreligion*. München 2013, p. 81–82 und 89.

die Frage der *Ernährung*.» Mit der Verhandlung von Ernährung, Stoffwechsel, Verdauung lenkt er die Aufmerksamkeit auf den Leib. In der, sit venia verbo, Verkörperung der «Selbstigkeit», die mit keinem anderen geteilt werden kann, erreicht er den harten Kern seiner Moral. Und da der Austausch mit der äußeren Natur für die verschiedenen Naturen unterschiedlich ausfallen muß oder ein jeweils besonderes Optimum aufweisen wird, kann er die «Frage der Ernährung» so stellen: «wie hast gerade *du* dich zu ernähren, um zu deinem Maximum von Kraft, von Virtù im Renaissance-Stile, von moralinfreier Tugend zu kommen?» Die Frage des Ortes bzw. des Klimas hätte den gleichen Zuschnitt, so daß Nietzsche sie später nicht eigens zu formulieren braucht. Es geht um Eine Sache: die Erdung der Moral und die Kritik der Naturvergessenheit des Idealismus. Ob Nietzsche gegen die deutsche Küche Front macht und sie mit der «Indigestion» des deutschen Geistes in Verbindung bringt, der «mit Nichts» fertig werde; ob er von den Auswirkungen einer falschen Ernährung berichtet, die er am eigenen Leib erfuhr (denn während er leugnet, Schwierigkeiten mit der Religion aus Erfahrung zu kennen, gilt das nicht für Schwierigkeiten, die ihm aus der Nahrung in jedem Sinne erwachsen[5]); ob er den Umgang mit Wein, Bier, Kaffee, Tee erörtert und «allen *geistigeren* Naturen» rät, sich des Alkohols zu enthalten («*Wasser* thut's») – immer hat er die physischen Bedingungen des Werdens zu sich im Auge. Die «Ernährung» steht ein für die elementaren Voraussetzungen eines gelungenen, gesteigerten, guten Lebens. Das Wissen der Physiologie ist grundlegend für das Regimen solitarii. Wenn Nietzsche am Ende von II, 1 sich selbst zitierend – und darauf ausdrücklich hinweisend – sagt, das «Sitzfleisch» sei «die eigentliche *Sünde* wider den heiligen Geist», schlägt er den Bogen zurück zum Beginn der Diskussion. Die ostentative Umwertung erinnert den Leser daran, daß das Vorwort die Philosophie als Wanderung im Verbotenen bestimmte.[6]

Die Frage nach dem Ort und dem Klima führt uns, obschon der Frage

5 «In der That, ich habe bis zu meinen reifsten Jahren immer nur *schlecht* gegessen, – moralisch ausgedrückt ‹unpersönlich›, ‹selbstlos›, ‹altruistisch›, zum Heil der Köche und andrer Mitchristen. Ich verneinte zum Beispiel durch Leipziger Küche, gleichzeitig mit meinem ersten Studium Schopenhauer's (1865), sehr ernsthaft meinen ‹Willen zum Leben›.» *EH* II, 1, 6 (279); cf. I, 2 (267) und S. 37.

6 *EH* II, 1, 4–11 (279–281). *Götzen-Dämmerung*, Sprüche und Pfeile 34 (p. 64).

der Ernährung «nächstverwandt», in eine gefährlichere Zone. Denn Nietzsche verknüpft das Ausgesetztsein gegenüber der äußeren Natur, das er auf deren Einverleibung folgen läßt, mit der Exposition der Aufgabe. Die Wahl des Aufenthalts ist für den, der «grosse Aufgaben zu lösen hat», Aufgaben, «die seine ganze Kraft herausfordern», mit einem erheblichen Risiko verbunden. Es gibt für ihn *verbotene Orte*. Nicht weil ihm ein Verbot von seiten der Religion oder der Politik das Leben dort verwehrte, sondern weil es sich um *Unglücks-Orte für seine Physiologie* handelt. «Der klimatische Einfluss auf den *Stoffwechsel*, seine Hemmung, seine Beschleunigung, geht so weit, dass ein Fehlgriff in Ort und Klima Jemanden nicht nur seiner Aufgabe entfremden, sondern ihm dieselbe überhaupt vorenthalten kann: er bekommt sie nie zu Gesicht.» Mit der Wahl des Aufenthalts steht nicht erst die Bewältigung, sondern bereits die Bestimmung der Aufgabe auf dem Spiel. Die Aufgabe ist nichts, das sich von selbst verstünde. Sie wird auch nicht von einer Autorität verfügt und in Gehorsam angenommen. Die Aufgabe, um die es Nietzsche geht, die große Aufgabe, die die ganze Person in Anspruch nimmt und das Aufbieten aller Vermögen und Fähigkeiten verlangt, muß gefunden und gesehen, sie muß erkannt werden. Erkennen bedeutet dabei in eins, sich zuerkennen und zu eigen machen. Das Sichzuerkennen und Zueigenmachen der Aufgabe setzt Zuversicht zu sich selbst, Zutrauen zu den eigenen Fähigkeiten und Vermögen voraus. Ein Gefühl von Kraft und Stärke, der Aufgabe gewachsen zu sein. Nietzsche spricht von einem «animalischen vigor», der groß genug geworden sein muß, «dass jene in's Geistigste überströmende Freiheit erreicht wird, wo Jemand erkennt: *das* kann ich allein ...» Die Aufgabe, auf die in *Ecce homo* alles ankommt, ist die Aufgabe, die der eigenen Natur entspricht, die deren beste Möglichkeiten hervortreibt, sie befördert und prägt, sie Wirklichkeit werden läßt. Mit der richtigen Bestimmung der Aufgabe steht nicht weniger als die Feststellung der Natur, das Werden zu sich in Frage. Ein «Fehlgriff in Ort und Klima» betrifft, um zu Nietzsches Szenario zurückzukehren, nicht nur den «animalischen vigor», sondern ebenso die Beweglichkeit der «Füsse des Geistes». «Man stelle sich die Orte zusammen, wo es geistreiche Menschen giebt und gab, wo Witz, Raffinement, Bosheit zum Glück gehörten, wo das Genie fast nothwendig sich heimisch machte: sie haben alle eine ausgezeichnet trockne Luft.» Nietzsche nennt Paris, die Provence, Florenz, Jerusalem, Athen – Orte, die für den großen Stil, die Ritter der Gaya scienza, Machiavellis Virtù, die Offenbarungsreligion, die Philosophie stehen mögen. Witz, Raffinement, Bosheit gehören mutmaßlich zu dem Glück, das mit der Hingabe an die Aufgabe einhergeht. Oder gehören sie noch mehr zu jenem Glück, das über die Aufgabe hinaus ist? Das darin liegt, Abstand gewonnen zu haben und auf die Aufgabe herabzublicken? Das Genie jedenfalls, versichert Nietzsche, sei bedingt durch trockene Luft, durch reinen Himmel, durch die Möglichkeit, «grosse, selbst ungeheure Mengen Kraft sich immer wieder zuzuführen», kurz: durch einen Aufenthalt und einen Austausch, der es in jeder Hinsicht zu einem Begünstigten der Natur macht. Im Anschluß an seine Betrachtung zu den Bedingungen des Genies trägt Nietzsche die vehementeste Selbstkritik vor, die sich in *Ecce homo* findet. Er spricht ein zweites Mal von einem Verhängnis in seinem Leben. Jetzt aber von einem Verhängnis, aus dem kein Glück hervorging und das nicht in seiner Natur, sondern in einem Mangel an Erkenntnis begründet war: «die Unwissenheit in physiologicis – der verfluchte ‹Idealismus› – ist das eigentliche Verhängniss in meinem Leben, das Überflüssige und Dumme darin, Etwas, aus dem nichts Gutes gewachsen, für das es keine Ausgleichung, keine Gegenrechnung giebt. Aus den Folgen dieses ‹Idealismus› erkläre ich mir alle Fehlgriffe, alle grossen Instinkt-Abirrungen und ‹Bescheidenheiten› abseits der *Aufgabe* meines Lebens, zum Beispiel, dass ich Philologe wurde – warum zum Mindesten nicht Arzt oder sonst irgend etwas Augen-Aufschliessendes?» Der Mangel an Erkenntnis führte zu den «Fehlgriffen» in der Wahl des Aufenthalts und Umgangs und zu den «Instinkt-Abirrungen» einer trügerischen Selbstindienstnahme, zu einem Mangel an Klugheit, durch den die *Aufgabe* in Gefahr geriet. Erst die Krankheit, die tiefe Krisis, brachte Nietzsche «zur Vernunft». Im Rückblick auf die Zeit davor spricht er von der «Grund-Unvernunft» seines Lebens. «Es fehlte jede feinere Selbstigkeit, jede *Obhut* eines gebieterischen Instinkts, es war ein Sich-gleich-setzen mit Irgendwem, eine ‹Selbstlosigkeit›, ein Vergessen seiner Distanz». Die Leidenschaft der Erkenntnis, ihr Gebot und ihre Bejahung, wird die Wende bringen.[7]

Nachdem mit der *Aufgabe* der Leitbegriff des Kapitels exponiert ist, komplettiert die *Erholung* die Trias, die Nietzsche der Klugheit anempfiehlt: «das Dritte, worin man um keinen Preis einen Fehlgriff thun darf, ist die Wahl *seiner* Art *Erholung*.» Wie im Falle der Ernährung und des

7 *EH* II, 2 (281–283). Beachte *AC* 54 (236).

Aufenthalts geht es bei der Erörterung der Erholung nicht um Regeln für Jedermann. «Auch hier sind je nach dem Grade, in dem ein Geist sui generis ist, die Grenzen des ihm Erlaubten, das heisst *Nützlichen*, eng und enger.» Die Erholung hat ihr Maß, so scheint es, in der Zweckdienlichkeit für die Aufgabe, an der sie, gleich der Wahl der Ernährung und des Aufenthalts, ausgerichtet werden muß. Nietzsche erläutert die Grenzen des Erlaubten für den, der alleine steht und sich bewußt ist, was er alleine kann, am Beispiel des Lesens. In seinem Fall gehört «alles» Lesen zu seinen «Erholungen», «folglich zu dem, was mich von mir losmacht». Das Lesen läßt ihn «in fremden Wissenschaften und Seelen spazieren gehn», weshalb er es, insofern es ihn von ihm entfernt, nicht mehr ernst nimmt: «Lesen erholt mich eben von *meinem* Ernste.» Auch diese hyperbolische Rede – das Lesen als Erholung und nichts als Erholung – hat ihren Sinn offenbar darin, den alles entscheidenden Ernst der Aufgabe oder des zu vollbringenden Werks herauszustellen.[8] «In tief arbeitsamen Zeiten sieht man keine Bücher bei mir: ich würde mich hüten, Jemanden in meiner Nähe reden oder gar denken zu lassen. Und das hiesse ja lesen …» Wenn die Erholung zur Vernachlässigung der Aufgabe führte, oder wenn sie die Schwangerschaft des Geistes zu stören vermöchte, die dem Werk vorausgeht, wären die Grenzen des Erlaubten überschritten. «Man muss dem Zufall, dem Reiz von aussen her so viel als möglich aus dem Wege gehn; eine Art Selbst-Vermauerung gehört zu den ersten Instinkt-Klugheiten der geistigen Schwangerschaft. Werde ich es erlauben, dass ein *fremder* Gedanke heimlich über die Mauer steigt? – Und das hiesse ja lesen …» Nach der Niederkunft liegen die Dinge anders. Das Werk gibt den Takt vor. «Auf Zeiten der Arbeit und Fruchtbarkeit folgt die Zeit der Erholung: heran mit euch, ihr angenehmen, ihr geistreichen, ihr gescheuten Bücher!» Ordnet Nietzsche die Auseinandersetzung mit den fordernden, den tiefen oder den ihm widerstrebenden Büchern dem Ernst der Aufgabe zu? So daß nicht «alles» Lesen zu seinen «Erholungen» zählte? Für die angenehme, geistreiche, gescheite Lektüre, die ihn von sich, d.h. von seiner Aufgabe «losmacht», führt er ausschließlich französische Autoren an. Der erste, Victor Brochard, Verfasser von *Les sceptiques grecs*, worin er seine «Laertiana» «gut benutzt» findet, gibt Nietzsche Gelegenheit, die Skep-

8 Cf. *Götzen-Dämmerung*, Was den Deutschen abgeht 6–7 (p. 108–110), und *AC* Vorwort, 2 (169).

tiker als den «einzigen *ehrenwerthen* Typus unter dem so zwei- bis fünfdeutigen Volk der Philosophen» zu rühmen. Stendhal, den er einen der «schönsten Zufälle» seines Lebens nennt, preist er am Ende der langen, sechzehn Wissenschaftler und Schriftsteller umfassenden Reihe für «den besten Atheisten-Witz». Einen Witz, der von ihm hätte stammen können und der es ihm gestattet, den Abschnitt zur Erholung mit dem Wort *Gott* zu beschließen. Einerlei, wo Nietzsche spazierengeht, er bewegt sich im Horizont seines Ernstes.[9]

Die Erholung macht Unterscheidungen erforderlich. Die *Aufgabe* und das *Werk* werden in dem Einen Fall, um den es Nietzsche in *Ecce homo* geht, in der *Umwertung aller Werte*, deckungsgleich. Aber sie sind nicht dasselbe. So kann Nietzsche die *Götzen-Dämmerung* im Blick auf die *Umwerthung* bzw. den *Antichrist* eine «Erholung» nennen, ohne deshalb in Abrede zu stellen, daß es sich bei der *Götzen-Dämmerung*, den *Dionysos-Dithyramben* oder *Ecce homo* um Werke handelt, deren «Schwangerschaft» ihrerseits nach Erholung verlangt. Und wenn Nietzsche sich in der Arbeit an der *Götzen-Dämmerung* vom Ernst seiner Aufgabe «erholt», heißt das weder, daß er diese Arbeit nicht mehr ernst nähme, noch bedeutet es etwa, daß er, solange er «mit dem Hammer philosophirt», nicht bei sich wäre. Nietzsche ist mit seiner Aufgabe nicht Eins. Er hat allen Grund, das Verhältnis von Erholung und Aufgabe eingehender zu verhandeln. Daß die Bestimmung der Zweckdienlichkeit nicht hinreicht, zeigen die vier zusätzlichen Abschnitte (II, 4–7), die Nietzsche auf die Erholung verwendet, wobei er dem Leser erst im nachhinein zu verstehen gibt, daß die Erholung durchgängig und unverwandt der Gegenstand der Erörterung geblieben ist.[10] Vor allem der erste der Vier scheint von anderem zu handeln. Nietzsche beginnt ihn mit einer Lobeserhebung auf Heinrich Heine, der ihm den «höchsten Begriff vom Lyriker» gegeben habe: «Ich suche umsonst in allen Reichen

9 *EH* II, 3 (284–286). Der letzte Satz lautet: «Ich selbst habe irgendwo gesagt: was war der grösste Einwand gegen das Dasein bisher? *Gott* …» Siehe *Götzen-Dämmerung*, Die vier grossen Irrtümer 8 (p. 97), und beachte *Die fröhliche Wissenschaft* V, 343 (p. 573–574).

10 Nietzsche macht auf den Gegenstand der vier zentralen Abschnitte zweimal aufmerksam, im ersten Satz von II, 5 («Hier, wo ich von den Erholungen meines Lebens rede») und im ersten Satz von II, 8 («In Alledem – in der Wahl von Nahrung, von Ort und Klima, von Erholung – gebietet ein Instinkt der Selbsterhaltung»). Siehe den ersten Satz von II, 3.

der Jahrtausende nach einer gleich süssen und leidenschaftlichen Musik. Er besass jene göttliche Bosheit, ohne die ich mir das Vollkommne nicht zu denken vermag». Beim Vollkommenen angelangt, nimmt die Eloge die Rede von Gott wieder auf, mit der der vorangegangene Abschnitt schloß, und kontrastiert dem «grössten Einwand gegen das Dasein» *den Gott*, der «nicht abgetrennt vom Satyr» auftritt oder zu verstehen ist. Dionysos, der den Satyr zum Begleiter hat, vereint Gott, Mensch und Tier. Seine Göttlichkeit erscheint unter Masken des Unvollkommenen.[11] Die Verbindung von Leichtigkeit und Ernst bildet den vollkommenen Auftakt zu einem Abschnitt, in dem Nietzsche sich vermittels nachdrücklicher Auszeichnungen Heines, Shakespeares und Bacons gleichsam beiläufig in drei wichtigen Personae vorstellt und dazwischen eine vierte, abgebrochene kurz streift. Die Eloge auf Heine führt den *Lyriker und Sprachkünstler* Nietzsche ein.[12] Die auf Shakespeare fügt den *Tragödien- und Komödiendichter*, die auf Bacon den *Philosophen* hinzu. Die Erhöhung von Byrons «Manfred» zu einer Art Über-Faust und ein Angriff auf Schumanns Vertonung dienen Nietzsche dazu, an seine Versuche als *Komponist* zu erinnern, die er nach Hans von Bülows Verdikt über die «Gegenouvertüre» zum «Manfred», «Nothzucht an der Euterpe», aufgab.[13] Shakespeare liefert ihm das Stichwort, um den

11 «– ich schätze den Werth von Menschen, von Rassen darnach ab, wie nothwendig sie den Gott nicht abgetrennt vom Satyr zu verstehen wissen» *EH* II, 4, 1 (286). Der Atheisten-Witz, «die einzige Entschuldigung Gottes ist, dass er nicht existirt», hatte den Einen Gott zum Ziel, dem Allmacht zugesprochen wird.

12 «Man wird einmal sagen, dass Heine und ich bei weitem die ersten Artisten der deutschen Sprache gewesen sind – in einer unausrechenbaren Entfernung von Allem, was blosse Deutsche mit ihr gemacht haben» *EH* II, 4, 2 (286).

13 Nietzsche hatte Hans von Bülow seine Komposition am 20. Juli 1872 zugeschickt (*KGB* II 3, p. 26). Von Bülows Urteil ließ an Deutlichkeit nichts zu wünschen übrig: «Ihre Manfred-Meditation ist das Extremste von phantastischer Extravaganz, das Unerquicklichste und Antimusikalischeste was mir seit lange[m] von Aufzeichnungen auf Notenpapier zu Gesicht gekommen ist.» Und am Ende einer längeren Kritik resümierend: «Nochmals – nichts für ungut – Sie haben übrigens selbst Ihre Musik als ‹entsetzlich› bezeichnet – sie ists in der That, entsetzlicher als Sie vermeinen, zwar nicht gemeinschädlich, aber schlimmer als das, schädlich für Sie selbst, der Sie sogar etwaigen Ueberfluß an Muße nicht schlechter todtschlagen können, als in ähnlicher Weise Euterpe zu nothzüchtigen.» Brief vom 24. Juli 1872 (*KGB* II 4, p. 51–54). Nietzsche versichert in seiner Antwort an von Bülow, «daß ich, seit ich das Bessere, durch Sie weiß, thun werde was sich geziemt.

Zarathustra ins Spiel zu bringen, der, als Tragödie angekündigt, sich im vierten Teil zur Komödie aufschwingt, und um aus eigener Erfahrung mitzuteilen, daß der «grosse Dichter», der ganz aus seiner Wirklichkeit schöpft, «hinterdrein sein Werk nicht mehr aushält»: die Frucht seiner geistigen Schwangerschaft gewinnt Selbständigkeit und löst sich vom Leben des Dichters ab. Bacon endlich, den Nietzsche zum wahren Autor des unter Shakespeares Namen bekannten Œuvre erklärt, erlaubt ihm, abermals mit einem Seitenblick auf *Also sprach Zarathustra*, die Rangordnung von Philosoph und Dichter festzustellen. Die Personae des Philosophen, des Tragödien- und Komödiendichters, des Lyrikers oder auch die des Komponisten, von der sich Nietzsche Jahre vor dem Beginn seines philosophischen Lebens abwandte, der *Erholung* zuzuordnen, hat einen guten Sinn, wenn es darum geht, den Unterschied zu den Personae zu kennzeichnen, die in II, 4 *nicht* vorkommen: zum Lehrer der Menschheit, zum Gründer, zum Gesetzgeber. Zugleich weist die Zuordnung darauf hin, daß die «Erholung» sich zur Aufgabe nicht verhält wie das Mittel zum Zweck.[14]

Die Betrachtung der Personae, die für die «Erholungen» seines Lebens einstehen, d. h. die wesentlich zur Artikulation des Lebens gehören, das Nietzsche seit etwa einem Jahrzehnt führt, wird gefolgt vom Rückblick auf Erholungen in seinem früheren Leben. Die beiden mittleren Abschnitte von *Warum ich so klug bin* sind diesem Rückblick gewidmet (II, 5 und 6). Was nicht bedeutet, daß die Betrachtung des synchronen oder strukturellen Bestands in ihnen keine Fortsetzung fände. Denn wenn Nietzsche von seiner Dankbarkeit für das spricht, was ihn in der Vergangenheit «bei weitem am Tiefsten und Herzlichsten erholt» habe, erweitert er die Reihe der Erholungen in der Gegenwart um ein wichtiges Glied: das Jasagen, das in der Dankbarkeit zum Ausdruck kommt. Beide Abschnitte handeln von Nietzsches Dankbarkeit. Und beide betreffen, in unterschiedlicher Weise, Richard Wagner. Was Nietzsche am tiefsten und herzlichsten erholte, sei «ohne allen Zweifel der intimere Verkehr» mit Wagner gewesen. «Ich lasse den Rest meiner menschlichen Beziehungen billig; ich möchte um keinen Preis die Tage von Tribschen aus meinem Leben weggeben, Tage des Vertrauens, der

Sie haben mir *sehr geholfen* – es ist ein Geständniß, das ich immer noch mit einigem Schmerze mache.» Brief vom 29. Oktober 1872 (*KGB* II 3, p. 78–80).

14 *EH* II, 4, 1–6 (286–287).

Heiterkeit, der sublimen Zufälle – der *tiefen* Augenblicke ...» Nietzsche verliert kein Wort über die Sehnsüchte, Hoffnungen und Absichten, die ihn einst mit Wagner verbanden und die er zu jener Zeit auf die programmatischen Formeln «Wiedergeburt der Tragödie» und «Wiedergeburt des deutschen Mythus» brachte.[15] Vielmehr weist er Wagner eine prominente Rolle bei der Dissoziation von den Bindungen und Einflüssen seiner Herkunft zu, bei einer Dissoziation, die seine Natur, «so wie ich bin», verlangte und die er schon in *Warum ich so weise bin* (I, 3) herausstellte. Die erste Berührung mit Wagner sei das erste Aufatmen in seinem Leben gewesen. Er verehrte ihn als «Ausland», als «Revolutionär», als «leibhaften Protest gegen alle ‹deutschen Tugenden›». Der Wagner, der ihn von der deutschen Enge befreite, gehört nach Paris. Nietzsche assoziiert ihn mit der Délicatesse des Kunstsinns, den Fingern für Nuances, der psychologischen Morbidität, der Leidenschaft in Fragen der Form, dem Ernst in der mise en scène: dem «Pariser Ernst par excellence». Auf dem Umweg über Wagner und Frankreich kommt der Ernst in die Erörterung der Erholung zurück. Ein Ernst, der nicht mit dem Ernst der Aufgabe zu verwechseln, für den Autor von *Ecce homo* deshalb jedoch nicht weniger bestimmend ist. Nietzsche stellt Wagner mit Delacroix und Berlioz zusammen, bei denen er einen «fond von Krankheit, von Unheilbarkeit im Wesen» ausmacht, und mit Baudelaire, dem «typischen décadent», den er den ersten intelligenten Anhänger Wagners nennt, alles «Virtuosen durch und durch», «Fanatiker des *Ausdrucks*». Weder die Morbidität noch das Histrionentum, das er andernorts an Wagner hervorhebt, stehen seiner Dankbarkeit entgegen. Die Dankbarkeit ist auch nicht auf den Rückblick, auf eine Wohltat der Vergangenheit beschränkt. Am Ende der wenige Monate zuvor veröffentlichten Kritik *Der Fall Wagner* betonte Nietzsche, daß seine Schrift von der Dankbarkeit inspiriert sei. Von der Dankbarkeit desjenigen, dem an der «Diagnostik der modernen Seele» gelegen, der mit der Analyse der Dekadenz befaßt, dem es um Selbsterkenntnis zu tun ist. Er bringt seine Dankbarkeit bündig zum Ausdruck, indem er den «Fall Wagner» einen *Glücksfall für den Philosophen* heißt. — In Übereinstimmung mit der entschiedenen Distanznahme gegenüber Deutschland und den Deut-

15 *Die Geburt der Tragödie aus dem Geiste der Musik* 16, 1; 17, 4; 19, 7; 20, 1; 20, 3; 23, 3; cf. 23, 5; 24, 9; 25, 2; (*KSA* 1, p. 103, 111, 129, 130, 132, 146–147, 148–149, 154, 155).

schen, die *Ecce homo* als politische Demarkationslinie auszieht, legt Nietzsche Wagner zur Last, «dass er reichsdeutsch wurde». Er habe ihm «nie vergeben», daß Wagner – wie der christliche Gott zu den Gläubigen – zu den Deutschen «condescendirte». Vom Vorhalt der Kondeszendenz zu den Deutschen, der den Abschnitt zum Umgang mit Wagner beschließt, kehrt Nietzsche im Abschnitt über Wagners Musik unmittelbar zum Lob des Wohltäters seines früheren Lebens zurück. «Alles erwogen, hätte ich meine Jugend nicht ausgehalten ohne Wagnerische Musik.» Das Lob nimmt dem Urteil der «Krankheit» und «Unheilbarkeit» nichts von seiner Schärfe. Es knüpft im Gegenteil an die Diagnose der Morbidität und Dekadenz an, um sie zuzuspitzen: «Wagner ist das Gegengift gegen alles Deutsche par excellence, – Gift, ich bestreite es nicht ...» Wagners Musik war das Gift, das Nietzsche zu jener Zeit «nöthig hatte». Genauer gesagt war es das Gift eines einzig dastehenden Musikdramas: des «Tristan». «Die älteren Werke Wagner's sah ich unter mir – noch zu gemein, zu ‹deutsch› ... Aber ich suche heute noch nach einem Werke von gleich gefährlicher Fascination, von einer gleich schauerlichen und süssen Unendlichkeit, wie der Tristan ist, – ich suche in allen Künsten vergebens.» Nietzsche hatte «Tristan und Isolde» in der *Geburt der Tragödie* im Sinne der Artisten-Metaphysik ausgelegt, in der er damals befangen war, und zum Exempel erhoben, wie der tragische Künstler, «gleich einer üppigen Gottheit der individuatio, seine Gestalten schafft», dann aber dessen «ungeheurer dionysischer Trieb diese ganze Welt der Erscheinungen verschlingt, um hinter ihr und durch ihre Vernichtung eine höchste künstlerische Urfreude im Schoosse des Ur-Einen ahnen zu lassen.»[16] Jetzt steht ihm die Erlösungsbedürftigkeit, die in «Tristan und Isolde» ihren verführerischsten künstlerischen Ausdruck findet, in aller Deutlichkeit vor Augen. Denn er machte sie längst zum Kardinalpunkt seiner Kritik. Mit Rücksicht auf ebendiesen Kardinalpunkt kann er von dem Werk sagen, es sei «durchaus das non plus ultra Wagner's». Nietzsche setzt hinzu: «er erholte sich von ihm mit den Meistersingern und dem Ring. Gesünder werden – das ist ein *Rückschritt* bei einer Natur wie Wagner ...» Bei einer Natur wie

16 *Die Geburt der Tragödie* 22, 1 (p. 141); siehe 21, 4–9 (p. 135–140). Der «dionysische Trieb» steht zur Zeit von Nietzsches tragischer Weltanschauung noch im Bann der «Weisheit des Silen», der zufolge es das beste wäre, nicht geboren zu sein, nicht zu sein, nichts zu sein. Cf. 3, 2; 4, 1; 4, 3; 7, 8; 8, 1 (p. 35, 38–40, 41, 57, 58–59).

Nietzsche, so dürfen wir folgern, der die Kraft seiner Philosophie aus seinem Willen zur Gesundheit, zum Leben gewinnt, bedeutet gesünder werden dagegen einen Aufstieg. Er erholt sich auf einer neuen, zuvor nicht erreichten Höhe. Die Leidenschaft der Erkenntnis läßt Nietzsche rückblickend selbst zum Leben unter Deutschen ja sagen, das er kurz zuvor als kaum zu ertragen, ohne die Begegnung mit dem «Tristan» nicht auszuhalten beschrieb. «Ich nehme es als Glück ersten Rangs, zur rechten Zeit gelebt und gerade unter Deutschen gelebt zu haben, um *reif* für dies Werk zu sein: so weit geht bei mir die Neugierde des Psychologen.» Als das «auswählende Prinzip», das er ist, die Natur, die sich die nötigen «Heilmittel» gegen eine allfällige «Krankheit» zu verschaffen weiß, brauchte Nietzsche die Ohren nicht gegen die Sirenenklänge von Wagners Musik zu verschließen und sich den «fünfzig Welten fremder Entzückungen, zu denen Niemand ausser ihm Flügel hatte», nicht zu entziehen. In summa lautet das Urteil seiner Dankbarkeit: «so wie ich bin, stark genug, um mir auch das Fragwürdigste und Gefährlichste noch zum Vortheil zu wenden und damit stärker zu werden, nenne ich Wagner den grossen Wohlthäter meines Lebens.»[17]

Mit einem «Wort für die ausgesuchtesten Ohren» setzt Nietzsche seine Verhandlung der Erholung in Perspektive. In dem letzten Abschnitt, den *Warum ich so klug bin* dem Gegenstand widmet, und dem einzigen, der mit «Ich» beginnt, sagt er, was er «eigentlich» von der Musik wolle, sei, daß «sie heiter und tief ist, wie ein Nachmittag im Oktober.» Die Musik soll jenem vollkommenen Tag entsprechen, an dem Nietzsche sich, und uns, sein Leben erzählt. Den Wenigen, für die das Wort bestimmt ist, wird es nicht schwerfallen, das von der Musik Gesagte auf die Lyrik, auf die tragische und komische Dichtung und auf die Philosophie zu übertragen, die Nietzsche in die Erörterung einführte. Nicht umsonst assimilierte er zum Auftakt die Lyrik ausdrücklich der Musik. Nietzsches Erholung soll Tiefe mit Heiterkeit vereinen. Für seine eigene Dichtung und Philosophie zumindest gilt, daß das heitere Spiel sich über tiefem Ernst erhebt. Das «Wort für die ausgesuchtesten Ohren» hat noch einen zweiten Teil. Nietzsche will von der Musik außerdem, daß «sie eigen, ausgelassen, zärtlich, ein kleines süsses Weib

17 *EH* II, 5–6 (288–290); I, 3 (268). *Der Fall Wagner*, Epilog 1–2 (p. 50–53). Cf. *EH* I, 2 (266–267) und I, 6 (273) sowie Vorbemerkung (263); S. 36–37 und 45–46 sowie 30–31. – Zu «Tristan» cf. *Richard Wagner in Bayreuth* 8, 5 (*KSA* 1, p. 479).

von Niedertracht und Anmuth ist ...» Das Wunschbild erinnert den Leser an die Charakterisierungen, die Zarathustra in den beiden Tanzliedern für das *Leben* wählt. Welche Art Musik sich für Nietzsche mit dem Leben verbindet und daß er mit Tiefe nicht Unergründlichkeit meint, deutet er durch zwei pointierte Erwähnungen an. Im Zentrum der Komponisten, deren Namen er anführt, steht Chopin; die einzige Komposition, die er nennt, ist das Siegfried-Idyll.[18] Wagner komponierte die Symphonie anläßlich der Geburt seines Sohns. Nietzsche war dabei, als sie zu Cosimas Geburtstag am 25. Dezember 1870 im Haus der Wagners in Tribschen in kammermusikalischer Besetzung uraufgeführt wurde. Nietzsche stellt mit seiner Auszeichnung des Werks die Strenge und Klarheit der Form gegen die unendliche Melodie, das Idyll gegen den Heroismus und die Feier des Lebens gegen die Verzückung des Verlöschens («ertrinken – versinken – unbewusst – höchste Lust!»). Das letzte Wort aber behält er der eigenen «Musik» vor. Die vier zusätzlichen Abschnitte zur Erholung, die mit einem Lob des Lyrikers Heine begannen, enden mit einem Gedicht des Lyrikers Nietzsche. Das Gedicht – es ist das einzige, das als Gedicht, nicht als Zitat in *Ecce homo* auftritt – besingt Venedig, die Musik, das Wasser, das Saitenspiel der Seele, ihre Seligkeit. Ein Glück, von dem Nietzsche sagt, daß er es sich «nicht ohne Schauder von Furchtsamkeit» zu denken weiß.[19]

18 «Ich selbst bin immer noch Pole genug, um gegen Chopin den Rest der Musik hinzugeben: ich nehme, aus drei Gründen, Wagner's Siegfried-Idyll aus, vielleicht auch Liszt, der die vornehmen Orchester-Accente vor allen Musikern voraus hat; zuletzt noch Alles, was jenseits der Alpen gewachsen ist – *diesseits* ...» *EH* II, 7 (291).

19 *EH* II, 7 (290–291). Richard Wagner: *Tristan und Isolde* in fine; cf. *Die Geburt der Tragödie* 22, 1 (p. 141). – Ehe Nietzsche im Dezember 1888 die Abschnitte II, 4, 6 und 7 neu einfügte und II, 5 revidierte, lautete die erste Hälfte des Vorgängerabschnitts: «Die Musik – um des Himmels Willen! Halten wir sie fest als *Erholung* und als nichts Anderes! ... Um keinen Preis darf sie *uns* das sein, wozu sie heute, durch den allerverächtlichsten Mißbrauch, geworden ist, ein *Aufregungsmittel*, ein Peitschenschlag mehr für erschöpfte Nerven, eine bloße Wagnerei! Nichts ist ungesünder – crede experto! – als der Wagnerische Mißbrauch der Musik, er ist die schlimmste Art Idealismus unter allem möglichen idealistischen Hokuspokus. Ich nehme mir wenig Dinge so übel, als ich mir die Instinkt-Widrigkeit übel nehme, in jungen Jahren schon diesem Laster Wagner verfallen zu sein. Wagner und Jugend – aber das ist so viel wie *Gift* und Jugend ...» (*Faksimile*, p. 29.) Nietzsche entscheidet sich auch in diesem Fall für eine überlegene Version. Er wählt eine diachro-

Wenn Nietzsche die größte Kraft zu Gebote stehen soll, die ein Philosoph bisher für eine Aufgabe weltgeschichtlichen Ausmaßes aufzuwenden hatte, darf er sich nicht achtlos verausgaben. Nach der Erörterung der Klugheit, die seine Wahl von Nahrung, Aufenthalt, Erholung regiert, nimmt er das Thema der Verschwendung wieder auf, das ganz am Anfang stand. Selbststeigerung setzt Selbstbewahrung voraus, und der «Instinkt der Selbsterhaltung» spricht sich als «Instinkt der *Selbstvertheidigung*» am deutlichsten aus. Dabei vermag diejenige Selbstverteidigung die Kräfte am besten zu bewahren, die dafür Sorge trägt, daß der Verteidigungsfall gar nicht eintritt. «Vieles nicht sehn, nicht hören, nicht an sich herankommen lassen – erste Klugheit, erster Beweis dafür, dass man kein Zufall, sondern eine Necessität ist.» Die Necessität bezeichnet den Kern des Wohlgeratenen, der in I, 2 als «ein auswählendes Prinzip» bestimmt wurde. «Das gangbare Wort für diesen Selbstvertheidigungs-Instinkt ist *Geschmack*. Sein Imperativ befiehlt nicht nur Nein zu sagen, wo das Ja eine ‹Selbstlosigkeit› sein würde, sondern auch *so wenig als möglich Nein* zu sagen. Sich trennen, sich abscheiden von dem, wo immer und immer wieder das Nein nöthig werden würde.» Der Geschmack, den Nietzsche als Organon der Selbstverteidigung heranzieht, ist nicht einer Ästhetik entlehnt, die auf Interesselosigkeit ausgeht, sondern gehört zu Nietzsches Natur-Lehre. Er reguliert den Kräfte-Haushalt. «Unsre *grossen* Ausgaben sind die häufigsten kleinen. Das Abwehren, das Nicht-heran-kommen-lassen ist eine Ausgabe – man täusche sich hierüber nicht –, eine zu negativen Zwecken *verschwendete* Kraft.» Wenn der «Geschmack» für einen Ort stimmt, der der eigenen Natur kongenial ist, oder wenn er eine Erholung wählt, die ihr entspricht, wenn er der Einsamkeit den Vorzug gibt, wirkt er dem Aufreiben, dem Verdampfen der Kräfte entgegen und hilft sie so für den entscheidenden Fall zu bewahren und zu sammeln. Auf die Vergeudung der eigenen Kräfte bezieht sich desgleichen eine «andre Klugheit und Selbstvertheidigung», die Nietzsche gesondert behandelt, obschon sie, recht verstanden, in die erste Klugheit einbegriffen ist. Er sagt von ihr, sie bestehe darin, «dass man *so selten als möglich reagirt* und dass man sich Lagen und Bedingungen entzieht, wo man verurtheilt wäre, seine

nisch differenzierte Kritik, die weiter ausgreift und zusätzliche Zwecke erfüllt. Insbesondere gibt sie ihm die Möglichkeit, die Dankbarkeit zum Thema zu machen und in concreto zu bezeugen.

‹Freiheit›, seine Initiative gleichsam auszuhängen und ein blosses Reagens zu werden.» Als «Gleichniss» dient ihm der Verkehr mit Büchern, den er bereits in der Erörterung der Erholung heranzog. Jetzt am Beispiel des Gelehrten, der sich als Décadent der Bücher nicht zu erwehren weiß. Der Gelehrte, der nur noch Bücher wälze, erschöpfe «seine ganze Kraft im Ja und Neinsagen», im Antworten auf andere, «in der Kritik von bereits Gedachtem» und verliere zuletzt vollständig «das Vermögen, von sich aus zu denken». Bei der zweiten Klugheit liegt der Akzent nicht mehr auf der Schonung der Kräfte, dem Aufsparen für die zukünftige Aufgabe, sondern auf dem richtigen Einsatz in der Gegenwart, dem Gebrauch für die wichtigste Aktivität. Mit der Kritik des Décadent, dem die Souveränität des Agierens und Nichtagierens, der Verbindung von Spontaneität und Disziplin fehlt, bringt Nietzsche in *Warum ich so klug bin* schließlich von ferne das «aggressive Pathos» in Erinnerung, das er in *Warum ich so weise bin* stark machte. Wo die Rede der Klugheit sich der Abwehr von Gefahren widmet, machte die Rede der Weisheit die Übernahme von Gefahren zu ihrer Sache. Sie betonte nicht die Selbstverteidigung, sondern die Herausforderung zum Kampf, nicht die Erhaltung, sondern die Erprobung der Kraft – ihren Zuwachs im Aufsuchen von Widerständen, ihre Stärkung im Angriff auf einen gewaltigeren Gegner, die Selbststeigerung im Agon mit den Problemen.[20]

Am Ende des ersten Teils von *Ecce homo*, in den Abschnitten II, 9 und 10, die die Kapitel I und II verklammern und Weisheit und Klugheit übereinbringen, kehrt die Aufgabe in die Erörterung zurück. Sie ist der entscheidende Begriff, sobald es darum geht, «die eigentliche Antwort auf die Frage, *wie man wird, was man ist*, zu geben», sobald es gilt, der Erwartung zu entsprechen, die der Untertitel des Buchs weckt.[21] Die

20 *EH* II, 8 (291–293). Cf. I, 7 (274) und II, 1 (278); S. 45–48 und 52–53. Zur Rangordnung von Weisheit und Klugheit siehe auch S. 51.
21 In II, 9 erreicht *Aufgabe* mit sieben Verwendungen die höchste Dichte innerhalb des ganzen Buchs. In II, 10 kommen zwei Erwähnungen hinzu, wobei, dem Gegenstand des Abschnitts entsprechend, beide Male von *großen Aufgaben* die Rede ist. Der einzige Abschnitt von *Warum ich so klug bin*, in dem *Aufgabe* davor auftrat, war II, 2 (dreimal). – Nietzsche markiert die Zusammengehörigkeit und den besonderen Status der beiden Abschnitte, indem er sowohl II, 9 als auch II, 10 mit den Worten «An dieser Stelle» beginnt. Peter Gast, dem sich der Aufbau nicht erschloß, hat die Wiederholung im Manuskript gestrichen, und die Editoren von

Weisheit hält dafür, daß das Werden zu sich an die richtige Bestimmung der Aufgabe gebunden ist. Der Klugheit obliegt auch in Rücksicht auf die Aufgabe vor allem die Gefahrenabwehr. In II, 2 wurde ihr die Sorge für die Bedingungen übertragen, unter denen einer zu erkennen vermag, *das* kann ich allein, um der Gefahr zu steuern, daß er seine Aufgabe «nie zu Gesicht bekommt». In II, 9 fällt ihr zu, die Gefahr abzuwenden, daß er der Aufgabe zu früh ansichtig wird. Die Aufgabe steht in der zweifachen Gefahr, gar nicht oder aber zu einer Zeit erkannt zu werden, da sie eine heillose Überforderung und mithin den Weg ins Desaster bedeutete. Das Werden zu sich vollzieht sich nicht als entelechischer Prozeß. Die Verwirklichung der eigenen Natur nach Maßgabe ihrer höchsten Möglichkeiten bedarf der Intervention der Selbsterkenntnis, des Wagnisses des Vorgriffs, eines Aktes der Feststellung. Sie ist deshalb dem Irrtum, der Fehleinschätzung, dem Risiko des Scheiterns ausgesetzt. Im Anschluß an die Verhandlung des «Instinkts der Selbstvertheidigung» in II, 8 betont Nietzsche das Risiko des Scheiterns, das mit der Übernahme der Aufgabe verbunden ist, eines Scheiterns nicht nur im Hinblick auf die Aufgabe. Er stellt zunächst ganz auf den Kairos der Erkenntnis ab. Und wie zuvor in der Betrachtung von Ernährung, Ort oder Klima und Erholung macht er deutlich, daß er keine Regeln für Jedermann im Sinn hat. «Angenommen», beginnt er die Einrede gegen eine Selbsterkenntnis vor der Zeit, «dass die Aufgabe, die Bestimmung, das *Schicksal* der Aufgabe über ein durchschnittliches Maass bedeutend hinausliegt, so würde keine Gefahr grösser als sich selbst *mit* dieser Aufgabe zu Gesicht zu bekommen. Dass man wird, was man ist, setzt voraus, dass man nicht im Entferntesten ahnt, *was* man ist.» Damit Einer wie Nietzsche wird, was er seiner Natur nach ist oder was er im besten Fall sein kann, muß ihm die wahre Aufgabe lange verborgen bleiben oder als außerhalb seiner Reichweite erscheinen. «Aus diesem Gesichtspunkte haben selbst die *Fehlgriffe* des Lebens ihren eignen Sinn und Werth, die zeitweiligen Nebenwege und Abwege, die Verzögerungen, die ‹Bescheidenheiten›, der Ernst, auf Aufgaben verschwendet, die jenseits *der* Aufgabe liegen.» Noch in den Verschwendungen und Abirrungen, vor denen die Klugheit prospektiv bewahren soll, kann retrospektiv «eine grosse Klugheit, sogar die oberste Klugheit» zum Ausdruck kom-

Ecce homo vor Mazzino Montinari sind ihm darin stillschweigend gefolgt (*Faksimile*, p. 31). Siehe S. 33 und 51.

men: «wo nosce te ipsum das Recept zum Untergang wäre, wird Sich-Vergessen, Sich-*Missverstehn*, Sich-Verkleinern, -Verengern, -Vermittelmässigen zur Vernunft selber.» Die Selbstverborgenheit, Selbstverwechslung, Selbstverkennung *auf Zeit*, die Nietzsche als «das Meisterstück in der Kunst der Selbsterhaltung» preist, eröffnet den Freiraum für die Entwicklung der unterschiedlichsten Fähigkeiten, die Aneignung von Fertigkeiten, die Erprobung von Tugenden, das Sammeln von Erfahrungen im Umgang mit sich und der Welt, die Selbstexploration nach allen Seiten. Der einheitsstiftende Gedanke, der einst herrschen soll, kann so «der Reihe nach» alle dienenden Vermögen ausbilden, ehe er «irgend Etwas von der dominirenden Aufgabe, von ‹Ziel›, ‹Zweck›, ‹Sinn› verlauten lässt.» Es liegt auf der Hand, daß Nietzsche das «Meisterstück in der Kunst der Selbsterhaltung» nur post festum zu rühmen vermag. Das Urteil ist an das entscheidende Ereignis gebunden, in dessen Licht die Verschwendung und die Verzögerung der Zeit davor sich als tiefere Klugheit oder wünschenswerte Zweckmäßigkeit ausnehmen. Erst die Selbsterkenntnis und die Feststellung der Aufgabe, die den Weg abstekken, erlauben den gelassenen und gutheißenden Rückblick auf Nebenwege und Abwege.[22]

Die Betonung der Gefahr, die die Aufgabe in sich birgt, und des Vorlaufs, dessen die Selbsterkenntnis bedarf, bereitet Aussagen Nietzsches über sich und zu sich vor, die unter die weitreichendsten und, für einige Leser, überraschendsten des Buchs zu zählen sind. Nietzsche schließt aus der Betrachtung der sekundären Klugheit, die im Beschreiten von Umwegen und einer längeren Inkubationszeit liegt, daß sein Leben «nach dieser Seite hin einfach wundervoll» sei. Er erkennt sich nicht nur als von der Natur begünstigt, sondern stellt sich als durch seinen Lebensgang für die Aufgabe der Umwertung bestimmt vor. Den Faden vom Beginn des ersten Kapitels aufnehmend, fügt er dem früheren dreifachen *vielleicht* in der Rhetorik der Auszeichnung und der Einmaligkeit, die seine Befähigung, mit der «schwersten Forderung» an die Menschheit heranzutreten, unterstreichen soll, ein viertes und letztes *vielleicht* hinzu: «Zur Aufgabe einer *Umwerthung der Werthe* waren vielleicht mehr Vermögen nöthig, als je in einem Einzelnen bei einander gewohnt haben, vor Allem auch Gegensätze von Vermögen, ohne dass diese sich stören, zerstören durften. Rangordnung der Vermögen;

22 *EH* II, 9, 1–2 (293–294); II, 2 (282–283).

Distanz; die Kunst zu trennen, ohne zu verfeinden; Nichts vermischen, Nichts ‹versöhnen›; eine ungeheure Vielheit, die trotzdem das Gegenstück des Chaos ist». Ist Nietzsche dank seiner «doppelten Herkunft», als Décadent und als dessen Gegensatz, in einer privilegierten Position, wenn es gilt, Perspektiven umzustellen, so macht ihn sein Leben zu dem «complementären Menschen», der imstande ist, die Umwertung ins Werk zu setzen und zu verkörpern.[23] Auf dem Höhepunkt der Verbindung der Umwertung mit seinem Leben markiert Nietzsche indes eine denkbar tiefe Trennung. Während er für die Menschheit die schwerste Forderung bei sich trägt, bescheinigt er sich selbst, ohne Forderung zu sein. Er befindet sich im Einklang mit sich. Er ist über das Wichtigste zur Klarheit gelangt. Der Autor, der in seinem Œuvre ungezählte Stellen darauf verwandte, den Heroismus der vornehmen Leser zu befördern, bekennt an der Einen Stelle, an der er sich dazu äußert, wie er wurde, was er ist: «es ist kein Zug von *Ringen* in meinem Leben nachweisbar, ich bin der Gegensatz einer heroischen Natur.» Sowenig der Philosoph für einen Heiligen gehalten, sowenig will er mit einem Helden verwechselt werden. Am wenigsten mit einem Helden der Tragödie. Er lebt auch nicht von Hoffnungen getrieben, in Erwartungen befangen, auf die Zukunft gespannt. Nietzsche hält fest, daß er auf seine Zukunft «wie auf ein glattes Meer» hinaus sehe: «kein Verlangen kräuselt sich auf ihm. Ich will nicht im Geringsten, dass Etwas anders wird als es ist; ich selber will nicht anders werden.» Damit nimmt er die Gegenposition zur futuristischen Position Zarathustras ein, den er am Wendepunkt des Dramas sagen ließ, «das Jetzt und das Ehemals auf Erden» sei sein «Unerträglichstes» und er «wüsste nicht zu leben», wenn er nicht «noch Seher wäre, dessen, was kommen muss.» Nietzsche verneint den Futurismus in *Ecce homo* en pleine connaissance de cause. Er verneint die Erlösungsbedürftigkeit.[24]

Nietzsches Aussage, nicht im geringsten zu wollen, daß etwas anders wird, als es ist, ist eine Bekundung seines Glücks. Sie steht für einen der beiden Pole, die die Dyade *Ecce homo* und *Der Antichrist* auf ihrer Bahn halten. Der andere Pol, die Aufgabe, steuert die Herausforderung, die

23 *EH* Vorwort 1 (257); I, 1 (264–266); siehe S. 36. *Jenseits von Gut und Böse* 207 (p. 136).

24 *EH* II, 9, 3–4 (294–295). *Also sprach Zarathustra* II, 20, 11 (p. 179). Siehe *Was ist Nietzsches Zarathustra?*, p. 92–96.

Unterscheidung, die Negativität bei, deren die Selbststeigerung bedarf, auf die das Werden zu sich angewiesen bleibt und ohne die Nietzsches Glück nicht zu denken ist. Nietzsche setzt die Pole zueinander ins Verhältnis und verbindet, was der Verbindung harrt, in einer Verhandlung der Größe, der «Grösse am Menschen» und der eigenen Größe, die den Teil über Weisheit und Klugheit, über sein Sein, beschließt. Die Verhandlung ist im Kern «eine grosse Besinnung», die sich von dem abkehrt, was nach herkömmlichem Urteil als groß, wichtig, göttlich gilt, und mit der Nietzsche vorwegnimmt, was er der Menschheit im zweiten Teil als «Augenblick höchster Selbstbesinnung» allererst in Aussicht stellt. Die «ganze Casuistik der Selbstsucht», die *Warum ich so klug bin* durchging, die scheinbar kleinen Dinge, von der Ernährung über die Erholung bis zum Geschmack, erklärt er für «über alle Begriffe hinaus wichtiger als Alles, was man bisher wichtig nahm». Die «Grösse der menschlichen Natur, ihre ‹Göttlichkeit›» suchte man in Vorstellungen, die im Gegensatz zu den «kleinen» Dingen, auf die er die Aufmerksamkeit richtete, «nicht einmal Realitäten» sind: (1) «Gott», (2) «Seele», (3) «Tugend», (4) «Sünde», (5) «Jenseits», (6) «Wahrheit», (7) «ewiges Leben». Die sieben Begriffe, die Nietzsche auf die Einbildungskraft «im tiefsten Sinne schädlicher Naturen» zurückführt, fügen sich zu einem Lehrgebäude, in dem der erste als Causa prima die Kohärenz des Ganzen verbürgt und der siebte als Finis ultimus die Verheißung benennt, der es seinen weltgeschichtlichen Erfolg schuldet. Nietzsches Umwertung betrifft ein System, das die Auszeichnung der menschlichen Natur in deren Sündhaftigkeit und Erlösungsbedürftigkeit verankert. Sie gilt einer Wertung, die die Göttlichkeit mit der Moralität in eins setzt. Sie zielt insonderheit auf die Menschen, die sich vermittels der Begriffe jenes Systems zum herrschenden Typus erhoben und das Leitbild der Menschheit bestimmen. «Alle Fragen der Politik, der Gesellschafts-Ordnung, der Erziehung sind dadurch in Grund und Boden gefälscht, dass man die schädlichsten Menschen für grosse Menschen nahm». Um ein neues Leitbild aufzurichten, stellt Nietzsche in einem Akt, den man als Ausdruck seiner Humanitas verstehen kann, die Größe heraus, die ihm selbst eignet. So wie er ist, oder sein will, tritt er an gegen die, «die man bisher als *erste* Menschen ehrte». Zur Größe, die er mit seinem Sein verbindet, verweist er auf die «gesunden Instinkte», die *Warum ich so klug bin* ein ums andere Mal betonte. Tatsächlich besteht die «Gesundheit», von der Nietzsche bei seiner Umwertung spricht, wesentlich darin, daß er sich als immun gegen die «Krankheit» derer erweist, «die am Leben Rache nehmen». Größe kann er außerdem im Blick auf sein Werk, auf die Tat, auf das Außerordentliche beanspruchen, das er geleistet hat. Hier bewegt sich die Verhandlung der Größe am ehesten im Horizont der gewöhnlichen Erwartungen. Ungewöhnlich ist allerdings die Emphase, die Nietzsche darauf verwendet, die Überlegenheit des Seins über das Werk darzutun. So sagt er, das Leben sei ihm am leichtesten geworden, wenn es das Schwerste von ihm verlangte. Die Aufgabe war ihm mithin keine Last, sondern verlieh ihm Flügel. Auch «in den siebzig Tagen dieses Herbstes», da er, «ohne Unterbrechung, lauter Sachen ersten Ranges» gemacht habe, die ihm «kein Mensch» nach- oder vormache, sei kein Zug von Spannung an ihm zu beobachten gewesen, «um so mehr eine überströmende Frische und Heiterkeit». Auf der mittleren Ebene verknüpft Nietzsche die Größe mit einer menschheitlichen Ausrichtung oder einem philanthropischen Ernst. Für die «Sachen ersten Ranges», die er in den «siebzig Tagen» schuf – an erster Stelle den *Antichrist* –, macht er geltend, daß er sie «mit einer Verantwortlichkeit für alle Jahrtausende nach mir» vollbrachte. Offenbar genügt Nietzsche der Forderung, die er nach Abschluß der Zarathustra-Dichtung an den Philosophen, oder genauer gesagt: an den «neuen Philosophen» richtete, als «Mensch der umfänglichsten Verantwortlichkeit» sich nicht weniger denn «die Gesammt-Entwicklung des Menschen» angelegen sein zu lassen. Eine größere Aufgabe ist kaum vorstellbar. Und einen größeren Zeitraum als alle Jahrtausende nach ihm kann keiner ins Auge fassen. Wer vermöchte größer zu sprechen?[25] Ihren Höhepunkt erreicht die Verhandlung der Größe mit dem letzten Wechsel der Ebene. Nietzsche nimmt weder eine weitere noch eine längere, sondern eine höhere Perspektive ein: «Ich kenne keine andre Art, mit grossen Aufgaben zu verkehren als das *Spiel*: dies ist, als Anzeichen der Grösse, eine wesentliche Voraussetzung.» Die Größe, die in Rede steht, ist über die Größe von Hingabe und Opfer, von Widerhall und Wirkung hinaus. Sie gründet in einer fundamentalen Unabhängigkeit und bezeugt eine souveräne Kraftentfaltung. Nietzsche kann *nur*, er kann *erst* in der Art des Spiels mit der Aufgabe verkehren, da er dem Ernst, den die Aufgabe verlangt, zu genügen weiß, nachdem er den Ernst, den er mit ihr verbindet, unter sich hat.

25 *Jenseits von Gut und Böse* 61 (p. 79); cf. 62, 203 und 212 (p. 81–83, 126–128, 145–147).

Von der Größe dessen, der der Aufgabe spielend gerecht zu werden vermag, sagt Nietzsche, daß der «geringste Zwang, die düstre Miene, irgend ein harter Ton im Halse» Einwände seien. «Man darf keine Nerven haben ... Auch an der Einsamkeit *leiden* ist ein Einwand». Wer über die Aufgabe hinaus ist, begegnet ihr nicht in Furcht und Zittern. Er ist sich im Wichtigsten selbst genug. Er atmet Freiheit, Heiterkeit und Gelassenheit. In *Götzen-Dämmerung* erkannte Nietzsche der hohen Natur und Natürlichkeit zu, mit großen Aufgaben zu spielen und spielen zu dürfen. Andernorts verweist er auf die Göttlichkeit und Gott. Der Satz über seine Art, mit großen Aufgaben zu verkehren, ist Ausdruck von Nietzsches Magnanimitas.[26]

Nietzsches Satz über das Spiel stimmt mit der Bekundung seines Glücks zusammen. Wer das Vorrecht genießt, mit großen Aufgaben einzig in der Art des Spiels verkehren zu können, der muß nicht wollen, daß etwas anders wird, als es ist. Ihm tut, präziser gesprochen, keine Änderung not in dem, was für ihn groß und wichtig, was für ihn das Entscheidende ist. Die Heiterkeit, Freiheit, Gelassenheit, zu der Nietzsche gelangte, nachdem er sich selbst mit seiner Aufgabe «zu Gesicht» bekam, schließt ein, daß er in der Lage ist, auf seine «größte Gefahr» eine Antwort zu geben. Die höchste Perspektive hat auch den vornehmen Affekt unter sich. Stellte Nietzsche dem Leser am Ende des ersten Kapitels den Ekel am Menschen als eine fatale Weise des Außersichseins vor Augen, so teilt er am Ende des zweiten mit, daß er Leutseligkeit gegen Jedermann übe und «selbst voller Auszeichnung für die Niedrigsten» sei. Er entrüstet sich augenscheinlich nicht länger über das Niedrige, das Kleine. Anders steht es mit der Verachtung, aus der er keinen Hehl macht. Doch die Verachtung vermag als Akt der Unterscheidung und Abstoßung die Selbstbestimmung und Selbststeigerung zu fördern. Die Entrüstung dagegen erhält in der Unfreiheit. Nietzsche, der die verderbende Wirkung der Entrüstung zu einem Thema von besonderem Ernst in seiner Philosophie gemacht hat, geht so weit,

26 *EH* II, 10, 1–4 (295–297). Cf. *Götzen-Dämmerung*, Streifzüge eines Unzeitgemässen 48 (p. 150); *Jenseits von Gut und Böse* 295 (p. 237–239); *Zur Genealogie der Moral. Eine Streitschrift*, Vorwort 7 (*KSA* 5, p. 255); *EH* I, 3 (268–269); II, 10, 1 (296). – Der Prophet entspricht nicht den Bestimmungen der Größe, die Nietzsche auf der höchsten Ebene anführt. Cf. *Also sprach Zarathustra*, Vorwort 1; II, 1; III, 7; IV, 11, 34–54 (p. 11–12; 105–108; 225; 350–351).

daß er sich in Rücksicht auf die Empörung, die er auslöst oder auslösen wird, zu einer Art Prüfstein des unverderbten Zugangs zur Wirklichkeit erklärt: «ich empöre durch mein blosses Dasein Alles, was schlechtes Blut im Leibe hat…» Schließlich, ganz am Ende seiner Verhandlung von Größe, Weisheit und Klugheit, gibt er den Blick frei auf das, was ihn die höchste Perspektive einnehmen und die größte Gefahr überwinden ließ. «Meine Formel für die Grösse am Menschen ist *amor fati*: dass man Nichts anders haben will, vorwärts nicht, rückwärts nicht, in alle Ewigkeit nicht.» Von *amor fati* sprach Nietzsche davor nur Ein Mal in seinem Œuvre: «Amor fati: das sei von nun an meine Liebe!» rief er sich 1882 im ersten Aphorismus des vierten Buchs der *Fröhlichen Wissenschaft* zu, dessen letzter Aphorismus unter der Überschrift «Incipit tragoedia» den Anfang von *Also sprach Zarathustra* vorwegnahm.[27] Aus einer Aufforderung an ihn selbst wird in *Ecce homo* die abschließende Charakterisierung der Größe und eine gültige Kennzeichnung Nietzsches. Denn später im Buch, am einzigen Ort, an dem der Begriff noch einmal vorkommt, erklärt Nietzsche bündig: «amor fati ist meine innerste Natur.» Die beiden Stellen in *Ecce homo* – es sind die zentralen der vier Verwendungen von *amor fati* in den für die Veröffentlichung bestimmten Schriften – sagen zusammengenommen in beinahe ebenso vielen Worten: Nietzsche erreicht die ihm mögliche Größe, er verwirklicht seine Natur, er wird, was er ist, in der Bejahung des Ganzen, des Lebens, seiner selbst, für die die Formel *amor fati* einsteht.[28] Um die höchste Bejahung zum Ausdruck zu bringen, greift Nietzsche nicht auf die Lehre der Ewigen Wiederkunft zurück. Und im Unterschied zu Zarathustra versucht er nicht, die Notwendigkeit auf die Spitze des Willens zu stellen: «Das Nothwendige nicht bloss ertragen, noch weniger verhehlen – aller Idealismus ist Verlogenheit vor dem Nothwendigen –, sondern es *lieben*…» Nietzsche stimmt Zara-

27 «Amor fati: das sei von nun an meine Liebe! Ich will keinen Krieg gegen das Hässliche führen. Ich will nicht anklagen, ich will nicht einmal die Ankläger anklagen. *Wegsehen* sei meine einzige Verneinung! Und, Alles in Allem und Grossen: ich will irgendwann einmal nur noch ein Ja-sagender sein!» *Die fröhliche Wissenschaft* IV, 276 (p. 521); cf. 307, 313, 321, 324 (p. 544–545, 548, 551–552, 552–553).
28 *Amor fati* kommt je Ein Mal vor in *Die fröhliche Wissenschaft* IV, 276 (p. 521); *EH* II, 10 (297); *EH* III, Der Fall Wagner 4 (363) und *Nietzsche contra Wagner*, Epilog 1 (*KSA* 6, p. 436). Die vierte Stelle, an der Nietzsche *amor fati* gebraucht, wiederholt die Aussage der dritten: «*Amor fati*: das ist meine innerste Natur.»

thustra zu, der «Höheres als alle Versöhnung ist» verlangte, damit der Unmut des Willens sich nicht gegen die Notwendigkeit empöre. Aber um dem Widerwillen wirksam zu begegnen, setzt er nicht darauf, den Willen zu dem Glauben zu bekehren, der Wille selbst sei der Grund der Welt, wie sie ist, und ihrer Anerkenntnis. Vielmehr optiert er für die Liebe als Unterstützung der Einsicht. Nicht *wollen*, sondern *lieben* ist das letzte Wort der Verhandlung, des Kapitels und des ersten Teils. Die Liebe zum Notwendigen, in der er seine innerste Natur erkennt, steht in engster Verbindung mit der «Leidenschaft der Erkenntniss», der er seit dem Beginn seines philosophischen Lebens die Führung übertragen hat und der er die Führung übertragen konnte, weil sie als einzige Leidenschaft über sich hinaustreibt und sich in der Einsicht selbst einzuholen weiß.[29] Da es kein Wissen gibt ohne Notwendigkeit, bejaht die Leidenschaft der Erkenntnis in der Liebe zum Notwendigen ihre grundlegende Voraussetzung. Die Liebe zum Notwendigen geht auf das, was das Glück der Erkenntnis ermöglicht. In Rücksicht auf die Notwendigkeit, der sich dieses Glück verdankt, führte *Also sprach Zarathustra* die Bestimmung «jenseits von Gut und Böse» ein. Es ist die Einsicht in die Notwendigkeit, und es ist das Glück, das mit ihr einhergeht, die Nietzsche den Rückhalt geben, um mit seiner Aufgabe in der Art des Spiels verkehren zu können.[30]

Nachdem Nietzsche die souveräne Perspektive angezeigt hat, bleibt aus der Nähe zu betrachten, wie das Ja zum Ganzen, zur Welt, zur eigenen Natur mit dem Nein im einzelnen zusammenstimmt, ohne welches das philosophische Leben weder begonnen noch geführt werden kann. Die Frage des Zueinanders von höchster Bejahung und schärfster Verneinung findet ihren Niederschlag in der Zweiheit von *Ecce homo* und *Antichrist.* Sie mag einer der Gründe gewesen sein, weshalb Nietzsche sich dafür entschied, das Eine «Hauptwerk» zu verwerfen und sein Œuvre statt dessen in einer Dyade kulminieren zu lassen. Sie kommt aber auch in *Ecce homo* selbst zum Ausdruck, in

29 *Morgenröthe. Gedanken über die moralischen Vorurtheile* 429 und 482 (*KSA* 3, p. 264–265, 286); *Die fröhliche Wissenschaft* II, 107; III, 123; 249; IV, 310; 324 (p. 464–465, 479–480, 515, 546, 552–553); cf. V, 343 (p. 514).

30 *EH* II, 10, 4 (297). *Also sprach Zarathustra* II, 20, 22–31 und 41–46 (p. 179–180 und 181). Beachte *Was ist Nietzsches Zarathustra?*, p. 97–101. – Zu der Bestimmung *jenseits von Gut und Böse* in *Also sprach Zarathustra* siehe vor allem III, 4, 25 und III, 15.2, 3 (p. 209 und 284).

dessen zentralem Teil Nietzsche von der «jasagenden» und der «neinthuenden Hälfte» seiner Aufgabe spricht. Wenn er jetzt auf seine *jasagenden* die *neinsagenden* Bücher folgen läßt, stellt er klar, daß der sechs Jahre zuvor bei der ersten Verwendung der Formel *amor fati* in *Sanctus Januarius* geäußerte Wunsch, einst nur noch ein Ja-Sagender zu sein, nicht mehr war als ein – Wunsch. Die Aufgabe, die Bücher erfordern ein Ja *und* ein Nein. Das Werk verlangt Ernst, Dienst, Hingabe. Von um so größerer Bedeutung sind die höchste Perspektive, die Ordnung von Spiel und Ernst, die Hierarchie von Bejahung und Verneinung, die Nietzsche durch die pointierten Aussagen zum Umgang mit der Aufgabe und zur Überlegenheit des Seins über das Werk zu erkennen gibt. Die Kritik des Gelehrten, der seine ganze Kraft im Ja- und Neinsagen erschöpft, und die Auslegung der Schwangerschaft als Akt der «Erlösung» zielen auf dieselbe Distanznahme wie Nietzsches Satz vom Spiel, dem jene Kritik vorausgeht und diese Auslegung folgt: Das philosophische Leben geht nicht auf in dem, was es hervorbringt oder aus sich heraussetzt. Es hat sein Zentrum in sich. In der ihm eigenen Aktivität. In dem, was es in der Bewegung des Ausgreifens und Zurückholens, des Sammelns und Sonderns, des Inbesitznehmens und Verschwendens bei sich zu behalten weiß, nicht im Werk oder Kind.[31] Die Eröffnung von *Warum ich so gute Bücher schreibe* markiert die Scheidelinie: «Das Eine bin ich, das Andre sind meine Schriften.» Der Merkspruch bleibt ohne Erläuterung. Er steht für sich, gefolgt von einem Gedankenstrich. Doch wenige Zeilen danach spricht Nietzsche, eine Ermahnung seiner Leser im Vorwort aufnehmend, die Mahnung an sich aus: «Ich will nicht verwechselt werden, – dazu gehört, dass ich mich selber nicht verwechsele.» Der Philosoph und sein Œuvre sind nicht Eins.

Das Denken Nietzsches hält Abstand zu den Büchern, die er schreibt. Aber es ist uns nur zugänglich durch die Kunstwerke, die sie sind, vermittels der Zwecke, die sie verfolgen, im Rückgang auf die Absicht, die ihnen zugrunde liegt und die das Spiel ihrer Teile bestimmt. Das allein reichte aus, um zu verstehen, weshalb *Ecce homo* die Bücher ins Zentrum stellt. Hinzu kommt, daß Nietzsche, obschon nicht *für*, im höch-

31 *EH* II, 8, 2 (293); II, 10, 4 (297); III, 5, 6 (306). Siehe dagegen *Also sprach Zarathustra* III, 3, 9 (p. 204); cf. IV, 1, 2 und IV, 20, 22–23 (p. 291 und 408); *Was ist Nietzsches Zarathustra?*, p. 117–120.

sten Grade *mit* und *in* seinen Schriften lebt. Vor allem hat in sie Eingang gefunden, wie er die Aufgabe «zu Gesicht» bekam und bewältigte, so daß er im Durchgang durch die Bücher sich selbst Rechenschaft geben und dem Leser vor Augen führen kann, wie er wurde, was er ist. Nun, da die Aufgabe nicht länger in Frage steht, erlaubt ihm sein letztes Buch, gelassen zurück- und vorauszublicken. Bevor er die Bücher heranzieht, um den Gang seines Lebens zum Gegenstand der Betrachtung zu machen, verwendet Nietzsche sechs Abschnitte des dritten Kapitels darauf zu umreißen, was seine Bücher insgesamt, oder doch die Bücher, die nach der Krisis entstanden sind, auszeichnet und welche Haltung der Autor zu ihnen einnimmt. Nicht anders als die Philosophen vor und nach ihm erwartet Nietzsche, daß er mit seinen Büchern über das eigene Jahrhundert hinaus leben wird. Die Kluft zwischen dem ungeheuren Anspruch, den er mit ihnen verknüpft – eine Verantwortlichkeit für alle Jahrtausende –, und dem gedämpften Widerhall, den sie bei den Zeitgenossen fanden – von den meisten wurden nur ein paar hundert, von dem später bekanntesten Werk zunächst nicht mehr als einige Dutzend Exemplare verkauft –, ist allerdings so groß, daß er Grund hat, in besonderer Weise auf die zukünftigen Leser als die eigentlichen Adressaten zu verweisen. Die Frage des Verstanden- oder Nichtverstandenwerdens sei durchaus noch nicht an der Zeit. «Ich selber bin noch nicht an der Zeit, Einige werden posthum geboren.» Das Wichtigste ist getan und wird von der Rezeption nicht berührt. Das gilt auch für die Vorhersage, daß seine Bücher neue Einrichtungen nach sich ziehen werden. «Irgend wann wird man Institutionen nöthig haben, in denen man lebt und lehrt, wie ich leben und lehren verstehe». Nietzsche mag dabei eine neue Art von philosophischen Schulen oder Denkgemeinschaften im Sinn haben, die an die Stelle der platonischen Akademie, des epikureischen Gartens oder des christlichen Klosters treten. Aber der Kern des Lebens, das er im Vorwort als «Wanderung im Verbotenen» kennzeichnete, widersetzt sich jeder Institutionalisierung. Wenn er schließlich zu erwägen gibt, man werde vielleicht «auch eigene Lehrstühle zur Interpretation des Zarathustra» errichten, so wie es noch vielerorts Lehrstühle gibt, die sich mit der Exegese des Alten und des Neuen Testaments befassen, dann rückt er sein *Buch für Alle und Keinen* in den Zusammenhang einer Religion der Zukunft. Doch was liegt Nietzsche an der Religion der Zukunft? Daß man bereits «Ohren und Hände» für seine «Wahrheiten», d. h. für seine Lehren hätte, geschweige denn, daß sein Denken schon verstanden würde,[32] das erwartet er jedenfalls nicht: «dass man heute nicht hört, dass man heute nicht von mir zu nehmen weiss, ist nicht nur begreiflich, es scheint mir selbst das Rechte.» Die geeigneten «Ohren» zu haben, ist für Nietzsche, wie wir uns aus dem Vorwort erinnern, nicht so sehr eine Frage von Diachronie und Synchronic, als vielmehr in einer Korrespondenz von Naturen begründet. Er verwechselte sich mithin in der Tat selbst, wenn er falsche Erwartungen in Rücksicht auf seinen Leser hegte. Die Zukunft erweitert den Raum für die Wahrscheinlichkeit der notwendigen Entsprechungen beträchtlich. Desgleichen für die Erlebnisse und Erfahrungen, die, wie Nietzsche mit Nachdruck hinzusetzt, allererst den Zugang zu seinen Büchern eröffnen, da diesen ungewöhnliche Erlebnisse und außerordentliche Erfahrungen vorausliegen. Über die enge Verbindung, in der die Bücher zu seinem Leben stehen, erübrigt sich an dieser Stelle jedes weitere Wort. Dagegen verdient festgehalten zu werden, daß Nietzsche die Unabhängigkeit, die Selbständigkeit, das umfassende Gepräge des Lebens ins rechte Licht zu setzen versucht, eines Lebens, das seinerseits zu lesen ist. In diesem Sinn «bekennt» er mit der uns inzwischen vertrauten Hyperbolik, daß er sich noch mehr über seine «Nicht-Leser» freue, «solche, die weder meinen Namen, noch das Wort Philosophie je gehört haben; aber wohin ich komme, hier in Turin zum Beispiel, erheitert und vergütigt sich bei meinem Anblick jedes Gesicht. Was mir bisher am meisten geschmeichelt hat, das ist, dass alte Hökerinnen nicht Ruhe haben, bevor sie mir nicht das Süsseste aus ihren Trauben zusammengesucht haben. *So weit* muss man Philosoph sein ...» Der Nachfolger des Philosophen Dionysos nimmt durch seine Erscheinung für sich ein, ohne als das erkannt zu werden, was er ist. Daß Nietzsche im übrigen von sich behauptet, «überall entdeckt» zu sein außer in «Europa's Flachland Deutschland», ist dem forcierten Bemühen geschuldet, sich gegen die Verwechslung zu schützen, die ihm am deutlichsten vor Augen steht: «Deutsch denken, deutsch fühlen – ich kann Alles, aber *das* geht über meine Kräfte ...» Während die Abgrenzung von den Deutschen, an Schärfe zunehmend, zur rhetorischen Grundausstattung des Buches gehört, steht die Selbstbezeichnung, mit der Nietzsche am Ende des zweiten Abschnitts seiner Hinweise zum Verstanden- und Nichtverstandenwerden aufwartet, in *Ecce homo* einzig da: «Ich bin der *Antiesel* par

32 Cf. *Jenseits von Gut und Böse* 296 (p. 239–240).

excellence und damit ein welthistorisches Unthier, – ich bin, auf griechisch, und nicht nur auf griechisch, der *Antichrist* ...» In einer verrätselten Doppelgestalt gibt sich der Autor zu erkennen. Er ist der, der Ja und Nein zu sagen weiß. Ja zum Ganzen, Nein zum Christentum. Im Unterschied zum I-A des Esels gründet sein Ja im Vermögen, Nein sagen zu können, und erst dieses Vermögen verleiht seinem Ja Gewicht. Das Nein, für das der Antichrist griechisch und nichtgriechisch einsteht, sagt Nein zu Christus und Nein zum Christen. Es handelt sich um die einzige Stelle in *Ecce homo*, an der das andere Buch, mit dem *Ecce homo* eine Dyade bildet, ohne den Titel im voraus preiszugeben, beim Namen genannt wird. Ich will sie den «Ecce»-Moment nennen. Sie ruft dem Leser zu: «Seht auf diesen Menschen. Er tritt dem Gesalbten als Nichtgesalbter entgegen, ohne Beglaubigung durch eine Autorität, ohne Auftrag oder Sendung, aus eigener Kraft und Einsicht.»[33]

Vom Leser, an den er sich vorzüglich wendet, und von der Kunst, die seine Bücher auszeichnet, handeln die mittleren der sechs Abschnitte, die Nietzsche an die Spitze des zweiten Teils stellt. Beide beginnen mit *Ich*. Nietzsche ist sich seiner «Vorrechte als Schriftsteller» bewußt, und es liegt ihm fern, sein Licht unter den Scheffel zu stellen. Er übt sich vielmehr im Pathos der Distanz. In die Welt einzutreten, die seine Schriften eröffnen, nennt er «eine Auszeichnung ohne Gleichen», eine Auszeichnung, die verdient sein will. Dem Leser aber, der ihm «durch *Höhe* des Wollens», d. h. durch die Höhe seines Erkennen- und Verstehen-Wollens, «verwandt ist», verspricht der Autor «wahre Ekstasen des Lernens: denn ich komme aus Höhen, die kein Vogel je erflog, ich kenne Abgründe, in die noch kein Fuss sich verirrt hat.» Was er in seinem Denken erkundet und in seinem Leben erfahren hat, daraus erschafft seine Kunst des Schreibens Bücher, die es ihm verwandten Naturen ermöglichen, im eigenen Leben und Denken an seinen Erkundungen und Erfahrungen teilzuhaben: sie, im besten Fall, für sich zu gewinnen oder selbst zu machen.[34] «Es giebt durchaus keine stolzere und zugleich raffinirtere Art von Büchern: – sie erreichen hier und da das Höchste, was auf Erden erreicht werden kann, den Cynismus» – eine Sicht von außer-

33 *EH* III, 1, 1–11 und 2, 1–2 (298–302). Vorwort 1, 2, 3 und 4 (257–260). Zum I-A des Esels beachte *Was ist Nietzsches Zarathustra?*, p. 206.

34 In einer früheren Fassung von Abschnitt III, 3 hält Nietzsche fest: «der Gegensatz von Denken und Leben fehlt bei mir» (*Faksimile*, p. 36/43).

halb, oberhalb, jenseits der Konventionen, dem Gebräuchlichen spottend, im Zugriff verkürzend und herausfordernd, schamlos und beißend; «man muss sie sich ebenso mit den zartesten Fingern wie mit den tapfersten Fäusten erobern.» Nietzsche macht seine Bücher zur wahrhaften Probe des Lesers. Die Nachfolge, zu der sein «Ecce homo» auffordert, steht nicht Jedermann frei. Oder sie führt, genauer besehen, zu einer hierarchischen Stufung. «Jede Gebrechlichkeit der Seele», statuiert Nietzsche, schließt von der Aneignung seiner Schriften aus. Gebrechlichkeit besagt dabei nicht soviel wie Décadence. Als Eckpunkte für das, was Lesern den Zugang verwehrt, gibt er die Armut der Seele und «das Heimlich-Rachsüchtige in den Eingeweiden» an. Im Zentrum der Ausschlußgründe steht die Feigheit. Wer sich in das «Labyrinth verwegener Erkenntnisse» begeben will, das Nietzsches Bücher für den Leser aufspannen, darf «sich selbst nie geschont», er muß «die *Härte* in seinen Gewohnheiten haben», Härte gegen sich, gegen seine Überzeugungen und Wünschbarkeiten. Nur dergestalt für die Notwendigkeit gerüstet und in Selbstüberwindung bewandert, kann er «unter lauter harten Wahrheiten wohlgemuth und heiter» sein. Das Glück, das das Labyrinth der Erkenntnisse bereithält, läßt Nietzsche unerwähnt. So wie er das Glück unerwähnt ließ, als er im Vorwort vom Leben in Eis und Hochgebirge sprach. Dort war der emphatische Ausblick mehr als hinreichend: «wie ruhig alle Dinge im Lichte liegen! wie frei man athmet! wie Viel man *unter* sich fühlt!» Hier muß der Wink «wohlgemuth und heiter» genügen.[35] Nietzsche legt das Schwergewicht auf den Anfang, dem Ungewißheit innewohnt. Er faßt den Aufbruch ins Auge, der die Bereitschaft zum Opfer verlangt. Entsprechend kommt in der Charakterisierung des ersten Lesers der Mut am Beginn und nicht, auf die Feigheit antwortend, im Zentrum zu stehen: «Wenn ich mir das Bild eines vollkommnen Lesers ausdenke, so wird immer ein Unthier von Muth und Neugierde daraus, ausserdem noch etwas Biegsames, Listiges, Vorsichtiges, ein geborner Abenteurer und Entdecker.» Die biegsame und vorsichtige List hält die Mitte, ganz ebenso wie der mittlere der drei Zarathustra-Verse aus «Vom Gesicht und Räthsel», die Nietzsche zur Bekräftigung seines Bildes des vollkommenen Lesers anführt, die Ver-

35 *EH* Vorwort, 3, 2 (258) und siehe 3, 3 (250) sowie 4, 2 (260). Beachte *Also sprach Zarathustra* III, 6, 19–34 (p. 219–221) und *Was ist Nietzsches Zarathustra?*, p. 126–127.

sucher-Seele des Odysseus evoziert. Mit dem Appell an Mut und List und der überlappenden Ansprache zweier Adressaten, des Abenteurers und des Entdeckers, verträgt sich, daß Nietzsche die Welt seiner Bücher als vornehm *und* delikat bezeichnet. Nicht jeder Abenteurer wird zum Entdecker. Doch ohne Mut gibt es keinen Aufbruch, und die Aussicht eines vornehmen Selbstbildes mag den Schritt erleichtern, sich aufs offene Meer zu wagen. Ihn muß tun, wer dem Philosophen Nietzsche begegnen will. Der Schriftsteller läßt es nicht bei der überlappenden Ansprache bewenden. Er bietet die ganze «Kunst des Stils» auf, um die Bandbreite des ihm Möglichen mitzuteilen und die zugehörigen Saiten der Seele in Resonanz zu versetzen. «Einen Zustand, eine innere Spannung von Pathos durch Zeichen, eingerechnet das tempo dieser Zeichen, *mitzutheilen* – das ist der Sinn jedes Stils; und in Anbetracht, dass die Vielheit innerer Zustände bei mir ausserordentlich ist, giebt es bei mir viele Möglichkeiten des Stils – die vielfachste Kunst des Stils überhaupt, über die je ein Mensch verfügt hat.» Nietzsche beansprucht damit insbesondere, Platon zu übertreffen, den er in dem *Ecce homo* vorangehenden Buch in Rücksicht auf die Mischung «aller Formen des Stils» einen «*ersten* décadent des Stils» nannte. Der Wettkampf um die Krone, die dem Künstler des Stils gebührt, ist Teil des Wettstreits, den Nietzsche mit Platon auf allen Ebenen austrägt und der in der Zarathustra-Dichtung sein augenfälligstes Zeugnis gefunden hat: Gelang dem Dichter Platon mit dem vornehmer und jünger gemachten Sokrates die Verkörperung des Philosophen schlechthin, seines Lebens und Denkens, in einer Gestalt und Rede, deren geschichtliche Wirkungsmacht an einen Religionsstifter erinnert, so erschafft sich der Dichter Nietzsche einen Sohn, der bestimmt ist, als Prophet einen welthistorischen Versuch mit der Menschheit zu unternehmen, und dem Philosophen Nietzsche zur Klarheit über den eigenen Weg verhilft. Was die Kunst des Stils betrifft, reklamiert Nietzsche für *Also sprach Zarathustra* nicht weniger als die eigentliche Entdeckung des Dithyrambus: «mit einem Dithyrambus wie dem letzten des *dritten* Zarathustra, ‹die sieben Siegel› überschrieben, flog ich tausend Meilen über das hinaus, was bisher Poesie hiess.» Am Ende von III, 4 schlägt Nietzsche den Bogen zurück zu den drei Personae, in denen er sich in II, 4 zu erkennen gab.[36]

36 *EH* III, 3 und III, 4, 1–5 (302–305). *Götzen-Dämmerung*, Was ich den Alten verdanke 2 (p. 155). Platon: *Zweiter Brief* 314c1–4.

Das dritte Paar der sechs einleitenden Abschnitte von *Warum ich so gute Bücher schreibe* fügt zwei Personae hinzu. Zum einen den Psychologen, zum anderen, gleichsam im Vorübergehen, den Gesetzgeber. Zwar ist der Psychologe im Philosophen schon so gut wie inbegriffen. Jedenfalls bei einem Philosophen, der die Psychologie ausdrücklich zur «Herrin der Wissenschaften» erhob und erklärte, sie sei «nunmehr wieder», d. h. wie einst bei Platon, «der Weg zu den Grundproblemen».[37] Gleichwohl überrascht es nicht, daß ein Autor, der sich eingehend mit den unterschiedlichen Naturen befaßt, zu denen er sprechen will, und der sich insonderheit die Frage vorlegt, ob «es Ohren giebt», denen er «sich mittheilen *darf*», den Leser eigens auf den Psychologen hinweist, der er ist. Denselben Leser, den er wissen läßt, daß er von ihm mit der Aufmerksamkeit und Sorgfalt gelesen werden möchte, «wie gute alte Philologen ihren Horaz lasen.» Daß Nietzsche so gute Bücher schreibt, hat seinen Grund nicht zuletzt darin, daß aus ihnen ein Psychologe redet, «der nicht seines Gleichen hat», sowohl im Hinblick auf das, was er sagt, als auch wie und zu wem er es sagt. In dem Abschnitt, in dem er den Psychologen einführt (III, 5), hebt Nietzsche die unterschiedlichen Naturen der Geschlechter hervor, was ihm Gelegenheit gibt, jeden Versuch, «das gute Gewissen, die Natur in der Geschlechtsliebe zu vergiften», zu brandmarken und den Gesetzgeber ins Spiel zu bringen. Damit seine «ebenso honette als strenge Gesinnung» außer Zweifel stehe, teilt er dem Leser einen Satz aus seinem «Moral-Codex gegen das *Laster*» mit. «Der Satz heisst: ‹die Predigt der Keuschheit ist eine öffentliche Aufreizung zur Widernatur. Jede Verachtung des geschlechtlichen Lebens, jede Verunreinigung desselben durch den Begriff ‹unrein› ist das Verbrechen selbst am Leben, – ist die eigentliche Sünde wider den heiligen Geist des Lebens.›» Nietzsche zitiert den «Vierten Satz» seines in sieben Sätze gefaßten «Gesetzes wider das Christenthum», das er auf den 30. September 1888 datierte und für die Veröffentlichung am Ende des *Antichrist* vorsah. Da nach der Verfügung des Autors das «Gesetz wider das Christenthum» bei Erscheinen von *Ecce homo* noch nicht bekannt gemacht sein sollte, spricht Nietzsche umschreibend von seinem «Moral-Codex gegen das *Laster*». Das «Gesetz wider das Christenthum» bleibt in *Ecce homo* mithin aus dem gleichen Grund unerwähnt, aus dem *Der Antichrist* in *Ecce homo* unter dem Titel *Umwerthung aller Werthe* auf-

37 *Jenseits von Gut und Böse* 23, Erstes Hauptstück in fine (p. 39).

tritt. Indem Nietzsche dafür sorgt, daß der zentrale Satz des «Gesetzes» im Vorgriff auf den *Antichrist* in *Ecce homo* präsent ist, unterstreicht er nicht nur die Verschränkung der beiden aufeinander verwiesenen und zusammengehörenden Bücher. Er stellt auch das Ziel des politisch-polemischen Unternehmens der Umwertung klar, das ihnen gemeinsam ist: die grundsätzliche Ausrichtung der Moral am Leben und die nicht minder grundsätzliche Verneinung der Moral des Christentums. Indem er den wörtlich angeführten Satz des «Moral-Codex» durch eine Einfügung – «ist das Verbrechen selbst am Leben» – stillschweigend ergänzt, gibt er außerdem zu verstehen, daß er sich als Gesetzgeber souverän weiß, den Gesetzestext zur Verdeutlichung zu emendieren.[38] — Mit dem Auftritt des Gesetzgebers lenkt Nietzsche gegen Ende der Einleitung des zweiten Teils den Blick wieder auf die *Aufgabe*, die in den sechs Abschnitten ohne namentliche Erwähnung bleibt: auf die *Umwertung* als geschichtliches Ereignis wie als Fluchtpunkt seines Werks. Die Aufgabe, deren Bestimmung Nietzsche das Werden zu sich verdankt, erschöpft sich indes sowenig wie das Werk, das er als Schriftsteller vorlegt, im Unternehmen der Umwertung. Nietzsche würde keine so guten Bücher schreiben, wenn diese Bücher nicht wesentlich der Selbstverständigung des Philosophen dienten. Und die Selbstverständigung ist ihrerseits ein integraler Bestandteil der Aufgabe. Es ist deshalb nur folgerichtig, daß der Gesetzgeber nicht das letzte Wort behält. Um «einen Begriff» von sich «als Psychologen zu geben», zieht Nietzsche, wie er zu Beginn des sechsten Abschnitts sagt, «ein curioses Stück Psychologie» heran, das als langes wörtliches Zitat, ohne emendierenden Zusatz, die sechs Abschnitte beschließt. Es entstammt dem vorletzten Aphorismus von *Jenseits von Gut und Böse*, der in jeder Rücksicht beredtes Zeugnis ablegt von Nietzsches Kunst des Stils. Ein Philosoph, auf den Nietzsche eine lebenslange Faszination ausübte, hat den Aphorismus «die vielleicht schönste Stelle in Nietzsches Werk» genannt.[39] Nicht der vierte Satz aus dem *Gesetz wider das Christenthum*, sondern vier Sätze über das «Genie des Herzens» aus *Jenseits von Gut und Böse*

38 *EH* III, 4, 2 und III, 5, 1–7 (30–307). *AC* Gesetz wider das Christenthum, Vierter Satz (254). Cf. *Nietzsche contra Wagner*, Wagner als Apostel der Keuschheit 3 (p. 431).

39 Leo Strauss: *The Problem of Socrates*, Interpretation, Jg. 22, H. 3 (1995), p. 324 (Vortrag gehalten am St. John's College, Annapolis, 17. April 1970).

kommen mithin am Ende der Einleitung von *Warum ich so gute Bücher schreibe* zu stehen. Wen er in dem «curiosen Stück» beschreibt, darüber *verbietet* Nietzsche «jede Muthmassung». Wohl wissend, daß das Verbot zum Denken anspornt und die Aufmerksamkeit des Lesers gewinnen wird, um den es ihm geht. Tatsächlich bilden die vier Sätze über das «Genie des Herzens» den Auftakt zu dem Aphorismus, in dem Nietzsche nach vierzehn Jahren des Schweigens, den Gott Dionysos in das Werk zurückholt, in dem er mit der «Neuigkeit» aufwartet, daß «auch Götter philosophiren», und in dem er sich zum erstenmal als Jünger jenes Gottes vorstellt. Nach allem, was wir in *Ecce homo* über den Philosophen Dionysos und über den Philosophen Nietzsche erfahren, fällt die Mutmaßung nicht schwer, daß Nietzsche von sich selbst spricht, wenn er das «Genie des Herzens» beschreibt. Das Verbot versieht die Mutmaßung mit einem Ausrufungszeichen.[40]

40 *EH* III, 6 (307–308). *Jenseits von Gut und Böse* 295 (p. 237–239). Siehe S. 20, 30–31, 39. – Nietzsche bricht das Zitat aus *Jenseits von Gut und Böse* nach der Beschreibung des «Genies des Herzens» ab. Der Aphorismus fährt fort: «..... aber was thue ich, meine Freunde? Von wem rede ich zu euch? Vergass ich mich soweit, dass ich euch nicht einmal seinen Namen nannte? es sei denn, dass ihr nicht schon von selbst erriethet, wer dieser fragwürdige Geist und Gott ist, der in solcher Weise *gelobt* sein will.» Leo Strauss kommentiert die Stelle in dem bereits herangezogenen Vortrag *The Problem of Socrates* so: «Nietzsche does not *mention* Socrates there, but Socrates *is* there.» In seinem Aufsatz *Note on the Plan of Nietzsche's «Beyond Good and Evil»* erläutert er das «Genie des Herzens» dann als «a super-Socrates who is in fact the god Dionysos» (*Studies in Platonic Political Philosophy*. Chicago 1983, p. 175). Diese Charakterisierung trifft die Sache – und sie trifft sie nur –, solange wir uns darüber im klaren sind, daß Nietzsche sich am Ende als einen Über-Sokrates betrachtete.

IV

Krisis

Das Leben, das Nietzsche sich erzählt, kommt in den zehn Unterkapiteln zur Darstellung, die den Büchern gewidmet sind. Nachdem Nietzsche sein Sein und seine Schriften unterschieden hat, kann er die Bücher heranziehen, um sein Werden Revue passieren zu lassen. Die Verhandlung des Seins und die Betrachtung des Werdens sind augenscheinlich von gleichem Gewicht. Nietzsche verwendet auf die zehn Unterkapitel exakt dieselbe Anzahl von Abschnitten wie auf die anderen Teile von *Ecce homo*, das Vorwort ausgenommen.[1] Die Gewichtung steht im Einklang mit dem Untertitel *Wie man wird, was man ist*. Sie nimmt sich um so schlüssiger aus, wenn wir uns vergegenwärtigen, daß die Darstellung des Werdens in ständiger Rücksicht auf die Aufgabe erfolgt. Die Kapitel zu den zehn Büchern sind am Leitfaden der Aufgabe in drei Triaden und ein Schlußstück gegliedert. Die erste Triade umfaßt die Bücher, die die Aufgabe vorbereiten. Nietzsche blickt auf die Zeit zurück, zu der er sich mit seiner Aufgabe noch nicht erkannte. Die zweite Triade präsentiert die Bücher, die für den jasagenden Teil der Aufgabe einstehen. Die dritte Triade läßt die Bücher folgen, die den neinsagenden Teil vertreten. Das zehnte Buch endlich, dem als einzigem ein Platz außerhalb der Chronologie zugewiesen ist, wird zum Schutz der Aufgabe aufgeboten. Bereits in den Vorreden, die er 1886 für die Titelauflagen von *Menschliches, Allzumenschliches*, *Morgenröthe* und *Die Geburt der*

1 Die Unterkapitel zu den Büchern haben vierunddreißig Abschnitte: Die Geburt der Tragödie (4), Die Unzeitgemässen (3), Menschliches, Allzumenschliches (6), Morgenröthe (2), Die fröhliche Wissenschaft (1), Also sprach Zarathustra (8), Jenseits von Gut und Böse (2), Genealogie der Moral (1), Götzen-Dämmerung (3), Der Fall Wagner (4). Auf die anderen Teile des Buchs entfallen ebenfalls vierunddreißig Abschnitte: Vorbemerkung (1), Warum ich so weise bin (8), Warum ich so klug bin (10), Warum ich so gute Bücher schreibe (6), Warum ich ein Schicksal bin (9). Voraus geht das Vorwort (4). *Ecce homo* ist mithin in zweiundsiebzig oder in vier und viermal siebzehn Abschnitte gegliedert. Siehe S. 33 und cf. S. 27, Anm. 12, S. 39, Anm. 7, S. 44, Anm. 15, S. 48, Anm. 19 und S. 81–82.

Tragödie sowie für die erweiterte Neuausgabe von *Die fröhliche Wissenschaft* schrieb, machte Nietzsche sein Leben zum Gegenstand der Betrachtung, und in den Vorreden zu den beiden Bänden von *Menschliches, Allzumenschliches*, das er in *Ecce homo* als «das Denkmal einer Krisis» bezeichnen wird, stellte er die Bedeutung der Aufgabe für seine Reflexion heraus. Den Verlust der Aufgabe oder den Zweifel, ob er noch ein Recht auf seine Aufgabe habe, den Verlust oder tiefen Selbstzweifel, der die Krisis auf den Begriff bringt, nannte er in der Rückschau vom Herbst 1886 die «grösste Entbehrung».[2] In *Ecce homo* geht Nietzsche jetzt aufs Ganze. Die drei Triaden artikulieren den gesamten Zeitraum von der *Geburt der Tragödie* bis zur Vollendung des *Antichrist*, wobei Nietzsche die entscheidende Zäsur zwischen der ersten und der zweiten Triade setzt. Die erste Triade endet mit der Krisis in Nietzsches Werden. Die zweite und die dritte Triade bringen das philosophische Leben zur Sprache, das mit der Überwindung der Krisis beginnt.

Die Krisis hat eine Vorgeschichte. Ihre Eckpunkte sind in Nietzsches Darstellung durch *Die Geburt der Tragödie* einerseits, durch *Richard Wagner in Bayreuth* andererseits markiert. Daß er im ersten Stück beide Bücher in den Blick nimmt, unterstreicht den Hauptzug der zehn Kapitel: Es handelt sich nicht etwa um späte Selbstanzeigen oder eine Art von Rezensionen der Titel, die in den Überschriften aufscheinen – «Die Geburt der Tragödie», «Die Unzeitgemässen» usw. Vielmehr haben wir es mit Stationen im Lebensgang zu tun, die unter dem Einen Gesichtspunkt des Werdens zu sich betrachtet und zueinander in Beziehung gesetzt werden. Die Bücher sind an ihnen selbst weniger Gegenstände der Reflexion als deren Gelegenheiten. Auch das gibt Nietzsche im ersten Stück zu erkennen, das weit davon entfernt ist, den «Versuch einer Selbstkritik» zu wiederholen, mit dem er die 1886 unter einem neuen Titel vorgelegte Ausgabe der *Geburt der Tragödie* versah. In *Ecce homo* setzt Nietzsche die frühere Selbstkritik voraus. Er lädt unausgesprochen zum Vergleich mit ihr ein, aus dem erhellt, was wir erwarten könnten, wäre es dem Autor in den zehn Kapiteln um Retraktationen seiner Bücher gegangen. Statt noch einmal den Grundirrtum der «Artisten-

2 *Menschliches, Allzumenschliches. Ein Buch für freie Geister.* Zweiter Band, Vorrede 3 (*KSA* 2, p. 372–373). In den beiden Vorreden zu *Menschliches, Allzumenschliches*, die vom Frühling 1886 und September 1886 datieren, kommt die *Aufgabe* dreimal bzw. siebenmal vor.

Metaphysik» zu benennen oder auf die Schwächen der Rhetorik, der Komposition und des Stils einzugehen, richtet Nietzsche das Augenmerk auf das Potential, das die Schrift für die weitere Entwicklung in sich barg, und auf die Wirkung, die dieses Potential überdeckte. Der Betrachter, der das Mögliche erkennen will, muß lernen, vom Wirklichen abzusehen. So eröffnet Nietzsche den Teil über sein Werden mit der paradox anmutenden Aufforderung, Gerechtigkeit durch Vergessen zu erreichen, der er die Erinnerung an das, was dem Vergessen anheimfallen soll, auf dem Fuße folgen läßt: «Um gegen die ‹Geburt der Tragödie› (1872) gerecht zu sein, wird man Einiges vergessen müssen. Sie hat mit dem *gewirkt* und selbst fascinirt, was an ihr verfehlt war». Sie entfaltete ihre Wirkung durch die «Nutzanwendung auf die *Wagnerei*» und war vor allem anderen «ein Ereigniss» im Leben Wagners: «von da an gab es erst grosse Hoffnungen bei dem Namen Wagner.» Wenn Nietzsche uns auffordert, die Hoffnungen der Wagnerei zu vergessen, die er «auf dem Gewissen» hat, heißt er uns von dem Ereignis absehen, das Wagner für den Autor der *Geburt der Tragödie* war. Das kann nicht Nietzsches letztes Wort sein, da die Hoffnungen, die er selbst mit Wagner verband, und die Erwartungen, die Wagner in ihn setzte, aus der Vorgeschichte der Krisis nicht ausgeblendet werden können.[3] Doch es ist sein erstes Wort, um zurückblickend das ihm Zugehörige vom Nichtzugehörigen zu scheiden und damit der Verwirrung und Verwechslung zu begegnen, die der Erstling zeitigte.

Nietzsche erwähnt, daß er das Buch mehrmals als «die *Wieder*geburt der Tragödie aus dem Geiste der Musik» zitiert fand und merkt dazu an: «man hat nur Ohren für eine neue Formel der Kunst, der Absicht, der

3 In einem Brief an Erwin Rohde vom Februar 1870 berichtet Nietzsche: «Ich habe hier einen Vortrag über Socrates und die Tragödie gehalten, der Schrecken und Missverständnisse erregt hat. Dagegen hat sich durch ihn das Band mit meinen Tribschener Freunden noch enger geknüpft. Ich werde noch zur wandelnden Hoffnung: auch Richard Wagner hat mir in der rührendsten Weise zu erkennen gegeben, welche Bestimmung er mir vorgezeichnet sieht. Dies ist alles sehr beängstigend.» Wagner brachte kurz zuvor in einem Brief an Nietzsche seine Hoffnung so zum Ausdruck: «Sie könnten mir nun viel, ja ein ganzes Halbtheil meiner Bestimmung abnehmen. Und dabei gingen Sie vielleicht ganz *Ihrer* Bestimmung nach. [...] helfen Sie mir, die grosse ‹Renaissance› zu Stande bringen, in welcher Platon den Homer umarmt, und Homer, von Platons Ideen erfüllt, nun erst recht der allergrösste Homer wird.» *KGB* II 1, p. 95 und II 2, p. 145–146.

Aufgabe Wagner's gehabt». Er läßt unerwähnt, daß in seiner Schrift wiederholt von der «Wiedergeburt der Tragödie» die Rede ist, und erst recht, daß ihr Autor im Vorwort erklärt, «von der Kunst als der höchsten Aufgabe und der eigentlich metaphysischen Thätigkeit dieses Lebens» überzeugt zu sein, wobei er sich in aller Form auf Richard Wagner beruft. Tatsächlich kommt in der Wendung «Wiedergeburt der Tragödie aus dem Geiste der Musik» das Programm von 1872 gültig zum Ausdruck.[4] Allerdings begriff der junge Nietzsche diese Wiedergeburt nicht als etwas, das durch Wagner bereits getan sei oder von ihm, auf sich gestellt, getan werden könnte, sondern als eine Verheißung für die Zukunft, die ins Werk zu setzen wesentlich von Nietzsche abhing. Denn allererst Nietzsche, und nicht Wagner oder dessen Gewährsmann Schopenhauer, vermochte nach seinem Urteil zu erkennen, was es mit der Tragödie bei den Griechen auf sich hatte. Da die Griechen sich selbst nicht angemessen verstanden und da die von Nietzsche erkannte Idee der Tragödie bisher nirgendwo und von niemandem, auch nicht von Sophokles oder Aischylos, verwirklicht wurde, wäre die einstige *Wiedergeburt* nicht weniger als die *wahre Geburt* der Tragödie. Nietzsches Erkenntnis machte den Unterschied und würde der Idee, «anstössig Hegelisch» konzipiert, auf einer höheren geschichtlichen Stufe zur Wirklichkeit verhelfen. Nietzsche brachte sein geschichtliches Selbstbewußtsein zum Ausdruck, indem er das eigene Unterfangen im Vorwort schließlich «als Wirbel und Wendepunkt» charakterisierte, der auf «den einen Wendepunkt und Wirbel der sogenannten Weltgeschichte» antwortete, als den er im Buch Sokrates bezeichnete.[5] Die Differenz

4 Nietzsche erwähnt weder in der Neuausgabe von 1886 noch in *Ecce homo* im eigenen Namen den ursprünglichen Titel *Die Geburt der Tragödie aus dem Geiste der Musik*, den er 1886 durch *Die Geburt der Tragödie. Oder: Griechenthum und Pessimismus* ersetzt. (In *KGW* und *KSA* wird weder der ursprüngliche noch der spätere Titel korrekt abgedruckt.) Zu Nietzsches Rede von der «Wiedergeburt der Tragödie» siehe S. 61, Anm. 15.

5 *Die Geburt der Tragödie*, Vorwort und 15, 5 (p. 24 und 100). Im Vorwort der ersten Auflage sprach Nietzsche, in Anführungszeichen gesetzt, von einem «Wirbel ihres Seins» (bezogen auf die «deutschen Hoffnungen»). In der bald nach der Veröffentlichung, noch 1872 vorgenommenen Bearbeitung für die zweite Auflage wurde daraus, ohne Anführungszeichen, *Wirbel und Wendepunkt*, also das genaue Gegenstück zu der geschichtlichen Charakterisierung des Sokrates. (*KGW* und *KSA* folgen dem Wortlaut der zweiten Auflage von 1874 und versehen das Vorwort mit der Datierung «*Basel*, Ende des Jahres 1871», die in der Erstausgabe fehlt.)

zwischen der Rolle Wagners, den er im Vorwort von 1871 seinen «Vorkämpfer» nannte, und der Aufgabe, die sich der Autor der *Geburt der Tragödie* selbst zusprach, wird von Nietzsche in *Ecce homo* nicht rekapituliert. Er beläßt es bei dem Hinweis, daß «man» dem Titel des Buchs nur die Bestimmung der Aufgabe Wagners entnahm und daß darüber «überhört» wurde, was die Schrift «im Grunde Werthvolles» enthielt. «Griechenthum und Pessimismus», der Zusatz, der in der Neuausgabe von 1886 an die Stelle des «Geistes der Musik» trat, wäre «ein unzweideutigerer Titel gewesen: nämlich als erste Belehrung darüber, wie die Griechen fertig wurden mit dem Pessimismus, – womit sie ihn *überwanden* …» Nietzsche verliert kein Wort darüber, daß er in der *Geburt der Tragödie* den theoretischen Pessimismus (die Verneinung der Welt) vom praktischen Pessimismus (der Verneinung des Lebens) getrennt halten wollte, um in der Nachfolge Schopenhauers für den ersteren und im Unterschied zu Schopenhauer gegen den letzteren zu optieren. Statt dessen fährt er, nach drei Auslassungspunkten, fort: «Die Tragödie gerade ist der Beweis dafür, dass die Griechen *keine* Pessimisten waren: Schopenhauer vergriff sich hier, wie er sich in Allem vergriffen hat.» Zwei Sektionen des ersten Abschnitts genügen Nietzsche, um den Abstand zu den beiden Helden seiner Jugend zu notifizieren, denen in der Vorgeschichte der Krisis der Schlüsselpart zufällt.[6]

Um ins rechte Licht zu rücken, was er aus der Zeit vor dem philosophischen Leben oder in den frühen Schriften als bleibend, ihm zugehörig begreifen kann, muß Nietzsche nicht nur die Abkehr von Wagner und Schopenhauer klarstellen, wie er dies im «Versuch einer Selbstkritik» und zuletzt im *Fall Wagner* und in *Götzen-Dämmerung* mit der grundsätzlichen Kritik der Erlösung und der Selbst- oder Interesselosigkeit tat, mit der Kritik an einer Ausrichtung, die in beiden Zügen, bei Wagner wie bei Schopenhauer, dem philosophischen Leben entgegensteht.[7] Er zieht außerdem Linien nach rückwärts aus, die an sehr

6 *EH* III, Die Geburt der Tragödie 1, 1–2 (309); cf. 1, 3 (310). – Die erste Verwendung von *Aufgabe* in dem Teil, der sich chronologisch mit Nietzsches Werden befaßt, ist der, von Nietzsche im Schriftbild hervorgehobenen, *Aufgabe Wagners* vorbehalten. Nietzsche beginnt die Betrachtung bei der Verwirrung seiner Aufgabe mit der eines anderen.

7 *Der Fall Wagner*, Turiner Brief vom Mai 1888 3–4; Epilog 1–2; beachte: Nachschrift 5 (p. 16–21; 50–53; 43). *Götzen-Dämmerung*, Streifzüge eines Unzeitgemässen 21–24; beachte 32 (p. 125–128; 130–131).

viel später oder jüngst gewonnene Einsichten gebunden sind, und stiftet Kontinuitäten, die auf einer entschiedenen Wahl beruhen. Die Rettung der *Geburt der Tragödie* verlangt in der Tat, daß «Einiges vergessen» wird. Mehr als die Wirkung auf den Kreis der Wagner-Anhänger und Schopenhauer-Verehrer oder der zeitgenössische Erfolg des Buchs, das als einziges unter Nietzsches Büchern vor der Niederschrift von *Ecce homo* eine öffentliche Kontroverse mit prominenter Beteiligung ausgelöst und eine zweite Drucklegung erlebt hatte. Es versteht sich, daß die Beschwörung des «tragischen Mythus» der Deutschen dem Vergessen überantwortet werden muß und mit ihr die Ankündigung des Erstlings, der nicht durchweg «politisch indifferent» auftrat, «Eines Tages» werde der deutsche Geist «Drachen tödten, die tückischen Zwerge vernichten und Brünnhilde erwecken».[8] Der vielbemühte Gegensatz des Dionysischen und des Apollinischen wird von Nietzsche zwar noch erwähnt, aber als «Idee» in Anführungszeichen dem «Metaphysischen» zugeschlagen, mit dem die Schrift beladen war. Der *Gegensatz* verlor seine raison d'être in dem Augenblick, da Nietzsche sich von der Vorstellung eines an der Notwendigkeit des Principium individuationis leidenden Urgrunds des Willens verabschiedete und die Bejahung des Lebens von der Bürde des Schopenhauerschen Erbes befreite. Dionysisch und apollinisch sind danach Aspekte von Nietzsches Ästhetik, «beide als Arten des Rausches begriffen», die die Philosophie zu integrieren und in einer Architektur großen Stils zu überwölben vermag, so in *Götzen-Dämmerung*; oder die Nietzsche, wie er jetzt für den Erstling in Anspruch nimmt, psychologisch auf Ein Phänomen, nämlich das *dionysische*, zurückgeführt wissen will, in dem er «die Eine Wurzel der ganzen griechischen Kunst» sieht, so in *Ecce homo*.[9] In dem Maße, in dem Nietzsche das Dionysische aus dem Gegensatz zum Apollinischen löst, kann er es in den Antagonismus einsetzen, auf den seit *Also sprach Zarathustra* alles ankommt, und es gegen das Christentum in Stellung bringen. Im «tiefen feindseligen Schweigen über das Christenthum», das er der *Geburt der Tragödie* in der Rückschau attestiert, spürt er den Gegensatz auf, um den es von Anfang an geht: Das Christentum «ist im tiefsten

8 *Die Geburt der Tragödie* 24, 8–9 (p. 153–154); cf. *EH* III, Die Geburt der Tragödie 1, 3 (310).

9 *Götzen-Dämmerung*, Streifzüge eines Unzeitgemässen 10–11 (p. 117–119). *EH* III, Die Geburt der Tragödie 1, 3 (310).

Sinne nihilistisch, während im dionysischen Symbol die äusserste Grenze der *Bejahung* erreicht ist.» Die erste der «zwei entscheidenden Neuerungen», die Nietzsche der *Geburt der Tragödie* zuschreibt, «das Verständnis des dionysischen Phänomens bei den Griechen», wird zu einer Wegmarke, die auf die maßgebliche Alternative in der letzten, am Ende von *Ecce homo* ausgesprochenen Fassung vorausweist: Dionysos gegen den Gekreuzigten. Die andere Neuerung betrifft die Selbstkritik der Philosophie in Rücksicht auf ihre politischen Wirkungen und geschichtlichen Weiterungen: «das Verständnis des Sokratismus», «Sokrates als Werkzeug der griechischen Auflösung», «‹Vernünftigkeit› um jeden Preis als gefährliche, als leben-untergrabende Gewalt». Hier ist es der Gegensatz zu Sokrates als dem ersten «theoretischen Menschen», der der Vergessenheit anheimfallen soll. Der überholte Gegensatz zu einem Typus, der sein «unendliches Genügen» an der Welt in der Erkenntnis findet.[10]

Die Rettung des «im Grunde Werthvollen» – des Dionysischen in der Gegenstellung zum Christentum und der Kritik der «Vernünftigkeit» um jeden Preis im Blick auf das Leben und die Vernunft – gilt der Philosophie. Ebenso haben die ausgesprochenen und nicht ausgesprochenen Diskontinuitäten auf die Philosophie Bezug. Wie auch könnte es anders sein, wenn der Beginn des philosophischen Lebens der wichtigste Einschnitt ist, der Nietzsche von der *Geburt der Tragödie* trennt? Die Abwendung von Wagners Erlösung durch die Kunst, von Schopenhauers Metaphysik des Willens, von der Verklärung des Mythos zum Zweck des Wiederaufstiegs der Kultur – alles trägt dazu bei, daß der Künstler nicht länger gegen den Philosophen antritt und die Illusion nicht mehr über die Wissenschaft obsiegen soll. Das geflügelte Wort, das Dasein und die Welt sei nur als ästhetisches Phänomen ewig gerechtfertigt, gehört einer Vergangenheit an, zu der kein Weg zurück führt. Das Leben muß nicht durch die Kunst zum Jasagen verführt, der Instinkt nicht gegen die Wissenschaft verteidigt werden. Von der in *Ecce homo* erreichten Warte nimmt sich der «eigentliche Gegensatz» so aus: Auf der einen Seite steht der Instinkt, «der sich gegen das Leben mit unterirdischer Rachsucht wendet». Nietzsche nennt ihn «den *entartenden* Instinkt», aber nichtsdestoweniger einen *Instinkt*, dem er das Christen-

10 *EH* III, Die Geburt der Tragödie 1, 4 (310). *Die Geburt der Tragödie* 15, 3 (p. 98–99).

tum, Schopenhauer, «in gewissem Sinne schon die Philosophie Platos», den ganzen Idealismus zuschlägt. Den «typischen Formen», in denen sich der irregeleitete Instinkt manifestiert, ist gemeinsam, daß sie gegen die Wirklichkeit aufbegehren, die Welt, wie sie ist, verneinen, das Leben einer höheren Macht unterstellen wollen.[11] Auf der anderen Seite verortet Nietzsche «eine aus der Fülle, der Überfülle geborene Formel der *höchsten Bejahung*, ein Jasagen ohne Vorbehalt, zum Leiden selbst, zur Schuld selbst, zu allem Fragwürdigen und Fremden des Daseins selbst ...» In die ausgesparte Lücke kann der Leser die Bezeichnung der Formel einfügen, die Nietzsche am Ende des ersten Teils mitgeteilt hat: *amor fati*. Der unmittelbar folgende Satz bringt die Kluft, die zwischen *Ecce homo* und der *Geburt der Tragödie* liegt, die die Formel *amor fati* von der ästhetischen Rechtfertigung unterscheidet, die zwischen den Positionen vor und nach der Krisis klafft, in aller Deutlichkeit zum Ausdruck: «Dieses letzte, freudigste, überschwänglich-übermüthigste Ja zum Leben ist nicht nur die höchste Einsicht, es ist auch die *tiefste*, die von Wahrheit und Wissenschaft am strengsten bestätigte und aufrecht erhaltene.»[12] Das Ja des Philosophen widerspricht nicht, sondern steht im Einklang mit Wissenschaft und Wahrheit. Denn nach der Zäsur ist das Dasein und ist die Welt durch die *Erkenntnis* «gerechtfertigt». Nichts muß von der Erkenntnis ausgenommen, alles kann ihr ausgesetzt werden. Ebendarin bewährt sich das «Jasagen ohne Vorbehalt». Die aus der Fülle gewonnene und aufs Ganze zielende Bejahung des *amor fati* erlaubt es Nietzsche, den Einwand des Nihilismus, den der Glaube gegen den Willen zur Wahrheit des Philosophen erhebt, gegen den christ-

11 Wenn Nietzsche die Philosophie Platons «in gewissem Sinne» neben das Christentum und Schopenhauer stellt, so geschieht dies im Hinblick auf die Ideen-Lehre und mit Rücksicht auf die geschichtliche Wirkung insbesondere der Dichtung des *Phaidon*.

12 Um sich davon zu überzeugen, daß Nietzsche weiß, wie wenig der Satz der in der *Geburt der Tragödie* vertretenen Position entspricht, genügt die Lektüre des «Versuchs einer Selbstkritik». Ähnliches gilt für die Aussage in *Ecce homo* wenige Zeilen davor: «Wie hoch war ich mit Beidem», d. h. mit den zwei für die *Geburt der Tragödie* beanspruchten Neuerungen, «über das erbärmliche Flachkopf-Geschwätz von Optimismus contra Pessimismus hinweggesprungen!» Pessimismus contra Optimismus bezeichnet eine durchgängige Frontstellung im Erstling, in dem Sokrates nicht «als décadent erkannt», sondern als Optimist zum Gegenstand der Kritik gemacht wurde.

lichen und jeden anderen Glauben zu richten, der die Rechtfertigung der Welt und den Sinn des Daseins von einem jenseitigen Sein oder einer von ihm gestifteten moralischen Ordnung abhängig macht, mit der Folge, daß ein solcher Glaube das Dasein nicht im Ganzen gutheißen kann und die Welt der Sinnlosigkeit überläßt, sobald das jenseitige Sein und die moralische Ordnung ihre Glaubwürdigkeit verlieren. Den Nihilismus, die Abwertung der Welt, das Ausweichen vor der Wirklichkeit führt Nietzsche auf eine nicht hintergehbare Schwäche zurück, die er den «Décadence-Instinkt» nennt. Da er die Erkenntnis ins Zentrum rückt, schärft sich der Gegensatz von Bejahung und Rachenehmen an ihr. Den «Werthmesser» der Frage «Wie viel Wahrheit *erträgt*, wie viel Wahrheit *wagt* ein Geist?» aus dem Vorwort anlegend, übersetzt Nietzsche Stärke und Schwäche in Rücksicht auf die Erkenntnis in Mut und Feigheit: «genau so weit als der Muth sich vorwärts wagen *darf*, genau nach dem Maass von Kraft nähert man sich der Wahrheit. Die Erkenntniss, das Jasagen zur Realität ist für den Starken eine ebensolche Nothwendigkeit als für den Schwachen, unter der Inspiration der Schwäche, die Feigheit und *Flucht* vor der Realität – das ‹Ideal› …» Mut und Feigheit in der Erkenntnis gehorchen unterschiedlichen Naturen. Am Ende der Verhandlung scheint Nietzsche ganz auf die natürliche Sinnfälligkeit des Gegensatzes, seiner Intensität und seiner Reichweite, abzustellen: Wer nicht nur das Wort «dionysisch», sondern sich selbst in diesem Wort begreife, habe keine Widerlegung Platons, des Christentums oder Schopenhauers nötig. Der Niedergang des Lebens, auf den Nietzsche in einer provozierenden Schlußwendung verweist, wofern er mit ihr nicht auf den Tod Gottes anspielt, ist offenbar Widerlegung genug. Allerdings sollte die Aufgabe nicht unterschätzt werden, die zu erfüllen hat, wer sich in dem Wort «dionysisch» wirklich begreifen will, so daß er sich nach dem neu gefaßten Begriff des Dionysischen in der Bejahung des Lebens durch die höchste und die tiefste Einsicht bestimmt weiß.[13]

Was für das Dionysische gilt, gilt nicht weniger für das Tragische. Im einen wie im andern Fall überblendet Nietzsche die frühe durch die späte Position, und in beiden Fällen geht es ihm wesentlich um die Philosophie

13 *EH* III, Die Geburt der Tragödie 2, 1–3 (311–312). Vorwort 3, 3 (259). *Die Geburt der Tragödie* 5, 5 und 24, 6 (p. 47 und 152); cf. Versuch einer Selbstkritik 5 (p. 17). Siehe S. 24–25; beachte S. 43–45 und 50.

und den Philosophen. Wenn Nietzsche in seiner Betrachtung vom Dionysischen zum Tragischen fortschreitet, zieht er die *Geburt der Tragödie* gar nicht mehr selbst heran, sondern zitiert eine Stelle aus einer anderen Rückschau, die dem letzten Abschnitt der *Götzen-Dämmerung* entnommen ist. Der Leser kann so unschwer erkennen, daß das, was Nietzsche über das Tragische sagt, der Gegenwart gehört, auch und insbesondere das, was er über sich als «den ersten tragischen Philosophen» zu sagen weiß. Nietzsche beansprucht, «die endliche Erkenntniss darüber, was die Psychologie der Tragödie ist», gefunden zu haben. Aber was ihn interessiert und wozu er sich äußert, ist die Psychologie des tragischen Dichters. Dem Tragiker gehe es nicht darum, «von Schrecken und Mitleiden loszukommen» oder – wie Nietzsche mit Jacob Bernays Aristoteles versteht, der freilich über die *Tragödie* spricht – «sich von einem gefährlichen Affekt durch eine vehemente Entladung zu reinigen».[14] Es handle sich für ihn vielmehr darum, «über Schrecken und Mitleiden hinaus, die ewige Lust des Werdens *selbst zu sein*, jene Lust, die auch noch die *Lust am Vernichten* in sich schliesst …» Der Charakterisierung des tragischen Dichters – nicht des Helden oder des Zuschauers der Tragödie – durch die ewige Lust des Werdens läßt Nietzsche die Proklamation folgen: «In diesem Sinne habe ich das Recht, mich selber als den ersten *tragischen Philosophen* zu verstehn – das heisst den äussersten Gegensatz und Antipoden eines pessimistischen Philosophen.» Nietzsche spricht nicht mehr als Altphilologe, Musiker, Künstler oder Weltanschauungsautor, sondern als Philosoph. Und er erklärt sich in aller Form zum Antipoden ebendes Philosophen, den der Verfasser der *Geburt der Tragödie* einzig als Eideshelfer anerkannte. Der tragische Philosoph ist ein anderer Name für den dionysischen Philosophen. Nietzsche kann unter dem einen so gut auftreten wie unter dem anderen, da das neu verstandene Dionysische das neu verstandene Tragische in sich einschließt und aus

14 Cf. Aristoteles: *Poetik* 1449b27–30; Jacob Bernays: *Grundzüge der verlorenen Abhandlung des Aristoteles über die Tragödie*. Breslau 1857, p. 141, 145, 148–149, 173; außerdem die an Bernays anknüpfende, ins Christliche gewendete Deutung von Paul Yorck von Wartenburg, mit der Nietzsche ebenfalls vertraut war: *Die Katharsis des Aristoteles und der Oedipus Coloneus des Sophokles*. Berlin 1866, p. 14–15, 16, 22–24; beachte den geschichtstheologischen Schluß, der dem frühen wie dem späten Nietzsche diametral entgegensteht, p. 34–35 und 37–38 (Edition Karlfried Gründer, p. 162, 164, 170–172, 182–183, 185–186). Siehe *Die Geburt der Tragödie* 22, 1 (p. 142).

sich heraussetzt. «Vor mir», statuiert er, «giebt es diese Umsetzung des Dionysischen in ein philosophisches Pathos nicht: es fehlt die *tragische Weisheit*». Die tragische Weisheit, die das Leid und die Zerstörung in der Lust des Werdens erkennt und in die Bejahung des Lebens hineinnimmt, macht sich keinen Augenblick den Satz der Tragödie zu eigen: *Ich wünschte, nie geboren zu sein.*[15] Sie hat nichts zu schaffen mit der «Weisheit des Silen», die der junge Nietzsche in die Worte faßte: «Elendes Eintagsgeschlecht, des Zufalls Kinder und der Mühsal, was zwingst du mich dir zu sagen, was nicht zu hören für dich das Erspriesslichste ist? Das Allerbeste ist für dich gänzlich unerreichbar: nicht geboren zu sein, nicht zu *sein*, *nichts* zu sein. Das Zweitbeste aber ist für dich – bald zu sterben.» Die Haltung, die die Rede des Silen dem Menschen ansinnt – die *Geburt der Tragödie* erhob sie wahlweise zur «griechischen Volksweisheit» und zur «herben Volksphilosophie» –, mag sehr wohl für den Pessimisten einstehen, als dessen äußersten Gegensatz sich der tragische Philosoph in *Ecce homo* versteht.[16]

Daß Nietzsche sich als der *erste* tragische Philosoph präsentiert, ist Teil der Rhetorik des Neuen, Unerhörten, Einmaligen, die *Ecce homo* an der großen Aufgabe ausrichten und den Leser auf das Ereignis des *Antichrist* vorbereiten soll. Dem ersten tragischen Philosophen treten später der *erste* Immoralist oder der *erste* Psychologe zur Seite. Alle «Erstlinge», die in Einer Person zusammenkommen, sind bestimmt, den Umwerter und seine «Forderung an die Menschheit» zu beglaubigen. Die Hyperbolik der rhetorischen Zurüstung ist geeignet, einen Wink zu überdecken oder zu übertönen, der für das Selbstverständnis des Philosophen keine geringe Bedeutung hat: Im Zusammenhang mit der Proklamation des Rechts, sich als den ersten tragischen Philosophen zu verstehen, und nur in diesem Zusammenhang, meldet Nietzsche einen Zweifel an. Vergeblich habe er Anzeichen tragischer Weisheit bei den großen Philosophen in den zwei Jahrhunderten vor Sokrates gesucht.

15 Zum Satz der Tragödie siehe *Über das Glück des philosophischen Lebens. Reflexionen zu Rousseaus «Rêveries» in zwei Büchern*. München 2011, p. 167.

16 *EH* III, Die Geburt der Tragödie 3 (312). *Die Geburt der Tragödie* 3, 2 und 4, 3–4 (p. 35, 41); cf. 7, 8; 10, 1; 11, 1 (p. 57, 73, 75). Siehe Arthur Schopenhauer: *Die Welt als Wille und Vorstellung*. Dritte, verbesserte und beträchtlich vermehrte Auflage. Leipzig 1859, II, 4, Kapitel 46, Von der Nichtigkeit und dem Leiden des Lebens, p. 670–673. Zum philosophischen Pathos cf. *Der Fall Wagner*, Turiner Brief vom Mai 1888 1, 3 (p. 14).

Ein Zweifel sei ihm indes bei Heraklit zurückgeblieben. Nietzsche muß bei Heraklit nicht nur «unter allen Umständen» das ihm «Verwandteste anerkennen, was bisher gedacht worden ist». Über das *Denken* hinaus, das ihn mit dem Früheren verbindet, billigt er ihm grundsätzlich das Vermögen zu, die *Lehre* eines Späteren geschichtlich vorwegzunehmen: «Die Lehre von der ‹ewigen Wiederkunft›, das heisst vom unbedingten und unendlich wiederholten Kreislauf aller Dinge – diese Lehre Zarathustra's *könnte* zuletzt auch schon von Heraklit gelehrt worden sein.» Wenn die Ewige Wiederkunft von Heraklit gelehrt worden sein könnte, bedeutet das in ebenso vielen Worten, daß die Lehre nicht an eine einmalige geschichtliche Konstellation gebunden ist. Nietzsche nimmt für den Lehrer der Ewigen Wiederkunft keinen privilegierten historischen Augenblick in Anspruch. Er macht die Doktrin nicht von der Geschichte des Platonismus, von zweitausend Jahren Christentum oder von den modernen Ideen abhängig, denen sie dialektisch verhaftet wäre. Er gibt mit dem Wink seines «Zweifels» zu erkennen, daß er die Philosophie und sich selbst nicht im Sinne des Historismus versteht. Die Ausrufung zum «ersten tragischen Philosophen» in *Ecce homo* hat ihr Komplement im Auftritt des «letzten Jüngers des Philosophen Dionysos» am Ende der *Götzen-Dämmerung*.[17]

Von der Philosophie und dem Philosophen wendet Nietzsche den Blick zurück auf die Hoffnung. Der abschließende Abschnitt, der den Bogen zu *Richard Wagner in Bayreuth* schlägt, beginnt beim populärsten Zug der *Geburt der Tragödie*: «Aus dieser Schrift redet eine ungeheure Hoffnung.» Die Hoffnung war entscheidend auf das Zusammenwirken mit Wagner gerichtet, das scheiterte. Nietzsche spart das Scheitern aus und setzt es zugleich voraus, wenn er fortfährt: «Zuletzt fehlt mir jeder Grund, die Hoffnung auf eine dionysische Zukunft der Musik zurückzunehmen.» Die Hoffnung hat für Nietzsche indes, wie der *Antichrist* zeigen wird, inzwischen einen anderen Status, und die Musik steht nicht mehr für das, was sie in der *Geburt der Tragödie* bezeichnete. Die Hoffnung, die Nietzsche aufruft,[18] gilt einem tragischen

17 *EH* III, Die Geburt der Tragödie 3 (312–313). *Götzen-Dämmerung*, Was ich den Alten verdanke 5 (p. 160).

18 Nietzsche hatte zunächst geschrieben: «Zuletzt fehlt mir jeder Grund, meine Hoffnung auf eine dionysische Zukunft der Musik zurückzunehmen.» Später ersetzte er *meine* durch *die* (*Faksimile*, p. 51).

Zeitalter, das die dionysische Zukunft der Musik austragen soll. Die «Musik» ist dabei der Platzhalter einer noch nicht festgestellten Aktivität der Menschheit. Denn die Rede zielt jetzt auf nicht weniger als die menschliche Gattung. Für den Fall, daß sein «Attentat auf zwei Jahrtausende Widernatur und Menschenschändung» gelinge, sagt Nietzsche eine «neue Partei des Lebens» vorher, «welche die grösste aller Aufgaben, die Höherzüchtung der Menschheit in die Hände nimmt». Geben wir der Verheißung des tragischen Zeitalters, in dem «die höchste Kunst im Jasagen zum Leben, die Tragödie,» wiedergeboren werde, hier keinen zusätzlichen Raum. Sie zeugt nicht von einer «Verantwortlichkeit für alle Jahrtausende», sondern ist geeignet, dem Nietzscheanismus der Zukunft Stichworte für die dunkelste Parteinahme im Umkreis der Doktrin des Willens zur Macht zu liefern. Daß Nietzsche den Fehlgriff der Artisten-Metaphysik, der eng mit Wagner verbunden war, im nachhinein im Sinne einer Artisten-Politik aufzulösen versucht, macht die Sache nicht besser. Als «Psychologe» merkt er an, daß das, was er «in jungen Jahren bei Wagnerischer Musik» hörte, «Nichts überhaupt mit Wagner zu thun» gehabt habe. Was er als «dionysische Musik» faßte, beschrieb die Musik, die *er* hörte. Er mußte «instinktiv Alles in den neuen Geist übersetzen und transfiguriren», den er in sich barg. Der Psychologe geht in seiner teleologischen Deutung so weit, daß er den Wagner, den der frühe Nietzsche feiert, als eine Antizipation des Dichters erscheinen läßt, zu dem Nietzsche später werden sollte. Als «Beweis» bietet er die vierte *Unzeitgemässe Betrachtung* an: «an allen psychologisch entscheidenden Stellen», versichert Nietzsche, «ist nur von mir die Rede, – man darf rücksichtslos meinen Namen oder das Wort ‹Zarathustra› hinstellen, wo der Text das Wort Wagner giebt. Das ganze Bild des *dithyrambischen* Künstlers ist das Bild des *präexistenten* Dichters des Zarathustra, mit abgründlicher Tiefe hingezeichnet und ohne einen Augenblick die Wagnersche Realität auch nur zu berühren». Mehr noch, der «Gedanke von Bayreuth» soll sich in den «grossen Mittag» Zarathustras verwandelt haben, «wo sich die Auserwähltesten zur grössten aller Aufgaben weihen». Ja, «das *Ereigniss* Zarathustra» soll bereits in *Richard Wagner in Bayreuth* zum Ausdruck kommen. Aber wenn Nietzsche im Blick auf Zarathustras Prophetie, seine Dichtung gegen Wagners «Bühnenweihspiel» stellend, vom «Akt einer ungeheuren Reinigung und Weihung der Menschheit» spricht, darf nicht übersehen werden, daß ebendieses «Ereigniss» in *Also sprach Zarathustra* selbst in eine tiefe Krisis gerät. Und wenn er vorträgt, in seinen frühen Schriften habe «die absolute Gewissheit darüber, was ich *bin*,» sich «auf irgend eine zufällige Realität», z. B. auf Wagner oder auf Bayreuth, projiziert, so bleibt festzuhalten, daß Nietzsche noch keinen Schritt zu der Erkenntnis getan hat, was die Zäsur in seinem Leben notwendig machte. Es ist kein Zweifel, die Hoffnung, die Tragödie, der Instinkt – Nietzsche versucht mehr zu retten, als zu retten ist.[19]

Die Kontinuität steht auch in der Betrachtung der *Unzeitgemässen* im Vordergrund. Wie im ersten Stück ist die Vorbereitung auf die Aufgabe der leitende Gesichtspunkt. Was zur Krisis führte, muß dagegen aus der Darstellung ex post erschlossen werden. Einen wichtigen Hinweis gibt Nietzsche, wenn er die Aufmerksamkeit auf die «Wiederherstellung des Begriffs ‹Cultur›» als den gemeinsamen Fluchtpunkt der vier Bücher lenkt, deren Titel er zunächst und im Falle der ersten beiden bis zuletzt unerwähnt läßt. Denn dieser Fluchtpunkt liegt in der Verlängerung der Linie der *Geburt der Tragödie*, in der Hoffnung und der Hingabe, die der Autor mit ihr verband. Prospektiv wichtig ist Nietzsche der «kriegerische» Zug der *Unzeitgemässen*: «Sie beweisen, dass ich kein ‹Hans der Träumer› war, dass es mir Vergnügen macht, den Degen zu ziehn, – vielleicht auch, dass ich das Handgelenk gefährlich frei habe.» Die vier zeigen das Stiefkind seiner Zeit früh bereit und imstande, den Streit mit der herrschenden Meinung, mit den mächtigsten Strömungen, mit dem Glauben der Gegenwart aufzunehmen. Ausdrücklich hält Nietzsche sich zugute, daß er in den *Unzeitgemässen* – in *Götzen-Dämmerung* wird er noch einmal als «Unzeitgemässer» auftreten – dem Verfall «zwei Bilder der härtesten *Selbstsucht*, *Selbstzucht*» entgegensetzte, verkörpert durch zwei «unzeitgemässe Typen par excellence, voll souverainer Verachtung gegen Alles, was um sie herum ‹Reich›, ‹Bildung›, ‹Christenthum›, ‹Bismarck›, ‹Erfolg› hiess, – Schopenhauer und Wagner *oder*, mit Einem Wort, Nietzsche …» Im Rückblick auf die *Unzeitgemässen* spricht er von «vier Attentaten». Er geht jedoch nicht auf alle vier ein. Der zweiten und bei weitem gewichtigsten Schrift widmet er nur drei Sätze.[20] Auf die vierte entfallen zwei, und diese handeln

19 *EH* III, Die Geburt der Tragödie 4 (313–315).

20 Der dritte Satz zu *Vom Nutzen und Nachtheil der Historie für das Leben* verdient festgehalten zu werden, da es sich um das letzte Wort Nietzsches zum vielzitierten «historischen Sinn» handelt: «In dieser Abhandlung wurde der ‹histori-

nicht von ihr allein. Nietzsche konzentriert sich auf die erste und die dritte *Unzeitgemässe*. David Friedrich Strauß und Arthur Schopenhauer geben ihm Gelegenheit, durch Abgrenzungen, Entgegensetzungen, Unterscheidungen den Begriff des Philosophen zu schärfen. An den Angriff auf «den ersten deutschen Freigeist», der die *Unzeitgemässen Betrachtungen* eröffnete, knüpft er die Feststellung: «bis heute ist mir Nichts fremder und unverwandter als die ganze europäische und amerikanische Species von ‹libres penseurs›.» Mit ihnen befinde er sich «sogar in einem tieferen Zwiespalt als mit Irgendwem von ihren Gegnern.» Sie sind keine freien Geister, sondern Parteigänger der «modernen Ideen». Sie zählen zu den Verbesserern der Menschheit, die sich an die Wand malen und dazu «ecce homo!» sagen. Sie sind Gläubige des Ideals, der Moral. Ihnen vor allen anderen hält er in *Ecce homo* die Erklärung entgegen: «Ich bin der erste *Immoralist*».[21] Sowenig Nietzsche jemals mit dem Freigeist Strauß verwirrt werden wollte, sowenig will er jetzt mit dem Atheisten Schopenhauer verwechselt werden. Nietzsche bekennt: «Der Atheismus war das, was mich zu Schopenhauer führte.» Aber Atheismus ist nicht genug. Nietzsche spricht von Schopenhauer als seinem «Gegensatz», und zwar nicht in dieser oder jener Hinsicht, sondern in Rücksicht auf den Begriff des Philosophen. Die Proklamation «Ich bin der erste Immoralist» bezeichnet wiederum die Trennlinie und ruft eine Unterscheidung in Erinnerung, die Nietzsche andernorts vornahm: Schopenhauers Atheismus ist ein Atheismus aus Redlichkeit. Er versagt sich den Glauben an Gott aus Moralität. Damit geht einher, daß er glaubt, den christlichen Gott aufgeben und gleichwohl an der christlichen Moral festhalten zu können.[22]

Die Bestimmungen des Philosophen, die Nietzsche in der Verhandlung der *Unzeitgemässen* vornimmt, sind, wie zuvor im Fall der *Geburt der Tragödie*, die Bestimmungen, die für *Ecce homo* Gültigkeit haben,

sche Sinn›, auf den dies Jahrhundert stolz ist, zum ersten Mal als Krankheit erkannt, als typisches Zeichen des Verfalls.» *EH* III, Die Unzeitgemässen 1 (316). Cf. *Die fröhliche Wissenschaft* IV, 337 (p. 564–565) und V, Wir Furchtlosen, 357 (p. 599); *Jenseits von Gut und Böse* 224 (p. 157–160).

21 *EH* III, Die Unzeitgemässen 2 (317–319). *Götzen-Dämmerung*, Moral als Widernatur 6 (p. 87). Cf. *Jenseits von Gut und Böse* 44 (p. 60–63).

22 *EH* III, Die Unzeitgemässen 2–3 (318–320). *Jenseits von Gut und Böse* 55 und 56 (p. 74–75). *Die fröhliche Wissenschaft* V, Wir Furchtlosen, 357 (p. 599–601). Siehe Anm. 7 und beachte *Was ist Nietzsches Zarathustra?*, p. 179 mit n. 181.

vom «Immoralisten» bis zum «furchtbaren Explosionsstoff, vor dem Alles in Gefahr ist». Beide Selbstcharakterisierungen, der Immoralist und der Explosionsstoff, werden in *Warum ich ein Schicksal bin* eine erhebliche Rolle spielen. Was sein Werden betrifft, hebt Nietzsche hervor, daß in der dritten und der vierten *Unzeitgemässen* «ein Problem der Erziehung ohne Gleichen, ein neuer Begriff der *Selbst-Zucht*, *Selbst-Vertheidigung* bis zur Härte, ein Weg zur Grösse und zu welthistorischen Aufgaben nach seinem ersten Ausdruck» verlangt habe. Er spricht nicht zufällig oder achtlos von Aufgaben im Plural. Seine Ahnung und seine Zuversicht bezogen sich darauf, daß nur eine welthistorische Aufgabe seiner Natur entsprechen, sie ganz fordern könne, ohne daß ihm die Eine Aufgabe schon vor Augen gestanden hätte. Auf dem «Weg zur Grösse» empfand er die Dringlichkeit, sich selbst in die Pflicht zu nehmen und dabei den höchsten Maßstab anzulegen. In diesem Sinn sind die *Unzeitgemässen* Traktate der Erziehung oder Übungen der Selbsterprobung. Zugleich deutet er sie als Akte des Selbstschutzes und Unternehmen der Selbsterhaltung. Er verteidigte sich, seine Natur, das, was er sein kann und sein soll, nicht allein gegen die Anpassung an die Zeit und deren vereinnahmende, abschleifende, gleichmachende Gewalt, sondern gegen eine Überforderung durch die Zuordnung der Aufgabe vor der Zeit. Kurz, er sieht in *Schopenhauer als Erzieher* und *Richard Wagner in Bayreuth* ebenjene Klugheit am Werk, die er am Schluß des ersten Teils (II, 9) als eine Art List des Instinkts pries: die Selbstverwechslung mit anderen oder deren Befrachtung mit eigenen Aspirationen. Eine Projektion, die der Gefahr begegnet, sich selbst mit der Aufgabe zu früh «zu Gesicht zu bekommen». Nietzsche spricht jetzt nicht von Projektion, wohl aber von «Formeln, Zeichen, Sprachmitteln», die ihm die zwei «noch unfestgestellten Typen» an die Hand gaben. Schopenhauers habe er sich ähnlich bedient, wie Platon sich des Sokrates bediente, als einer Semiotik für sich. Dies sei in der dritten *Unzeitgemässen* auch «mit vollkommen unheimlicher Sagacität» angedeutet. An der herangezogenen Stelle sagte der junge Nietzsche über Schopenhauer: «Für ihn gab es nur Eine Aufgabe und hunderttausend Mittel, sie zu lösen: Einen Sinn und unzählige Hieroglyphen, um ihn auszudrücken.»[23] Auf die beiden letz-

23 Nietzsche fährt in *Schopenhauer als Erzieher* fort: «Es gehörte zu den herrlichen Bedingungen seiner Existenz, dass er wirklich einer solchen Aufgabe, gemäss seinem Wahlspruche vitam impendere vero, leben konnte und dass keine

ten *Unzeitgemässen* zurückschauend, kommt Nietzsche zu dem Urteil, «dass sie im Grunde bloss von mir reden.» In der vierten will er eine «Vision» seiner Zukunft erkennen, in der dritten sieht er seine «innerste Geschichte», sein *Werden* eingeschrieben. «Vor Allem mein Gelöbniss!» Indem er über Schopenhauer sprach, umriß er das Ziel, zu dem er gelangen wollte. Oder wie er in einer früheren Fassung des Manuskripts festhält: «Was der Philosoph sein soll, was ich damals durchaus nicht war, ich schrieb es mit ungeduldiger Härte gegen mich an die Wand.» Besonderen Wert legt Nietzsche auf die Kontrastierung des Philosophen mit dem Gelehrten, die *Schopenhauer als Erzieher* aufbot. Mit dem, was er «ein herbes Stück Psychologie des Gelehrten» nennt, hielt der Gelehrte und Nichtphilosoph Nietzsche sich vor Augen, was er nicht bleiben konnte, womit er sich nicht zufriedengeben durfte. So wird das Stück über den Gelehrten zum Beleg für die teleologische Einordnung, die bereits das Kapitel über die *Geburt der Tragödie* prägte: «es drückt das *Distanz-Gefühl* aus, die tiefe Sicherheit darüber, was bei mir *Aufgabe*, was bloss Mittel, Zwischenakt und Nebenwerk sein kann.» Auch der Kontrast zwischen dem Gelehrten und dem Philosophen wird noch aus dem Entweder-Oder der Kritik in das Nacheinander einer sinnvollen Entwicklung übersetzt: «Es ist meine Klugheit, Vieles und vielerorts gewesen zu sein, um Eins werden zu können, – um zu Einem kommen zu können. Ich *musste* eine Zeit lang auch Gelehrter sein.» Am Ende der Betrachtung der *Geburt der Tragödie* und der

eigentliche Gemeinheit der Lebensnoth ihn niederzwang». (Erstausgabe, p. 93; *KSA* 1, p. 411.) Zu Schopenhauers von Rousseau übernommenem Wahlspruch cf. *Über das Glück des philosophischen Lebens*, p. 200–202. – Dafür, daß es sich bei Nietzsches Aussagen über die dritte *Unzeitgemässe* nicht *nur* um eine nachträgliche Stilisierung handelt, spricht u. a. ein Brief an Cosima Wagner vom 19. Dezember 1876, auf den Andreas Urs Sommer hingewiesen hat (*NK* 6/2, p. 506). Darin heißt es: «werden Sie sich wundern, wenn ich Ihnen eine allmählich entstandene, mir fast plötzlich in's Bewußtsein getretene Differenz mit Schopenhauer's Lehre eingestehe? Ich stehe fast in allen allgemeinen Sätzen nicht auf seiner Seite; schon als ich über Sch. schrieb, merkte ich, daß ich über alles Dogmatische daran hinweg sei; mir lag alles am *Menschen*. In der Zwischenzeit ist meine ‹Vernunft› sehr thätig gewesen – damit ist denn das Leben wieder um einen Grad schwieriger, die Last größer geworden! Wie wird man's nur am Ende aushalten?» (*KGB* II 5, p. 210.) Daß Nietzsche in dem Brief zu Cosimas Geburtstag die Rolle nicht berührt, die Richard Wagner in den vorangegangenen Monaten dabei spielte, daß Nietzsches Vernunft «sehr thätig» wurde, kann nicht überraschen.

Unzeitgemässen erscheint der Gang von Station zu Station organisch, zielstrebig, bruchlos. Nietzsches Werden zu sich wurde offenbar von einem tiefen Instinkt gesteuert oder von einer großen Vernunft regiert. Sein Leben nimmt sich im Blick auf die Aufgabe «einfach wundervoll» aus.[24]

Es ist die Aufgabe, mit der Nietzsche sich erkennt; durch die er seine Natur, die Rangordnung seiner Vermögen, seiner Leidenschaften, seiner Tugenden und seiner Fertigkeiten feststellt; die ihn in den Stand setzt, Eins zu werden; die es ihm erlaubt, seine Geschichte zu integrieren und als sinnvoll zu betrachten. Da die Betrachtung seines Werdens die Erkenntnis seiner Aufgabe voraussetzt, bedient Nietzsche sich in der Darstellung einer retrospektiven Teleologie, die die Teleologie des Übels einschließt. Bevor er die Aufgabe und sich selbst zu Gesicht bekommen hat, ergibt sich notwendig ein anderes Bild. Der Einsicht gehen Hoffnung und Ahnung voraus. Vor dem Wissen walten Versuch und Irrtum. Der Ernst der Krisis unterbricht die Erzählung, in der sich alles aufs beste fügt. In der Krisis ist ungewiß, wie sie zu überwinden, was die richtige Entscheidung, welcher Weg einzuschlagen sei, ob es überhaupt einen Weg gibt. Nachdem die Krisis überwunden ist, kann gewürdigt werden, was mit ihr begann, wieviel Gutes aus ihr erwuchs, wie unverzichtbar sie war. Für die Teleologie des Übels ist es kennzeichnend, daß das Übel, das das Gute gebiert, nicht *gewählt* wird, ebenweil es ein Übel ist. Sie steht dem Handelnden nicht zur Verfügung. Sie gehört der Rückschau, dem Betrachter.

Nietzsche beginnt das letzte Stück der Triade zu den Büchern, die ihn auf die Aufgabe vorbereiteten, mit einem Paukenschlag: «‹Menschliches, Allzumenschliches› ist das Denkmal einer Krisis.» Das Werden zu sich verlief, anders als die beiden vorangegangenen Stücke nahelegten, keineswegs bruchlos. Der zweite Schlag folgt unmittelbar. Im nächsten Satz sagt der Autor über das Buch: «ich habe mich mit demselben vom *Unzugehörigen* in meiner Natur freigemacht.» Der Bruch war für das Werden *zu sich* notwendig. Die Krisis mußte das, was Nietzsche seiner Natur nach ist, von dem scheiden, was er seiner Natur nach nicht sein soll. Worum es sich dabei insonderheit handelt, bringt Nietzsche

24 *EH* III, Die Unzeitgemässen 2–3 (319–321). II, 2 und 9 (282 und 293–295). Die Stelle aus einer früheren Fassung des Druckmanuskripts findet sich in *KSA* 14, p. 488.

wiederum ohne Verzug auf den Begriff: «Unzugehörig ist mir der Idealismus». Die *Geburt der Tragödie* und die *Unzeitgemässen* waren, Projektion hin oder her, Schriften eines Verfassers, der im Bannkreis des Idealismus blieb. Was immer sie vorweggenommen, worauf sie hingedeutet haben mögen, sie stehen nicht weniger für Nietzsches Abweichung von sich selbst, für seine Unfreiheit. In keinem anderen Sinn will er den Untertitel *Ein Buch für freie Geister* verstanden wissen. «Freier Geist» ist ausdrücklich auf ihn anzuwenden und zeigt den Ausgang aus seiner Unfreiheit an: «ein *freigewordner* Geist, der von sich selber wieder Besitz ergriffen hat.» Die Krisis hatte mithin eine kathartische Wirkung. Zur Katharsis trug keine Tragödie bei. Die emblematische Verwendung des Namens Voltaire auf Umschlag und Titel weist in Richtung Spott und Lachen.[25] Nietzsches Spott und Lachen sind indes Ausdrucksformen eines großen Ernstes. Der Entschlossenheit, die verborgenen Antriebe und Annahmen der eigenen Ideale und Wertschätzungen ans Licht zu heben, und des Willens, von den Gegenständen seiner Hingabe Abstand zu gewinnen. «Sieht man genauer zu, so entdeckt man einen unbarmherzigen Geist, der alle Schlupfwinkel kennt, wo das Ideal heimisch ist, – wo es seine Burgverliesse und gleichsam seine letzte Sicherheit hat.» Selbstverordnete Helle und Kälte sind die Mittel der Wahl, um sich vom «Idealismus» zu befreien. «Ein Irrthum nach dem andern wird gelassen aufs Eis gelegt, das Ideal wird nicht widerlegt – *es erfriert* …» Es büßt seinen blendenden Zauber ein, verliert seine betörende Gewalt und kann aus der Distanz allererst als das erkannt werden, was es ist. «Hier zum Beispiel erfriert ‹das Genie›; eine *Ecke* weiter erfriert ‹der Heilige›; unter einem dicken Eiszapfen erfriert ‹der Held›; am Schluss erfriert ‹der Glaube›, die sogenannte ‹Überzeugung›, auch das

25 Nach dem Untertitel *Ein Buch für freie Geister* stand in der Erstausgabe auf Umschlag und Titelblatt zu lesen: «Dem Andenken Voltaire's / geweiht / zur Gedächtniss-Feier seines Todestages, / des 30. Mai 1778.» (*KSA* unterrichtet über diesen Teil des Titels nicht in der Edition selbst, sondern nur im Kommentarband, *KSA* 14, in einer nicht korrekten Wiedergabe.) Nietzsche kommentiert den Zusatz in *Ecce homo*: «Der Name Voltaire auf einer Schrift von mir – das war wirklich ein Fortschritt – *zu mir* …» Er nennt Voltaire einen «grandseigneur des Geistes: genau das, was ich auch bin.» Die Betonung liegt dabei auf: was ich *auch* bin – nämlich außer, daß ich ein *Philosoph* bin. In der Neuausgabe von 1886 ist der Hinweis auf Voltaire sowohl auf dem Umschlag als auch auf dem Titelblatt getilgt. Beachte *Jenseits von Gut und Böse* 35 (p. 54).

‹Mitleiden› kühlt sich bedeutend ab – fast überall erfriert ‹das Ding an sich› ...» Die sieben Gegenstände, die Nietzsche auswählt, traten allesamt in seinen frühen Schriften auf, zu wiederholten Malen auch das, durch Schopenhauer vermittelte, Ding an sich und desgleichen, im Anschluß an Wagner und Schopenhauer, das Mitleiden. Im Zentrum steht der Glaube,[26] der in Eins faßt, wovon der unbarmherzige Geist sich zu befreien hat, sobald er die Wanderung im Verbotenen beginnt. Nietzsche verwendet für die entscheidende Abstandnahme und Befreiung mit Bedacht die Metaphern der Abkühlung und des Erfrierens. Sie bezeichnen den ersten Akt jenes freiwilligen Lebens in Eis und Hochgebirge, als das er im Vorwort die Philosophie beschrieb.[27]

Auslöser der Krisis ist eine verstörende Enttäuschung. Nietzsche verbindet sie mit den ersten Bayreuther Festspielen, für die er im Sommer 1876 die Programmschrift vorlegte. Er zählt die lebhaft erfahrene Fremdheit gegen alles, was ihm dort begegnete, unter die Voraussetzungen des späteren Buchs, mit dem er, zum erstenmal, «von sich selber» Besitz ergreifen sollte: «Ich erkannte Nichts wieder, ich erkannte kaum Wagner wieder.» Den Künstler, den er in der *Geburt der Tragödie* für den deutschen Mythos in Anspruch genommen hatte, um einst der Idee der Tragödie, einem menschheitlichen Zweck, zur Wirklichkeit zu verhelfen, fand er von anderen, wo nicht von Wagner selbst, «ins Deutsche übersetzt». Wagner ließ sich nicht von Nietzsche zurechtbringen. «Der Wagnerianer war Herr über Wagner geworden!» Richard Wagner in Bayreuth erwies sich als das Gegenteil der Erfüllung einer großen Hoffnung. Eine «haarsträubende Gesellschaft», in der «keine Missgeburt» fehlte, «nicht einmal der Antisemit», öffnete Nietzsche die Augen über Wagner und über sich – denn die verstörendste Enttäuschung betraf ihn selbst. Wie konnte er so blind gewesen sein? Wie war es möglich, daß er jemals auf Bayreuth setzte? Daß er sich der Hoffnung auf eine Erneuerung der Kultur durch Germanen, Mittelalter, Wagner überließ? Daß er sich von Kunst, Musik, Tragödie Erlösung versprach? Wie vermochte er

26 In der *Geburt der Tragödie* rief Nietzsche seine Freunde und sich selbst in aller Form zum Glauben auf: «Jetzt wagt es nur, tragische Menschen zu sein: denn ihr sollt erlöst werden. Ihr sollt den dionysischen Festzug von Indien nach Griechenland geleiten! Rüstet euch zu hartem Streite, aber glaubt an die Wunder eures Gottes!» 20, 3 (p. 132). Cf. 24, 9 (p. 154).

27 *EH* III, Menschliches, Allzumenschliches 1 (322–323). Vorwort 3, 2 (258).

sich dermaßen zu vergreifen? Nietzsche spricht von nicht weniger als einer *Gesammt-Abirrung* seines Instinkts. Der Instinkt hielt das Werden zu sich keineswegs auf sicherem Kurs. Er führte Nietzsche weg von dem, was er ist. Er ließ ihn sich an das ihm «Unzugehörige» verlieren. Die *Gesammt*-Abirrung, die Nietzsche empfand, bezeichnet die Krisis. Den einzelnen Fehlgriff, «heisse er nun Wagner oder Basler Professur», erkannte er als bloßes Zeichen der Abirrung im ganzen. Eine Erkenntnis, mit der die Einsicht einherging, «dass es die höchste Zeit war, mich auf *mich* zurückzubesinnen.» Eine Umwendung der Blickrichtung tat not. Hier kommt das Aufs-Eis-Legen der Ideale ins Spiel, die Distanznahme zu Verehrung und Hingabe. Mit dem «Fehlgriff» Wagner stand mehr als Ein Ideal in Frage. Bei der Aufklärung des «Fehlgriffs» Basler Professur bewährte die Aufgabe ihre kritische Kapazität, obgleich sie selbst noch nicht festgestellt war. Denn daß seine Philologen-Existenz den Aspirationen einer welthistorischen Aufgabe nicht genügte, war unschwer auszumachen, sobald Nietzsche sich über sein Tun und Lassen Rechenschaft ablegte, wozu ihm der «Fehlgriff» Wagner allen Grund gab. Bei der Bewertung der zurückgelegten Wegstrecke gelangte er zu der Einschätzung, zehn Jahre hinter sich zu haben, «wo ganz eigentlich die *Ernährung* des Geistes» bei ihm stillstand und er «nichts Brauchbares» hinzulernte. Seine «Idealitäten» stellten sich als haltlos heraus, seinem Wissen mangelte es an «Realitäten». Bei einer Fortsetzung dieser Existenz war kein Ausweg aus der Krisis in Sicht. Nietzsche deutet an, daß er die beiden benannten Fehlgriffe nicht nur als Zeichen Einer Aberration las, sondern einen Kausalzusammenhang zwischen ihnen vermutete: Die falsch gewählte professionelle Tätigkeit führt zum Bedürfnis nach «einer *Betäubung* des Öde- und Hungergefühls durch eine narkotische Kunst». Allgemein gesprochen und auf viele gemünzt: «Eine Widernatur *erzwingt* förmlich eine zweite.» Es wäre jedoch eine große Verharmlosung der Krisis, in der Nietzsche sich befand, den «Fehlgriff» Wagner darauf reduzieren zu wollen, daß Nietzsche wie «eine grosse Anzahl» seiner jüngeren Zeitgenossen im Deutschen Reich nach Wagner «als nach einem *Opiat*» verlangte. Der Ernst der Krisis erwuchs daraus, daß Nietzsche seine Aufgabe mit der Wagners verwirrt oder sich selbst auf die Kooperation mit Wagner hin ausgelegt hatte. Das Eingeständnis des Irrtums dieser Auslegung, die Einsicht, daß seine Hoffnungen Illusionen waren, die Enttäuschung des eigenen Urteils machten jede neue Auslegung zweifelhaft. Das gescheiterte «Ideal» ließ sich nicht durch ein anderes ersetzen – das sich als ebenso illusionär, bodenlos, zum Scheitern verurteilt erweisen mochte. Er konnte nicht Glaube an Glaube reihen, von Hingabe zu Hingabe taumeln. Die Aufgabe selbst stand zur Disposition. Das ist der Sinn der Frage, die Nietzsche an sich richtete, ob er noch ein *Recht* auf seine Aufgabe habe.[28]

Die Krisis nötigt zur Periagoge. In eins mit der Umkehr der Blickrichtung gebietet sie die Infragestellung der höchsten Wertschätzungen. Sie macht das Abrücken von den teuersten Vorstellungen und den heiligsten Pflichten erforderlich. Sie verlangt, für eine gewisse Zeit, die Aussetzung des Urteils. Sie heischt nach dem, was Nietzsche andernorts als «Grausamkeit gegen sich selbst» bezeichnet. In *Ecce homo* spricht er von seinem «Instinkt»: «Damals entschied sich mein Instinkt unerbittlich gegen ein noch längeres Nachgeben, Mitgehn, Mich-selbst-verwechseln.» Der Instinkt wendet sich gegen die «Gesammt-Abirrung» des Instinkts. Es ist Nietzsches Natur, die ihm Antrieb, Kraft und Mittel gibt, sich des «Unzugehörigen» zu entledigen. «Alles schien mir jener unwürdigen ‹Selbstlosigkeit› vorziehenswerth, in die ich zuerst aus Unwissenheit, aus *Jugend* gerathen war, in der ich später aus Trägheit, aus sogenanntem ‹Pflichtgefühl› hängen geblieben war.» Daß Nietzsche die Unwissenheit an die Spitze der Selbstabweichung stellt und Trägheit nennt, was ihm Pflichtgefühl war, zeigt die Loslösung an, die er vermittels der Grausamkeit gegen seine Vorlieben und Gewohnheiten ins Werk setzte. Doch anders als in der Vorrede zur Neuausgabe von *Menschliches, Allzumenschliches* zwei Jahre zuvor, stellt er nicht das «entscheidende Ereigniss» der «grossen Loslösung» heraus. Er läßt auch das «gefährliche Vorrecht» des freigewordenen Geistes unerwähnt, «*auf den Versuch* hin leben und sich dem Abenteuer anbieten zu dürfen». Er verzichtet darauf, den Beginn des philosophischen Lebens in das Bild des Seefahrers zu fassen, der sich aufs offene Meer begibt. Ein Bild, das den Mut betont, dessen es zum Abstoßen vom festen Land bedarf, und das Bewußtsein der Freiheit, das mit dem Aufbruch einhergeht.[29] Statt dessen lenkt er die Aufmerksamkeit mit Nachdruck auf die Besonderheit

28 *EH* III, Menschliches, Allzumenschliches 2, 1–5 und 3, 1–3 (323–325). Cf. *Menschliches, Allzumenschliches* II, Vorrede 3 (p. 372–373).
29 *Menschliches, Allzumenschliches* I, Vorrede 3 und 4 (p. 15–18). Cf. *Die fröhliche Wissenschaft* V, Wir Furchtlosen, 343 (p. 574). Siehe *Über das Glück des philosophischen Lebens*, p. 77 und 81.

seiner Natur. Sie befähigte ihn nicht nur, die Krisis zu bestehen, sondern ermöglichte ihm außerdem, wie er in einem eigenen Unterabschnitt hervorhebt, die Periagoge politisch verträglich, ohne nachteilige Aus- und Rückwirkungen, zu vollziehen. An die Rede von seiner «doppelten Herkunft» anknüpfend, die am Anfang von *Warum ich so weise bin* stand, bringt er «jene *schlimme* Erbschaft» von seiten des Vaters, die Anfälligkeit für Krankheit und Dekadenz, in Anschlag, die ihm auf eine Weise, welche er «nicht genug bewundern» könne, «gerade zur rechten Zeit» zu Hilfe gekommen sei: «Die Krankheit *löste mich langsam heraus*: sie ersparte mir jeden Bruch», d. h. jeden für andere sichtbaren, andere verstörenden Bruch, «jeden gewaltthätigen und anstössigen Schritt. Ich habe kein Wohlwollen damals eingebüsst und viel noch hinzugewonnen. Die Krankheit gab mir insgleichen ein Recht zu einer vollkommnen Umkehr aller meiner Gewohnheiten». Die Krankheit verschaffte ihm das *Recht* zu der Lebensweise, die ihm not tat, um zu überwinden, was er nach dem Abschied von Bayreuth «wie eine Krankheit» mit sich herumtrug: «sie beschenkte mich mit der *Nöthigung* zum Stillliegen, zum Müssiggang, zum Warten und Geduldigsein ... Aber das heisst ja denken! ...» Der Müßiggang, der wesentlich Denken ist, ließ Nietzsche zu sich zurückkehren, und das Beisichselbstsein, das er im Denken erreichte, ließ ihn ein reiches Glück erfahren.[30] Die Lebensweise, zu der ihn die Krankheit zwang, barg die Antwort auf die Krisis.[31] Der endogene, gleichsam naturwüchsige Strang in Nietzsches Darstellung des Beginns des philosophischen Lebens ersetzt nicht den voluntativen, auf eine radikale Zäsur abstellenden Zug, den das «unbarmherzige» Aufs-Eis-Legen der Ideale und die «unerbittliche» Entscheidung gegen die Selbstverwechslung betonten. Er tritt ihm vielmehr zur Seite und unter-

30 «Nie habe ich so viel Glück an mir gehabt, als in den kränksten und schmerzhaftesten Zeiten meines Lebens: man hat nur die ‹Morgenröthe› oder etwa den ‹Wanderer und seinen Schatten› sich anzusehn, um zu begreifen, was diese ‹Rückkehr zu *mir*› war: eine höchste Art von *Genesung* selbst! ... Die andre folgte bloss daraus» *EH* III, Menschliches, Allzumenschliches 4, 3 (326).

31 Was bei Nietzsche aus der Krisis hervorgeht, entsteht bei Rousseau aus einem lange gehegten Entschluß, und wo jener die Krankheit als Rechtfertigung seines Müßiggangs und seines Glücks aufbietet, verweist dieser zum selben Zweck auf die Verfolgung, der er ausgesetzt war. Siehe Jean-Jacques Rousseau: *Les rêveries du Promeneur Solitaire* III, 7–10 und V, 15 (*OCP* I, p. 1014–1015 und 1047) sowie *Über das Glück des philosophischen Lebens*, p. 74–76 und 174–175.

fängt ihn, indem er den Blick auf die grundlegende Voraussetzung des Beginns freigibt. Nietzsche bringt den voluntativen Zug wieder unmißverständlich zur Geltung, wenn er *Menschliches, Allzumenschliches*, das er im ersten Satz des ersten Abschnitts «das Denkmal einer Krisis» nannte, im ersten Satz des fünften Abschnitts, «dies Denkmal einer rigorösen Selbstzucht» nennt. Der Selbstzucht schreibt er jetzt zu, daß sie bei ihm «allem eingeschleppten ‹höheren Schwindel›, ‹Idealismus›, ‹schönen Gefühl› und andren Weiblichkeiten ein jähes Ende» bereitet habe. In der Vorrede zu *Menschliches, Allzumenschliches* II hatte er 1886 in ähnlicher Weise die Tapferkeit herausgestellt und das bewußte, methodische Unternehmen der Selbstprüfung so ausgedrückt: «Einsam nunmehr und schlimm misstrauisch gegen mich, nahm ich, nicht ohne Ingrimm, dergestalt Partei *gegen* mich und *für* Alles, was gerade *mir* wehe that und hart fiel». Die Periagoge kommt nicht aus ohne Selbstzucht, Selbstprüfung oder das Vermögen der Grausamkeit gegen sich selbst. Nietzsche heißt es Redlichkeit.[32]

Im letzten Abschnitt zu *Menschliches, Allzumenschliches* betont Nietz-

32 *EH* III, Menschliches, Allzumenschliches 4, 1–3; 5, 1 (326–327); cf. 2, 6 (324). *Menschliches, Allzumenschliches* II, Vorrede 3–4 (p. 372–373). – In der Zeit vor der Krisis bezieht sich Nietzsche emphatisch auf die Periagoge. Aber er tut es en pleine ignorance de cause, so wie sich ein Bewunderer der Philosophie auf ein Ideal beruft, auf etwas, das er nur vom Hörensagen kennt. Dem zum Vorbild erhobenen «Schopenhauerischen Menschen», der «das freiwillige Leiden der Wahrhaftigkeit» auf sich nimmt, bescheinigt er, «jene völlige Umwälzung und Umkehrung seines Wesens vorzubereiten, zu der zu führen, der eigentliche Sinn des Lebens» sei. Und ausdrücklich spricht er vom «Herumwenden» der Seele, das not tue. Zugleich spricht er davon, daß es sich darum handle, «seinen Eigenwillen zu ertödten», daß «wahrhaftig sein» heiße, «an ein Dasein glauben, welches überhaupt nicht verneint werden könnte», daß die Natur «zu einem metaphysischen Zwecke» des Künstlers bedürfe, und erst recht des Heiligen, «an dem jenes Wunder der Verwandlung eintritt, auf welches das Spiel des Werdens nie verfällt, jene endliche und höchste Menschwerdung, nach welcher alle Natur hindrängt und treibt, zu ihrer Erlösung von sich selbst». Nietzsche spricht mit ungebrochener Selbstverständlichkeit von den höchsten Pflichten der «Kultur», vom «heroischen Menschen», der sich selbst als das erste Opfer bringt, vom «Sich-selbst-Vergessen», von der «causa finalis» und in einem fort vom Bedürfnis nach «Erlösung». Von all dem, was ihn in die Krisis führen und was der Prüfung nicht standhalten wird, sobald die Periagoge tatsächlich statt hat. *Schopenhauer als Erzieher* 4, 9; 5, 3; 5, 5–8 (p. 371–375, 377–378, 380–383); siehe dazu u. a. *Jenseits von Gut und Böse* 25, 30, 47, 51, 207, 227, 230 (p. 42–43, 48–49, 68, 71, 134–137, 162–163, 169–170).

sche, «mit welcher ungeheuren Sicherheit» er zu jener Zeit seine *Aufgabe* «und das Welthistorische an ihr in der Hand hielt», so wie er im letzten Abschnitt zu den *Unzeitgemässen* «die tiefe Sicherheit» darüber, was bei ihm *Aufgabe*, was bloß Mittel sein kann, für sich beanspruchte und im letzten Abschnitt zur *Geburt der Tragödie* nachträglich «die absolute Gewissheit darüber, was ich *bin*», reklamierte. Das dreimalige Insistieren auf der inneren Gewißheit über sich unterstreicht die Zusammengehörigkeit der Stücke der ersten Triade, die der Erkenntnis der Aufgabe vorausliegen, aber durch die Ahnung der Natur im Rückblick auf die Aufgabe ausgerichtet zu sein scheinen. Am Ende der Verhandlung der Krisis nimmt Nietzsche die teleologische Darstellung wieder auf. Wie in der *Geburt der Tragödie* und den letzten beiden *Unzeitgemässen* habe er auch in *Menschliches, Allzumenschliches* mit der bei ihm «instinktiven Arglist» das «Wörtchen ‹ich›» umgangen und einen anderen «mit einer welthistorischen Glorie» überstrahlt. In diesem Fall nicht Schopenhauer oder Wagner, die in die Zeit vor der Krisis gehören, sondern Paul Rée, den er als einen seiner Freunde vorstellt. Der Verfasser des *Ursprungs der moralischen Empfindungen* diente dem Autor des *Buchs für freie Geister* gleichsam als Pseudonym, hinter dem sich niemand anders als «Nietzsche, der erste *Immoralist*,» verbarg. Zur Unterstützung seiner Deutung führt Nietzsche eine Stelle aus *Menschliches, Allzumenschliches* an, in der er einen Satz aus Rées Schrift zitiert: «‹Der moralische Mensch steht der intelligiblen Welt nicht näher als der physische – *denn* es giebt keine intelligible Welt …›»[33] Die Erläuterung, die der Autor von *Ecce homo* ungeschmälert wiedergibt und sich, indem er auf Anführungszeichen verzichtet, uneingeschränkt zu eigen macht, beschließt den Text der ersten Triade: «Dieser Satz, hart und schneidig geworden unter dem Hammerschlag der historischen Erkenntniss (lisez:

33 «– *denn* es giebt keine intelligible Welt …» ist ein Zusatz, den Nietzsche in *Ecce homo* in das wörtliche Zitat einfügt. Bei Paul Rée lautet der Satz, der sich in der Eröffnung der Schrift findet: «Jetzt aber, seit *La Marck* und *Darwin* geschrieben haben, können die moralischen Phänomene eben so gut auf natürliche Ursachen zurückgeführt werden, wie die physischen: der moralische Mensch steht der intelligiblen Welt nicht näher, als der physische Mensch.» *Der Ursprung der moralischen Empfindungen*. Chemnitz 1877, p. VII–VIII. In *Menschliches, Allzumenschliches* 37 gab Nietzsche Rée so wieder: «Der moralische Mensch, sagt er, steht der intelligiblen (metaphysischen) Welt nicht näher, als der physische Mensch» (p. 61).

Umwerthung aller Werthe) kann vielleicht einmal, in irgend welcher Zukunft – 1890! – als die Axt dienen, welche dem ‹metaphysischen Bedürfniss› der Menschheit an die Wurzel gelegt wird, – ob mehr zum Segen oder zum Fluche der Menschheit, wer wüsste das zu sagen? Aber jedenfalls als ein Satz der erheblichsten Folgen, fruchtbar und furchtbar zugleich und mit jenem *Doppelblick* in die Welt sehend, welchen alle grossen Erkenntnisse haben ...» Auf die Aufgabe angewandt, die er jetzt «in der Hand» hält, mit der Umwertung verknüpft, die zum erstenmal im zweiten Teil beim Namen genannt wird, und, in Parenthese gesetzt, auf das geplante Erscheinungsjahr des *Antichrist* vorausweisend, gewinnt die zehn Jahre alte Stelle – die einzige, die Nietzsche aus *Menschliches, Allzumenschliches* in *Ecce homo* inkorporiert – außerordentliche Brisanz. Denn die Sicherheit, die Nietzsche in Rücksicht auf seine Aufgabe beansprucht, steht in augenfälligem Kontrast zu der Unsicherheit, die er mit Blick auf die Folgen bekundet. Wenn er nicht zu sagen weiß, ob die Umwertung aller Werte der Menschheit zum Segen oder zum Fluch ausschlagen wird, sagt er mit anderen Worten, daß die Menschheit schwerlich der erste Gegenstand und gewiß nicht der letzte Zweck der Aufgabe ist. Hier redet in der Tat kein Prophet, der sich als Sprachrohr einer Sendung versteht. Die «schwerste Forderung», die je an die Menschheit gestellt wurde, gehorcht weder dem Glauben an eine heilige Pflicht, noch wird sie beseelt von der Hoffnung auf eine erlösende Tat. Sie atmet den Geist des Versuchs und steht im Dienst der Erkenntnis.[34]

Der Schluß läßt die teleologische Darstellung der ersten Triade in einem ganz eigenen Licht erscheinen. Wie, wenn die Betonung des endogenen Strangs, insbesondere das Alternieren zwischen Instinkt und Einsicht im dritten Stück,[35] zuallererst darauf zielte, den grundsätzlichen

34 *EH* III, Menschliches, Allzumenschliches 6 (327–328). Nietzsche verändert den Wortlaut der «Stelle» aus *Menschliches, Allzumenschliches* jenseits der offensichtlichen Einfügungen in einem signifikanten Punkt. Aus «– ob *mehr* zum Segen, als zum Fluche der allgemeinen Wohlfarth» macht er: «– ob mehr zum Segen oder zum Fluche der Menschheit». Ferner wird aus «mit jenem Doppelgesichte in die Welt sehend»: «mit jenem *Doppelblick* in die Welt sehend». *Menschliches, Allzumenschliches* 37 (p. 61).

35 In der Abfolge der sechs Abschnitte des dritten Stücks: (1) Krisis des freigewordenen Geistes, der von sich selbst wieder Besitz ergreift. (2) Enttäuschung, die die Krisis auslöste. (3) Empfindung einer «Gesammt-Abirrung» des Instinkts und Rückbesinnung. (4) Entscheidung des «Instinkts» gegen die Selbstabweichung.

Unterschied zwischen Nietzsche und der Menschheit herauszustellen? Was Nietzsche als Ahnung der Natur vorantreibt und von ihm durch Rückbesinnung eingeholt, zur Entscheidung gebracht und schließlich bestimmt wird, findet auf der Ebene der Gattung keine Entsprechung. Durch Verallgemeinerung ist die Kluft nicht zu überwinden, da die Verallgemeinerung der Verschiedenheit der Naturen und deren Widerstreit nicht Rechnung trägt. Außerdem fehlt der Gattung die vorgegebene Lebensspanne, in der die Frage «Wie wird man, was man ist?» ihrer Antwort harrt. Daraus resultiert der Abstand zwischen Nietzsches Gewißheit, was gut für ihn, und der Ungewißheit, was gut für die Menschheit ist. Oder der Doppelblick der Erkenntnis, in der der Erkennende das ihm Zuträgliche erfährt und des ihm Zugehörigen gewahr wird, wohingegen die Auswirkungen für die Menschheit, von der «allgemeinen Wohlfarth» zu schweigen, zweifelhaft bleiben. Zugleich zeigt der Schluß der Triade den Fluchtpunkt der Bewegung an, die in der Krisis beginnt und sie endlich überwindet. Genauer gesagt, handelt es sich um zwei ineinander verflochtene Bewegungen, die in Nietzsches Erzählung parallel geführt werden: Auf die Enttäuschung, die am Anfang der Krisis steht, antwortet zum einen die Rückkehr zu sich, die im Denken, Erkennen, Begreifen zum Glück des Beisichselbstseins gelangt; zum anderen die Abkehr von allem «Idealismus» als bewußt vorangetriebene Befreiung von Illusionen und Distanznahme zu Geglaubtheiten, die einzig auf das gerichtet ist, was der Probe des Verdachts standzuhalten vermag. Die beiden Bewegungen münden in die «Genesung» und begründen das «Recht» zur Aufgabe. Die Aufgabe rückt dabei nicht in die Stelle des früheren «Idealismus» ein, sie ist nicht etwa Ausdruck einer neuen «Selbstlosigkeit». Der Gebrauch, den Nietzsche vom Zitat aus *Menschliches, Allzumenschliches* macht, weist wie die Rede vom überlegenen Spiel am Ende des ersten Teils von *Ecce homo* darauf hin, daß die Aufgabe in ihrer *Funktion* verstanden wird. Die Aufgabe verhilft Nietzsche zur Feststellung seiner Natur und dient *seiner* Erkenntnis.[36]

(5) «Rigoröse Selbstzucht». (6) «Ungeheure Sicherheit» in bezug auf die Aufgabe, «instinktive Arglist» gegen eine Exposition vor der Zeit.

36 Die Bewegung kann in sieben Schritte gegliedert werden, von denen zwei parallel auftreten: (1) Enttäuschung. (2) Empfindung der Gesamtabirrung des Instinkts; Verlust der «Aufgabe». (3) Einsicht in die Notwendigkeit einer radikalen Umwendung der Blickrichtung. (4a) Krankheit, die zur Muße nötigt; Suspension des Urteils über die Aufgabe. (5a) Erfahrung des eigenen Vermögens, des Glücks

Mit Schweigen übergeht Nietzsche die Rolle, die Sokrates in der Krisis und bei deren Überwindung zukam – zuerst als Bremse oder Stachel, dann als Verwandter, dessen Bild Kraft und Stärke verlieh. Hätte die Darstellung der ersten Triade schon zur Kennzeichnung der Spannweite der Entwicklung von der *Geburt der Tragödie* zu *Menschliches, Allzumenschliches*, «Mit zwei Fortsetzungen», nicht allein Schopenhauer und Rée oder Wagner und Voltaire heranziehen, sondern mit ebensoviel Recht den Weg von *Sokrates I* zu *Sokrates II*, vom weltgeschichtlichen Widerpart zum hintergründigen Freund, ausmessen können, so lag bei der Verhandlung des Beginns des philosophischen Lebens ein Wort über das Beispiel des Sokrates aus mehr als einem Grund nahe. Doch Nietzsche hatte sich im Advent seiner Zarathustra-Dichtung dafür entschieden, *Sokrates III*, den Pessimisten, auf die Bühne zu holen und mit ihm *Sokrates I*, den Optimisten des Frühwerks, vergessen zu machen. An dieser strategischen Entscheidung hielt Nietzsche bis zum Schluß fest.[37]

des Erkennens, der Selbstgenügsamkeit gegen jede Erwartung. (4b) Aufs-Eis-Legen aller Ideale; Suspension des Urteils über die Aufgabe. (5b) Rigorose Prüfung von Glaube, Pflicht, Hingabe; Grausamkeit gegen sich selbst; Aufklärung der eigenen Mutmaßungen und Voraussetzungen. (6) Genesung und Bestimmung der Aufgabe. (7) Erkenntnis der Funktion der Aufgabe für das eigene Gute.

37 Daß es sich um eine strategische Entscheidung handelte, geht aus dem Kontext hervor, in dem Nietzsche Sokrates III einführt: Im drittletzten Aphorismus der *Fröhlichen Wissenschaft* präsentiert er 1882 unter der Überschrift «Der sterbende Sokrates» Sokrates erstmals als Pessimisten, wobei er sich auf die ultima verba aus Platons *Phaidon* bezieht, die er in einer seiner Auslegung entgegenkommenden Übersetzung wiedergibt: «‹Oh Kriton, ich bin dem Asklepios einen Hahn schuldig›. Dieses lächerliche und furchtbare ‹letzte Wort› heisst für Den, der Ohren hat: ‹Oh Kriton, *das Leben ist eine Krankheit!*› Ist es möglich! Ein Mann, wie er, der heiter und vor Aller Augen wie ein Soldat gelebt hat, – war Pessimist!» Die Erklärung zum Pessimisten beruht nicht auf einem neuen Gedanken zum Ende des *Phaidon* oder einer neuen Auslegung der «letzten Worte». Andreas Urs Sommer (*NK* 6/1, p. 262–263) berichtet, daß Nietzsche mit seinem Griechischlehrer Karl Steinhart in Schulpforta in der Prima den *Phaidon* las und als Basler Professor Steinharts Platon-Ausgabe wiederholt auslieh. Nietzsche war, als er den Aphorismus schrieb, mithin seit zwei Jahrzehnten Steinharts Kommentar zur Stelle vertraut, wonach Sokrates «sich im Augenblicke des Sterbens von der Krankheit des Erdenlebens genesen» fühlte und als von dieser Krankheit Genesener dem Gott ein Opfer bringen wollte. Desgleichen kannte er die von Steinhart herausgegebene Übersetzung der ultima verba: «Dem Asklepios, lieber Kriton, sind wir einen Hahn schuldig.» Nietzsches Aphorismus, der mit der Lobeserhebung beginnt:

Für *Sokrates II*, den «Mittler-Weisen» der Zeit der Periagoge, blieb so kein Raum in *Ecce homo*. Ein Supplement, das anzeigt, *was* Nietzsche ausspart, kann bei der Rede von der «Gesammt-Abirrung meines Instinkts» ansetzen. Sie ist das Merkzeichen, das an Sokrates erinnert. Denn in der *Geburt der Tragödie* markierte Nietzsche die Position des Sokrates durch nichts schärfer als durch die Mahnung, Instinkt sei nicht genug, die die Kehrseite des Sokratischen Logon didonai ist, der Forderung, sich mit Gründen Rechenschaft über die Lebensführung und den eigenen Weg zu geben. Ins Zentrum der Schrift stellte er den Satz: «‹Nur aus Instinct›: mit diesem Ausdruck berühren wir Herz und Mittelpunkt der sokratischen Tendenz.»[38] Was er dem Antagonisten zuschrieb, um

«Ich bewundere die Tapferkeit und Weisheit des Sokrates in Allem, was er that, sagte – und nicht sagte», schließt mit dem Satz: «Ach Freunde! Wir müssen auch die Griechen überwinden!» Der Schluß zeigt, wie weit Nietzsche sich vom Sokrates-Bild des Frühwerks entfernt hat, in dem Sokrates nicht als Höhepunkt dessen gelten konnte, was die Griechen zu erreichen in der Lage waren. Und er zeigt vor allem an, daß «Sokrates» jetzt für die zu überwindende Tradition einstehen muß, zu der Platons *Phaidon* das Tor aufstieß – eine Zuweisung, die Nietzsche in der *Götzen-Dämmerung* 1888 bekräftigt, indem er den *Heiland* in die Wiedergabe der letzten Worte aus dem *Phaidon* einfügt. Auf «Der sterbende Sokrates», der den Punkt der Abstoßung markiert, folgen unmittelbar die Aphorismen «Das grösste Schwergewicht», der den Gedanken der Ewigen Wiederkunft zum erstenmal umreißt, und «Incipit tragoedia», der den Beginn von *Also sprach Zarathustra* enthält. *Die fröhliche Wissenschaft* 340, 341 und 342 (p. 569–571); cf. *Götzen-Dämmerung*, Das Problem des Sokrates 1 und 11 (p. 67 und 72). *Platon's sämmtliche Werke*. Übersetzt von Hieronymus Müller, mit Einleitungen begleitet von Karl Steinhart. Leipzig 1854, Vierter Band, p. 546 und 577. Zu den letzten Worten des Sokrates im *Phaidon* cf. Aphorismus 13 meines Epilogs *Über Leben und Tod*, in: Friedrich Wilhelm Graf, Heinrich Meier (Hg.): *Der Tod im Leben. Ein Symposion*. München 2004, p. 336–337.

38 Es handelt sich um den dritten Satz des fünf Sätze umfassenden dritten von fünf Absätzen des dreizehnten der fünfundzwanzig Kapitel der *Geburt der Tragödie*. Nietzsche fährt fort: «Mit ihm verurtheilt der Sokratismus eben so die bestehende Kunst wie die bestehende Ethik: wohin er seine prüfenden Blicke richtet, sieht er den Mangel der Einsicht und die Macht des Wahns und schliesst aus diesem Mangel auf die innerliche Verkehrtheit und Verwerflichkeit des Vorhandenen. Von diesem einen Punkte aus glaubte Sokrates das Dasein corrigieren zu müssen: er, der Einzelne, tritt mit der Miene der Nichtachtung und der Ueberlegenheit, als der Vorläufer einer ganz anders gearteten Cultur, Kunst und Moral, in eine Welt hinein, deren Zipfel mit Ehrfurcht zu erhaschen wir uns zum grössten Glücke rechnen würden.» *Die Geburt der Tragödie* 13, 3 (p. 89–90).

ihn in politischer Absicht und aus moralischem Antrieb der Kritik zu unterwerfen, erweist sich in der Krisis als das Wissen des Einen, was not tut: Mit der «Gesammt-Abirrung» seines Instinkts muß er sich den Mangel an Einsicht und die Macht des Wahns eingestehen, denen er unterlag. Da er das Logon didonai zum Kardinalpunkt der Unterscheidung gemacht hatte, war es schlechterdings unmöglich, daß er die Mahnung des Sokrates vergaß. Als nicht minder folgenreich sollte sich erweisen, daß er den *anthropos theoretikos* in der *Geburt der Tragödie* als *die* Alternative zu der von ihm selbst vertretenen Position bestimmte. Einzig dem Typus des «theoretischen Menschen» attestierte er, «wie der Künstler» ein «unendliches Genügen am Vorhandenen» zu haben und wie der Künstler vor dem praktischen Pessimismus, vor der Verneinung des Lebens, «durch jenes Genügen geschützt» zu sein. Zudem brachte er deutlich genug zum Ausdruck, daß der von ihm behaupteten ästhetischen Rechtfertigung die Rechtfertigung durch die Erkenntnis der Welt und das Begreifen des Daseins gegenübersteht, und er scheute sich nicht, die Versuchung, die der Position des Widerparts innewohnt, zu bekennen: «Wer die Lust einer sokratischen Erkenntniss an sich erfahren hat und spürt, wie diese, in immer weiteren Ringen, die ganze Welt der Erscheinungen zu umfassen sucht, der wird von da an keinen Stachel, der zum Dasein drängen könnte, heftiger empfinden als die Begierde, jene Eroberung zu vollenden und das Netz undurchdringbar fest zu spinnen.»[39] Es bedarf keiner teleologischen Konstruktion oder retrospektiven Glättung, um das Potential zu sehen, das der früh vorgelegte Gegenentwurf in der Krisis für Nietzsche bereithält, oder um die Linien auszuziehen, die mit dem Beginn des philosophischen Lebens zu dessen Verankerung in der «Leidenschaft der Erkenntniss» und später zur Bestimmung des «Willens zur Macht» im Willen zur Wahrheit führen.

Die herausragende Bedeutung, die Sokrates für Nietzsche in der entscheidenden Phase, bei der Wendung zur Philosophie, hat, wird durch die schriftlichen Zeugnisse der zweiten Hälfte der 1870er Jahre bestätigt. Im Sommer 1875 notiert Nietzsche: «*Socrates*, um es nur zu bekennen, steht mir so nahe, dass ich fast immer einen Kampf mit ihm kämpfe.» Kurz zu-

39 *Die Geburt der Tragödie* 15, 3–4 und 6 (p. 98–99, 100–101); cf. 5, 5 und 24, 6 (p. 47 und 152). – Der *anthropos theoretikos* wird bereits vor der *Geburt der Tragödie* in einer Aufzeichnung in nächster Nähe zum «Sokratismus» genannt. Nachgelassene Fragmente Winter 1869–70–Frühjahr 1870 3 [86], *KSA* 7, p. 83.

vor zeichnet sich eine neue Beschäftigung mit der «Selbstigkeit» des Sokrates und der Ausrichtung am eigenen Guten ab, wenn er auf die schaut, «welche es wagen, ihrer selbst wegen da zu sein; wie Socrates».[40] Ein Jahrzehnt später wird der Philosoph Nietzsche, nachdem er den Gedanken im Zarathustra-Experiment in seinen Höhen und Tiefen ausgelotet hat, vom «complementären Menschen» sprechen. *Sokrates II*, der Nietzsche existentiell trifft und zum Katalysator seiner Entwicklung wird, ist wesentlich der Sokrates der *Memorabilien*. Ein Jahr vor dem Offenbarwerden der Krisis hält Nietzsche fest: «Ich finde Xenophons Memorabilien sehr interessant. Man muß Sokrates' Vorbild noch anerkennen: es ist sofort nachahmbar. Die ἀνδραποδισταὶ ἑαυτῶν stechen mich.» Der Sokrates der *Memorabilien* ist nicht jener «Wendepunkt und Wirbel», in dem Nietzsche seinen weltgeschichtlichen Gegenringer fand. Er zieht ihn unversehens an, da er ihn unmittelbar angeht. Der Stich, den ihm die Sokratische Kritik der Verkäufer ihrer eigenen Unabhängigkeit versetzt, wird nicht nur die «Basler Professur» zur Disposition stellen, sondern am Ende viel weiter reichen: «Wagner», «Bayreuth», die «Sendung», ob deutsch oder menschheitlich, nicht ausgenommen. Im September 1876, wenige Wochen nach dem Bayreuther Ereignis, kommt Nietzsche auf die *Memorabilien* und ihre Kraft, den rechten Leser zu stechen, zurück: Xenophon gebe «ein wirklich treues Bild» des Sokrates, «das gerade so geistreich ist, als der Gegenstand des Bildes war». Allerdings müsse man die *Memorabilien* zu lesen verstehen. «Die Philologen meinen im Grunde, dass Sokrates ihnen nichts zu sagen habe, und langweilen sich desshalb dabei. Andere Menschen fühlen, dass dieses Buch zugleich sticht und beglückt.» In den Aufzeichnungen vom Spätsommer 1875 bis September 1876 fällt der Name Sokrates vor dem Notat zu den *Memorabilien* nicht. Um so bemerkenswerter ist das Zeugnis eines Briefs, das die Zeit der Inkubation zu beleuchten vermag. Am 26. Mai 1876, zwei Monate vor den Bayreuther Festspielen, schreibt Nietzsche an den Jugendfreund Carl von Gersdorff: «Immer mehr kommen mir die griechischen Philosophen, als Vorbilder der zu erreichenden Lebensweise, vor die Augen. Ich lese die Memorabilien des Xenophon mit tiefstem persönlichen Interesse. – Die Philologen finden sie tödtlich langweilig, Du siehst, wie wenig ich

40 Nachgelassene Fragmente Sommer 1875 6 [3]; März 1875 3 [69], *KSA* 8, p. 97 und 34.

Philologe bin.»[41] Nachdem die Krisis überstanden ist, weiß Nietzsche Dank abzustatten. Im Juli 1879 vertraut er seinem Notizbuch an: «Das anziehendste Buch der griechischen Litteratur: Mem[orabilia] Socr[atis].» In *Der Wanderer und sein Schatten* gibt er Ende 1879 sein Urteil über die *Memorabilien* schließlich in einem Aphorismus öffentlich kund. Es ist der einzige unter all seinen Aphorismen, der lakonisch *Sokrates* überschrieben ist: «Wenn Alles gut geht, wird die Zeit kommen, da man, um sich sittlich-vernünftig zu fördern, lieber die Memorabilien des Sokrates in die Hand nimmt, als die Bibel, und wo Montaigne und Horaz als Vorläufer und Wegweiser zum Verständniss des einfachsten und unvergänglichsten Mittler-Weisen, des Sokrates, benutzt werden. Zu ihm führen die Strassen der verschiedensten philosophischen Lebensweisen zurück, welche im Grunde die Lebensweisen der verschiedenen Temperamente sind, festgestellt durch Vernunft und Gewohnheit und allesammt mit ihrer Spitze hin nach der Freude am Leben und am eignen Selbst gerichtet; woraus man schliessen möchte, dass das Eigenthümlichste an Sokrates ein Antheilhaben an allen Temperamenten gewesen ist.»[42] *Sokrates II* er-

41 Nachgelassene Fragmente Frühling–Sommer 1875 5 [192], *KSA* 8, p. 94–95; Xenophon: *Memorabilia* I.2.6. Nachgelassene Fragmente September 1876 18 [47], *KSA* 8, p. 327. *KGB* II 5, p. 163–164. Der Brief an Carl von Gersdorff ist einer von zwei Briefen Nietzsches, die signifikante Aussagen zu Sokrates enthalten.

42 Nachgelassene Fragmente Juli 1879 41 [2], *KSA* 8, p. 584. *Der Wanderer und sein Schatten* 86 (*KSA* 2, p. 591–592); cf. 6 und 72, die beiden anderen Aphorismen, in denen der Name *Sokrates* vorkommt (p. 543 und 584–585). – Wie mit der übrigen einschlägigen Literatur zu Sokrates war Nietzsche mit den *Memorabilien* lange vor der *Geburt der Tragödie* vertraut. Aber erst Mitte der 1870er Jahre rückt das Buch ins Zentrum seines *philosophischen* Interesses. Mit der Wertschätzung des Xenophontischen geht kontrastierend die Kritik des Platonischen Sokrates einher, den er als «im eigentlichen Sinne eine Carricatura, eine Überladung» betrachtet. (Nachgelassene Fragmente Frühling–Sommer 1875 5 [193] und September 1876 18 [47], *KSA* 8, p. 95 und 327.) Es gibt indes eine Ausnahme. Im Gefolge der *Memorabilien* entdeckt Nietzsche Platons *Apologia Socratis* für sich. Erschien ihm in der Vorlesung des Wintersemesters 1871–1872, *Einführung in das Studium der platonischen Dialoge*, die «Echtheit» des Dialogs noch «nicht fest», so notiert er sich für seine letzte Vorlesung im Sommersemester 1878 über die *Apologie*: «Der Form nach viell. die höchste Leistung Platos, aus der vollsten Reife seiner schriftstell. Kunst heraus gewachsen […] hier ist Plato am meisten über sich Herr geworden, er hält seine Philos. zurück.» Nietzsche setzt hinzu: «Viell. in Concurrenz mit den Memorab. des Xenophon.» (*KGW* II 4, p. 146; II 5, p. 523–524.) In einer Aufzeichnung desselben Jahres heißt es: «*Apologie* des Socrates mit innerer Bewegung gelesen und er-

scheint jetzt als die Quintessenz der philosophischen «Temperamente». Vor allem aber ist er der Mittler und Vereinigungspunkt des Wichtigsten: Die verschiedenen philosophischen Lebensweisen der unterschiedlichen «Temperamente» treffen sich im *philosophischen Leben*, das ihnen, wie weit die individuellen Realisierungen des Typus immer voneinander abweichen mögen, allen gemeinsam ist. Nietzsche führte den Begriff 1878 in *Menschliches, Allzumenschliches* ein. Sokrates, den er in einer frühen Vorlesung als den «ersten *Lebens*philosophen» bezeichnet hatte, stand ihm als Geburtshelfer zur Seite.[43] Zur selben Zeit, im Juni 1878, schreibt Nietzsche in einem Brief: «In summa und im kleinsten Einzelnen: jetzt wage ich es, der Weisheit selber nachzugehen und selber Philosoph zu *sein*; früher verehrte ich die Philosophen. Manches Schwärmerische und Beglückende schwand: aber viel Besseres habe ich eingetauscht.»[44]

klärt. Lust an den Memorabilien, die ich besser zu verstehen glaube als die Philologen» (Nachgelassene Fragmente Frühling–Sommer 1878 28 [11], *KSA* 8, p. 505).

43 *Menschliches, Allzumenschliches* 261 (p. 217). Nietzsche greift bei der Konzeption des Aphorismus «Die Tyrannen des Geistes» auf Aufzeichnungen aus dem Sommer 1875 zurück, in denen Sokrates an den Vorsokratikern gemessen und kritisiert wird. In den Notaten vor der Krisis kommt der Begriff des philosophischen Lebens noch nicht vor. Dagegen enthalten sie eine bündige Formulierung des alten Wunsches: «Ich will Schopenhauer Wagner und das ältere Griechenthum zusammenrechnen: es giebt einen Blick auf eine herrliche Cultur.» Nachgelassene Fragmente Sommer 1875 6 [14] – 6 [18], *KSA* 8, p. 102–105. – Als der «erste *Lebens*philosoph» tritt Sokrates in der für das Wintersemester 1869–1870 an der Universität Basel angekündigten Vorlesung *Die vorplatonischen Philosophen* auf. Der junge Nietzsche verwendet die Bezeichnung in kritischer Absicht: «Er ist der erste *Lebens*philosoph und alle von ihm ausgehenden Schulen sind zunächst Lebensphilosophien. Ein vom Denken beherrschtes Leben! Das Denken dient dem Leben, während bei allen früheren Philosophen das Leben dem Denken u. Erkennen diente: das richtige Leben erscheint hier als Zweck, das höchste richtige Erkennen dort. So ist die sokrat. Philosophie absolut *praktisch*: sie ist feindselig gegen alles nicht mit ethischen Folgen verknüpfte Erkennen. Sie ist *für Jedermann* u. populär: denn sie hält die Tugend für lehrbar» *KGW* II 4, p. 354. In einem Brief vom Februar 1870 schreibt Nietzsche an Paul Deussen: «Das Leben hat mit der Philosophie ganz und gar nichts zu thun: aber man wird wahrscheinlich die Philosophie wählen und lieben, die uns unsre Natur am meisten erklärt. Eine Umwandelung des Wesens durch Erkenntniß ist der gemeine *Irrthum* des Rationalismus, mit Sokrates an der Spitze» (*KGB* II 1, p. 100).

44 Brief an Carl Fuchs, kurz vor Ende Juni 1878, *KGB* II 5, p. 335. Im nächsten Absatz gebraucht Nietzsche die Metapher des Seefahrers: «Sie segeln jetzt in ein unbekanntes neues Meer». Siehe S. 106.

V
Erkenntnis

Nietzsche schlägt in der Eröffnung der beiden Triaden, die dem philosophischen Leben gewidmet sind, einen neuen Ton an. Auf der ersten Seite zur *Morgenröthe* vergleicht er – die Bewegung vom Buch zum Autor vorwegnehmend oder vorgebend – erst das Werk, dann sich selbst mit einem «Seegethier», das rund und glücklich in der Sonne liegt. Über die Kunst, die Buch und Autor «voraus» haben, hören wir, sie bestehe darin, «Dinge, die leicht und ohne Geräusch vorbeihuschen, Augenblicke, die ich göttliche Eidechsen nenne, ein wenig fest zu machen». Anschließend wird dem Leser die indische Inschrift «auf der Thür» zum Buch ins Gedächtnis gerufen: «Es giebt so viele Morgenröthen, die noch nicht geleuchtet haben.» Kein Zweifel, die Krisis ist vorüber. Nietzsche hat sich aufs offene Meer begeben – und festen Grund gefunden. Der Auftakt atmet Glück und Dankbarkeit.[1] Die Selbstbeschreibung als Seetier, das sich «zwischen Felsen sonnt», wirkt um so stärker, als der erste Satz des Stücks sie nicht erwarten läßt: «Mit diesem Buche beginnt mein Feldzug gegen die *Moral.*» Das erinnert an den «kriegerischen» Charakter der *Unzeitgemässen*. Nietzsche beeilt sich hinzuzufügen, daß die *Morgenröthe* nicht «den geringsten Pulvergeruch an sich» habe. Sie soll keinesfalls neben die «vier Attentate» aus der Zeit vor der Periagoge gestellt oder in Rücksicht auf das, was an ihr am wichtigsten ist, mit ihnen verwechselt werden. Er geht so weit zu versichern, «dass im ganzen Buch kein negatives Wort vorkommt, kein Angriff, keine Bosheit». Ein Feldzug und kein Angriff? Wie läßt sich, wenn wir die der Rhetorik von *Ecce homo* eigene Hyperbolik in Rechnung stellen, die Doppelpräsentation verstehen?

Alles kommt für Nietzsche auf die richtige Rangordnung an. Sie wird durch die höchste Perspektive bestimmt. In der Darstellung des Wer-

1 Unter den zahlreichen Buchtiteln, die Nietzsche nach den Zarathustra-Jahren erwog, notiert er sich: *«Wir Eidechsen des Glücks». Gedanken eines Dankbaren.* Nachgelassene Fragmente Herbst 1885–Frühjahr 1886 1 [143], *KSA* 12, p. 43.

dens zu sich steht die *Morgenröthe* für den entscheidenden Durchbruch. Mit dem Beginn des philosophischen Lebens, das auf die Erkenntnis gerichtet ist, hat das Ja Vorrang vor dem Nein. Das Ja zum Ganzen, auf das die Erkenntnis geht, ist dem Handeln übergeordnet und nicht von dessen Erfolg oder Mißerfolg im einzelnen abhängig. Diese Überordnung und jener Durchbruch sind Grund genug, daß Nietzsche die *Morgenröthe* als erstes seiner Bücher mit dem Epitheton *jasagend* auszeichnet. Im Hinblick auf die gleiche Überordnung nennt er die *Fröhliche Wissenschaft* ein jasagendes Buch. Und er legt *Also sprach Zarathustra* im Sinne derselben Gewichtung aus, wenn er es in die jasagende Trias hineinnimmt, wobei kein Leser des Buchs auf den Gedanken verfallen wird, es komme darin kein negatives Wort, kein Angriff und keine Bosheit vor. Nietzsche verbindet mit der *Morgenröthe* aber außerdem die «Umwerthung aller Werthe». Damit sind wir wieder beim «Feldzug gegen die Moral» angelangt. Nur zeigt sich im Verlauf der Eröffnung, daß dieser «Feldzug» zuallererst den Erkennenden selbst betrifft: Es handelt sich um eine Campagne, in der es an ihm ist, Sieg und Niederlage mit sich auszumachen. Nietzsche führt die Umwertung aller Werte als eine Forderung ein, die ihn zum Adressaten hat, oder als einen Akt, den er vollziehen muß. Er spricht vom «Loskommen von allen Moralwerthen», einem «Jasagen und Vertrauen-haben zu Alledem, was bisher verboten, verachtet, verflucht worden ist.» Auch bei der Umwertung, die ohne Negativität nicht zu denken ist, gerade bei der Umwertung soll der Primat dem Ja gehören. Der Umwertung aller Werte obliegt das Aufschließen, der freie Blick, der unverstellte Zugang zur Wirklichkeit. Sie dient der Rettung des Seins für den Erkennenden: «Dies *jasagende* Buch strömt sein Licht, seine Liebe, seine Zärtlichkeit auf lauter schlimme Dinge aus, es giebt ihnen ‹die Seele›, das gute Gewissen, das hohe Recht und *Vorrecht* auf Dasein wieder zurück. Die Moral wird nicht angegriffen, sie kommt nur nicht mehr in Betracht ...» Die Moral kommt *als* Moral «nicht mehr in Betracht», sie hat ihren kategorischen Charakter eingebüßt. Es versteht sich, daß sie als *Phänomen* durchaus «in Betracht» kommt. Die *Morgenröthe* macht sie von Anfang an zum Gegenstand der Erkenntnis. Nietzsche betrachtet die Moral aus naturgeschichtlicher Perspektive und versucht, ihr Werden genealogisch, aus dem Zusammenspiel von natürlicher Notwendigkeit und historischem Zufall, aufzuklären. Die *Morgenröthe* ist das erste Buch, in dem er eine Genealogie der Moral unternimmt. Der erste Satz des Abschnitts zur *Morgenröthe* über den Beginn von Nietzsches «Feldzug» hat mithin ein fundamentum in re. Der Akzent des letzten Satzes ist ebenfalls wohlgesetzt: «Dies Buch schliesst mit einem ‹Oder?›» Das Leben, dessen Beginn die *Morgenröthe* anzeigt, ist ein Leben des Fragens. Der Zweifel tut seinem Jasagen keinen Abbruch.[2]

Spricht Nietzsche im ersten der beiden Abschnitte zur *Morgenröthe* wesentlich von sich, von seinem Glück, von seiner Erkenntnis, so wendet er sich im zweiten dem «Geschick» der Gattung zu. Nachdem er die «Umwerthung aller Werthe» als Forderung an den Erkennenden aufgerufen hat, steht zu erwarten, daß er zur «schwersten Forderung» an die Menschheit fortschreitet, die das Vorwort ankündigte. Tatsächlich beginnt er mit den Worten «Meine Aufgabe», die sich, wie wir wissen, auf die «Umwerthung aller Werthe» beziehen, um dann die Bestimmung folgen zu lassen, sie bestehe darin, «einen Augenblick höchster Selbstbesinnung der Menschheit vorzubereiten, einen *grossen Mittag*, wo sie zurückschaut und hinausschaut, wo sie aus der Herrschaft des Zufalls und der Priester heraustritt und die Frage des warum?, des wozu? zum ersten Male *als Ganzes* stellt». Nietzsche betrachtete es demzufolge als seine Aufgabe, die Menschheit in den Stand zu setzen, daß sie einst vollziehe, was er vollzog. Die zentrale Stelle unter den Stellen, an denen in *Ecce homo* von «meiner Aufgabe» die Rede ist, ist der Ort der größten Nähe der Aufgabe Nietzsches und der Aufgabe der Menschheit.[3] Über den «grossen Mittag» lasen wir zuvor, daß er ein Fest sein soll, «wo sich die Auserwähltesten zur grössten aller Aufgaben weihen». Diese größte aller Aufgaben wird, wie wir jetzt erfahren, die höchste Selbstbesinnung der Menschheit sein. Da *die* Menschheit der Selbstbesinnung nicht fähig ist, wird es die Aufgabe der «Auserwähltesten», der Wenigsten sein. Sie sind Nietzsches vorzügliche Adressaten. Er bereitet ihre Selbstbesinnung vor,

2 *EH* III, Morgenröthe 1 (329–330). Cf. *Morgenröthe* 46 (p. 53). – Nietzsche ändert den Untertitel der *Morgenröthe, Gedanken über die moralischen Vorurtheile*, in der Wiedergabe von *Ecce homo* in *Gedanken über die Moral als Vorurtheil*. Die Änderung in der Überschrift stimmt mit der Kennzeichnung des Einschnitts im Text zusammen, den der Beginn des philosophischen Lebens und des «Feldzugs» gegen die Moral bedeutet.

3 Es ist die vierte von sieben Verwendungen von *meine Aufgabe* in *Ecce homo*: Vorwort 1; III, Menschliches, Allzumenschliches 3; Menschliches, Allzumenschliches 6; Morgenröthe 2; Also sprach Zarathustra 8; Jenseits von Gut und Böse 1; Der Fall Wagner 1.

indem er die Selbstbesinnung der Menschheit in Einem Fall zeigt. Wenn er vom großen Mittag sagt, es sei der Augenblick, da die Menschheit «zurückschaut und hinausschaut», erinnert er den Leser an das, was er in der Vorbemerkung über den «vollkommnen Tag» sagte, an dem er *Ecce homo* zu schreiben begann. Der Vergleich wirft die Frage auf, worin die zukünftige Selbstbesinnung über die erreichte Selbstbesinnung hinauszugehen vermag oder was Nietzsche nicht vorwegzunehmen weiß. Sie hat ihre Entsprechung in der anderen Frage, die uns bis zum Schluß beschäftigen wird, in welchem Verhältnis *Ecce homo* zum *Antichrist* steht oder wie die innere Ordnung der Dyade sich genauer besehen ausnimmt.[4] — Das Heraustreten aus der «Herrschaft des Zufalls und der Priester», das Nietzsche mit der Selbstbesinnung der Menschheit in Einem Atem nennt, signalisiert die praktische Dringlichkeit und politische Tragweite des Zurück- und Hinausschauens für Philosophen und Nichtphilosophen. Das Zusammenwirken von Wille und Einsicht ist gefordert. Die Frage nach dem Warum und Wozu im ganzen verlangt Klarheit über das anzustrebende Ziel und über den Einsatz der verfügbaren Kräfte. Nietzsches Verhandlung der Aufgabe, die höchste Selbstbesinnung «vorzubereiten», gibt der Einsicht den Vorrang. Seine Aufgabe folge «mit Nothwendigkeit aus der Einsicht, dass die Menschheit *nicht* von selber auf dem rechten Wege ist, dass sie durchaus *nicht* göttlich regiert wird, dass vielmehr gerade unter ihren heiligsten Werthbegriffen der Instinkt der Verneinung, der Verderbniss, der décadence-Instinkt verführerisch gewaltet hat.» Die Einsicht der Abwesenheit eines providentiellen Gottes, des Fehlens eines verläßlichen Instinkts, der Gesamtabirrung unter dem Einfluß eines illusionären Glaubens und einer dysfunktionalen Moral wird auch die «Auserwähltesten» am großen Mittag leiten müssen. Mit der Einsicht steht der Wille zur Zukunft im Bunde: «Die Frage nach der Herkunft der moralischen Werthe ist deshalb für mich eine Frage *ersten Ranges*, weil sie die Zukunft der Menschheit bedingt.» Den Willen zur Zukunft, zur Steigerung des Lebens, schickt Nietzsche gegen den «Willen zum Ende» ins Treffen, den er den Priestern – «eingerechnet die *versteckten* Priester, die Philosophen» – zuschreibt. Als das «entscheidende Zeichen» der Herrschaft der Priester macht er aus, daß «die décadence-Moral als Moral *an sich* gilt», daß der

4 *EH* III, Morgenröthe 2 (330); Die Geburt der Tragödie 3 (320). Cf. *Was ist Nietzsches Zarathustra?*, p. 48 und 156.

Selbstlosigkeit unbedingter Wert beigelegt wird und der Ausrichtung am eigenen Guten überall Feindschaft entgegenschlägt. Mit der Herrschaft der Priester steht die Herrschaft der von ihnen gelehrten Moral zur Disposition. Bei der «Selbstbesinnung der Menschheit» geht es am Ende um die Frage, welcher Typus Mensch die Rangordnung der Lebensweisen und Moralen bestimmen soll. Daß Nietzsche im Streit um die Moral den Willen zum Leben gegen den Willen zum Ende aufbietet, heißt nicht, daß der Streit ein moralischer Streit wäre, in dem Glaube gegen Glaube steht. Dem «Willen zum Ende» hält Nietzsche entgegen, daß er das Leben, das ist, nach Maßgabe eines Lebens, das nicht ist, verneint oder daß er der Erkenntnis der Wirklichkeit nicht standhält. So wie Nietzsche für das Ja zum Leben beansprucht, daß es mit der höchsten Einsicht übereinstimmt und von «Wahrheit und Wissenschaft» am strengsten bestätigt wird.[5] — Der letzte Satz des Stücks präzisiert den ersten und setzt ihn in Perspektive: «Mit der ‹Morgenröthe› nahm ich zuerst den Kampf gegen die Entselbstungs-Moral auf.» Der «Feldzug» des ersten Satzes verwies auf die Untersuchung der Grundlage und des Status der *Moral*, die im Plural auftritt. Der «Kampf» des letzten Satzes ist Ausdruck der «Umwerthung aller Werthe», die Nietzsche vorwegnimmt. Nietzsche beginnt den Kampf gegen die *Entselbstungs-Moral* in dem Buch, in dem er die «Leidenschaft der Erkenntniss» zum erstenmal als die den Philosophen kennzeichnende Leidenschaft identifiziert und sein Ja zum Ganzen in ihr verankert.[6]

Im Zentrum der jasagenden Triade ist die *Aufgabe* ausgespart. Das Stück zur *Fröhlichen Wissenschaft* stellt ganz auf das Geschenk ab, als das Nietzsche das Buch betrachtet. In der ersten Sektion gibt der Text – es ist das kürzeste der zehn Unterkapitel zu den Büchern – acht Verse wieder, in denen Nietzsche die Dankbarkeit für das Glück zum Ausdruck brachte, das ihm widerfuhr; in der letzten zieht er ein «ausgelassenes Tanzlied» heran, «in dem, mit Verlaub! über die Moral hinweggetanzt wird». Gedicht, Lied, Tanz, ein Buch, in dem sich «Tiefsinn und Muthwillen zärtlich an der Hand halten», Geschenk, Dank, Glück – alles deutet

5 *EH* III, Morgenröthe 2 (330–332); Die Geburt der Tragödie 2 (311). Cf. S. 35–36 und 91–93. – Zu Nietzsches Rede von «Entartung» siehe S. 97.
6 *Morgenröthe* 429 und 482; cf. *Die fröhliche Wissenschaft* 107, 123, 249, 300, 324 und 343 (p. 264–265, 286; 464–465, 479–480, 515, 539, 552–553 und 574).

auf *Erholung* hin.[7] Nietzsche verstärkt diesen Eindruck, indem er aus der Neuausgabe des Jahres 1887, die den Untertitel «la gaya scienza» trägt, die *Lieder des Prinzen Vogelfrei* nennt, während er über das fünfte Buch, *Wir Furchtlosen*, Stillschweigen bewahrt.[8] Mit ihrer Leichtigkeit bereitet *Die fröhliche Wissenschaft* in der Erzählung von *Ecce homo* kontrastierend den Einschlag des *Zarathustra* vor, dem sie als einzige Schrift sowohl vorausgeht als nachfolgt. Zwischen der *Morgenröthe*, deren Charakterisierung «tief, aber hell und gütig» Nietzsche der *Fröhlichen Wissenschaft* als einer Art Fortsetzung von *Morgenröthe* «noch einmal und im höchsten Grade» zuerkennt, und *Also sprach Zarathustra*, das sie mit der «diamantenen Schönheit» seiner ersten Worte anzeigt, kommt *Die fröhliche Wissenschaft* in ihrer besonderen Gestalt und ihrem eigenen Gewicht beinahe zum Verschwinden. Keine Erwähnung von Kampf, Feldzug oder Herausforderung bei einem Werk, in dessen drittem Buch Nietzsche den «tollen Menschen» den Tod Gottes verkünden läßt. Aber in der zweiten der drei Sektionen, zwischen Zarathustra und dem Prinzen Vogelfrei, lenkt Nietzsche die Aufmerksamkeit auf «die granitnen Sätze am Ende des dritten Buchs» der *Fröhlichen Wissenschaft*, «mit denen sich ein Schicksal *für alle Zeiten* zum ersten Male in Formeln» gefaßt habe. Nietzsche verweist im Zentrum des zentralen jasagenden Stücks auf *sein* Schicksal, nicht auf Zarathustra, und die wichtigste Formel, auf die der Leser stößt, wenn er Nietzsches Depositum aufsucht, lautet: «*Was sagt dein Gewissen?* – ‹Du sollst der werden, der du bist.›»[9]

7 Die acht Verse des Mottos von *Sanctus Januarius* sind das einzige Gedicht, das Nietzsche in die Stücke zu den Büchern aufnimmt. Das einzige andere Gedicht in *Ecce homo* beschließt die fünf Abschnitte, in denen Nietzsche die *Erholung* behandelt (II, 3–7). Siehe S. 64.

8 Im Tanzlied *An den Mistral*, das Nietzsche namentlich erwähnt, heißt es in der sechsten seiner elf Strophen: «Tanzen wir in tausend Weisen, / Frei – sei *unsre* Kunst geheissen, / Fröhlich – *unsre* Wissenschaft!» Diese Bezugnahme auf den Titel des Buchs steht wie die von Nietzsche dreimal aufgerufene «gaya scienza» erst in der Edition von 1887 zu lesen.

9 *EH* III, Die fröhliche Wissenschaft 1, 1–3 (333–334). *Die fröhliche Wissenschaft* III, 125; cf. V, 343 (p. 480–482, 574–575). III, 270; beachte III, 186 sowie IV, 335 und 338 (p. 519, 503, 563, 567). – Die mittleren der acht «granitnen Sätze» kündigen Versuchungen an, die im Drama Zarathustras einer eingehenden Betrachtung unterworfen werden: «*Wo liegen deine grössten Gefahren?* – Im Mitleiden. *Was liebst du an Anderen?* – Meine Hoffnungen.» *Die fröhliche Wissenschaft* III, 271 und 272 (p. 519).

Auf das Geschenk, das Nietzsche zuteil wurde, folgt das «grösste Geschenk», das Nietzsche der Menschheit «bisher» gemacht hat. *Also sprach Zarathustra* ist das mit acht Abschnitten bei weitem längste der zehn Unterkapitel gewidmet. Das Buch hat allen anderen Büchern außerdem voraus, daß es in umfangreichen Zitaten mehrfach und ausführlich zu Wort kommt. Nietzsche rückt es in die Stellung einer autoritativen Schrift ein, die, vom Autor unterschieden und ihn überbietend, Antwort und Weisung geben soll. Den Ausnahmestatus des Stücks zu *Zarathustra* unterstreicht, daß es als einziges mit «Ich» beginnt und, wiederum als einziges, mit der «dionysischen Natur» endet. «Ich erzähle», hebt Nietzsche an, «nunmehr die Geschichte des Zarathustra.» Zarathustra wird in dem Buch, in dem Nietzsche sein Leben erzählt, zum Gegenstand einer eigenen Erzählung, da Nietzsche mit der *Gestalt* Zarathustra nicht nur drei Jahre in nächster Nähe lebte und ihren Weg mit größtem Interesse verfolgte, sondern ihm im besonderen daran gelegen ist, dem Leser das *Werk* gleichen Namens als *Ereignis* vor Augen zu stellen. Genauer gesagt handelt es sich darum, *Also sprach Zarathustra* als ein Ereignis ersten Rangs einzurichten und zu erklären. Beides, die Einrichtung und die Erklärung, geschieht in ständiger Rücksicht auf die Heilige Schrift des christlichen Glaubens, die Nietzsches Dichtung vom ersten Vers an parodiert. In dem Stück zu *Zarathustra* steht deshalb mehr in Rede als die Beschreibung eines herausragenden Lebensabschnitts oder die Erläuterung eines außergewöhnlichen Buchs. Tatsächlich gibt Nietzsche in *Ecce homo* an anderem Ort – etwa im vierten Abschnitt des Vorworts oder im vierten Kapitel – wenigstens ebenso wichtige Hinweise zur Auslegung von *Also sprach Zarathustra*. Was das letzte Stück der jasagenden Triade auszeichnet, ist die Parallele des weltgeschichtlichen Ereignisses.

Die Einrichtung beginnt mit Angaben zu Zeit und Ort von Empfängnis, Schwangerschaft und Niederkunft, an die sich die Gläubigen der Zukunft halten können: Die «Grundconception des Werks», des Gedankens der Ewigen Wiederkunft, datiert Nietzsche auf den August des Jahres 1881. Die Schwangerschaft gibt er mit achtzehn Monaten, der Tragezeit eines «Elephanten-Weibchens», an. Für die «plötzliche und unter den unwahrscheinlichsten Verhältnissen eintretende» Niederkunft, die in den Februar 1883 fiel, hebt er hervor, daß der Schluß des ersten Teils «genau in der heiligen Stunde» entstand, «in der Richard Wagner in Venedig starb». Der Nexus zwischen der Geburt von *Zarathustra* und dem Tod Wagners ist der Koinzidenz zwischen der Empfängnis von Eros und dem Geburtstag der Artemis vergleichbar. Mit dem Unterschied, daß die Priesterin Diotima, die die Geschichte von Penia, Poros und deren Sohn Eros erzählt, nichts von einer heiligen Stunde weiß.[10] Nietzsche spricht nicht nur von der «heiligen Stunde», sondern auch von der «heiligen Stelle», wo ihm «der erste Blitz des Zarathustra-Gedankens» leuchtete. Den Wallfahrern, die den Ort am See von Silvaplana einst besuchen werden, weist er den Weg zu einem «mächtigen pyramidal aufgethürmten Block unweit Surlei». Von dort nahm alles seinen Ausgang, nach dort kehrte er zurück, um den zweiten Teil hervorzubringen, oder, wie Nietzsche sowohl im Fall des zweiten als auch des dritten Teils sagt, um ihn zu «finden». Das Ereignis, das gegen jede Wahrscheinlichkeit und ungeachtet aller Widrigkeiten geschieht, hatte, im nachhinein gesehen, seine «Vorzeichen». Unter sie rechnet er «eine plötzliche und im Tiefsten entscheidende Veränderung» seines Geschmacks, «vor Allem in der Musik». Die «Musik» Zarathustras, teilt der Autor mit, setzte nicht weniger als «eine Wiedergeburt in der Kunst zu *hören*» voraus. Die Eingebung des Dichters kommt, so scheint es, wie der Glaube aus dem Hören.[11] Auch in der *Fröhlichen Wissenschaft*, die während der «Schwangerschaft» geschrieben wurde, macht Nietzsche «hundert Anzeichen der Nähe von etwas Unvergleichlichem» aus. Endlich führt er den *Hymnus an das Leben* als ein «vielleicht nicht unbedeutendes Symptom» für seinen Zustand im Jahr 1882 an, «wo das *jasagende* Pathos par excellence, von mir das tragische Pathos genannt,» ihm «im höchsten Grade» innewohnte. Nietzsche läßt unerwähnt, daß die Musik des *Hymnus*, von dem er sagt, man werde ihn später einmal zu seinem Gedächtnis singen, einer Komposition aus der Zeit vor der Periagoge entstammte und bis auf das Jahr 1873 zurückging. Dagegen bemerkt er ausdrücklich, daß der Text sich der «erstaunlichen Inspiration einer jungen Russin» verdankte, mit der er «damals befreundet war, des Fräulein Lou von Salomé.» Nietzsche änderte den Titel des zugrundeliegenden Gedichts, das die Autorin *Gebet an das Leben* überschrieben hatte. Worauf es ankommt, ist die Verbindung von jasagendem Pathos und Inspiration, die mit der Freundin in das Stück über *Also sprach Zarathustra* eingeführt wird.[12]

10 Platon: *Symposion* 203b–e. Beachte *Zur Genealogie der Moral* II, 22 (p. 332).

11 Paulus: *Brief an die Römer* X, 17.

12 *EH* III, Also sprach Zarathustra 1, 1–6; 4 (335–337, 341). Die Partitur des

Die Einrichtung erreicht ihr Ziel und die Erklärung hat ihren Anfang in der Beschreibung des konstitutiven Kerns des Ereignisses: der Offenbarung oder der Inspiration des Dichters. Weit davon entfernt, das Phänomen Offenbarung zu leugnen, beansprucht der Verfasser des *Zarathustra* selbst Zugang zu ihm zu haben. Die Erfahrung, auf die sich Propheten und Religionsstifter seit alters berufen, wird von Nietzsche in einer Eindringlichkeit dargestellt, wie dies kein Philosoph vor ihm tat: «Der Begriff Offenbarung, in dem Sinn, dass plötzlich, mit unsäglicher Sicherheit und Feinheit, Etwas *sichtbar*, hörbar wird, Etwas, das Einen im Tiefsten erschüttert und umwirft, beschreibt einfach den Thatbestand. Man hört, man sucht nicht; man nimmt, man fragt nicht, wer da giebt; wie ein Blitz leuchtet ein Gedanke auf, mit Nothwendigkeit, in der Form ohne Zögern, – ich habe nie eine Wahl gehabt.» In Übereinstimmung damit sagt Nietzsche, daß ihn der Gedanke der Ewigen Wiederkunft wie ein «Blitz» getroffen und daß ihn, in einem zweiten Akt, der Typus Zarathustra «überfallen» habe. Die Lebhaftigkeit steigert sich noch bei der Schilderung des beseligenden Glücks, das mit der Inspiration einhergeht: «Eine Entzückung, deren ungeheure Spannung sich mitunter in einen Thränenstrom auslöst, bei der der Schritt unwillkürlich bald stürmt, bald langsam wird; ein vollkommnes Ausser-sich-sein mit dem distinktesten Bewusstsein einer Unzahl feiner Schauder und Überrieselungen bis in die Fusszehen; eine Glückstiefe, in der das Schmerzlichste und Düsterste nicht als Gegensatz wirkt, sondern als bedingt, als herausgefordert, sondern als eine *nothwendige* Farbe innerhalb eines solchen Lichtüberflusses; ein Instinkt rhythmischer Verhältnisse, der weite Räume von Formen überspannt – die Länge, das Bedürfniss nach einem *weitgespannten* Rhythmus ist beinahe das Maass für die Gewalt der Inspiration, eine Art Ausgleich gegen deren Druck und Spannung ...» Soweit die Beschreibung der Erfahrung, in der sich der Prophet und der Philosoph treffen können. Die Wege trennen sich bei der Auslegung des «Thatbestands». Der Prophet führt die Unwiderstehlichkeit des Geschehens auf eine höhere Macht zurück, die ihn in

Hymnus an das Leben für gemischten Chor und Orchester componirt von Friedrich Nietzsche erschien 1887 bei E. W. Fritsch in Leipzig. Nietzsche griff auf den *Hymnus an die Freundschaft* von 1873–1875 zurück, sein letztes Werk als Komponist. Peter Gast arrangierte die Stimmen. Zu den Einzelheiten siehe *Der musikalische Nachlass*. Herausgegeben von Curt Paul Janz. Basel 1976, p. 340–343.

seiner Individualität überformt und zu ihrem Gefäß macht. Aus dem Glück, das ihn überwältigt und dessen Quelle er außer sich, über sich, jedoch ihm zugewandt glaubt, leitet er seine Berufung, einen moralischen Auftrag her, der kein Opfer scheut. Das Ereignis verwandelt ihn in ein Sprachrohr Gottes.[13] Der Philosoph kehrt die Blickrichtung um. Er sieht die Quelle des intensiv erfahrenen Glücks in seiner Natur und findet in ihr die Notwendigkeit, die ihn bestimmt, das Moment des Außersichseins, der Entfernung von der Individualität, eingeschlossen. Die Lichtfülle, die alles erhellt, wenn Einsichten zusammenschießen und eine ungeahnte Strahlkraft gewinnen, wenn ein Ganzes plötzlich aufleuchtet, das zuvor nur in Teilen wahrgenommen wurde, verbindet er mit dem eigenen Weg und der eigenen Wirksamkeit. Das Ereignis bestärkt ihn in seinem Jasagen zum Leben.[14] Am Ende der Beschreibung deutet Nietzsche die weltgeschichtliche Parallele an, die er mit der Einrichtung und Erklärung des Ereignisses von Beginn an im Auge hatte: «Dies ist *meine* Erfahrung von Inspiration; ich zweifle nicht, dass man Jahrtausende zurückgehn muss, um Jemanden zu finden, der mir sagen darf ‹es ist auch die meine›.» Dem Leser kommt Paulus in den Sinn, Moses, vielleicht der persische Namengeber für Nietzsches Dichtung.[15]

13 «Mit dem geringsten Rest von Aberglauben in sich würde man in der That die Vorstellung, bloss Incarnation, bloss Mundstück, bloss medium übermächtiger Gewalten zu sein, kaum abzuweisen wissen.» *EH* III, Also sprach Zarathustra 3, 2 (339).

14 «Alles geschieht im höchsten Grade unfreiwillig, aber wie in einem Sturme von Freiheits-Gefühl, von Unbedingtsein, von Macht, von Göttlichkeit ...» *EH* III, Also sprach Zarathustra 3, 2 (340).

15 *EH* III, Also sprach Zarathustra 3, 1–2 und 1, 8 sowie 4, 2 (339–340, 337, 341); beachte *Morgenröthe* 68 (p. 66–68). *Offenbarung* kommt in *Ecce homo* zweimal vor. Beide Verwendungen sind dem Unterkapitel zu *Also sprach Zarathustra* vorbehalten: In Abschnitt 3 wird die Offenbarung als Inspiration des Dichters verhandelt. In Abschnitt 6 spricht Nietzsche von der *Offenbarung der Wahrheit* in seiner Dichtung. In *Also sprach Zarathustra* ist von *Offenbarung* einmal im Kapitel «Vor Sonnen-Aufgang» die Rede (III, 4, 4); cf. *Was ist Nietzsches Zarathustra?*, p. 120–123. – Zur Möglichkeit der «überlappenden Erfahrung» des Propheten und des Philosophen und zu deren gegenläufigen Interpretationen siehe den letzten Abschnitt meines Essays *Zur Genealogie des Offenbarungsglaubens*, der sowohl die Darstellung, die Nietzsche in *Ecce homo* gibt, als auch die einschlägige Beschreibung von Rousseaus «inspiration subite» auf dem Weg nach Dijon (*Lettres à Malesherbes* II, *OCP* I, p. 1135–1136) bedenkt: *Das theologisch-politische Problem. Zum Thema von Leo Strauss*. Stuttgart-Weimar 2003, p. 68–70.

Die Einrichtung des Ereignisses «Zarathustra» erlaubt es Nietzsche, die Dichtung, die sich von seinem Leben löste und lösen sollte, mit der höchsten Beglaubigung ausgestattet auf die Reise durch die Jahrhunderte zu schicken, und gleichsam im Vorübergehen eine Lücke in der Erklärung der Offenbarungsreligionen zu schließen. Was im *Fluch auf das Christenthum* aus naheliegenden Gründen ausgespart blieb, wird in *Ecce homo* mit der Darstellung der Inspiration des Dichters subtil nachgeholt. Die Mise en scène, auf die Nietzsche die Hälfte der Abschnitte zu *Also sprach Zarathustra* verwendet, hat indes ihren Preis. In keinem der anderen neun Unterkapitel wird die Stilisierung durch alle Lagen hindurch so weit getrieben, nirgendwo wird das Wichtigste für Nietzsches Leben so sehr abgeblendet wie in diesem Stück. Die Stilisierung reicht, wenn wir den Höhenkamm beiseite lassen und uns auf die Talsohle beschränken, von der Assoziation mit den Namensvettern, dem Hohenzollern-Kaiser Friedrich dem Dritten und dem Hohenstaufen-Kaiser Friedrich dem Zweiten, vermittels der Landstriche, in denen das Buch entstand oder auch nur hätte entstehen sollen, bis zu der Versicherung, der Autor habe für keinen Teil, weder für den ersten oder den zweiten noch für den «dritten und letzten», mehr als zehn Tage gebraucht. Einzelheiten, um nicht zu sagen Kleinigkeiten, die dazu bestimmt sind, ein breiteres Publikum zu beeindrucken, den majestätischen Charakter und die ekstatische Inspiration zu unterstreichen.[16] Keine Kleinigkeit ist die Präsentation von *Also sprach Zarathustra* als Werk in drei Teilen. In ihr kommt die Absicht der Inszenierung sinnfällig zum Ausdruck. Denn der Vierte Teil, den Nietzsche mit Schweigen übergeht, ist geeignet, die Erhebung des *Buchs für Alle und Keinen* zur autoritativen Schrift eines neuen Glaubens zu unterminieren. Er läßt *Also sprach Zarathustra* nicht in der Tragödie kulminieren, die seit der Veröffentlichung der ersten Rede Zarathustras am Ende der *Fröhlichen Wissenschaft* angekündigt war und den Lesern vom Ersten bis zum Dritten Teil immer wieder in Aussicht gestellt wird. Statt dessen gibt er dem Drama eine Wendung zur Komödie. Nietzsche macht sich in *Ecce homo* den Umstand zunutze, daß der Vierte Teil, obschon er seit 1885 gedruckt vorliegt, noch nicht allgemein zugänglich ist.[17] Offenbar ent-

16 *EH* III, Also sprach Zarathustra 1, 7–8; 4, 1–2; 5, 1 (337, 340–341).

17 Nietzsche ließ den Vierten Teil 1885 in gleicher Typographie und Ausstattung wie die vorangegangenen Teile in einer Auflage von 45 Stück auf eigene Kosten

scheidet sich Nietzsche mit Rücksicht auf das für 1889 und 1890 geplante Erscheinen der Dyade, die Publikation des Vierten Teils zurückzustellen, bis *Also sprach Zarathustra* in der der Öffentlichkeit übergebenen Form als Buch der Bücher etabliert wäre und seine Wirkung entfaltet hätte. Zugleich trägt er Sorge, in *Ecce homo* den verschwiegenen Teil präsent zu halten und so das Interesse des aufmerksamen Lesers um so mehr auf die Fortsetzung zu lenken.[18] Mit der Stilisierung ver-

drucken, da er keinen Verleger fand, der den vierten Teil eines beinahe unverkäuflichen Buchs herausbringen wollte: Von der Erstausgabe des Dritten Teils wurden nicht mehr Exemplare verkauft, als Nietzsche für den Druck des Vierten Teils festlegte. 1886 machte er die Existenz der Fortsetzung auf dem Umschlag von *Jenseits von Gut und Böse* bekannt, und 1887 zitierte er aus ihr in der Neuausgabe der *Geburt der Tragödie* an prominenter Stelle mit genauer Seitenangabe fünf Verse über das Gelächter und die «Rosenkranz-Krone des Lachenden», die in unserem Zusammenhang relevant sind. Die Zugehörigkeit des Vierten Teils steht außer Frage. Auf Seite 136, abgesetzt vom letzten Vers des Werks, ließ Nietzsche den Vermerk drucken: «Ende von *Also sprach Zarathustra.*»

18 *EH* I, 4 (270), siehe S. 41. Bei der verschleiernden Bezeichnung «Versuchung Zarathustra's», die Nietzsche für den Vierten Teil verwendet, handelt es sich nicht um einen neuen Titel oder um den Hinweis auf ein geändertes Publikationsvorhaben. Nietzsche griff bereits, als er noch am Vierten Teil arbeitete, in Briefen vom 14. Februar 1885 an Peter Gast und vom 20. Februar 1885 an Franz Overbeck auf sie zurück: «Mittag und Ewigkeit. Erster Theil: die Versuchung Zarathustra's.» Am 14. März 1885 schreibt er an Gast: «Es kommt vielleicht dieser Tage ein Druckbogen bei Ihnen an: seien Sie nicht ungeduldig, lieber Freund, und helfen Sie mir auch dies Mal noch. Es ist der vierte und letzte Theil von ‹Also s[prach] Z[arathustra]›; der Titel, welchen ich Ihnen das letzte Mal brieflich meldete, war eine Verlegenheits-Auskunft in Hinsicht auf einen neuen Verleger. Damals nämlich *suchte* ich einen Verleger, und billigerweise hätte ich keinen ‹vierten Theil› anbieten können. Für das, was ich noch zu sagen habe comme poète-prophète, brauche ich eine andre Form als die bisherige; und es war eine harte Sache, mich um eines Verlegers willen zu einem solchen Titel zu entschließen. Genug, *ich fand keinen Verleger* und drucke nun mein Finale auf eigne Kosten.» (*KGB* III 3, p. 12, 14, 21.) Im Dezember 1888, als Nietzsche mit der Überarbeitung von *Ecce homo* befaßt ist, fordert er Peter Gast auf, die Exemplare des Vierten Teils, die an Freunde verschenkt worden waren, wieder einzusammeln, damit die Fortsetzung von *Also sprach Zarathustra* zum geeigneten Zeitpunkt, «nach ein Paar Jahrzehnten welthistorischer Krisen», herausgegeben werde (Brief vom 9. Dezember 1888, *KGB* III 5, p. 514–515). Cf. *Was ist Nietzsches Zarathustra?*, p. 162; zu dem Obertitel «Mittag und Ewigkeit», den Nietzsche in den Briefen an Gast und Overbeck erwähnt, beachte p. 186–189.

trägt sich die Betonung der Rückwirkungen auf das Leben des «Dichters des Zarathustra». Der «Nothstand ohne Gleichen», der ihn heimsucht, die Einsamkeit, welche «sieben Häute» hat, die «ungeheure Verschwendung aller Defensiv-Kräfte», die die schöpferische Tat voraussetzt – das alles fügt sich bruchlos in die Inszenierung ein: «Man büsst es theuer, unsterblich zu sein: man stirbt dafür mehrere Male bei Lebzeiten.»[19] Anders steht es mit dem Leben des Philosophen, der in der von ihm erschaffenen Gestalt – Nietzsche spricht nicht zufällig von seinem «Sohn Zarathustra» – ein Gegenüber für sein Denken gewann. In der Entwicklung der Gestalt, in ihren Erfahrungen und Einsichten, Krisen, Wendungen und Revisionen, mit denen er sich über Jahre intensiv befaßt, spielt Nietzsche Optionen und Alternativen durch, die der «Sohn» für ihn zu erproben hat. Durch eine Besonderheit der Dichtung nähert der Philosoph das Zarathustra-Experiment den Bedingungen des Lebens an. Da er jeden Teil des Buchs veröffentlicht, bevor der folgende geschrieben ist, unterwirft er Zarathustra und sich selbst der Notwendigkeit des «Es war»: Ereignisse können nicht im nachhinein ungeschehen gemacht oder späterer Erkenntnis angepaßt werden, Reden lassen sich, einmal gehalten, nicht wieder zurückholen. Hunderte von Seiten mit Entwürfen, Aufzeichnungen, unterschiedlichen Fassungen, Ergänzungen, Verbesserungen des Textes bezeugen, daß das Werk sich nicht allein der Inspiration des Dichters verdankt. Das Ereignis, das Zarathustra für das Denken Nietzsches war, tritt in *Ecce homo* hinter dem Ereignis zurück, zu dem Zarathustra für die Menschheit werden soll. Auch der Ertrag von Nietzsches Selbstverständigung, der für die Dyade grundlegend

19 *EH* III, Also sprach Zarathustra 5, 1–5 (341–342). Die Sektion über die Verschwendung der Defensivkräfte fügt Nietzsche Ende Dezember 1888 in den Text ein. Zur gleichen Zeit, als er Abschnitt I, 3 neu schreibt, erweitert er III, Also sprach Zarathustra 5 u. a. um die Sätze: «Ein Drittes ist die absurde Reizbarkeit der Haut gegen kleine Stiche, eine Art Hülflosigkeit vor allem Kleinen. Diese scheint mir in der ungeheuren Verschwendung aller Defensiv-Kräfte bedingt, die jede *schöpferische* That, jede That aus dem Eigensten, Innersten, Untersten heraus zur Voraussetzung hat. Die *kleinen* Defensiv-Vermögen sind damit gleichsam ausgehängt; es fliesst ihnen keine Kraft mehr zu» (342 und *Faksimile*, p. 73). Dies ist eines von mehreren Beispielen, die belegen, daß Nietzsche bei der Bearbeitung des Manuskripts bis zuletzt den Überblick über den Text in allen seinen Einzelheiten behielt. Siehe S. 18 und 38–39 sowie S. 18, Anm. 4, S. 30, Anm. 15, S. 31, Anm. 17, S. 39, Anm. 8, S. 40, Anm. 9.

ist, daß der Philosoph und der Prophet nicht in Eins zusammenzuschließen sind, wird im Stück zu *Zarathustra* nicht herausgestellt.[20]

Zarathustra wird in *Ecce homo* als Verkörperung eines Ideals und als Vertreter eines Gottes aufgerufen. Er soll jenes «gegnerische Ideal» zur Anschauung bringen, das Nietzsche in der *Genealogie der Moral* als Antwort auf das asketische Ideal proklamierte, das andere Ideal, das geeignet wäre, das bisher herrschende abzulösen.[21] Zur Erläuterung des Typus, der ihn in Zarathustra «überfiel», inkorporiert Nietzsche den zweitletzten Aphorismus «des fünften Buchs der ‹gaya scienza›» in den Text über *Zarathustra*, ein Zitat, das doppelt so lang ausfällt wie das ganze Unterkapitel, das er der *Fröhlichen Wissenschaft* gewidmet hat. Nicht weniger als siebenmal ist darin vom «Ideal» die Rede, und der Kritiker des Glaubens ans Ideal reiht sich förmlich in das Wir der namenlosen «Argonauten des Ideals» ein, die das Zitat aus *Wir Furchtlosen* evoziert. Diesen Argonauten, einer Art Quintessenz der Menschheitsgeschichte, die «Frühgeburten einer noch unbewiesenen Zukunft» genannt werden, schreibt Nietzsche eine «neue Gesundheit» zu: «wer aus den Abenteuern der eigensten Erfahrung wissen will, wie es einem Eroberer und Entdecker des Ideals zu Muthe ist, insgleichen einem Künstler, einem Heiligen, einem Gesetzgeber, einem Weisen, einem Gelehrten, einem Frommen, einem Göttlich-Abseitigen alten Stils: der hat dazu zu allererst Eins nöthig, die *grosse Gesundheit* – eine solche, welche man nicht nur hat, sondern auch beständig noch erwirbt und erwerben muss, weil man sie immer wieder preisgiebt, preisgeben muss …» Die große Gesundheit ist, wie Nietzsche eigens vermerkt, die physiologische Voraussetzung der Zarathustra-Gestalt. Und wir dürfen annehmen, daß die Figur die beiden Personae, die im Zentrum der Aufzählung stehen, den *Gesetzgeber* und den *Weisen* in sich vereinen soll. Den *Wahrsager*, der in der *Fröhlichen Wissenschaft* seinen Ort zwischen dem «Frommen» und dem «Göttlich-Abseitigen» hatte, streicht Nietzsche bei der Wiedergabe in *Ecce homo* vorsorglich. Über das Ideal, für das Zarathustra einzustehen hat, erfahren wir aus der Charakterisierung der Argonauten, es sei «das Ideal eines Geistes, der naiv, das heisst ungewollt und aus überströmender Fülle und Mächtigkeit mit Allem spielt, was bisher heilig, gut, unberührbar, göttlich

20 Beachte *EH* Vorwort 4 (259) und siehe S. 26–27.

21 *Zur Genealogie der Moral* III, 23, 25, 28 (p. 395–398, 402–405, 411–412); beachte II, 24–25 (p. 335–337).

hiess; für den das Höchste, woran das Volk billigerweise sein Werthmaass hat, bereits so viel wie Gefahr, Verfall, Erniedrigung oder, mindestens, wie Erholung, Blindheit, zeitweiliges Selbstvergessen bedeuten würde; das Ideal eines menschlich-übermenschlichen Wohlseins und Wohlwollens, welches oft genug *unmenschlich* erscheinen wird». Zarathustra wird nicht als Lehrer des durchaus nichtidealistischen Ideals in Anspruch genommen. Er soll es *sein*. Ebensowenig tritt er als Lehrer des Übermenschen auf, der in *Ecce homo* nur als Zitat oder in Anführungszeichen gesetzt vorkommt. Er *ist* die Lehre. In Zarathustra wurde der Begriff «Übermensch», so hören wir, «höchste Realität»: «in einer unendlichen Ferne liegt alles das, was bisher gross am Menschen hiess, *unter* ihm». Nietzsche läßt es an keiner Lobeserhebung fehlen. Er stattet Zarathustra mit allen Attributen aus, die die Einbildungskraft sich ausmalen kann, um ihn zur idealen Gegenfigur der Umwertung zu machen: Er ist einer, «der die Wahrheit erst *schafft*, ein *weltregierender* Geist, ein Schicksal»; «er hat weiter gesehn, weiter gewollt, weiter *gekonnt*, als irgend ein Mensch»; «in ihm sind alle Gegensätze zu einer neuen Einheit gebunden»; er ist der «jasagendste aller Geister»; in seiner «Offenbarung der Wahrheit» gibt es keinen Augenblick, «der schon vorweggenommen, von Einem der Grössten errathen worden wäre»; ja es gibt gar «keine Weisheit, keine Seelen-Erforschung, keine Kunst zu reden vor Zarathustra»; die «mächtigste Kraft zum Gleichniss, die bisher da war, ist arm und Spielerei gegen diese Rückkehr der Sprache zur Natur der Bildlichkeit» usw. Nietzsche nimmt bei der Erhöhung der Gestalt Maß am schlechthin Höchsten. Er bescheinigt ihr, daß sie sich «als die *höchste Art alles Seienden*» fühle, und führt als Zeugnis sieben Verse an, in denen «die höchste Seele» diese Art «definirt» und sich selbst erkennt. Die Bestimmung der höchsten Spezies – sie ist dem Höhepunkt der Rede «Von alten und neuen Tafeln» entnommen – versieht Nietzsche mit dem Kommentar: *«Aber das ist der Begriff des Dionysos selbst.»*[22] Zarathustra wird dem Leser jetzt als Vorbote oder

22 Die sieben Verse gehen auf fünf Verse in *Also sprach Zarathustra* III, 12.19, 7–11 (p. 261) zurück. Sie heißen in *Ecce homo*: «[1] die Seele, welche die längste Leiter hat und am tiefsten hinunter kann, / [2] die umfänglichste Seele, welche am weitesten in sich laufen und irren und schweifen kann, / [3] die nothwendigste, welche sich mit Lust in den Zufall stürzt, / [4] die seiende Seele, welche ins Werden, die habende, welche ins Wollen und Verlangen *will* – / [5] die sich selber fliehende, welche sich selber in weitesten Kreisen einholt, / [6] die weiseste Seele, welcher die Narrheit am süssesten zuredet, / [7] die sich selber liebendste, in der alle Dinge ihr

Platzhalter des Gottes vorgestellt, dessen Name *Also sprach Zarathustra* sorgfältig vermied. Das nächste Zitat, mit dem Zarathustra zu Wort kommt, übertrifft den Umfang des vorangegangenen bei weitem. «Das Nachtlied» ist das einzige Kapitel der Dichtung, das Nietzsche vollständig in *Ecce homo* übernimmt. Diesmal lautet der Kommentar: «so leidet ein Gott, ein Dionysos.»[23]

Dionysos, der Gott und der Philosoph, gibt Nietzsches Auslegung und Aneignung der Zarathustra-Gestalt ein Janusgesicht. Einerseits setzt Nietzsche Zarathustra als Autorität ein, die ein Eigenleben führen soll, andererseits zeigt er ihn auf einer Bahn, die ihren Fluchtpunkt in Dionysos hat. Der Zarathustra von *Ecce homo* ist den Gläubigen der Zukunft zugewandt und zugleich auf Nietzsches Dyade ausgerichtet, für die ihn sein Schöpfer in Dienst nimmt. Für die Zwecke der Dyade wird er insbesondere in den letzten drei Abschnitten des Stücks herangezogen, die Hinweise zur philosophischen oder natürlichen Theologie geben. Das gilt, wie wir gesehen haben, für die Bestimmung der «höchsten Art alles Seienden» selbst. Es gilt nicht weniger für das «Nachtlied», in dem Zarathustra vor Augen führt, daß auch die Liebe eines Gottes nicht anders denn als Bedürftigkeit zu denken ist, und von dem Nietzsche sagt, es handle sich um «die unsterbliche Klage» des Dionysos, «durch die Überfülle von Licht und Macht, durch seine *Sonnen*-Natur, verurtheilt zu sein, nicht zu lieben».[24] Und schließlich gilt es für den gemeinsamen Auftritt von Dionysos und Ariadne im achten und letzten Ab-

Strömen und Wiederströmen und Ebbe und Fluth haben». Nietzsche läßt die acht Charakterisierungen, die die höchste Seele sich selbst zuspricht, in *Ecce homo* deutlicher hervortreten, indem er, anders als in *Zarathustra*, der zweiten und der dritten sowie der sechsten und der siebten jeweils eigene Verse zuweist. Außerdem verbessert er den Wortlaut des zentralen Verses so, daß die Zusammengehörigkeit der vierten und fünften unterstrichen wird und die zentralen Charakterisierungen als zwei Seiten Einer Sache erscheinen. Cf. *Was ist Nietzsches Zarathustra?*, p. 142–143 und 58–59 mit n. 66.

23 *EH* III, Also sprach Zarathustra 2 (337–339); *Die fröhliche Wissenschaft* V, 382, Die grosse Gesundheit (p. 635–637). *EH* III, Also sprach Zarathustra 6, 7, 8 (343–344, 345–347, 348).

24 Nietzsche hat zwischen *geliebt werden* und *lieben* geschwankt, um am Ende im Einklang mit der Platonischen Konzeption und im Sinne des argumentum e contrario, das das Nachtlied für die Eros-Konzeption enthält, *lieben* zu schreiben: «verurtheilt zu sein, nicht <geliebt zu werden.> <lieben> <zu lieben> <geliebt zu werden.> zu lieben» (*Faksimile*, p. 77).

schnitt. Denn nach dem Kommentar «so leidet ein Gott, ein Dionysos» fährt Nietzsche fort: «Die Antwort auf einen solchen Dithyrambus der Sonnen-Vereinsamung im Lichte wäre Ariadne … Wer weiss ausser mir, was Ariadne ist! …» Dionysos und Ariadne gehören zusammen. Sie sind beide bereits in *Also sprach Zarathustra* präsent, obschon der Autor sich dafür entschied, ihre Namen in der endgültigen Fassung des Dritten Teils zu streichen.[25] Bei der ersten namentlichen Erwähnung des Gottes und des Philosophen in Nietzsches Œuvre gegen Ende von *Jenseits von Gut und Böse* wird Dionysos ebenfalls von Ariadne begleitet. Die theologische «Neuigkeit», die Nietzsche an gleicher Stelle mitteilt, *daß auch Götter philosophieren*, setzt voraus, daß der Gott einen Widerpart hat, den er nicht erschuf und nicht erschaffen kann, oder daß es Notwendigkeit gibt.[26] — Bleibt die Frage des Lehrers der Ewigen Wiederkunft. Zwar kommen die dritte und die vierte der vier Verwendungen von «ewige Wiederkunft» im Stück zu *Zarathustra* vor. Von der «Lehre Zarathustra's» ist indes nur im Unterkapitel über die *Geburt der Tragödie* die Rede. Jetzt spricht Nietzsche zweimal von einem «Gedanken». Gleich zu Beginn nennt er den Ewige-Wiederkunfts-Gedanken die «höchste Formel der Bejahung, die überhaupt erreicht werden kann». Es versteht sich, daß nicht nur der «jasagendste aller Geister», Zarathustra, sondern ebenso Nietzsche und Dionysos auf diese «Formel» zurückgreifen können, um ihr Urteil über das Leben und die Welt in sie zu fassen. Die andere Stelle ruft den «abgründlichsten Gedanken»

25 Die Überschrift von Kapitel III, 14, Von der grossen Sehnsucht, hieß in der Reinschrift des Manuskripts noch: *Ariadne*. Desgleichen war in der Reinschrift die dritte Strophe des «dritten Siegels» in Kapitel III, 16 *Dionysos* überschrieben. Siehe *Was ist Nietzsches Zarathustra?*, p. 152–153 und 158; zur Liebe Gottes im «Nachtlied» cf. p. 67–69.

26 *EH* III, Also sprach Zarathustra 8 (348); *Jenseits von Gut und Böse* 294 und 295 (p. 236–239). Der Leser, der sich von der Frage leiten läßt, *wer* Ariadne ist, statt dem von Nietzsche gestellten «Räthsel» nachzugehen, *was* sie ist, wird der Lösung keinen Schritt näher kommen. Das trifft nicht nur für biographische Spekulationen von der Art zu, in Ariadne verberge sich Cosima oder Lou, sondern gilt auch noch für den keineswegs trivialen Versuch, Nietzsche in Ariadne erkennen zu wollen, der oder die dem Gott Dionysos in sehnsüchtiger Beschwörung zugewandt sei. Cf. Karl Reinhardt: *Nietzsches Klage der Ariadne.* Frankfurt am Main 1936, p. 24 und 30–32; cf. p. 21 (*Das Vermächtnis der Antike. Gesammelte Essays zur Philosophie und Geschichtsschreibung*. Göttingen ²1966, p. 328 und Anm. 5 sowie 6; cf. p. 324). Beachte Anm. 25 und cf. S. 71–74 und 83.

in Erinnerung und mit ihm den Einwand, den Nietzsche bei der ersten Erwähnung der «ewigen Wiederkunft» in *Ecce homo* erhob. Nietzsche richtet die Aufmerksamkeit auf das «psychologische Problem» im Typus des Zarathustra, «wie der, welcher in einem unerhörten Grade Nein sagt, Nein *thut*, zu Allem, wozu man bisher Ja sagte, trotzdem der Gegensatz eines neinsagenden Geistes sein kann». In diesem Zusammenhang betont er, daß Zarathustra, «welcher den ‹abgründlichsten Gedanken› gedacht hat, trotzdem darin keinen Einwand gegen das Dasein, selbst nicht gegen dessen ewige Wiederkunft findet, – vielmehr einen Grund noch hinzu, das ewige Ja zu allen Dingen *selbst zu sein*, ‹das ungeheure unbegrenzte Ja- und Amen-sagen› ...» Dem Wort aus Zarathustras Rede «Vor Sonnen-Aufgang», «In alle Abgründe trage ich noch mein segnendes Jasagen», das er zur Bekräftigung anführt, setzt Nietzsche hinzu: «*Aber das ist der Begriff des Dionysos noch einmal.*» Leser, die die Lehre der Ewigen Wiederkunft hören wollen, müssen sich an das *Buch für Alle und Keinen* wenden.[27]

Die dritte Triade beginnt mit dem ersten Werk, mit dem sich Nietzsche nach *Also sprach Zarathustra* wieder im eigenen Namen an den Leser wendet. Der Auftakt des Stücks zu *Jenseits von Gut und Böse* markiert die Zäsur: «Die Aufgabe für die nunmehr folgenden Jahre war so streng als möglich vorgezeichnet. Nachdem der jasagende Theil meiner Aufgabe gelöst war, kam die neinsagende, *neinthuende* Hälfte derselben an die Reihe». Nietzsche kündigte die ausstehende «Hälfte» an, als er am Ende des vorangehenden Stücks die tiefe Gewißheit, «dass alle Schaffenden hart sind», zum Signum einer *dionysischen Natur* erklärte.

27 *EH* III, Also sprach Zarathustra 1 und 6 (335, 345); *EH* III, Die Geburt der Tragödie 3 (313); *EH* I, 3 (268). Die erste und die letzte Stelle zur Ewigen Wiederkunft verweisen auf den Einwand, der zu überwinden ist. Keine hebt das Versprechen oder die Wünschbarkeit der Lehre hervor. In einer früheren Fassung des Manuskripts wiederholte Nietzsche den Einwand aus *Also sprach Zarathustra* (III, 13.2, 33) ausdrücklich: «Man erinnert sich der Katastrophe im Einsiedler-Glück Zarathustra's, seiner sieben Tage Krankheit, nachdem er den ‹abgründlichsten Gedanken› heraufgerufen hat. Weiß man eigentlich, welcher Gedanke das ist? /– Ewig kehrt er wieder, der Mensch, deß du müde bist, der kleine Mensch ...» (*KSA* 14, p. 497). Nach der Neufassung des Abschnitts I, 3 vom Dezember 1888 erläutert Nietzsche schon bei der ersten Erwähnung der «ewigen Wiederkunft» im Buch, was sein «eigentlich abgründlicher Gedanke» ist. Siehe S. 38–39, 96 und beachte *Was ist Nietzsches Zarathustra?*, p. 228–230 mit n. 225.

Auch der Hinweis auf das psychologische Problem, wie Zarathustra, der «in einem unerhörten Grade Nein thut», trotzdem der jasagendste Geist sein kann, bereitete die neue Triade vor, wenngleich die Frage jetzt umgekehrt lautet: Wie kann Nietzsche, der «bis zur Rechtfertigung, bis zur Erlösung auch alles Vergangenen» jasagend sein will, sich zum Neintun im großen Stil verstehen?[28] Die Abfolge, die Nietzsche zeigt, ist ein Jasagen, das dem Neinsagen abgerungen wurde und sich im Neinsagen bewähren muß. Die Triaden in *Ecce homo* spiegeln die Struktur des philosophischen Lebens, dessen Ja sein Gewicht aus dem Nein bezieht, das ihm vorausliegt und das im Nein der Auseinandersetzung und der Unterscheidung seine Gestalt gewinnt. Die Umwertung verlangt ein Ja und ein Nein. Nachdem der Primat des Jasagens für Nietzsches Umwertung klargestellt ist, kehrt sie – sie wurde im ersten Stück der jasagenden Triade zuletzt genannt – am Beginn der neinsagenden Triade zurück. Auf dem Programm stehen: «die Umwerthung der bisherigen Werthe selbst, der grosse Krieg, – die Heraufbeschwörung eines Tags der Entscheidung.» Außerdem erwähnt Nietzsche «den langsamen Umblick nach Verwandten», die ihm zu seinem Unterfangen «die Hand bieten würden». Angesichts der sprachlichen Aufrüstung gegenüber der früheren Bestimmung der Aufgabe, «einen Augenblick höchster Selbstbesinnung der Menschheit vorzubereiten», fällt auf, daß Nietzsche nicht *Verbündete* sucht, sondern nach *Verwandten* Ausschau hält. Nicht minder bemerkenswert ist, daß Nietzsche erklärt, «von da an», d. h. beginnend mit *Jenseits von Gut und Böse*, seien alle seine Schriften

28 Im letzten Abschnitt zu *Zarathustra* setzt Nietzsche den jasagenden Teil seiner Aufgabe mit der Aufgabe Zarathustras gleich: «Zarathustra bestimmt einmal, mit Strenge, seine Aufgabe – es ist auch die meine –, dass man sich über den *Sinn* nicht vergreifen kann: er ist *jasagend* bis zur Rechtfertigung, bis zur Erlösung auch alles Vergangenen.» Die Gleichsetzung bleibt indes ambivalent, da die Erlösung alles Vergangenen auf zweierlei Weise verstanden werden kann: Als «Erlösung» vom Ohnesinn des Zufalls durch die Umschaffung der Welt. Darauf deuten die Verse hin, die Nietzsche aus der Rede «Von der Erlösung» (II, 20, 16–19) zitiert. Oder als Erlösung des Zufalls durch das «segnende Jasagen» zum Ganzen, dessen Erlösungsbedürftigkeit verneint wird. Darauf bezieht sich Nietzsche am Ende des sechsten Abschnitts. Die Verse aus «Von der Erlösung» führen in die philosophische Krisis, die das Kapitel verhandelt. Das Wort vom «Ja- und Amen-sagen» dagegen entstammt der Rede «Vor Sonnen-Aufgang» (III, 4, 15 und 22), in der die philosophische Krisis überwunden ist. *EH* III, Also sprach Zarathustra 6 und 8 (345 und 348–349).

«Angelhaken». Während Zarathustra, der im Vierten Teil der Dichtung auf einen Berg steigt, um seine Angel auszuwerfen, den Honig seines Glücks als Köder verwendet, setzt Nietzsche offenbar auf die Verfänglichkeit der Kritik, die Aussicht der Kriegsführung, die Aufforderung zur Entscheidung, um Leser zu erreichen, die von seiner Art sind. Er stellt sich damit in die lange Reihe der politischen Philosophen, die verwandte Naturen für ein politisches Vorhaben gewannen, um die Geeigneten unter ihnen zur Philosophie hinzuführen. Nietzsche befindet sich im Einklang mit der bis auf Platon und Xenophon zurückgehenden Tradition, wenn er über *Jenseits von Gut und Böse* sagt, das Buch sei «in allem Wesentlichen eine *Kritik der Modernität*, die modernen Wissenschaften, die modernen Künste, selbst die moderne Politik nicht ausgeschlossen». Insbesondere gilt das, wenn er von Fingerzeigen der Schrift zu einem «Gegensatz-Typus» spricht, «der so wenig modern als möglich ist, einem vornehmen, einem jasagenden Typus». Und er folgt dem Beispiel seiner frühesten Vorgänger, wenn er für den «Gegensatz-Typus», der zwei zu unterscheidende Spezies umfaßt – in Nietzsches Sprachgebrauch: den Vornehmen und den Jasagenden, den Vornehmen und den Erkennenden, den Vornehmen und den Philosophen –, Einen Namen sucht und in seinem letzten Buch dafür auf *gentilhomme* zurückgreift, der geeignet ist, an die Stelle des *kaloskagathos* zu treten. In diesem Sinne nennt er *Jenseits von Gut und Böse* «eine *Schule des gentilhomme*, der Begriff geistiger *und radikaler* genommen als er je genommen worden ist.»[29]

Das Auszeichnende des Buchs profiliert Nietzsche im Kontrast zu *Also sprach Zarathustra*. Die Vollendung der Dichtung habe den Autor zu einem anderen «diätetischen régime» veranlaßt. «Das Auge, verwöhnt durch eine ungeheure Nöthigung *fern* zu sehn – Zarathustra ist weitsichtiger *noch* als der Czar –, wird hier gezwungen, das Nächste, die Zeit, das *Um-uns* scharf zu fassen.»[30] Auf die Visionen und Gesichte

29 *EH* III, Jenseits von Gut und Böse 1 und 2, 1 (350–351). *Gentilhomme* wird nur hier und in III, Der Fall Wagner 4 (362) verwendet. Zur Unterscheidung von «Vornehmen» und «Erkennenden» bzw. «Vornehmen» und «Philosophen», die für *Jenseits von Gut und Böse* von zentraler Bedeutung ist, cf. *Also sprach Zarathustra* I, 8–12 und *Was ist Nietzsches Zarathustra?*, p. 35–37.

30 Nietzsche schrieb zunächst: «Zarathustra ist weitsichtiger als der christliche Gott». Er erwog danach «der Papst», «die Zeit», «der Czar», um sich schließlich für den politischen Herrscher-Vergleich zu entscheiden: «der Czar» (*Faksimile*, p. 81).

Zarathustras folgt die Hinwendung zum Menschlichen und die Untersuchung der nächsten Dinge, für die Nietzsche zu Beginn seines philosophischen Lebens Sokrates pries.[31] Der Aufstieg zur Erkenntnis nimmt seinen Ausgang bei der Kritik der Gegenwart und ihren Selbstverständlichkeiten, bei der Kritik der herrschenden Ideen und mächtigsten Meinungen. Und die Erneuerung der Philosophie, die nach dem Versuch mit Zarathustra anstand, verlangte zuallererst deren Selbstkritik. *Jenseits von Gut und Böse*, das einzige Buch Nietzsches, in dessen Untertitel die Philosophie aufscheint, macht nicht zufällig die «Vorurtheile der Philosophen» zum Gegenstand des ersten Hauptstücks. Nietzsche fährt fort: «Man wird in allen Stücken, vor Allem auch in der Form, eine gleiche *willkürliche* Abkehr von den Instinkten finden, aus denen ein Zarathustra möglich wurde. Das Raffinement in Form, in Absicht, in der Kunst des *Schweigens*, ist im Vordergrunde, die Psychologie wird mit eingeständlicher Härte und Grausamkeit gehandhabt». In *Jenseits von Gut und Böse* spricht kein Prophet. Der Autor schlägt einen anderen Weg ein. Das Raffinement, das in *Also sprach Zarathustra* – oder genauer gesagt, in dessen ersten drei Teilen – am Werk war, aber angesichts der Reden im Hintergrund blieb, wird jetzt überlegen eingesetzt, um in der «Schule des gentilhomme» die notwendigen Differenzierungen vorzunehmen und den unterschiedlichen Adressaten Unterschiedliches zu verstehen zu geben. «Von da an», wenn wir den Sonderfall *Zarathustra* beiseite lassen, sind Nietzsches Schriften *Bücher* im anspruchsvollen Sinne, Werke, in denen alle Teile, kunstvoll verfugt, ein Ganzes bilden.[32] Wenn Nietzsche zum ersten der «neinsagenden» Bücher anmerkt, es entbehre «jedes gutmüthigen Worts», bedient er sich, um den Einschnitt zu akzentuieren, einer ähnlichen Übertreibung wie im Falle des ersten der «jasagenden» Bücher, von dem er behauptete, es komme darin kein negatives Wort vor. Außerdem leitet die Anmerkung zum alles andere als gutmütigen Schluß des Stücks über. Nietzsche betont die *Erholung*, die *Zarathustra* mit seiner «Verschwendung von Güte» nötig machte. Die Arbeit an *Jenseits von Gut und Böse* war für ihn eine Erholung, wie

31 *Der Wanderer und sein Schatten* 6 (p. 542–543).

32 Wie sich Nietzsches Bücher vor und nach *Also sprach Zarathustra* in Rücksicht auf ihr Raffinement, ihre Vielstimmigkeit und Verfugung, unterscheiden, läßt sich am Vergleich von *Wir Furchtlosen*, das Nietzsche 1887 der *Fröhlichen Wissenschaft* hinzufügt, mit den ersten vier Teilen überprüfen, die er 1882 veröffentlichte.

für ihn, ausweislich der *Vorbemerkung*, die Arbeit an *Götzen-Dämmerung* eine Erholung gewesen ist. In beiden Fällen scheint der Autor sich insonderheit durch die «Härte und Grausamkeit», die er als Psychologe aufwandte, erholt zu haben. Doch dabei bleibt Nietzsche nicht stehen. Die Erkenntnis, mit der er sich von der Dichtung des *Zarathustra* erholte, mündet in einen blasphemischen Vergleich mit dem biblischen Gott: «Theologisch geredet – man höre zu, denn ich rede selten als Theologe – war es Gott selber, der sich als Schlange am Ende seines Tagewerks unter den Baum der Erkenntniss legte: er erholte sich so davon, Gott zu sein ... Er hatte Alles zu schön gemacht ... Der Teufel ist bloss der Müssiggang Gottes an jedem siebenten Tage ...» Nietzsche hat am Ende des vorangegangenen Stücks gleich mehrmals theologisch geredet. Jetzt meldet er sich ironisch zu Wort, um den Urmythos der Gehorsamsforderung und Sündenlehre des Glaubens nach Maßgabe seiner Theologie einer Revision zu unterziehen: Ohne Erkenntnis ist das Paradies kein Paradies. Ein unaufhebbarer Mangel verwandelt den Schöpfergott in seinen Widersacher. Oder um die Moral der theologischen Intervention in einen Satz zu fassen: Der biblische Gott verlangt notwendig die Schlange der Philosophie.[33]

Der Faden der theologischen Rede zieht sich durch alle Stücke der neinsagenden Triade. Das zweite, das *Zur Genealogie der Moral* behandelt, führt *Dionysos* in die Triade ein. «Dionysos ist, man weiss es, auch der Gott der Finsterniss.» Nietzsche schlägt den Bogen zurück zum «Teufel» des Müßiggangs, indem er den Meister eingangs für den «unheimlichen» Charakter der drei Abhandlungen seiner Streitschrift in Anspruch nimmt: «Vielleicht» seien sie «in Hinsicht auf Ausdruck, Absicht und Kunst der Überraschung, das Unheimlichste, was bisher geschrieben worden ist.» Das Unheimlichste muß freilich nicht das Vortrefflichste sein. Der direkte Vergleich von *Genealogie* und *Jenseits*, zu dem die Auswahl und die Anordnung der Attribute einladen, die Nietz-

33 *EH* III, Jenseits von Gut und Böse 2, 2 (351) und Vorbemerkung (263). Nietzsche erwog, diese beiden Sätze ans Ende des Stücks zu stellen: «Was sagt doch, hinter einer kleinen Psychologie meines großen Lehrers, *Dionysos*, die den Schluß des Buchs macht, dieser selbst? Er redet beinahe selber wie jene berühmte Schlange ...» Schließlich entschied er sich dafür, Dionysos einzig im mittleren Stück der Triade beim Namen zu nennen (*Faksimile*, p. 81). – Siehe *EH* Vorrede 3 (258–259) und II, 1 (279). Cf. *Also sprach Zarathustra* I, 19, 1–3; II, 3, 36–37 (p. 86, 115) und *Was ist Nietzsches Zarathustra?*, p. 58–59 mit n. 66.

sche den beiden aufeinanderfolgenden Büchern zuspricht, bestätigt den Vorrang von *Jenseits von Gut und Böse.*[34] Die Raffinesse der Form ist der Unheimlichkeit des Ausdrucks übergeordnet. Und während die Kunst der Überraschung die Leser beeindrucken kann, verlangt ihnen die Kunst des Schweigens eigenes Denken und den ernsthaften Versuch ab, sich auf die Absicht des Autors einzulassen. Dionysos ist *auch* der Gott der Finsternis. In *Jenseits von Gut und Böse* tritt er als Gott des halkyonischen Lächelns in Erscheinung. — Das Stück zur *Genealogie der Moral* weist mehrere Besonderheiten auf. Es ist neben dem mittleren Unterkapitel der zweiten Triade das einzige der zehn, das nur einen Abschnitt umfaßt, und mit seinem Gegenstück in der jasagenden Triade wiederum das einzige, in dem die *Aufgabe* nicht erwähnt wird. Außerdem handelt es sich um das einzige, in dem Nietzsche Sorge trägt, den Lehrgehalt des Buchs für Jedermann faßlich anzuzeigen. Vom Ertrag der Psychologie des Christentums, seiner Geburt aus dem Geist des Ressentiments, über die Psychologie des Gewissens, die den Glauben an die Stimme Gottes im Menschen genealogisch dekonstruiert, bis zur Untersuchung der Macht des asketischen Ideals, die in dessen Ausstellung als das «*schädliche* Ideal par excellence» gipfelt. Die Botschaft des pointierten Überblicks ist klar: Der Glaube an das «Priester-Ideal» bezog seine Kraft und Macht vor allem daraus, daß «es keinen Concurrenten hatte». Nietzsche lenkt alle Aufmerksamkeit auf das «Gegen-Ideal», das fehlte – «*bis auf Zarathustra*». Nach einer so verständlichen Präsentation kann er feststellen: «Man hat mich verstanden. Drei entscheidende Vorarbeiten eines Psychologen für eine Umwerthung aller Werthe.» Die *Genealogie der Moral* scheint mithin ganz im Dienst der Aufgabe zu stehen. Doch Nietzsche fügt den vier Sektionen des Abschnitts noch eine fünfte hinzu, die aus einem einzigen Satz besteht: «Dies Buch enthält die erste Psychologie des Priesters.» Es liegt auf der Hand, daß eine solche Psychologie nicht nur als Vorarbeit für die *Umwertung* Gewicht hat, sondern an ihr selbst von großem Interesse für den Philosophen ist, seine Selbsterkenntnis eingerechnet. Wenn Nietzsche die *Aufgabe* sowohl im Zentrum der zweiten als auch im Zentrum der dritten Triade

34 Nietzsche vermerkte 1887 nicht ohne Grund auf der Rückseite des Titelblatts von *Zur Genealogie der Moral*, gut sichtbar neben der Vorrede: «Dem letztveröffentlichten ‹*Jenseits von Gut und Böse*› zur Ergänzung und Verdeutlichung beigegeben.» *KGW* und *KSA* streichen den Hinweis in ihrer Edition.

ausspart, können wir das als doppelten Hinweis lesen, daß die beiden Triaden nicht darin aufgehen, die ja- und neinsagenden Hälften der Einen Aufgabe zu sein. *Erholung, Müßiggang, Erkenntnis* behaupten ihr Eigenrecht. Für *Götzen-Dämmerung* sah Nietzsche ursprünglich den Titel vor: *Müssiggang eines Psychologen.*[35]

Das letzte Buch der neinsagenden wird wie das letzte Buch der jasagenden Triade zu einem Solitär erhoben. Im Falle von *Also sprach Zarathustra* urteilte Nietzsche: «Dieses Werk steht durchaus für sich.» Das Ereignis herauskehrend ging er noch weiter: «Mein Begriff ‹dionysisch› wurde hier *höchste That*; an ihr gemessen erscheint der ganze Rest von menschlichem Thun als arm und bedingt.» Jetzt erklärt er, *Götzen-Dämmerung* sei «unter Büchern überhaupt die Ausnahme: es giebt nichts Substanzenreicheres, Unabhängigeres, Umwerfenderes, – Böseres.» Beide «Hälften» sollen, es ist unverkennbar, in einem Ausnahme-Werk kulminieren.[36] Andererseits steht die *Umwertung* für den Leser noch aus. Nietzsche nennt *Also sprach Zarathustra* deshalb das größte Geschenk, das der Menschheit *bisher* gemacht worden ist. Die Forderung, mit der er «über Kurzem» an sie herantreten muß, mag ein ebenso großes oder ein noch größeres Geschenk für die Menschheit sein.[37] Und wer, Nietzsches Empfehlung in *Ecce homo* folgend, mit *Götzen-Dämmerung* beginnt, weil er sich «kurz» einen Begriff davon machen will, wie vor Nietzsche «Alles auf dem Kopfe stand», wird dort auf die Ankündigung eines augenscheinlich noch unabhängigeren Buchs stoßen, als die *Götzen-Dämmerung* ist.[38] Was Nietzsche im letzten Stück

35 *EH* III, Genealogie der Moral 1, 1–5 (352–353). Briefe an den Verleger Constantin Gustav Naumann vom 7. September, Carl Fuchs vom 9. September, Peter Gast vom 12. September, Georg Brandes vom 13. September, Paul Deussen vom 14. September, Franz Overbeck vom 14. September und Peter Gast vom 27. September 1888, *KGB* III 5, p. 411, 414, 417, 420, 424, 426, 434, 443. Cf. *Jenseits von Gut und Böse* 23 (p. 29).

36 Allen drei Triaden ist gemeinsam, daß jeweils das dritte Buch in ganz besonderer Weise herausgestellt wird. Außerdem umfaßt bei allen jeweils das dritte Stück die meisten Abschnitte, und bei allen hat jeweils das mittlere die wenigsten Abschnitte innerhalb der Triade.

37 Schon das Geschenk, das Zarathustra der Menschheit bringen will, ist eine Forderung. Siehe *Also sprach Zarathustra*, Vorrede 2, 10 und 3, 2–26 (p. 13, 14–16).

38 «Ich habe der Menschheit das tiefste Buch gegeben, das sie besitzt, meinen *Zarathustra*: ich gebe ihr über kurzem das unabhängigste.» *Götzen-Dämmerung*, Streifzüge eines Unzeitgemässen 51 (p. 153).

der Triade über *Götzen-Dämmerung* sagt, ist, mit anderen Worten, zu einem Gutteil im Hinblick auf die *Umwerthung aller Werthe* gesagt. Es zielt auf den *Antichrist*, der, wohlverstanden, den jasagenden und den neinsagenden Strang in sich vereint. Doch auch der Übergang vom Nein zum Ja wird im Stück zur *Götzen-Dämmerung* rasch vollzogen. Nietzsche setzt ein mit dem umstürzenden Charakter des Buchs: «Das, was *Götze* auf dem Titelblatt heisst, ist ganz einfach das, was bisher Wahrheit genannt wurde.» Er stellt außerdem klar, daß die Kritik nicht nur den «*ewigen* Götzen» gilt, sondern ebenso den «allerjüngsten, folglich altersschwächsten», den «‹modernen Ideen› zum Beispiel». Mit Einzelheiten der Kritik hält er sich nicht auf. Statt dessen beansprucht er, «den Maassstab für ‹Wahrheiten›» in der Hand zu haben: Die «Wahrheiten», das heißt die Doktrinen und Ideen, die den Glauben und das Handeln der Menschen bestimmen, werden von ihm danach befragt und beurteilt, ob sie Aufstieg oder Abstieg bewirken. Nietzsche zieht praktische Konsequenzen aus der naturgeschichtlichen Perspektive, die er in *Morgenröthe* erstmals erprobte, als er seinen «Feldzug gegen die Moral» begann. Der Anspruch könnte kaum größer, das Ja nicht vernehmlicher sein: «Niemand wusste vor mir den rechten Weg, den Weg *aufwärts*: erst von mir an giebt es wieder Hoffnungen, Aufgaben, vorzuschreibende Wege der Cultur – *ich bin deren froher Botschafter* …» Wenn Nietzsche *seiner* Aufgabe gerecht wird und die Umwertung ins Werk setzt, gibt es für andere wieder *Aufgaben*, kraft deren sie ihre höchsten Möglichkeiten zu verwirklichen vermögen.[39]

Zum Schluß umreißt Nietzsche die Geschichte der *Umwertung*. Im letzten Abschnitt der drei Triaden geht er über die vorbereitenden, die «jasagenden» und die «neinthuenden» Bücher hinaus, um zu berichten, wie er «die ungeheure Aufgabe» in Angriff nahm und bewältigte. Wie zuvor in der Geschichte des *Zarathustra* teilt Nietzsche Zeit und Ort der Entstehung mit. Aber diesmal begnügt er sich nicht mit Monat und Jahr. Die Daten des historischen Ereignisses werden mit Genauigkeit notifiziert: Der 3. September 1888 für das Vorwort, der 20. September für die Abreise aus Sils Maria, der 21. September für die Ankunft in Turin, der 30. September für das Finis operis. Selbst Straße und Hausnummer des Aufenthalts in Turin werden der Nachwelt überliefert.

39 *EH* III, Götzen-Dämmerung 1–2 (354–355) und Also sprach Zarathustra 6 (343).

Nietzsche beruft sich auf keine Inspiration, die ihn überfiel. Er stellt sich nicht als Dichter vor, sondern als Gesetzgeber. Er spricht davon, daß ihn ein «souveraines Gefühl von Stolz, dem Nichts gleichkommt», erfüllte, als er mit der Umwertung befaßt war, «jeden Augenblick meiner Unsterblichkeit gewiss und Zeichen für Zeichen mit der Sicherheit eines Schicksals in eherne Tafeln grabend». An die Stelle des Blitzes, der zum Werk nötigt, tritt das Glück der Betrachtung, das dem Werk folgt. Schon zur Entstehung des Vorworts hält Nietzsche fest: «als ich Morgens, nach dieser Niederschrift, ins Freie trat, fand ich den schönsten Tag vor mir, den das Oberengadin mir je gezeigt hat – durchsichtig, glühend in den Farben, alle Gegensätze, alle Mitten zwischen Eis und Süden in sich schliessend.» Und dann das Finale: «Am 30. September grosser Sieg; Beendigung der Umwerthung; Müssiggang eines Gottes am Po entlang.» Auf den «grossen Krieg», den das erste Stück der neinsagenden Triade ausrief, antwortet der «grosse Sieg» im dritten. Der *Antichrist* ist der Sieg. Die *Umwertung* ist vollbracht. Die *Aufgabe* ist erfüllt. Auch der theologische Faden hat den letzten Knoten erreicht. Nietzsche kann zurückblicken. Mit der Geschichte der «Umwerthung» ist er in der Gegenwart angelangt, in der er sich sein Leben erzählt und Rechenschaft darüber gibt, wie er wurde, was er ist. Alles rundet sich. Nietzsche nimmt den Ton wieder auf, mit dem die Vorbemerkung begann: «Ich habe nie einen solchen Herbst erlebt, auch nie Etwas der Art auf Erden für möglich gehalten, – ein Claude Lorrain ins Unendliche gedacht, jeder Tag von gleicher unbändiger Vollkommenheit.» Der Maler, der es wie kein zweiter verstand, den Blick des Betrachters in die Tiefe der Landschaft zu ziehen und auf die Weite des Meeres zu lenken, um ihn immer weiter, immer tiefer ausgreifen und sich im Fluchtpunkt der Bewegung sammeln zu lassen, liefert Nietzsche das Bild, um das Glück des «grossen Siegs» mit dem Glück des «vollkommnen Tags» und den *Antichrist* mit *Ecce homo* zusammenzuschließen.[40]

Der Fall Wagner steht außerhalb der drei Triaden. Nietzsches Erzählung seines Lebens entlang der Chronologie seiner Bücher endet mit dem Wort *Vollkommenheit*. Was folgt, bedenkt das Nachleben und ist bestimmt, die Aufgabe zu schützen. Das zehnte Kapitel zu den Büchern, in dem Nietzsche zum siebten und letzten Mal von «meiner Aufgabe» spricht, kehrt ostentativ zum ersten Kapitel zurück. Begann

40 *EH* III, Götzen-Dämmerung 3, 1–3 (355–356) und Vorbemerkung (263).

das erste Stück: «Um gegen die ‹Geburt der Tragödie› (1872) gerecht zu sein», beginnt das zehnte: «Um dieser Schrift gerecht zu werden». Beide Stücke sollen offenbar Mißverständnissen oder Fehlurteilen entgegenwirken. Und beide handeln von Wagner und von der Musik. Oder so scheint es. Tatsächlich ist das, was Nietzsche im Schlußkapitel über Wagner und die Musik zu sagen hat, rasch gesagt: Nietzsche beklagt, «dass die Musik um ihren weltverklärenden, jasagenden Charakter gebracht worden ist, – dass sie décadence-Musik und nicht mehr die Flöte des Dionysos ist …» Das «Schicksal der Musik» wird zum Thema, weil und insofern es Aufstieg und Abstieg des Lebens betrifft. Was Wagner anbelangt, macht Nietzsche geltend, daß die Schrift, die in der Öffentlichkeit und vor allem unter Wagnerianern als scharfe Polemik verstanden wurde, in Wahrheit «voller Rücksichten und über die Maassen mild» sei: «Ich hielt alles Entscheidende in dieser Sache bei mir zurück, – ich habe Wagner geliebt.» Es geht im Stück zum *Fall Wagner* am Ende weder um Wagner noch um die Musik. Zu beidem hat sich Nietzsche in *Ecce homo* zuvor wiederholt und eindringlich geäußert. Nachdem die Musik und der Angriff auf Wagner in sieben Sätzen abgetan sind, bringt Nietzsche zwei andere Angriffe ins Spiel. Der erste wird in äußerster Knappheit mitgeteilt und dem Leser als Rätsel aufgegeben, der zweite – er gilt den Deutschen – wird mit größter Härte vorgetragen und bleibt für das Stück bis zum Schluß bestimmend. Beginnen wir mit dem Rätsel: «Zuletzt liegt ein Angriff auf einen feineren ‹Unbekannten›, den nicht leicht ein Anderer erräth, im Sinn und Wege meiner Aufgabe – oh ich habe noch ganz andre ‹Unbekannte› aufzudecken als einen Cagliostro der Musik». Nach allem, was wir in *Ecce homo* erfahren und gelernt haben, dürfen wir annehmen, daß es sich bei dem «Unbekannten» um Nietzsche handelt und zwar, präziser gesprochen, um den Décadent, der Nietzsche *auch* ist. *Der Fall Wagner* verhandelt wie keine andere Schrift Nietzsches die Décadence und den Décadent. In dieser Verhandlung erreicht sie, wie der Autor zu Protokoll gibt, ihren «Ernst». Es lag zweifellos «im Sinn und Wege» seiner Aufgabe, daß Nietzsche in der Untersuchung des Falls Wagner zur Klarheit über den eigenen Fall gelangte und den Décadent in sich der Kritik unterzog. Die Selbstkritik zeigt die Strecke an, die Nietzsche seit der *Geburt der Tragödie* zurückgelegt hat, als er seine Aufgabe mit der Wagners verwirrte. Nietzsche verwechselt sich nicht mit Wagner, wenn er die Décadence als Gemeinsamkeit ins Auge faßt und den Unterschied in der Fähigkeit ausmacht, die Décadence zu erkennen und über sie hinauszukommen. Der zweite Teil von Nietzsches Aussage ist für Jedermann verständlich und soll es sein: Im «Sinn und Wege» seiner Aufgabe liege «noch mehr freilich ein Angriff auf die in geistigen Dingen immer träger und instinktärmer, immer *ehrlicher* werdende deutsche Nation, die mit einem beneidenswerthen Appetit fortfährt, sich von Gegensätzen zu nähren und ‹den Glauben› so gut wie die Wissenschaftlichkeit, die ‹christliche Liebe› so gut wie den Antisemitismus, den Willen zur Macht (zum ‹Reich›) so gut wie das évangile des humbles ohne Verdauungsbeschwerden hinunterschluckt …» Ebenweil Nietzsche aus der deutschen Nation hervorging, richtet er seine schärfste Kritik gegen sie, gegen ihre geistige Anspruchslosigkeit, Unentschiedenheit, Vereinigungs- und Versöhnungsseligkeit. Da er in seinem bislang bekanntesten Buch als Fürsprecher des Mannes auftrat, den er jetzt einen «Cagliostro der Musik» nennt, und Hoffnungen auf eine Neubelebung des deutschen Mythos nährte, legt er um so mehr Wert darauf, nicht als deutscher Weltanschauungsautor mißverstanden zu werden. Um seine Philosophie gegen die Vereinnahmung durch das Reich und die Verwechslung mit jeder Dienstbarkeit für deutsche Großmachtinteressen zu feien, beschließt er die Darstellung seines Œuvre mit einer spektakulären Attacke auf die Deutschen. In einer früheren Fassung des Stücks steht noch zu lesen: «Ich verberge es nicht, sie [die Deutschen] sind mir im Wege, ich [habe] ein Paar Gründe zu viel, meine Aufgabe nicht mit irgend welcher ‹Reichs›-Aufgabe zu verwechseln.»[41]

Die Attacke gilt zuerst dem Idealismus. Der Satz «Ohne Zweifel, die Deutschen sind Idealisten» ist, dreimal im Text präsent, das Leitmotiv der Kritik. Das *Gegen-Ideal*, das Nietzsche im Zentrum der neinsagenden Triade proklamiert hat, und die *Umwertung* im ganzen sollen keinesfalls dem Idealismus zugeschlagen, sie sollen von dem Idealisten, der Nietzsche *war*, und den Idealisten, die die Deutschen *sind*, geschieden werden. «Idealisten» nennt Nietzsche die Deutschen in Rücksicht auf ihre «Selbstlosigkeit», den «Mangel an Partei» vor unaufhebbaren Gegensätzen, die Bereitschaft, «Allem gleiche Rechte» einzuräumen, oder die Unfähigkeit zur Unterscheidung. «Idealisten» heißen sie ihm, insofern sie ihrer Geschichte eine moralische Sendung, die Wahrung der

41 *EH* III, Der Fall Wagner 1, 1–3 (357–358). *Der Fall Wagner*, Turiner Brief vom Mai 1888 5 (p. 21). *KSA* 14, p. 502. Siehe S. 34–36 und 60–64.

«sittlichen Weltordnung» oder die Wiederherstellung des «kategorischen Imperativs», zuschreiben. Als «Idealisten» kritisiert er sie, weil sie vor der Realität ausweichen, im Hinblick auf ihre «Feigheit vor der Wahrheit». Nietzsche trägt seinen Angriff auf den Idealismus der Deutschen im Namen der Wahrheit vor. Damit niemand ihn überhören kann, läßt er den Angriff in der Anklage gipfeln: «*Alle grossen Cultur-Verbrechen von vier Jahrhunderten haben sie auf dem Gewissen!* ...» Die Deutschen brachten Europa, so lautet Nietzsches auch andernorts erhobener Vorwurf, um die historische Chance der Renaissance, das Christentum zu überwinden. «Luther, dies Verhängniss von Mönch, hat die Kirche, und, was tausend Mal schlimmer ist, das Christenthum wiederhergestellt, im Augenblick, *wo es unterlag* ...» Den Deutschen, in concreto Leibniz und Kant, wird entgegengehalten, daß sie «Schleichwege zum alten ‹Ideal›» beschritten und sich auf «Versöhnungen zwischen Wahrheit und ‹Ideal›» verlegten, d. h., daß sie beharrlich für den Idealismus und gegen die Wahrheit optierten. Schließlich wird den Deutschen die «*névrose nationale*, an der Europa krank ist», die Kleinstaaterei, die Perpetuierung der «*kleinen* Politik» zur Last gelegt, da sie Europa auch um das «Wunder von Sinn in der Existenz Napoleon's» brachten. Um einen Weg aus der Sackgasse zu finden, in die der Idealismus der Deutschen Europa geführt hat, bedarf es einer Aufgabe «gross genug, die Völker wieder zu *binden*». Nietzsche macht sich anheischig, den Weg zu weisen. Doch dafür muß er, durch die geschichtliche Erfahrung belehrt, beizeiten einer Gefahr begegnen: «Die Deutschen werden auch in meinem Falle wieder Alles versuchen, um aus einem ungeheuren Schicksal eine Maus zu gebären.»[42]

Um mit dem deutschen Geist nicht «in Eins gerechnet» und durch die Deutschen nicht kompromittiert zu werden, will Nietzsche lieber noch «als Verächter der Deutschen par excellence» durch die Jahrhunderte gehen. Er macht sich nicht nur zum Gegenteil eines deutschen Nationalphilosophen, sondern erklärt den Deutschen zum Gegensatz des *gentilhomme*, des Typus, für den, in seinen beiden Spezies, Nietzsches Bücher bestimmt sind: «Wenn ich mir eine Art Mensch ausdenke, die allen meinen Instinkten zuwiderläuft, so wird immer ein Deutscher daraus. Das Erste, worauf hin ich mir einen Menschen ‹nierenprüfe›, ist, ob er ein Gefühl für Distanz im Leibe hat, ob er überall Rang, Grad, Ord-

42 *EH* III, Der Fall Wagner 1, 3; 2, 1–7; 3, 1 (358–360).

nung zwischen Mensch und Mensch sieht, ob er *distinguirt*: damit ist man gentilhomme; in jedem andren Fall gehört man rettungslos unter den weitherzigen, ach! so gutmüthigen Begriff der canaille. Aber die Deutschen sind canaille».[43] Persönliche Erfahrungen und Enttäuschungen werden aufgeboten, um den Abstand so groß und die Kluft so tief wie irgend möglich erscheinen zu lassen: «Rechne ich meinen Verkehr mit einigen Künstlern, vor Allem mit Richard Wagner ab, so habe ich keine gute Stunde mit Deutschen verlebt ...» Die biographische Bekräftigung verleiht der ins Grundsätzliche gewendeten Disparität Nachdruck und Anschaulichkeit. «Zehn Jahre: und Niemand in Deutschland hat sich eine Gewissensschuld daraus gemacht, meinen Namen gegen das absurde Stillschweigen zu vertheidigen, unter dem er vergraben lag». Nietzsche zeichnet das Bild des Philosophen, der nirgend weniger gilt als in seinem Vaterland. Überall in Europa mag er seine Leser haben und Beachtung finden, nicht in Deutschland. «An welcher deutschen Universität wären heute Vorlesungen über meine Philosophie möglich?» Was immer die Deutschen in der Zukunft tun oder sagen mögen, er gehört nicht zu ihnen. Sie können sein Œuvre nicht diskreditieren. Nietzsche wäre nicht Nietzsche, setzte er nicht auch noch in der längsten rhetorischen Zurüstung ein Licht von philosophischer Bedeutung. Nach der letzten Verwendung von «meine Philosophie» in *Ecce homo* hält er fest: «Ich selber habe nie an Alledem gelitten; das *Nothwendige* verletzt mich nicht; amor fati ist meine innerste Natur.» Nietzsche stellt klar, daß das zehnte Stück eine Apologie, aber keine Jeremiade ist. Er läßt sich bei seinem Angriff nicht von Rach- und Nachgefühlen bestimmen. Der Philosoph verwechselt sich nicht mit dem Moralisten. An dem Ort, an dem sein Auftreten am meisten menschlich, allzumenschlich erscheint, ruft er in Erinnerung, was ihn unterscheidet und auszeichnet. Er schlägt am Ende des zweiten Teils den Bogen zurück zum Ende des ersten und macht die Formel *amor fati* zu *der* Bestimmung seiner Natur.[44] Nach

43 *EH* III, Der Fall Wagner 4 (362). Nietzsche schrieb zunächst: «so wird immer ein Deutscher daraus – oder ein Antisemit ...» (*Faksimile*, p. 89).
44 *EH* III, Der Fall Wagner 4, 4 (363). II, 10 (297). Cf. S. 72–74. Das Licht, das Nietzsche im vierten Abschnitt entzündet – es ist der vierunddreißigste und letzte Abschnitt zu seinem Werk –, hätte noch heller geleuchtet, wenn er sich dafür entschieden hätte, vom Entwurf eines fünften Abschnitts Gebrauch zu machen, der ausformuliert im Nachlaß erhalten geblieben ist. Allerdings wäre die Stoßkraft des Schlußstücks durch den Abschnitt vermindert worden. Da der Text für *Ecce homo*

der Aussage über seine innerste Natur läßt Nietzsche den Leser wissen, daß die Liebe zur Notwendigkeit ihn nicht daran hindert, die Ironie zu lieben, «sogar die welthistorische Ironie»: «Und so habe ich, zwei Jahre ungefähr vor dem zerschmetternden Blitzschlag der *Umwerthung*, der die Erde in Convulsionen versetzen wird, den ‹Fall Wagner› in die Welt geschickt: die Deutschen sollen sich noch einmal unsterblich an mir vergreifen und *verewigen*! es ist gerade noch Zeit dazu!» *Der Fall Wagner* soll die Deutschen zu einem Angriff auf Nietzsche herausfordern und ihnen die Gelegenheit geben, ihren Namen ewig an den seinen zu binden. Es ist offenbar mehr als eine welthistorische Ironie, wenn Nietzsche seinen Namen durch *Ecce homo* und *Der Antichrist* für immer mit dem Christentum verbindet.

und *Antichrist* gleichermaßen aufschlußreich ist, sei er ungekürzt wiedergegeben: «5. / – Ein letzter Gesichtspunkt, der höchste vielleicht: ich *rechtfertige* die Deutschen, ich allein. Wir sind im Gegensatz, wir sind selbst unberührbar für einander, – es giebt keine Brücke, keine Frage, keinen Blick zwischen uns. Aber das erst ist die Bedingung für jenen äußersten Grad von Selbstigkeit, von Selbsterlösung, der in mir Mensch wurde: ich bin die *Einsamkeit* als Mensch ... Daß mich nie ein Wort erreicht hat, das *zwang* mich, mich selber zu erreichen ... Ich wäre nicht möglich ohne eine Gegensatz-Art von Rasse, ohne Deutsche, ohne *diese* Deutschen, ohne Bismarck, ohne 1848, ohne ‹Freiheitskriege›, ohne Kant, ohne Luther selbst ... Die großen Cultur-Verbrechen der Deutschen rechtfertigen sich in einer höheren Ökonomik der Cultur ... Ich will Nichts anders, auch rückwärts nicht, – ich *durfte* Nichts anders wollen ... Amor fati ... Selbst das Christenthum wird nothwendig: die höchste Form, die gefährlichste, die verführerischeste im Nein zum Leben fordert erst seine höchste Bejahung heraus – *mich* ... Was sind zuletzt diese zwei Jahrtausende? Unser *lehrreichstes* Experiment, eine Vivisektion am Leben selbst ... Bloß zwei Jahrtaus[ende]! ...» Nachgelassene Fragmente Dezember 1888–Anfang Januar 1889 25 [7], *KSA* 13, p. 641.

VI

Widerstreit

Nietzsche hat am Ende des dritten Kapitels das Ziel erreicht. Er hat kundgetan, wer er ist. Er hat sich sein Leben erzählt. Er hat seine Aufgabe erkannt. Er hat seine Natur bestimmt. Er hat sein Œuvre Revue passieren lassen. Er hat selbst für die künftige Rezeption Vorkehrungen getroffen. Was steht aus? Was wäre noch hinzuzufügen? Nach zwei Kapiteln zu seinem Sein und einem dritten über das Handeln und das Werk, in dem sich sein Sein niederschlägt, kehrt Nietzsche im vierten Kapitel zu seinem Sein zurück. Er faßt das Schicksal ins Auge, das er durch sein Handeln und sein Werk, das er insonderheit durch *Ecce homo* und *Antichrist* für andere ist. Das vierte Kapitel von *Ecce homo*, des Buchs, das den *Antichrist* vorbereiten soll, ist tatsächlich das letzte Kapitel *beider* Bücher. Es imaginiert die Dyade als weltgeschichtliches Ereignis und verdichtet das Bild des Autors zum Zeugen der Wahrheit.

«Ich kenne mein Loos.» *Warum ich ein Schicksal bin* ist das einzige Kapitel, das mit *Ich* beginnt.[1] Die Eröffnung schlägt die Brücke vom letzten Satz des vorangegangenen Kapitels – «ich trage das Schicksal der Menschheit auf der Schulter» – zur Verhandlung von Nietzsches Wirkung, in der das Schicksal viermal aufgerufen wird. Nietzsches *Los* hält die Mitte zwischen dem Schicksal der Menschheit, das er zu seiner Sache macht, und dem Schicksal, das er für die Menschheit ist. «Es wird sich einmal an meinen Namen die Erinnerung an etwas Ungeheures anknüpfen, – an eine Krisis, wie es keine auf Erden gab, an die tiefste Gewissens-Collision, an eine Entscheidung heraufbeschworen *gegen* Alles, was bis dahin geglaubt, gefordert, geheiligt worden war. Ich bin kein Mensch, ich bin Dynamit.» Die Rhetorik, mit der das Kapitel beginnt und die sich in ähnlicher Tonlage und Lautstärke bis zum Ende durch-

1 IV, 1 ist der neunte und letzte Abschnitt in *Ecce homo*, der mit *Ich* beginnt: Vorrede 2; I, 3; I, 4; II, 7; III, 3; III, 4; III, Also sprach Zarathustra 1; III, Also sprach Zarathustra 4; IV, 1. Die neun Abschnitte haben gemeinsam, daß in ihnen Nietzsches Verhältnis zu anderen oder seine Wirksamkeit für andere in Rede steht.

hält, der überbordende Gebrauch der ersten Person Singular, die zur Schau gestellte Megalomanie des Autors, hat wesentlich dazu beigetragen, den weltverändernden Anspruch der Dyade zu unterminieren.[2] Aber wie, wenn Nietzsche ebendies vorhergesehen hätte? Wenn es seiner Absicht entsprach? Wie, wenn der Maßlosigkeit seiner Rede ein subtiler Plan zugrunde liegt? Das Wort, «Ich bin kein Mensch, ich bin Dynamit», das sich mit Nietzsches Namen verbinden wird, bezeugt jedenfalls, Megalomanie hin oder her, nicht nur das Selbstbewußtsein des Autors, sondern enthält zugleich eine ernste Warnung. Nietzsche hat schon zuvor, als er den Philosophen einen «furchtbaren Explosionsstoff» nannte, «vor dem Alles in Gefahr ist», die Kehrseite seiner Bestimmung der Philosophie als «Wanderung *im Verbotenen*» angezeigt. Der Philosoph, der ganz *Lehrer* der Wahrheit wird, droht die Konventionen und Traditionen, die Glaubensgrundlagen der Gesellschaft zu zerstören. Auch die zweite Sektion des Abschnitts kehrt zum Vorwort von *Ecce homo* zurück: «Und mit Alledem ist Nichts in mir von einem Religionsstifter – Religionen sind Pöbel-Affairen». Das Vorwort setzte noch Zarathustra von den «schauerlichen Zwittern von Krankheit und Wille zur Macht» ab, «die man Religionsstifter nennt». Nachdem Nietzsche Zarathustra im zweiten Teil die «Offenbarung der Wahrheit» zugesprochen hat, besteht er darauf, nicht selbst mit einem Religionsstifter verwechselt zu werden. «Ich *will* keine ‹Gläubigen›, ich denke, ich bin zu boshaft dazu, um an mich selbst zu glauben, ich rede niemals zu Massen …» Ebenweil er, im eigenen Namen, als Bringer der schwersten Forderung und des größten Geschenks für die Menschheit auftritt, baut er vor, daß der Leser der Dyade ihm kein Selbstmißverständnis, keine Verwirrung von Selbstlosigkeit und Selbstigkeit, unterstellt: «Ich habe eine erschreckliche Angst davor, dass man mich eines Tags *heilig* spricht: man wird errathen, weshalb ich dies Buch *vorher* herausgebe, es soll verhüten, dass man Unfug mit mir treibt … Ich will kein Heiliger sein, lieber noch ein Hanswurst …» Wenn man ihn verwechselt, dann besser mit einem Satyr oder einem Hanswurst als mit einem Heiligen, besser mit dem Verfasser einer Komödie denn mit dem einer Tragödie. Er zöge es vor, für einen Akolythen des Dionysos gehalten oder als ein anderer Sokrates angesehen zu werden. Denn als Hanswurst bezeichnete Nietz-

2 In Abschnitt IV, 1 verwendet Nietzsche in rascher Folge sechsunddreißigmal *ich*, *mir*, *mich* und *mein*.

sche in der *Götzen-Dämmerung* an exponiertem Ort Sokrates. Jetzt sagt er von sich: «Vielleicht bin ich ein Hanswurst ...» Der Hanswurst spricht ohne Ansehen der Person und ohne Rücksicht auf Reputation. Er unterwirft sich keiner Autorität und ist durch keine Doktrin gebunden. Doch er kann auf politisch verträgliche Weise die Wahrheit sagen, indem er die Lüge dem Gelächter preisgibt und den Glauben an die Wahrhaftigkeit stärkt. Die Antistrophe der dritten Sektion läßt den Revolutionär dem Hanswurst auf dem Fuße folgen. Nietzsche redet als der Hanswurst, der sich ernst nehmen machen will: «Aber meine Wahrheit ist *furchtbar*: denn man hiess bisher die *Lüge* Wahrheit.» Er proklamiert eine historische Zäsur.[3]

Im ersten Stück der jasagenden Triade erklärte Nietzsche, es sei seine Aufgabe, «einen Augenblick höchster Selbstbesinnung der Menschheit vorzubereiten, einen *grossen Mittag*, wo sie zurückschaut und hinausschaut, wo sie aus der Herrschaft des Zufalls und der Priester heraustritt und die Frage des warum?, des wozu? zum ersten Male *als Ganzes* stellt». Die Frage, die die Bestimmung der Aufgabe aufwarf, wie die Menschheit zu einem solchen Augenblick der Selbstbesinnung gelangen könne, wird jetzt bündig beantwortet: «*Umwerthung aller Werthe*: das ist meine Formel für einen Akt höchster Selbstbesinnung der Menschheit, der in mir Fleisch und Genie geworden ist.» Nietzsche ist die Inkarnation der höchsten Selbstbesinnung der Menschheit. Die höchste Selbstbesinnung ist in seiner Selbstbesinnung, in seiner Einsicht, in seinem Bewußtsein Wirklichkeit und sie ist am 30. September 1888 durch die Vollendung der *Umwertung*, durch den «grossen Sieg» des *Antichrist* besiegelt worden. Die Zäsur ist eingetreten. Das Wichtigste ist geschehen. Es bleibt nicht einem großen Mittag vorbehalten, der in der Zukunft liegt und sich ereignen oder nicht ereignen mag. Mit der Bestimmung seiner Aufgabe und der Erläuterung seiner Formel hat Nietzsche den Gegensatz zwischen einem Nachfolger des Dionysos und einem Heiligen in einer heiteren und menschenfreundlichen Weise zum Ausdruck gebracht. Zum zweitenmal stellt er sich dem Leser danach als ein «froher Botschafter» vor. Jetzt im Unter-

3 *EH* IV, 1, 1–3 (364); Vorwort 2, 3 und 4 (258–261); III, Die Unzeitgemässen 3 (320); III, Also sprach Zarathustra 6 (343); *Götzen-Dämmerung*, Das Problem des Sokrates 5 (p. 69–70). Cf. *Die fröhliche Wissenschaft* 1 (p. 370–372) und *Jenseits von Gut und Böse* 294 (p. 236).

schied zum letzten Stück der neinsagenden Triade als einen, «wie es keinen gab», der «Aufgaben von einer Höhe» kennt, «dass der Begriff dafür bisher gefehlt hat». Nietzsche wird zum frohen Botschafter für den, der sich die Formel zu eigen zu machen und die «Umwerthung aller Werthe» in seiner Selbstbesinnung, in seiner Einsicht, in seinem Bewußtsein zu vollziehen weiß. Doch wenn die «Umwerthung aller Werthe» zum Wendepunkt der Weltgeschichte werden soll, wenn die Formel als politischer Aufruf zum Umsturz der bestehenden Verhältnisse verstanden wird, dann ist der frohe Botschafter «nothwendig auch der Mensch des Verhängnisses». Nietzsche sagt Erschütterungen ungeahnten Ausmaßes vorher, «wenn die Wahrheit mit der Lüge von Jahrtausenden in Kampf tritt». Er spricht mit biblischem Anklang von der «Versetzung von Berg und Thal», um die Umkehr von Oben und Unten, die Vertauschung des Hohen und des Niederen vor Augen zu führen, die der Sturz des alten durch den neuen Glauben bedeutete. Sollte Nietzsches Versuchung die Vornehmen erreichen, die seine Rhetorik seit *Jenseits von Gut und Böse* ausdrücklich zum politischen Adressaten hat, und sie veranlassen, den Kampf um Wahrheit und Lüge auf allen Ebenen zu beginnen, erwiese sich die Formel als Dynamit. Nietzsche malt den Fall an die Wand: «Der Begriff Politik ist dann gänzlich in einen Geisterkrieg aufgegangen, alle Machtgebilde der alten Gesellschaft sind in die Luft gesprengt – sie ruhen allesamt auf der Lüge: es wird Kriege geben, wie es noch keine auf Erden gegeben hat. Erst von mir an giebt es auf Erden *grosse Politik*.» In *Jenseits von Gut und Böse* brachte Nietzsche den «Zwang zur grossen Politik» ins Spiel, um eine zukünftige europäische Aristokratie von der Notwendigkeit Eines Willens zu überzeugen, «der sich über Jahrtausende hin Ziele setzen könnte». Dort ging es, dem Adressaten angemessen, um die *Erd-Herrschaft*. Jetzt geht es um die *Wahrheit*. Die «grosse Politik» scheint noch größer geworden.[4]

Die Rede vom Kampf der Wahrheit mit der Lüge, die für die Rhetorik von *Warum ich ein Schicksal bin* bestimmend ist, treibt die grundsätzliche Spannung zwischen Politik und Philosophie in die Höhe eines augenfälligen Widerstreits. Könnte die Politik auf die Wahrheit gegründet werden, wäre die Philosophie nicht länger Wanderung im Verbotenen.

4 *EH* IV, 1, 4 (365–366); III, Morgenröthe 2 (330); Vorrede 2 (258); *Jenseits von Gut und Böse* 208 (p. 140).

Die Wahrheit, deren sich die große Politik zu bemächtigen vermag, ist nicht die Wahrheit, die das Leben des Philosophen in Bewegung hält. Die Politik kann die Wahrheit nur als Lehre aufnehmen und sie sich als Glaube anverwandeln. Die Philosophie hört auf, Philosophie zu sein, sobald sie die Wahrheit mit einer Lehre gleichsetzt oder sich beim Glauben beruhigt. Es gehört wesentlich zum Gestus von Nietzsches Auftritt im vierten Kapitel, daß er zwischen der einen und der anderen Wahrheit nicht unterscheidet. Die Wahrheitsrhetorik, deren harter Kern erst im zentralen der neun Abschnitte aufscheint, erweckt den Eindruck, der Autor mache sich zum Anwalt der Verkündigung und Durchsetzung der Wahrheit um jeden Preis. Nietzsche hat deshalb Grund, der Verwechslung mit einem Moralisten entgegenzuwirken. Er nennt sich *Immoralist* und überläßt es dem Leser, den Namen mit der Rede über Wahrheit und Lüge zusammenzubringen. Er kann darauf bauen, daß die Leser in ihrer großen Mehrzahl die Proklamation, der erste Immoralist zu sein, seiner Wahrhaftigkeit gutschreiben werden, so daß das Bekenntnis der Wahrheitsrhetorik nicht abträglich ist, sondern ihr, im Gegenteil, zusätzliche Kraft verleiht. Tatsächlich kommt der Name *Immoralist* der Rede von Wahrheit und Lüge nur an einer Stelle – der *Immoralist* hat wie das *Schicksal* im vierten Kapitel vier Auftritte – gefährlich nahe. Eingeführt wird er am Ende des zweiten Abschnitts, in dem Nietzsche unter Verwendung einer «Formel» aus *Also sprach Zarathustra* die harsche Wahrheit herausstellt, daß «wer ein Schöpfer sein will im Guten und Bösen», erst «ein Vernichter sein und Werthe zerbrechen» muß. Mit Rücksicht auf das Schaffen und Vernichten, das der Lehrer der Umwertung ins Werk setzte, wenn seine Forderung an die Menschheit Gesetz werden sollte, unterstreicht Nietzsche noch einmal das Janusgesicht seiner öffentlichen Persona: «Ich bin bei weitem der furchtbarste Mensch, den es bisher gegeben hat; dies schliesst nicht aus, dass ich der wohlthätigste sein werde.» Der Akzent liegt jetzt auf der Furchtbarkeit, dem Vernichten und dem Neinsagen. Am einzigen Ort, an dem Nietzsche ausdrücklich von seiner *dionysischen Natur* spricht, gibt er kund und zu wissen, daß er die Lust am Vernichten kennt. Niemand soll seine Berufung auf den Gott und Philosophen als Erbaulichkeit oder als Ausdruck sehnsüchtigen Verlangens mißverstehen. Der Schluß wartet mit dem maximalen Schock auf: «Ich bin der erste *Immoralist*: damit bin ich der *Vernichter* par excellence.» Das Vernichten, das Neinsagen oder die Furchtbarkeit trennt indes, für sich genommen, den

Immoralisten noch nicht vom Moralisten, der der Maxime gehorcht: fiat veritas pereat mundus.[5]

Zur Klärung bietet Nietzsche wiederum Zarathustra auf. Aber diesmal nicht die Autorität der Schrift, sondern den Namen der von ihm geschaffenen Figur, den er zur Unterscheidung von dem Moralisten gleichen Namens heranzieht. «Man hat mich nicht gefragt, man hätte mich fragen sollen, was gerade in meinem Munde, im Munde des ersten Immoralisten, der Name *Zarathustra* bedeutet.» Ganz ebenso wie der Leser von *Ecce homo* sich fragen soll, weshalb Nietzsche sich den Namen *der erste Immoralist* beigelegt hat. Die Erläuterung der Namenswahl schiebt den archaischen und den präsentischen Zarathustra ineinander. In eins damit verschränkt sie den Moralisten und den Immoralisten – zum Zweck ihrer Trennung. «Zarathustra», der Perser, «hat zuerst im Kampf des Guten und des Bösen das eigentliche Rad im Getriebe der Dinge gesehn, – die Übersetzung der Moral in's Metaphysische, als Kraft, Ursache, Zweck an sich, ist *sein* Werk.» Die Auszeichnung, die Verabsolutierung der Moral in die Welt gebracht zu haben, gebührt mithin nicht dem Stifter des Christentums. «Zarathustra», der Perser, «*schuf* diesen verhängnissvollsten Irrthum, die Moral: folglich muss er», in Gestalt von Nietzsches Geschöpf, «auch der Erste sein, der ihn *erkennt*. Nicht nur, dass er hier länger und mehr Erfahrung hat als sonst ein Denker – die ganze Geschichte», die zwischen den beiden Zarathustras liegt, «ist ja die Experimental-Widerlegung vom Satz der sogenannten ‹sittlichen Weltordnung› –: das Wichtigere ist, Zarathustra», der Perser oder die von Nietzsche geschaffene Figur, «ist wahrhaftiger als sonst ein Denker. Seine Lehre und sie allein hat die Wahrhaftigkeit als oberste Tugend – das heisst den Gegensatz zur *Feigheit* des ‹Idealisten›, der vor der Realität die Flucht ergreift; Zarathustra», Nietzsches Geschöpf, «hat mehr Tapferkeit im Leibe als alle Denker zusammengenommen.» Zarathustra II löst den moralischen Anspruch von Zarathustra I ein und wendet ihn gegen seinen Antipoden. «Wahrheit reden und *gut mit Pfeilen schies-*

5 *EH* IV, 2 (366). Siehe S. 125. – *Immoralist* kommt in den Abschnitten 2, 3, 4 und 6, *Schicksal* in den Abschnitten 2, 4, 6 und 8 jeweils einmal vor. Nietzsche präsentiert sich in *Ecce homo* viermal als der «erste Immoralist»: III, Die Unzeitgemässen 2 (319); III, Menschliches, Allzumenschliches 6 (328); IV, 2 (366); IV, 3 (367).

sen, das ist die persische Tugend. – Versteht man mich? ...»[6] Nietzsche knüpft an einen Gedanken an, den er nach *Also sprach Zarathustra* wiederholt vortrug, so daß er es bei einem Wink an den verständigen Leser bewenden lassen kann: Die christliche Moral, deren absoluter Anspruch auf die Autorität des christlichen Gottes gegründet ist, kehrt die Forderung der Gewissenhaftigkeit oder der Redlichkeit in einem historischen Prozeß der Vertiefung und Verschärfung schließlich gegen den christlichen Gott und entzieht sich im «unbedingten redlichen Atheismus» selbst die Grundlage.[7] In *Ecce homo* überspringt Nietzsche den Atheismus aus Moralität, um sich ohne Umschweife den Konsequenzen für die Moral zuzuwenden. Er spricht auch nicht von Gewissenhaftigkeit, Redlichkeit, Grausamkeit gegen sich oder intellektueller Sauberkeit, sondern konzentriert sich ganz auf die Wahrhaftigkeit, deren Doppeldeutigkeit seine Rede von Wahrheit und Lüge ausspielt. «Die Selbstüberwindung der Moral aus Wahrhaftigkeit, die Selbstüberwindung des Moralisten in seinen Gegensatz – in *mich* – das bedeutet in meinem Munde der Name Zarathustra.» Nietzsche, der Zarathustra gegen Zarathustra stellt, um das Schauspiel der Selbstüberwindung der Moral und des Moralisten aus Moralität zur Aufführung zu bringen, wird nicht bei der dialektischen Figur seines Ad-hominem-Arguments haltmachen. Er wird sowenig beim Immoralisten aus Wahrhaftigkeit stehenbleiben, wie er sich mit dem Atheisten aus Redlichkeit zufriedengeben kann.[8]

Aus der «Selbstüberwindung der Moral», die Nietzsche im Aufeinandertreffen des mythischen und des poetischen Zarathustra in Szene setzt, erhellt das grundsätzliche Nein des *Immoralisten* zur Moral als Zweck und zur sittlichen Weltordnung oder zum moralischen Gesetz im Ganzen. Um den Namen enger und schlagender mit der *Umwertung*

6 Siehe Herodot: *Historien* I, 136 und *Also sprach Zarathustra* I, 15, 5 (p. 75); cf. *Was ist Nietzsches Zarathustra?*, p. 39.

7 *Die fröhliche Wissenschaft* V, 357 (p. 600); *Zur Genealogie der Moral* III, 27 (p. 409–410); cf. *Jenseits von Gut und Böse* 55 (p. 74). Mit Rücksicht auf die angeführten und verwandte Stellen wurde Nietzsche ein «Atheismus aus Redlichkeit» zugeschrieben, d. h., seine Analyse und Kritik wurde als Konfession und Affirmation verstanden. Siehe dazu *Was ist Nietzsches Zarathustra?*, p. 78–80, 173–174, 179 und 185.

8 *EH* IV, 3 (367). Cf. *Jenseits von Gut und Böse* 32 (p. 51) und *Die fröhliche Wissenschaft* V, 344 (p. 574–577). Siehe S. 99.

zu verbinden, nimmt Nietzsche im nächsten Schritt eine unmittelbar auf die politische und philosophische Aufgabe abgestimmte Charakterisierung vor. «Im Grunde sind es zwei Verneinungen, die mein Wort *Immoralist* in sich schliesst.» Das doppelte Nein gilt einem besonderen Typus und einer besonderen Moral, die beide Gegenstand der Umwertung sind: «Ich verneine einmal einen Typus Mensch, der bisher als der höchste galt, die *Guten*, die *Wohlwollenden, Wohltäthigen*; ich verneine andrerseits eine Art Moral, welche als Moral an sich in Geltung und Herrschaft gekommen ist, – die décadence-Moral, handgreiflicher geredet, die *christliche* Moral.» Der *Immoralist* sagt Nein zum höchsten Typus der herrschenden Moral und wird so ein anderer Name für den *Umwerter*. Der Indienstnahme durch das Unterfangen der Umwertung entspricht die Einbeziehung in die Wahrheitsrhetorik des Kapitels. Denn Nietzsches Rede von Wahrheit und Lüge hält dem höchsten Typus der bisherigen Moral emphatisch entgegen, daß er die *Lüge* zur Existenzbedingung habe, und der Moral, die ihn zum herrschenden Typus machte, legt sie nicht weniger emphatisch *Weltverleumdung* zur Last. Im Licht der zwei Verneinungen erscheint der Immoralist vor allem anderen als aufrechter Streiter für die Wahrhaftigkeit. Nietzsche teilt sein doppeltes Nein auf den vierten und den sechsten Abschnitt auf. Den Typus der Guten – der Guten nach Maßgabe der christlichen Moral – unterwirft er einer zweifachen Kritik, gemessen an der Wahrheit und gemessen an der Zukunftsfähigkeit des Menschen. In Rücksicht auf die Wahrheit urteilt er, daß die «Guten» die Wirklichkeit «um jeden Preis» nicht sehen *wollen*, d. h., daß es ihnen an der erforderlichen Stärke und Tapferkeit fehle. Im Hinblick auf die Zukunft der Menschheit betont er die entwicklungshemmenden Folgen ihrer Perzeptionsverweigerung und ihres an Mitleiden und Gutmütigkeit ausgerichteten Handelns: «In der grossen Ökonomie des Ganzen sind die Furchtbarkeiten der Realität (in den Affekten, in den Begierden, im Willen zur Macht) in einem unausrechenbaren Maasse nothwendiger als jene Form des kleinen Glücks, die sogenannte ‹Güte›». Ausdrücklich beruft Nietzsche sich bei der ersten der beiden Verneinungen auf Zarathustra, der «die Guten und Gerechten» der bestehenden Ordnung, es ist kein Zweifel, scharf angreift: Sie lehrten «falsche Küsten und Sicherheiten» und opferten die Größe des Menschen dem Behagen der Gegenwart und ihrer Selbstzufriedenheit. In diesem Zusammenhang fällt zum einzigen Mal in *Ecce homo*, als Zitat, das Wort vom letzten Menschen. Zarathustra nenne «die Guten bald ‹die letzten Menschen›, bald den ‹Anfang vom Ende›».[9]

Im Zentrum des Kapitels gibt Nietzsche den Blick auf die «Art Mensch» frei, auf die das doppelte Nein der Umwertung hinaus will. Der fünfte Abschnitt liegt wie eine Insel zwischen der ersten und der zweiten Verneinung des Immoralisten.[10] Mit gleichem Recht kann man sagen, er sei der Dreh- und Angelpunkt. Es ist der letzte Abschnitt in *Ecce homo*, in dem Zarathustra auftritt, und der erste, der mit seinem Namen beginnt. Zarathustra, dem er eine dionysische Natur zugesprochen hat, dient Nietzsche beim abschließenden Aufruf als Sprachrohr der eigenen dionysischen Natur, «welche das Neinthun nicht vom Jasagen zu trennen weiss». Er nähert sich den Guten, auf die die Umwertung zielt, über das Nein zu den «Guten», die die Guten als die «Bösen» verneinen. «Zarathustra, der erste Psycholog der Guten, ist – folglich – ein Freund der Bösen. Wenn eine décadence-Art Mensch zum Rang der höchsten Art aufgestiegen ist, so konnte dies nur auf Kosten ihrer Gegensatz-Art geschehn, der starken und lebensgewissen Art Mensch.» Der «starke und lebensgewisse» Typus verweist auf keine blonde Bestie, und der «Ausnahme-Mensch», von dem Nietzsche sagt, die Guten hätten ihn «zum Bösen heruntergewerthet», bereitet keine Eloge auf Cesare Borgia vor. Die Umwertung findet ihren Niederschlag in den Namen, Bezeichnungen und Begriffen: im Guten und im Bösen, in Gott oder Teufel, in Wahrheit und Lüge. «Wenn die Verlogenheit um jeden Preis das Wort ‹Wahrheit› für ihre Optik in Anspruch nimmt, so muß der eigentlich Wahrhaftige unter den schlimmsten Namen wiederzufinden sein.» Im *eigentlich Wahrhaftigen* erreichen wir das Zentrum des Zentrums, des Kapitels wie seiner Rhetorik. Nietzsche nennt den Typus Mensch, zu dem Zarathustra Ja sagt, einen *relativ übermenschlichen Typus*, womit er die Leitfigur von Zarathustras futuristischer Doktrin in bemerkenswerter Weise abrüstet. Den Hoffnungen auf Erlösung, die der Prophet zu Beginn seiner Lehrtätigkeit mit der Verheißung des

9 *EH* IV, 4 (367–369). *Also sprach Zarathustra*, Vorrede 5, 5–25; 9, 6–8; III, 12.26, 1–13; 27, 1–3 (p. 19–20, 26, 265–267).

10 Die insulare Lage des fünften Abschnitts wird dadurch unterstrichen, daß die wichtigsten Muster der Rhetorik des vierten Kapitels in ihm ausgespart sind. Das gilt für den Gebrauch von *Formel* (Abschnitte 1 und 2), *Schicksal* (Abschnitte 2, 4, 6, 8), *Immoralist* (2, 3, 4, 6) wie für die Eröffnung *Hat man mich verstanden* (Abschnitte 7, 8 und 9).

Übermenschen weckte, gibt Nietzsche keine Nahrung. Er unterstreicht nur die Reichweite der Umwertung, wenn er bemerkt, Zarathustra verberge nicht, «dass die Guten und Gerechten seinen Übermenschen *Teufel* nennen würden», und dafür zwei einschlägige Verse anführt. Danach folgt das letzte erklärende Wort zu Zarathustra in *Ecce homo* und im Œuvre überhaupt. Es soll dem Leser begreiflich machen, «was Zarathustra *will*». Was, wohlverstanden, *der* Zarathustra will, den Nietzsche aufrufen kann, damit sich seine dionysische Natur ausspreche: «diese Art Mensch, die er concipirt, concipirt die Realität, *wie sie ist*: sie ist stark genug dazu –, sie ist ihr nicht entfremdet, entrückt, sie ist *sie selbst*, sie hat all deren Furchtbares und Fragwürdiges auch noch in sich, *damit erst kann der Mensch Grösse haben …*» Der Mensch, der die Welt erkennt, wie sie ist, der über die Stärke verfügt, die Wahrheit zu ertragen, ist der «eigentlich Wahrhaftige». Er genügt dem «Werthmesser», den Nietzsche im Vorwort von *Ecce homo* angibt, im höchsten Grade. In *Also sprach Zarathustra* heißt er der Erkennende. Nietzsche nennt ihn für gewöhnlich den Philosophen.[11]

Nach der Evokation der Größe, die den Wahrhaftigen auch den Vornehmen anempfiehlt, kehrt Nietzsche zum Immoralisten und zum Schicksal zurück. Er kommt nicht nur, wie angekündigt, auf die zweite Verneinung, das Nein zur christlichen Moral zu sprechen, die oder deren «Ideal» er, den *Antichrist* vorwegnehmend, als «Gifthauch» der Weltverleumdung brandmarkt. Vielmehr verbindet er sein Nein mit einer Folge von Behauptungen der Einmaligkeit und Erstmaligkeit, von denen er weiß, daß sie nicht der Wahrheit entsprechen: Seine Verneinung der christlichen Moral berechtige ihn, den Namen *Immoralist* stolz als Ehrenzeichen zu tragen, das ihn «gegen die ganze Menschheit abhebt». «Niemand noch hat die *christliche* Moral als *unter* sich gefühlt». Keiner vermochte eine solche Höhe zu erreichen? «Die christliche Moral war bisher die Circe aller Denker». Keiner wußte sich ihres Zaubers zu erwehren? Niemand vor ihm sei in die Höhlen hinabgestiegen, in denen das christliche und verwandte Ideale ihren Ort haben. «Wer hat auch nur zu ahnen gewagt, *dass* es Höhlen sind?» Keiner seit Platon? «Wer war überhaupt vor mir unter den Philosophen *Psycholog* und nicht vielmehr dessen Gegensatz ‹höherer Schwindler›, ‹Idealist›? Es gab vor mir noch gar keine Psychologie.» Der erste Immoralist ist

11 *EH* IV, 5 (369); IV, 2 (366); Vorwort 3, 3 (259).

auch der erste Psychologe. Und er ist der erste Philosoph, der Philosoph genannt zu werden verdient.[12] Soviel Einzigkeit und Erstmaligkeit wird zu einem *Schicksal*. Ein Schicksal diesmal nicht für andere, sondern für den Immoralisten selbst: «*denn man verachtet auch als der Erste ...*» Die Verachtung gilt offenbar dem, was der Immoralist erkennt, und denen vor ihm, die nicht an seine Erkenntnis heranreichten. Ob der Kleinheit des Menschen stellt sich schließlich Ekel ein. «Der *Ekel* am Menschen ist meine Gefahr ...» Es fällt nicht schwer zu erkennen, daß Nietzsche nicht nur von der Erkenntnis seiner philosophischen Vorgänger abstrahiert, sondern desgleichen von seiner eigenen philosophischen Einsicht.[13]

Weshalb dieses Absehen und Ausblenden? Wozu all die Übertreibungen und Entstellungen? Warum redet der Philosoph wie ein Politiker? Nietzsche eröffnet die letzten drei Abschnitte des Buchs gleichlautend mit der Frage: «Hat man mich verstanden?» Auf welches Verständnis will der Autor hinaus? Und wie stimmt das Bild, mit dem er die Leser am Ende entläßt, mit dem Aufruf zusammen «Verwechselt mich vor Allem nicht!», der am Anfang stand? Obgleich Nietzsche im abschließenden Kapitel zweimal mit Formeln aufwartet, um die Bedeutung seiner Aufgabe faßlich zu machen, und viermal unter einem Namen auftritt, der seine Besonderheit markieren soll, hält er es offenbar für nötig, das rechte Verständnis noch dreimal anzumahnen und ihm in einem weiteren Anlauf aufzuhelfen. Er konzentriert alle Aufmerksamkeit auf Eine Kritik, Einen Kampf, Eine Entscheidung. «Was mich abgrenzt, was mich bei Seite stellt gegen den ganzen Rest der Menschheit, das ist, die christliche Moral *entdeckt* zu haben. Deshalb war ich eines Worts bedürftig, das den Sinn einer Herausforderung an Jedermann enthält.» Nietzsche knüpft zu Beginn des siebten Abschnitts an den abstrahierenden Tenor des sechsten an und verstärkt ihn. Wenn ein Philosoph von Jedermann verstanden werden soll, muß er wie ein Politiker reden. Wenn er alle erreichen will, stellt er das, was für ihn das Wichtigste ist, zurück. Nietzsche ist sich bewußt, daß das, was ihn bestimmt und auszeichnet, nicht in der Entdeckung der christlichen Moral aufgeht. Aber die Enthüllung des Christentums kann zu einem historischen Ereignis

12 Siehe dagegen *Jenseits von Gut und Böse* 23 (p. 39). Beachte S. 95–96.

13 *EH* IV, 6 (370–371). Siehe I, 8 (276) und II, 9–10 (295–297) sowie S. 51 und 72–74. Beachte S. 149, Anm. 44.

für die Menschheit werden.[14] Der Hinweis, den er zum Namen *Immoralist* gibt, daß das Wort als Herausforderung an Jedermann gedacht sei, gilt um so mehr für die beiden Titel der Dyade, *Ecce homo* und *Der Antichrist*. Die politische Rede, die die Kräfte sammeln und auf die Entscheidung ausrichten soll, läßt keinen Zweifel daran, wer der Feind ist. Und sie bedient sich aller Register der Anklage und des moralischen Urteils. Daß andere vor ihm die Augen «nicht aufgemacht» und das Christentum nicht als das gesehen haben, was es ist, nennt Nietzsche «die grösste Unsauberkeit, die die Menschheit auf dem Gewissen hat». Es gilt ihm «als Instinkt gewordner Selbstbetrug, als grundsätzlicher Wille, jedes Geschehen, jede Ursächlichkeit, jede Wirklichkeit *nicht* zu sehen, als Falschmünzerei in psychologicis bis zum Verbrechen.» Mehr noch: «Die Blindheit vor dem Christenthum ist das *Verbrechen* par excellence – das Verbrechen *am Leben* …» Über diesen Urteilsspruch kann Nietzsche schlechterdings nicht hinausgehen. Wenn er fortfährt, die «Jahrtausende, die Völker, die Ersten und die Letzten, die Philosophen

14 Im 18. Jahrhundert erregte Paul Thiry d'Holbachs *Le christianisme dévoilé ou Examen des principes et des effets de la religion chrétienne* (1766) Aufsehen. Die entschiedene Kritik des Christentums, die d'Holbach unter falschem Namen und mit irreführenden Angaben (Par feu M. Boulanger, à Londres 1756) veröffentlichte, wurde unmittelbar nach Erscheinen verboten und durch den Scharfrichter öffentlich verbrannt. Gleichwohl erfuhr sie – als Verfasser vermutete man neben anderen zunächst Voltaire – in einer Reihe von Nachdrucken weite Verbreitung. Dagegen erreichte im 19. Jahrhundert Bruno Bauers *Das entdeckte Christentum* (Zürich und Winterthur 1843) die Öffentlichkeit nicht, da die Schrift vor der Auslieferung von der Polizei beschlagnahmt wurde. Nur wenige Exemplare blieben erhalten, eines gelangte zu Karl Marx. (Die Erstveröffentlichung besorgte Ernst Barnikol: *Das entdeckte Christentum im Vormärz. Bruno Bauers Kampf gegen Religion und Christentum und Erstausgabe seiner Kampfschrift*. Jena 1927.) Bruno Bauer, dessen letzte beiden Bücher 1880 und 1882 im Verlag von Ernst Schmeitzner herauskamen, in dem bis 1884 Nietzsches Schriften erschienen, nennt Nietzsche in *Ecce homo* «einen meiner aufmerksamsten Leser» (III, Die Unzeitgemässen 2, 317). D'Holbach veröffentlichte 1770 bei Marc-Michel Rey in Amsterdam eine weitere vehemente Polemik gegen das Christentum, diesmal anonym und ohne Angabe von Ort und Jahr. Auf dem Titelblatt stand in großen Lettern ECCE HOMO zu lesen: *Histoire critique de Jésus-Christ, ou, Analyse raisonnée des Evangiles. Ecce Homo.* Auch dieses Buch d'Holbachs erlebte mehrere Neuauflagen und Raubdrucke. Weder d'Holbach noch Bauer machten die christliche *Moral* zum Gegenstand ihrer Kritik. Zu Nietzsches scharfer Abgrenzung von den libres penseurs beachte S. 99 mit Anm. 21.

und die alten Weiber» seien in der Blindheit vor dem Christentum «alle einander würdig», scheint er nur die Behauptung der Einzigkeit und Erstmaligkeit des vorangegangenen Abschnitts wiederholen zu wollen. Tatsächlich jedoch unterläuft er ebenjene Behauptung, denn er fügt jetzt in Parenthese die entscheidende Korrektur ein: «fünf, sechs Augenblicke der Geschichte abgerechnet, mich als siebenten». Abermals gibt Nietzsche im Vorübergehen und an einer Stelle, an der es am wenigsten zu erwarten wäre, zu verstehen, daß er sich nicht im Sinne des Historismus begreift und keinen privilegierten geschichtlichen Augenblick der Erkenntnis beansprucht. Zugleich bedeutet er dem vorzüglichen Adressaten, daß er sich über die Übertreibungen und Entstellungen seiner Rede im klaren ist. Entsprechend nennt er die christliche Moral im Anschluß nicht mehr «die Circe aller Denker», sondern statt dessen «die eigentliche Circe der Menschheit».[15]

Die christliche Moral figuriert in Nietzsches Rede von Wahrheit und Lüge als die «bösartigste Form des Willens zur Lüge». Sie habe die Menschheit verdorben. Der Autor bekundet sein Entsetzen über den «Mangel an Natur» und heischt nach dem Entsetzen der Leser über den «vollkommen schauerlichen Thatbestand, dass die *Widernatur* selbst als Moral die höchsten Ehren empfieng und als Gesetz, als kategorischer Imperativ, über der Menschheit hängen blieb!» Der Angriff auf die christliche Moral gilt der gesamten «Entselbstungs-Moral» bis in ihre sublimsten Konstruktionen und Applikationen, insonderheit die Kants. Der Katalog der Verfehlungen und Verkehrungen, die Nietzsche der zur Moral erhobenen «Widernatur» vorhält, lautet: Verachtung der «allerersten Instinkte des Lebens»; Ausspielen einer «Seele», Erfindung eines «Geistes» zum Schaden des Leibes; Herabwürdigung der Geschlechtlichkeit, der Voraussetzung des Lebens selbst, zu etwas Unreinem; Erklärung der «*strengen* Selbstsucht (– das Wort schon ist verleumderisch! –)» zum bösen Prinzip; Erhöhung des «typischen Abzeichens des Niedergangs», des Selbstlosen, des Verlusts an Schwergewicht, der Entpersönlichung und Nächstenliebe zum «Werth an sich». Da Nietzsche nicht einem Einzelnen oder einem Volk, sondern der *Menschheit* zur Last legt, sich in der christlichen Moral und allem, was daraus folgt, vergriffen zu haben, mündet der Katalog in die Frage: «Wie! wäre die Menschheit selber in décadence? war sie es immer?» Die Rede ist offen-

15 *EH* IV, 7, 1–2 (371–372). Siehe S. 96.

bar in einen Engpaß geraten. Was besagt die Diagnose der Décadence, wenn sie für die Menschheit von jeher gelten sollte? Und wie ist zu erklären, daß die «Entselbstungs-Moral» die Oberhand gewann, obschon sie einen «Willen zum Ende» verrät? Nietzsche muß eine Unterscheidung vornehmen. Er versichert, es stehe fest, daß der Menschheit «nur Décadence-Werthe als oberste Werthe *gelehrt* worden sind». Wenn die Entselbstungs-Moral, die «im untersten Grunde» das Leben verneint, die «einzige Moral» ist, die bisher Gegenstand der Lehre war, werden die Lehrer zum vorrangigen Ziel der Kritik. Die Wendung der Rede eröffnet die Möglichkeit, die Menschheit als nicht schon immer «in décadence» annehmen zu müssen, sondern die Décadence einer «parasitischen Art Mensch» als deren Werk zuzuordnen. Der Ausweg aus dem Engpaß ist eine Agenten-Theorie der Moral. In ihr steht die Frage nach den Absichten, den Interessen und der Natur der Agenten im Zentrum. «Und in der That, das ist *meine* Einsicht: die Lehrer, die Führer der Menschheit, Theologen insgesammt, waren insgesammt auch décadents: *daher* die Umwerthung aller Werthe ins Lebensfeindliche, *daher* die Moral ...» So gipfelt die Rede von Wahrheit und Lüge im Angriff auf die Priester, die in der christlichen Moral ihr «Mittel zur *Macht*» errieten und die die «Hinterabsicht» verfolgten, sich am Leben zu rächen.[16]

Der Angriff auf die Priester gibt dem politischen Schluß eine für Jedermann einprägsame Stoßrichtung. Die Konzentration auf die besondere «Art Mensch», die die «Entselbstungs-Moral» lehrte und durchsetzte, hat zwei weitere Vorzüge für Nietzsches Rede. Zum einen erlaubt sie, dem Leser die «Umwerthung aller Werthe ins Lebensfeindliche» als ein distinktes Unternehmen vor Augen zu stellen, das ein ebenso distinktes Unternehmen als Antwort verlangt. Zum anderen unterstreicht sie nachdrücklich, daß mit der Umwertung in Frage steht, welcher Typus herrschen soll oder durch sie am meisten gefördert wird. Im Zentrum der neinsagenden Triade hat Nietzsche die drei Abhandlungen der *Genealogie der Moral* der Vorgeschichte der Umwertung zugewiesen: «Man hat mich verstanden. Drei entscheidende Vorarbeiten eines Psychologen für eine Umwerthung aller Werthe.» Am Ende des Buchs bezieht er sich auf die Umwertung als ein Faktum und schält den allgemein faßlichen Kern, die Kritik der christlichen Umwertung, heraus: «Die *Entdeckung* der christlichen Moral ist ein Ereigniss, das nicht seines Gleichen hat,

16 *EH* IV, 7, 2–4 (372–373).

eine wirkliche Katastrophe. Wer über sie aufklärt, ist eine force majeure, ein Schicksal, – er bricht die Geschichte der Menschheit in zwei Stücke. Man lebt *vor* ihm, man lebt *nach* ihm ...» Nietzsche tritt als ein anderer Napoleon auf. Ein Über-Napoleon, der den christlichen Äon beendet. Er spricht nicht mit der Stimme des Gesetzgebers, sondern mit der des Aufklärers, der über die alte Umwertung und ihren universalen Anspruch den Sieg davonträgt, indem er die Wahrheit aufrichtet. Da er auf die Vollendung des *Antichrist* am 30. September 1888 zurückschauen kann, spricht er im Imperfekt: «Der Blitz der Wahrheit traf gerade das, was bisher am Höchsten stand: wer begreift, *was* da vernichtet wurde, mag zusehn, ob er überhaupt noch Etwas in den Händen hat. Alles, was bisher ‹Wahrheit› hiess, ist als die schädlichste, tückischste, unterirdischste Form der Lüge erkannt». Der Rest folgt daraus. Das Schicksal, das Nietzsche *ist*, gibt das Gebäude der christlichen Umwertung der Zerstörung preis. Angefangen beim christlichen Gott, über die Begriffe des Jenseits, der unsterblichen Seele, der Erlösung, der Sünde und des Selbstlosen, bis zum Ideal des guten Menschen – einem Ideal, das aus dem Widerspruch gegen den «stolzen und wohlgerathenen, gegen den jasagenden, gegen den zukunftsgewissen, zukunftverbürgenden Menschen gemacht» sei. Nietzsche zeichnet ein letztes Mal, das früher Gesagte gedrängt wiederholend, das Bild der *Widernatur* und versieht es mit Voltaires Schlachtruf als Unterschrift: *Ecrasez l'infâme!*[17]

«Hat man mich verstanden?» Auf die vier Worte, mit denen Nietzsche jeden der drei abschließenden Abschnitte beginnt, folgen im Fall des letzten Abschnitts nur noch die vier Worte: «*Dionysos gegen den Gekreuzigten ...*» Gibt der siebte Abschnitt bis zu einem gewissen Grade eine Erläuterung der Formel, die der erste Abschnitt des Kapitels einführt, und liefert der achte eine Art Kommentar zur zweiten Formel, die der zweite Abschnitt enthält, so besteht die Antwort des neunten selbst in einer Formel. Die dritte Formel, die Nietzsche nicht Formel nennt, ist Conclusio, Enigma und Finis operis in einem. In epigrammatischer Schärfe faßt sie die politische Botschaft des vierten Kapitels zusammen: Die Umwertung aller Werte ins Lebensdienliche soll die Umwertung aller Werte ins Lebensfeindliche überwinden. Eine neue Ordnung soll an die Stelle der alten Ordnung treten. Die Anhänger des Dionysos sollen

17 *EH* IV, 8 (373–374). III, Genealogie der Moral 1, 4 (353). Cf. III, Der Fall Wagner 2, 6 (360) und 4, 4 (364).

den Sieg über die Nachfolger des Gekreuzigten erringen. Die letzten vier Worte verweisen zurück auf Nietzsches Aufgabe. Sie kündigen die Forderung an, mit der er sich «über Kurzem» an die Menschheit wenden wird. Und als Echo des Titels, der ersten beiden Worte des Buchs, rufen sie dem Leser zu: Sieh auf Dionysos statt auf den Gekreuzigten. Der Gekreuzigte wird in *Ecce homo* nur hier erwähnt. Jesus tritt nirgendwo namentlich in Erscheinung. Christus kommt einzig im Modus der Verneinung vor, an der Einen Stelle, an der Nietzsche von sich sagt: «ich bin der Antichrist». Ganz anders Dionysos. In seinem Fall handelt es sich um die zehnte Erwähnung. Bei der ersten spricht Nietzsche vom Philosophen Dionysos, bei der siebten und achten nennt er ihn einen Gott. Wir müssen uns fragen, was der Auftritt des Philosophen, der ein Gott sein soll, zu bedeuten hat. Denn auch als Nietzsche den Philosophen Dionysos in sein Œuvre einführte, hieß er ihn emphatisch einen Gott.[18] Versuchen wir es mit dieser vorläufigen Antwort: Offenbar legt Nietzsche Wert darauf, daß der Gott im Unterschied zur notwendigerweise namenlosen Wahrheit nicht ohne Namen bleibt. Daß er, abweichend von einer langen philosophischen Tradition, nicht als reiner Geist vorgestellt wird, der ohne Leib ein asketisches Schattendasein im Hades führt. Daß er nicht ohne Liebe und Leidenschaft, nicht frei von Lust und Schmerz gedacht wird. In Nietzsches Theologie heißt ein Gott das vollkommenste Wesen, das eine Person ist, lebendig und nicht unsterblich, das Ganze in Freud und Leid bejahend, Erkenntnis verlangend und zur Einsicht befähigt.[19] Die letzten vier Worte stellen einen Gott, der ein Philosoph ist, gegen den Gekreuzigten. Die Frage, was ein Philosoph sei, verhandelt der *Antichrist*.[20]

Warum ich ein Schicksal bin ist ein im doppelten Sinn exzentrisches Kapitel. Exzentrisch ist seine Rhetorik, exzentrisch ist seine Position

18 *Jenseits von Gut und Böse* 295 (p. 238–239). Siehe S. 82–83.

19 Mit dem Gott und Philosophen Dionysos zieht Nietzsche Konsequenzen aus seiner Kritik der Theologien von Platon, Aristoteles und Epikur. Er unterscheidet sich aber nicht minder von Machiavellis Theologie der Fortuna. Cf. Nachgelassene Fragmente Frühjahr 1884 25 [17], *KSA* 11, p. 16 sowie Nachgelassene Fragmente Sommer 1883 8 [15], *KSA* 10, p. 340 und siehe *Politische Philosophie und die Herausforderung der Offenbarungsreligion*, p. 93–99 und 110–111 mit n. 108.

20 IV, 9 (374). III, 2 (302). Siehe S. 39, 78, 134–135. – Ob der Satz *Nemo contra deum nisi deus ipse* in den letzten vier Worten von *Ecce homo* zur Anwendung kommt, ist zweifelhaft.

innerhalb der Dyade. Das schrillste der vier Kapitel, das mit *Ich* beginnt und mit dem *Gekreuzigten* endet, in dem der Autor als Ritter der Wahrhaftigkeit auftritt und als Immoralist spricht und das am Schluß nicht weniger als eine neue Zeitrechnung für die Menschheit verkündet, bildet die letzte und höchste Hürde des rhetorischen Parcours, den Nietzsche für die Verhandlung des philosophischen Lebens abgesteckt hat. Nietzsche bedient sich in *Ecce homo* einer ähnlich prohibitiven Zurüstung wie Rousseau sie in *Les rêveries du Promeneur Solitaire* aufbietet, die gleichfalls das philosophische Leben zu ihrem Gegenstand haben. Die Rhetorik des letzten Buchs von Rousseau ist nicht weniger exzentrisch als die des letzten Buchs von Nietzsche. Aber die beiden Autoren wählen höchst unterschiedliche Strategien, um den Zugang zum Kern ihrer Schrift zu erschweren und zu schützen, was ihnen selbst das Wichtigste ist. Während Rousseau für die Rhetorik der politischen Harmlosigkeit optiert, entscheidet Nietzsche sich für die Rhetorik der politischen Anstößigkeit. Imaginiert Rousseau vom ersten Satz an, allein auf der Welt zu sein und sich zum einzigen Leser zu haben, prätendiert Nietzsche in immer neuen Anläufen, sich der Menschheit zuzuwenden und ihr eine frohe Botschaft zu bringen. Gibt Rousseau vor, sich dem «köstlichen *far niente*» zu überlassen, erweckt Nietzsche den Eindruck, sich ganz in den Dienst der Umwertung aller Werte zu stellen. Der eine Wanderer zeigt sich mit Herbarium und Lupe beim Bestimmen von Pflanzen, der andere wirft sich die Toga des zukünftigen Gesetzgebers über, der eherne Tafeln bei sich trägt. Beide kehren, mit einem Wort, nach Kräften den Nichtphilosophen heraus, Nietzsche vor allem im letzten Kapitel. Die abweichende Ausrichtung und Lautstärke ihrer Rede – wo Rousseau gewillt erscheint, sein Denken gleichsam in flüchtigen *Träumereien* entschweben zu lassen, fordert Nietzsche für das seine mit größtem Nachdruck Beachtung und warnt zugleich vor ihm, indem er von *Dynamit* spricht – erklären sich nicht allein, aber auch aus der höchst unterschiedlichen Situation, in der beide ihr Buch jeweils schreiben: Rousseau ist der führende politische Theoretiker und einer der berühmtesten Autoren der Zeit. Seine Schriften werden unmittelbar nach Erscheinen in ganz Europa gelesen und erörtert. Er steht seit einem Vierteljahrhundert im Sturm zahlreicher Kontroversen, hat eine Flut von Gegenschriften auf sich gezogen und war gleich in mehreren Staaten politischer und religiöser Verfolgung ausgesetzt. Obwohl er nicht weniger zurückgezogen lebt als Nietzsche ein Jahrhundert nach ihm, ist er eine öffentliche Person. Bürger und Politiker ersuchen ihn um Interventionen und um Verfassungsentwürfe für ihre Gemeinwesen. Wissenschaftler und Komponisten tauschen sich mit ihm aus. Besorgte Mütter und junge Leser bitten ihn um Rat. Nietzsche braucht sich des Interesses der Öffentlichkeit nicht zu erwehren. Er muß es allererst wecken. Seine Bücher verkaufen sich schlecht. Seit dem verlegerischen Fehlschlag des *Zarathustra* kann er sie nur noch auf eigene Kosten veröffentlichen. Er ist der Geheimtip einiger weniger. Die exzentrische Rhetorik hat bewirkt, daß Rousseaus letztes Buch und Nietzsches letztes Buch mit dem zugehörigen Zwillingstitel über mehr als ein bzw. zwei Jahrhunderte die am wenigsten verstandenen Bücher der beiden Philosophen geblieben sind. Die Strategie, die der in politischen Dingen sehr viel kundigere Citoyen de Genève wählte, stellte indes sicher, daß die *Rêveries* allenfalls als die Herzensergießung eines Verfolgten aufgenommen oder für bloße Literatur gehalten wurden, wogegen die Geste des Sprengmeisters Unbefugte ermutigte, *Ecce homo* nach Belieben als Steinbruch zu nutzen, und gewiß nicht verhinderte, daß politischer Unfug mit ihm getrieben wurde.

Anders als Rousseau, der darauf achtet, daß die *Rêveries* ihren Ort außerhalb des Œuvre haben – das Œuvre, mit dem er sich an die Menschheit wendet, ist mit den *Dialogues, Rousseau juge de Jean-Jacques*, vollständig und abgeschlossen –, macht Nietzsche sein Buch über das philosophische Leben zu einem integralen Bestandteil des Œuvre. Daraus resultiert die exzentrische Stellung des vierten Kapitels von *Ecce homo*. *Ecce homo* soll die *Umwerthung*, d. h. den *Antichrist* vorbereiten. Das Buch, das Auskunft darüber gibt, wie Nietzsche wurde, was er ist, steht erklärtermaßen im Dienst von Nietzsches Aufgabe. Die Aufgabe ist aber nicht nur die zentrale Bestimmung in Nietzsches Verhandlung des Werdens zu sich und in eins damit unverzichtbar für seine Darstellung des philosophischen Lebens. Auch ihr Abschluß ist Teil der Verhandlung und der Darstellung. Nietzsche konstatiert die Vollendung der Umwertung, bevor das letzte Kapitel beginnt. Folgerichtig genug ist das vierte das einzige Kapitel, in dem der Leitbegriff von *Ecce homo*, Nietzsches Aufgabe, nicht mehr vorkommt.[21] *Warum ich ein Schicksal bin*

21 Im vierten Kapitel ist zweimal von *Aufgabe*, aber nicht mehr von der Aufgabe Nietzsches die Rede. In IV, 1 erklärt der «frohe Botschafter», er kenne «Aufgaben von einer Höhe, dass der Begriff dafür bisher gefehlt hat; erst von mir an giebt es wieder Hoffnungen». Nietzsche bringt Aufgaben und Hoffnungen *für andere*. In

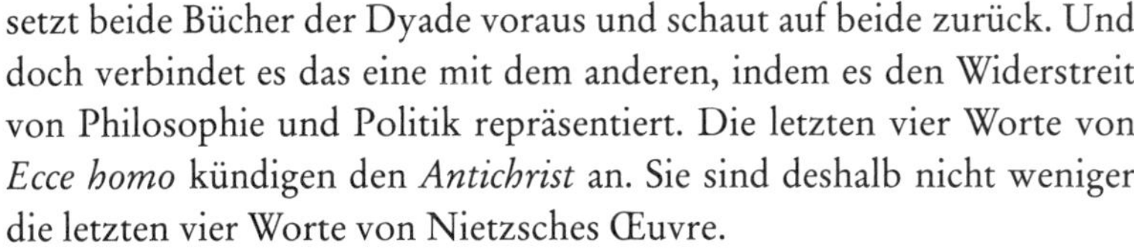

setzt beide Bücher der Dyade voraus und schaut auf beide zurück. Und doch verbindet es das eine mit dem anderen, indem es den Widerstreit von Philosophie und Politik repräsentiert. Die letzten vier Worte von *Ecce homo* kündigen den *Antichrist* an. Sie sind deshalb nicht weniger die letzten vier Worte von Nietzsches Œuvre.

IV, 8 hält Nietzsche dem Christentum entgegen, den Begriff des Jenseits bzw. der wahren Welt erfunden zu haben, «um die *einzige* Welt zu entwerthen, die es giebt, – um kein Ziel, keine Vernunft, keine Aufgabe für unsre Erden-Realität übrig zu behalten!» Wenn wir die einzige Verwendung der Verneinung, *keine* Aufgabe, nicht mitzählen, kommt die *Aufgabe* in den 72 Abschnitten von *Ecce homo* 36mal vor.

ZWEITES BUCH

Natur und Politik II

Der Antichrist
Fluch auf das Christenthum

I

Freunde

Der Antichrist, der in *Ecce homo* verschwiegene Name der *Umwerthung aller Werthe*, ist der polemischste Titel in Nietzsches Œuvre. Nietzsche hätte die Schrift im Untertitel mit beinahe ebensoviel Grund *Ein Buch für meine Freunde* nennen können, wie er dies in einer verwandten Formulierung bei *Ecce homo* erwog. Durch den Zusatz *Fluch auf das Christenthum* verdoppelt er den polemischen Auftritt. Haupt- und Untertitel markieren dieselbe Gegenstellung.[1] Ohne den wahren Namen der *Umwerthung* zu enthüllen, bereitet Nietzsche den Leser in *Ecce homo* auf den Titel vor, wenn er von sich sagt: «ich bin der Antichrist». Am selben Ort macht er darauf aufmerksam, daß der Titel zweideutig ist. Er bezeichnet sowohl denjenigen, der gegen Christus, als auch den, der gegen den Christen auftritt. Im zweiten Sinn ist im *Antichrist* von «Antichristen» im Plural die Rede.[2] In der ersten Bedeutung kann der *Antichrist* wiederum zweierlei besagen. Zum einen verweist der Titel auf den, der sich grundsätzlich, in seiner Haltung zur Welt, in seinem Selbstverständnis, in seinem Ja und Nein, von Christus unter-

1 Siehe Erstes Buch, Kapitel I, Anm. 17. Der Titel *Der Antichrist* stand spätestens einen Monat vor Beginn der Arbeit an *Ecce homo* fest. Am 14. September 1888 schreibt Nietzsche an Franz Overbeck, das Buch heiße «unter uns gesagt ‹der Antichrist›» und er wolle «schwören, daß Alles, was je zur Kritik des Christenthums gedacht und gesagt worden, eitel Kinderei dagegen ist» (*KGB* III 5, p. 434). Siehe auch die Erwähnung des Titels in einem Brief vom 7. September 1888 an Meta von Salis (*KGB* III 5, p. 411). Als Untertitel sah Nietzsche im Manuskript *Umwerthung aller Werthe* und *Versuch einer Kritik des Christenthums* vor, um sich schließlich für *Fluch auf das Christenthum* zu entscheiden. Cf. S. 17, Anm. 2.

2 *EH* III, 2 (302); siehe S. 78. Zu den «Antichristen» siehe *AC* 38 (211); cf. *AC* 47 (226) und *Götzen-Dämmerung*, Moral als Widernatur 3 (p. 84). – Wenn hier und an anderen Stellen auf *Ecce homo* als der dem *Antichrist* vorausgehenden Schrift Bezug genommen wird, geschieht dies aus der Perspektive des Lesers, der nach Nietzsches erklärtem Willen *Ecce homo* kennen soll, bevor er den *Antichrist* kennenlernt. Die Reihenfolge, in der die beiden Bücher zu lesen sind, entspricht nicht der Reihenfolge, in der sie geschrieben wurden. Siehe S. 16–17.

schieden weiß. Zum anderen nimmt er die Bestimmung des Feindes auf, die das Christentum mit dem Namen verbindet. Nietzsche spielt mit einer Figur, die wie keine andere den eschatologischen Ernst einer langen, bis auf Paulus zurückreichenden Tradition in sich versammelt: Der Antichrist als der Widersacher, der der Wiederkunft Christi am Ende der Geschichte unmittelbar vorausgeht; der Alte Feind, mit dem der letzte Kampf ausgefochten werden muß; die Macht, die den Menschen mit der wichtigsten aller Entscheidungen konfrontiert: ob er für oder ob er gegen Christus Partei ergreift. Nietzsche bezieht sich auf diese Tradition, in der gläubige Christen seit Jahrhunderten, in Erwartung gespannt, nach dem Antichrist Ausschau halten, ohne ihn im voraus benennen zu können, da der Ratschluß der göttlichen Vorsehung unerforschlich ist, wenn er in der Vorrede zur Neuausgabe der *Geburt der Tragödie* 1886 die Frage einflicht: «wer wüsste den rechten Namen des Antichrist?» Aber entgegen der eschatologischen Mutmaßungen der Gläubigen bestreitet er nicht, der Antichrist zu sein. Er unternimmt keine Anstrengungen, die Lehre Christi nachzuahmen. Er macht sich auch nicht die Parole *pax et securitas* zu eigen, die die christliche Überlieferung dem Meister der List und Verstellung zuschreibt. Vielmehr fordert er bereits in *Jenseits von Gut und Böse* offen und unumwunden eine «Philosophie des Antichrist» ein, die, wie er nicht unerwähnt läßt, der entsprechenden Tiefe und Ursprünglichkeit bedarf. Mit dem Titel *Der Antichrist* nimmt Nietzsche für sich in Anspruch, der Forderung zu genügen.[3]

Im scharfen Kontrast zur Ankündigung im ersten Satz von *Ecce homo*, «über Kurzem mit der schwersten Forderung an die Menschheit herantreten» zu müssen, «die je an sie gestellt wurde», hält Nietzsche im ersten Satz von *Der Antichrist* fest: «Dies Buch gehört den Wenigsten». Das größtmögliche Auditorium, das *Ecce homo* für die *Umwerthung* in Aussicht nimmt und das der Untertitel *Fluch auf das Christenthum* ins Auge faßt, schränkt die Eröffnung des Vorworts auf den Kreis derer ein, denen die Philosophie des Antichrist zugänglich ist. Die Wenigsten dür-

3 *Die Geburt der Tragödie*, Versuch einer Selbstkritik 5 (p. 19). *Jenseits von Gut und Böse* 256 (p. 203). Paulus: *1. Thessalonicher* V, 3; cf. *2. Thessalonicher* II, 5–6. *1. Johannes* II, 18 und 22 sowie IV, 3; *2. Johannes* 7. Weitere Hinweise zur christlichen Tradition der Antichrist-Erwartung geben meine Schriften *Carl Schmitt, Leo Strauss und «Der Begriff des Politischen». Zu einem Dialog unter Abwesenden.* Stuttgart 1988, 3. Auflage 2013, p. 55–56, 63–64, und *Die Lehre Carl Schmitts*, p. 45–47, 168, 206–208, 246–250.

fen sich auf den *Antichrist* berufen. Die Wenigsten können von sich sagen, es sei ihr Buch. Die Wenigsten werden es verstehen. Nur für die Wenigsten wird es ein Geschenk sein. «Vielleicht lebt selbst noch Keiner von ihnen.» Die Adressaten sind die Zukünftigen, die zu verstehen wissen. Ihre Zahl ist unbestimmt, aber in jedem Fall größer als die derjenigen, die in der Gegenwart Zugang zum *Antichrist* finden. «Es mögen die sein, welche meinen Zarathustra verstehn: wie *dürfte* ich mich mit denen verwechseln, für welche heute schon Ohren wachsen?» Wer das *Buch für Alle und Keinen* für sich aufzuschließen weiß, erfüllt am ehesten die Voraussetzungen, um sich auch dieses Buch anzueignen, das den Wenigsten zugedacht ist. Er wird nicht zuletzt imstande sein zu begreifen, aus welchem Grund und zu welchem Zweck der Autor des *Zarathustra*, in dem Jesus als einziger Mensch außer Zarathustra, Ein Mal, beim Namen genannt wird, den *Antichrist* schrieb und schreiben mußte. Sowenig es jemandem freisteht, «für Zarathustra Ohren zu haben», sowenig steht ihm dies für Nietzsche frei, der im *Antichrist* selbst das Wort ergreift. Im einen wie im anderen Fall muß der Leser für das Buch geschaffen sein. Nietzsche setzt hinzu: «Erst das Übermorgen gehört mir. Einige werden posthum geboren.» Nietzsche gehört das Übermorgen, da er erst dann erwarten kann, die Leser zu finden, die sein Buch als Geschenk annehmen, indem sie es verstehen. *Der Antichrist* verbindet Nietzsches Gehören mit jenem der Wenigsten: Das Buch gehört den Wenigsten, und vermittels ihrer gehört Nietzsche die Zukunft. Mit der postumen Geburt steht Nietzsche indes, wie er den Leser nicht nur hier wissen läßt, keineswegs allein. Seit den *Unzeitgemässen Betrachtungen* hat er hervorgehoben, daß die Philosophen die Stiefkinder ihrer Zeit sind.[4]

Nietzsche versichert, er kenne die Bedingungen, unter denen man ihn versteht, «und dann *mit Nothwendigkeit* versteht», «nur zu genau». Er kann sie im einzelnen benennen – worauf er zehn Sätze verwendet –, weil er ihnen selbst entspricht, weil es *seine* Bedingungen sind. Das notwendige Verstehen von Autor und Leser gründet in der Begegnung verwandter Naturen. Die Spitze des Katalogs nimmt die Tugend der Redlichkeit oder die Fähigkeit zur Grausamkeit gegen sich selbst ein:

4 *AC* Vorwort, 1, 1–2 (167). *EH* Vorwort, 1 und 4, 2; III, 1, 2–3 (257, 260, 298); siehe S. 28 und 76–77. Cf. *Schopenhauer als Erzieher* 3, 9 (p. 362); *Jenseits von Gut und Böse* 212 (p. 145–147).

[1] «Man muss rechtschaffen sein in geistigen Dingen bis zur Härte, um auch nur meinen Ernst, meine Leidenschaft auszuhalten.» Treffen im ersten Punkt noch Christ und Antichrist aufeinander, so beginnen sich ihre Wege vom zweiten an zu trennen, der das Pathos der Distanz in Erinnerung ruft und auf die Einsamkeit im Zentrum der Aufstellung vorausweist: [2] «Man muss geübt sein, auf Bergen zu leben – das erbärmliche Zeitgeschwätz von Politik und Völker-Selbstsucht *unter* sich zu sehn.» Die dritte Bedingung, die habituelle Praxis, sich der Wahrheit auszusetzen, einerlei ob sie zum Nutzen gereicht oder ob sie einem zum Verhängnis wird [3], erfährt ihre historische Pointierung in der drittletzten Bestimmung, einem «neuen Gewissen» für «bisher stumm gebliebene Wahrheiten» [8]. Die radikale, allgemeine und besondere Ausrichtung an der Wahrheit faßt und schließt die vier mittleren Vorgaben des Katalogs ein. Der vierte Satz umspielt in drei Teilen, zwischen Courage und Fatum, das Nitimur in vetitum aus dem Vorwort von *Ecce homo*: [4] «Eine Vorliebe der Stärke für Fragen, zu denen Niemand heute den Muth hat; der Muth zum *Verbotenen*; die Vorherbestimmung zum Labyrinth.» Die Sätze fünf, sechs und sieben zielen, in jeweils fünf Worten, auf den Philosophen, der die gebräuchlichen Hör- und Sehgewohnheiten überwindet und als Seefahrer auf dem offenen Meer oder als Wanderer auf Bergeshöhen den geschlossenen Horizont des Vornehmen hinter sich, unter sich läßt: [5] «Eine Erfahrung aus sieben Einsamkeiten. [6] Neue Ohren für neue Musik. [7] Neue Augen für das Fernste.» Im Zentrum des Vorworts von *Der Antichrist* steht die Erfahrung der höchsten Einsamkeit, so wie im Zentrum des Vorworts von *Ecce homo* das freiwillige Leben in Eis und Hochgebirge steht. Die Erfahrung der Einsamkeit, nicht die Einsamkeit tout court. Denn sowenig der Philosoph dauerhaft in Eis und Hochgebirge lebt, sowenig verharrt er schlechterdings in der Einsamkeit. Der Leser, der den *Antichrist* versteht, ist nicht länger einsam. Und dasselbe gilt für den Autor, der diesen Leser beim Schreiben vorwegnimmt. Den Abschluß bilden zwei Bestimmungen, die den Leser und den Autor an ihn, an sich zurückverweisen: Das Haushalten mit und für sich selbst, der «Wille zur Ökonomie grossen Stils», das Sammeln der Kraft, das Aufsparen der Begeisterung für die eigene Aufgabe [9]; und, abermals in drei Teilen, die Selbstliebe: [10] «Die Ehrfurcht vor sich; die Liebe zu sich; die unbedingte Freiheit gegen sich ...» In der «Ehrfurcht vor sich» treffen sich die vornehme Seele und die philosophische Natur. Aber bei dieser im Unterschied zu jener steht die

eigentümliche Bezeichnung weder für die Ehrfurcht «vor der Maske», noch zeigt sie die Abwehr gegen die Neugierde der Erkenntnis an.[5] Vielmehr dient sie der Abgrenzung nach außen, und sie steuert dem Sichverlieren an anderes. Der zweite Pol der zehnten Bestimmung, «die unbedingte Freiheit gegen sich», bietet die Gewähr, daß die Ehrfurcht dem Lachen über sich keinen Abbruch tut und nicht an der Selbsterkenntnis hindert.[6] Nietzsche kommentiert die Aufstellung der zehn notwendigen Bedingungen, unter denen er zu verstehen ist, mit den Worten: «Wohlan! Das allein sind meine Leser, meine rechten Leser, meine vorherbestimmten Leser: was liegt am *Rest*?» Eine buchstäblich unerhörte Provokation im Vorwort einer Schrift, die nach dem Willen ihres Verfassers in großer Auflage und in mehreren Sprachen gleichzeitig Verbreitung finden sollte. Nietzsche verschärft den Ton noch: «Der Rest ist bloss die Menschheit.» Und weiter: «Man muss der Menschheit überlegen sein durch Kraft, durch *Höhe* der Seele – durch Verachtung …» Die zwei Erwähnungen der Menschheit sind die Antipoden des viermaligen Aufrufs der Menschheit im Vorwort von *Ecce homo*. In welchem philosophischen Buch wäre der erste Adressat gleich in der Eröffnung schärfer und lauter herausgestellt worden? So laut und so scharf, daß die Leser dem Autor keinen Glauben schenken?[7]

Der erste Paragraph des Texts ist in direkter Rede an ein Wir gerichtet. Am Anfang steht der Imperativ: «– Sehen wir uns ins Gesicht.»[8] Nietz-

5 Siehe *Jenseits von Gut und Böse* 287 sowie 263, 270 und 281 (p. 232–233, 217–218, 226, 230).

6 Cf. *Jenseits von Gut und Böse* 292 sowie 294 und 296 (p. 235, 236, 239).

7 *AC* Vorwort, 2 und 3, 1–3 (167–168). *EH* Vorwort, 3, 2–3 (258–259). Cf. *EH* III, 3 (303–304) und S. 78–80. – Am 7. September 1888 schreibt Nietzsche Meta von Salis über das Vorwort des *Antichrist*: «Der *dritte* September war ein sehr merkwürdiger Tag. Früh schrieb ich die Vorrede zu meiner *Umwerthung aller Werthe*, die stolzeste Vorrede, die vielleicht bisher geschrieben worden ist. Nachher gieng ich hinaus – und siehe da! der schönste Tag, den ich im Engadin gesehn habe, – eine Leuchtkraft aller Farben, ein Blau auf See und Himmel, eine Klarheit der Luft, vollkommen unerhört …» (*KGB* III 5, p. 410).

8 *Der Antichrist* ist das dritte und letzte Buch Nietzsches, dessen Text mit einem Gedankenstrich beginnt: Im Fall des Vierten Teils von *Also sprach Zarathustra* ist offenkundig, daß es sich um eine Fortsetzung handelt. Bei der *Genealogie der Moral*, die dieselbe Besonderheit aufweist, schickt Nietzsche eigens die Bemerkung voraus: «Dem letztveröffentlichten ‹*Jenseits von Gut und Böse*› zur Ergänzung und Verdeutlichung beigegeben.» Bekräftigt der Beginn des *Antichrist* den

sche beginnt nicht mit einem Angriff auf den Feind, nicht mit einer Polemik oder einem Fluch, sondern mit einer Aufforderung an sich und seinesgleichen oder an seine Freunde, mit der Mahnung zur Selbsterkenntnis. Das Wir, zu dem er spricht, umfaßt, so dürfen wir nach dem Vorwort annehmen, zunächst den Autor und seine «rechten Leser». Es wird durch ein notwendiges Verstehen konstituiert. Der Imperativ betrifft beide Seiten und geht in beide Richtungen: Indem *wir uns* ins Gesicht sehen, erkennen wir *uns* und erkennen wir *einander*. Oder auf das Vorwort angewandt: Der Autor begegnet sich in dem «vorherbestimmten Leser», der sich selbst in dem für ihn bestimmten Buch des Autors findet.[9] Nietzsche gibt dem Wir einen Namen: «Wir sind Hyperboreer, – wir wissen gut genug, wie abseits wir leben.» Die über den Boreas hinaus, jenseits des kalten Nordwinds ihren Aufenthalt haben – der enigmatische Name unterstreicht die Abgrenzung vom «Rest» der Menschheit, das Abseits, die Entrücktheit, die Unzugänglichkeit des Lebens, das dem Wir gemeinsam ist und es im Wissen seiner Besonderheit eint. «‹Weder zu Lande, noch zu Wasser wirst du den Weg zu den Hyperboreern finden›: das hat schon Pindar von uns gewusst.» Nietzsche beruft sich bei der Namengebung für das Wir auf denselben Dichter, der im Hintergrund der Formulierung des Untertitels von *Ecce homo* steht.[10] Und indem er ihm ein Wissen «von uns» bescheinigt, bringt er zum Ausdruck, daß das Wir weit in die Tiefe der Zeit zurückreicht: Die Hyperboreer waren schon da, bevor es das Christentum gab. Nietzsche teilt seine Zugehörigkeit zu einem Wir mit, das transhistorisch ist oder das die ganze Geschichte der Philosophie einbegreift, denn die Hyperboreer, oder jedenfalls ihr harter Kern, sind, wie wir später lesen werden, Philosophen. Dem entspricht, daß das Wir im «Raum» verortet wird. «Jenseits des Nordens, des Eises, des Todes – *unser* Leben, *unser* Glück ...» Das heißt nicht, daß das Wir nicht in der Zeit lebt, erkennt, auf Herausforderungen antwortet, daß es nicht dem Werden unterliegt. Das Wir der Hyperboreer, die durch ihre Natur bestimmt sind, kommt nach drei Auslassungspunkten in der Gegenwart an: «Wir haben das Glück entdeckt, wir wissen den Weg, wir fanden den Ausgang aus ganzen Jahrtausenden

Fortsetzungscharakter des Buchs, seine Zugehörigkeit zur Dyade mit *Ecce homo*, bis in diese unscheinbare Einzelheit?

9 Cf. *Über das Glück des philosophischen Lebens*, p. 253.

10 Pindar: *Pythische Oden* X, 29–30 und II, 72. Siehe S. 18, Anm. 3.

des Labyrinths.» Die Hyperboreer, die dank ihrer «Vorherbestimmung zum Labyrinth» zu allen Zeiten Experten für das Labyrinth der Seele sind, bezeugen ihre Expertise heute, indem sie den Weg aus dem geschichtlichen Labyrinth weisen, das mit dem Namen des Christentums verbunden ist. Wenn Nietzsche ihnen zuspricht, daß sie das Glück entdeckt haben, präsentiert er die Hyperboreer außerdem als die wahre Alternative zu den «letzten Menschen», die Zarathustra sagen ließ: «Wir haben das Glück erfunden». Die Entdeckung des Glücks verhält sich zu dessen Erfindung wie die Wirklichkeit zum Wahn. Das Leben und das Glück der Hyperboreer werden bestätigt und getragen von ihrem Wissen.[11]

Die Hyperboreer wissen den Weg. Im Unterschied zum modernen Menschen, dem Nietzsches erster Angriff gilt. «‹Ich weiss nicht aus, noch ein; ich bin Alles, was nicht aus noch ein weiss› – seufzt der moderne Mensch … An *dieser* Modernität waren wir krank». Das Wir, das auf sein Kranksein zurückblickt und gegen den «faulen Frieden», den «feigen Compromiss», die «ganze tugendhafte Unsauberkeit» des modernen Ja *und* Nein Front macht, ist nicht auf Nietzsche und seine «vorherbestimmten Leser» oder seine Freunde beschränkt. Ein weiter gefaßter Kreis möglicher Verbündeter vermag sich darin wiederzufinden. «Lieber im Eise leben als unter modernen Tugenden und andren Südwinden! …» Insbesondere die vornehmen Adressaten kann Nietzsche dafür gewinnen, den Hyperboreern mit Wohlwollen zu begegnen, wo nicht sich mit ihnen in eins zu setzen, wenn er in seiner Anamnese eine ziellose Tapferkeit in den Mittelpunkt stellt: «Wir waren tapfer genug, wir schonten weder uns, noch Andere: aber wir wussten lange nicht, *wohin* mit unsrer Tapferkeit.» Alles drängt mit Macht zum lösenden Wort. «Ein Gewitter war in unsrer Luft, die Natur, die wir sind, verfinsterte sich – *denn wir hatten keinen Weg*.» Oder mit *Ecce homo* zu reden: Um zu werden, was wir unserer Natur nach sind, bedurfte es der richtigen Aufgabe. «Formel unsres Glücks: ein Ja, ein Nein, eine gerade Linie, ein *Ziel* …» Der Weg und das Glück und das Leben – alles hängt am Wissen des Ziels, der Aufgabe. Die *Erkenntnis* ist das Eine, was not tut.[12]

11 *AC* 1, 1 (169). *Also sprach Zarathustra* Vorrede 5, 16 und 25 (p. 19 und 20); cf. *Was ist Nietzsches Zarathustra?*, p. 21–22.

12 *AC* 1, 2 (169). Cf. *Götzen-Dämmerung*, Sprüche und Pfeile 44 (p. 66); *Johannes* XIV, 5; *Matthäus* V, 37; *Lukas* X, 42.

Das Ziel der «Umwerthung aller Werthe», das *Ecce homo* benannt hat, scheint eine Lehre zu verlangen, die breiten Widerhall findet, und einer Schar von Proselyten zu bedürfen, die willens sind, sich in den Dienst der Lehre zu stellen und für sie einzutreten. Es wäre demnach in der Aufgabe begründet, wenn Nietzsche von den Hyperboreern so spricht, daß Nichtphilosophen sich ihnen anschließen oder sich mit ihnen verwechseln können. Für das erweiterte Wir hält Nietzsche im zweiten Paragraphen, ohne Einleitung und ohne Erklärung, Merksätze bereit, die sich wie der Auftakt zu einer Unterweisung größeren Umfangs und allgemeineren Zuschnitts ausnehmen. Dem heterogenen Auditorium entsprechend, verbindet er drei sokratische *Was ist?*-Fragen mit drei leicht faßlichen Katechismus-Antworten: «Was ist gut? – Alles, was das Gefühl der Macht, den Willen zur Macht, die Macht selbst im Menschen erhöht. / Was ist schlecht? – Alles, was aus der Schwäche stammt. / Was ist Glück? – Das Gefühl davon, dass die Macht *wächst*, dass ein Widerstand überwunden wird.» Es ist nicht zu übersehen, daß keine der drei Erwiderungen sich auf der Höhe von Nietzsches philosophischer Einsicht bewegt. Weder das Glück, das Nietzsche in *Ecce homo* sich selbst zuspricht, noch das Glück, das er Zarathustra beschreiben läßt, erschöpft sich im Gefühl des Wachstums der Macht oder wird als Gefühl, über Widerstände zu obsiegen, angemessen erfaßt. Der Autor, der wiederholt den Zwang zur Raffinesse dargetan, die Spielarten der Mimikry untersucht, die Notwendigkeit, zu intelligenten Lösungen zu kommen, aus einem Mangel hergeleitet hat, weiß, daß nicht schlecht sein muß, was aus der Schwäche geboren wird. Und selbstverständlich ist dem Verfasser des *Antichrist* bewußt, daß nicht alles, was den Willen zur Macht erhöht, als gut gelten kann: etwa als gut für die Hyperboreer. *Ecce homo* erwähnt den Willen zur Macht nicht zufällig zum erstenmal in Verbindung mit den Religionsstiftern. Aber auch aus der Sicht derer, die eine Zunahme des Willens zur Macht bei sich konstatieren, ist der Zuwachs nicht schlechterdings gut zu nennen. Zarathustra, der den Begriff einführt, spricht mit Grund von dem Erfordernis, den Willen zur Macht «abzuschirren». An der Doktrin, die in den drei Merksätzen ihren Niederschlag findet, zeigt Nietzsche auf engstem Raum und in charakteristischer Zuspitzung, welcher Preis zu entrichten ist, wenn ein philosophischer Begriff aus dem Zusammenhang, in dem er seinen Ort hat, herausgelöst und in eine allgemeine Lehre umgemünzt wird. Denn der «Wille zur Macht» ist zuerst ein Medium der Selbsterkenntnis des Philosophen: ein Instrument der Selbstkritik und der Selbstkontrolle im Hinblick auf seinen Willen zur Wahrheit.[13] Das seit 1886 angekündigte Werk, das die Lehre des Willens zur Macht zur Entfaltung bringen sollte, verwirft Nietzsche 1888 zugunsten von *Götzen-Dämmerung*, *Der Antichrist* und *Ecce homo*. Er gibt der Verwechslung der Philosophie mit einem Lehrgebäude keine neue Nahrung. Die drei Schulantworten sind die gleichsam aufs äußerste eingedampften Erinnerungsposten des Systems. Sie mögen den Willen zur Macht der Parteigänger für die anstehende Auseinandersetzung kräftigen. Im unmittelbaren Anschluß gibt die vierte Sektion des Abschnitts die dreiteilige Parole aus: «*Nicht* Zufriedenheit, sondern mehr Macht; *nicht* Friede überhaupt, sondern Krieg; *nicht* Tugend, sondern Tüchtigkeit (Tugend im Renaissance-Stile, virtù, moralinfreie Tugend).» Die folgende Sektion ist offenbar dazu bestimmt, die Proselyten auf das Ideal eines stärkeren, überlegenen, höheren Menschen einzuschwören und zu ihrer Abhärtung beizutragen: «Die Schwachen und Missrathnen sollen zu Grunde gehn: erster Satz *unsrer* Menschenliebe. Und man soll ihnen noch dazu helfen.» Es bleibt übrig, den Feind zu nennen und zu kennzeichnen, gegen den die Umwertung gerichtet und gegen den sie durchzusetzen ist. Denn die geschichtliche Vergegenwärtigung des ersten Abschnitts war bloß bis zum «modernen Menschen» gelangt. Nietzsche wählt dafür zum vierten und letzten Mal die Katechismusform von Frage und Antwort: «Was ist schädlicher als irgend ein Laster? – Das Mitleiden der That mit allen Missrathnen und Schwachen – das Christenthum ...»[14]

Sobald das Christentum aufgetreten und als schädlich gebrandmarkt ist – schädlich mutmaßlich für das Leben und das Glück –, haben die eingängigen Merksprüche ein Ende. Nietzsche unterbricht die doktrinale Unterweisung, um neu anzusetzen. Er macht jetzt zum Thema, «welchen Typus Mensch man *züchten* soll, *wollen* soll». Damit erreicht er die Frage, die an der Spitze der gesamten Umwertung steht. Zugleich bereitet er den Leser auf das philosophische Unternehmen des *Antichrist* vor, das wesentlich ein typologisches Unternehmen ist. Er beginnt mit einer not-

13 Siehe *Was ist Nietzsches Zarathustra?*, p. 234–235; cf. p. 73–80 und 97–103.

14 *AC* 2, 1–6 (170). Der *Wille zur Macht* kommt im *Antichrist*, wie in *Ecce homo*, viermal vor: *AC* 2, 6, 16, 17. Die Paragraphen 1–7 des *Antichrist* entstammen dem im Sommer 1888 aufgegebenen Buch *Der Wille zur Macht*. Noch ein Plan vom 26. August 1888 weist sie unter dem Titel *Wir Hyperboreer* als Vorrede jener Schrift zu (*KSA* 14, p. 437). Auch die Paragraphen 8–24 gehen auf den *Willen zur Macht* zurück.

wendigen Abgrenzung und Klärung: «Nicht, was die Menschheit ablösen soll in der Reihenfolge der Wesen, ist das Problem, das ich hiermit stelle (– der Mensch ist ein *Ende* –)». An dem Ort, an dem Nietzsche im Text zum erstenmal *ich* sagt, unterscheidet er seine Position von der futuristischen Lehre, die Zarathustras Rede auf dem Markt «Vom Übermenschen und vom letzten Menschen» bekannt machte. Eine Lehre, für die Nietzsche von vielen Lesern in Anspruch genommen wurde und weiter in Anspruch genommen wird. «Der Mensch ist ein Ende», keine Brücke zu der ausstehenden Erfüllung im Übermenschen. Nietzsche erteilt der Hoffnung auf eine neue Gattung oder der Verheißung einer in der Zukunft liegenden Sinngebung, die den Menschen und die Vergangenheit erlösen werde, eine Absage. Er besteht darauf, daß der «höherwerthige Typus», von dem er spricht, «oft genug schon dagewesen» sei. Allerdings «als ein Glücksfall, als eine Ausnahme, niemals als *gewollt*.» Die Umwertung soll zum höheren Typus Ja sagen, den Glücksfall zum Ziel erheben, die Ausnahme zum Gegenstand des Wollens machen. Wohingegen aufgrund der herrschenden Wertung «der umgekehrte Typus gewollt, gezüchtet, *erreicht*» worden sei: «das Hausthier, das Heerdenthier, das kranke Thier Mensch, – der Christ ...» Am Ende des dritten Abschnitts erschließt sich dem Leser der vorrangige Sinn des Titels, den Nietzsche dem Buch gab: Der Antichrist als der Typus, auf den die «Umwerthung aller Werthe» gerichtet ist. Der Gegentypus zum Christen, Antichristianus gegen Christianus. — Den tiefen Einschnitt, den die Umwertung markiert, will Nietzsche von neuen geschichtsphilosophischen Mißverständnissen freihalten. Möglicherweise klingt ihm die Wende vom Glücksfall, vom Niemals-Gewollten zum Bewußt-Gewollten zu sehr nach Zarathustras Rede vom «Riesen Zufall» und dem «Unsinn», dem «Ohne-Sinn», der bisher «über der ganzen Menschheit waltete». Jedenfalls verschärft Nietzsche die Abgrenzung von der futuristischen Konzeption. «Die Menschheit stellt *nicht* eine Entwicklung zum Besseren oder Stärkeren oder Höheren dar, in der Weise, wie dies heute geglaubt wird. Der ‹Fortschritt› ist bloss eine moderne Idee, das heisst eine falsche Idee.» Das hätte auch der Zarathustra sagen können, der das Volk den Übermenschen lehren wollte. Doch Nietzsche läßt es nicht bei der Kritik des Fortschrittsdenkens bewenden. Er zieht noch einmal «ein fortwährendes Gelingen einzelner Fälle» heran, mit denen sich «ein *höherer Typus* darstellt: Etwas, das im Verhältniss zur Gesammt-Menschheit eine Art Übermensch ist.» Es geht nicht mehr um *den* Übermenschen, sondern um *eine Art* Übermensch.

Und diese Art Übermensch ist kein Zukunftsentwurf, sondern längst unter uns: «Solche Glücksfälle des grossen Gelingens waren immer möglich und werden vielleicht immer möglich sein. Und selbst ganze Geschlechter, Stämme, Völker können unter Umständen einen solchen *Treffer* darstellen.» Für das Wir, zu dem und von dem Nietzsche spricht, heißt das: Die Hyperboreer waren, cum grano salis, *immer möglich*, und sie werden, soweit wir die Zukunft der Menschheit vorhersehen können, *immer möglich* sein. Nietzsche bekräftigt ihre transhistorische Natur.[15]

Die «Umwerthung aller Werthe» ist, anders als es zunächst den Anschein haben mag, als «Forderung an die Menschheit» nicht allein Ausdruck einer menschheitlichen Aufgabe. Sie erwächst ebenso aus dem eigensten Interesse der Hyperboreer. Sie dient deren Selbstbehauptung und Selbstverteidigung. Denn nachdem Nietzsche den höheren Typus als zu allen Zeiten möglichen Glücksfall eingeführt hat, stellt er heraus, daß das Christentum gegen ebendiesen Typus «einen *Todkrieg*» führt. Nicht nur, daß es den *starken* zum *verworfenen* Menschen abwertete und «die Partei alles Schwachen, Niedrigen, Missrathnen» ergriff. Die Umwertung, für die Nietzsche das Christentum haftbar macht, betrifft die Hyperboreer unmittelbar: Das Christentum hat «die Vernunft selbst der geistig-stärksten Naturen verdorben, indem es die obersten Werthe der Geistigkeit als sündhaft, als irreführend, als *Versuchungen* empfinden lehrte». Wie in *Jenseits von Gut und Böse*, wo Nietzsche, den Angriff des Christentums aufnehmend, den versuchend-versucherischen Charakter der Philosophie mit besonderem Nachdruck betonte und bejahte, zieht er den Fall Pascals heran, um die Schädlichkeit des Christentums für potentielle Philosophen zu veranschaulichen, die niemals wurden, was sie waren. Er läßt unerwähnt, daß der Bann gegen die Philosophie als der fortwährenden Wiederholung des Sündenfalls andere nicht verdarb, sondern kräftigte, daß die Feindschaft ihnen nicht schadete, ihnen vielmehr zur Klarheit verhalf: sein eigener Fall. Die Umwertung aller Werte ist Teil der philosophischen Politik der Hyperboreer.[16]

Im Hinblick auf diese Politik kehrt Nietzsche noch einmal zu der

15 *AC* 3, 1–2 und 4, 1–2 (170–171). *Also sprach Zarathustra* I, 22.2, 8 (p. 100). Der *Übermensch* tritt im *Antichrist* nur einmal und nur als *eine Art Übermensch* auf. Der *letzte Mensch* kommt nirgendwo vor.

16 *AC* 5 (171). *Jenseits von Gut und Böse* 46 (p. 66–67); cf. *Morgenröthe* 46 (p. 53). Siehe *EH* Vorwort 3, 2–3 (258–259) und II, 1, 4 (278–279).

knappen doktrinalen Unterweisung zurück, um den Faden bei dem Typus wieder aufzunehmen, den die herrschende Wertordnung «gewollt, gezüchtet, *erreicht*» hat. Er stellt die «*Verdorbenheit* des Menschen» in ein grelles Licht, wobei er das Auditorium, für das die Unterweisung bestimmt ist, abermals darauf hinweist, daß das Urteil «*moralinfrei* gemeint» sei. Gemeint ist es im Sinne von Nietzsches Dekadenz-Behauptung, wonach «alle Werthe, in denen jetzt die Menschheit ihre oberste Wünschbarkeit zusammenfasst, *décadence-Werthe* sind». Die Rekapitulation der Dekadenz-Diagnose gibt ihm Gelegenheit, den Zentralbegriff des *Lebens* in die Unterweisung einzuführen und ihn mit dem *Willen zur Macht* zu verknüpfen, den die Katechismusfragen an die Spitze stellten: «Das Leben selbst gilt mir als Instinkt für Wachsthum, für Dauer, für Häufung von Kräften, für *Macht*: wo der Wille zur Macht fehlt, giebt es Niedergang.» Die Verkürzung einer Diagnose oder einer Analyse, die sich in einem Begriff auskristallisiert, auf einen einfach zu memorierenden Merksatz führt leicht in die Irre. Das gilt, wie wir sahen, für den Willen zur Macht. Es gilt bis zu einem gewissen Grade auch für die Décadence, die, näher besehen, nicht den Niedergang im allgemeinen, sondern dort, wo Nietzsche den Begriff scharf und genau einsetzt, einen Mangel der Vitalkräfte bezeichnet, deren es bedarf, um einen großen Stil hervorzubringen, um eine Vielheit zur Einheit zu binden, um auf lange Sicht zu bauen. Es ist deshalb folgerichtig, daß Nietzsche nicht bei der Behauptung haltmacht, die «obersten Werthe» der Menschheit seien «décadence-Werthe», sondern die Behauptung präzisiert und die «Niedergangs-Werthe», die in Rede stehen, als «*nihilistische* Werthe» bestimmt. Die «Verdorbenheit des Menschen», die enthüllt zu haben Nietzsche für sich in Anspruch nimmt, ist das Ergebnis «nihilistischer Werthe», die «unter den heiligsten Namen» zur Herrschaft gelangten und ihre Herrschaft weiter ausüben. Mit einem Wort: den Schlußpunkt des doktrinalen Schnelldurchgangs bildet nicht die Dekadenz, sondern der Nihilismus. Wie könnte es nach Maßgabe der philosophischen Politik anders sein? Unter den Hyperboreern mögen in den unterschiedlichen Zeitaltern, wie Nietzsche von Sokrates und wie er von sich selbst sagt, Décadents sein, und nicht jeder von ihnen ist wie Nietzsche und wie Sokrates zugleich auch der «Gegensatz» eines Décadent. Aber die «Hyperboreer» sind alles andere als Nihilisten – «Nihilismus» verstanden als der Glaube, daß die Welt, wie sie ist, die Welt, in der wir leben und auf die die Erkenntnis gerichtet ist, nichtig sei, daß sie der Erlösung bedürfe, daß sie nicht sein sollte.[17] — Im selben Atem, in dem Nietzsche den Nihilismus erreicht, kehrt er, zum dritten Mal, zum Christentum zurück. Der siebte und letzte Abschnitt der Hyperboreer-Eröffnung, der die Gegenstellung zum Nihilismus markiert und insonderheit der Kritik des Mitleidens als der «*Praxis* des Nihilismus» gewidmet ist, enthält die ersten ausdrücklichen Bezugnahmen auf den «Nazarener» und auf den christlichen Gott, auf das Jenseits und auf die Erlösung. Nietzsche tritt der «Religion des Mitleidens» im Namen des Lebens entgegen. «Durch das Mitleiden vermehrt und vervielfältigt sich die Einbusse an Kraft noch, die an sich schon das Leiden dem Leben bringt. Das Leiden selbst wird durch das Mitleiden ansteckend.»[18] Der «lebensgefährliche Charakter» des Mitleidens, das Nietzsche einen Instinkt nennt, kommt an den Tag, wenn es im Blick auf die Steigerung des Lebens betrachtet und an dessen Entwicklungsmöglichkeiten gemessen wird: «dieser depressive und contagiöse Instinkt kreuzt jene Instinkte, welche auf Erhaltung und Werth-Erhöhung des Lebens aus sind: er ist ebenso als *Multiplikator* des Elends wie als *Conservator* alles Elenden ein Hauptwerkzeug der Steigerung der décadence». Die «nihilistischen Werthe» haben im Mitleiden ihre natürliche Basis und ein wirksames Instrument. Deshalb beginnt Nietzsche seine Kritik des Nihilismus mit einer Kritik des Mitleidens. «Mitleiden überredet zum *Nichts*! ... Man sagt nicht ‹Nichts›: man sagt dafür ‹Jenseits›; oder ‹Gott›; oder ‹das *wahre* Leben›; oder Nirvana, Erlösung, Seligkeit ...» Die Reichweite der «nihilistischen Werthe» der Religion des Mitleidens über den Kreis des christlichen Glaubens hinaus zeigt Nietzsche in der ersten namentlichen Gegenüberstellung eines modernen und eines antiken Denkers an: «Schopenhauer war lebensfeindlich: *deshalb* wurde ihm das Mitleid zur Tugend ... Aristoteles sah, wie man weiss, im Mitleiden einen krankhaften und gefährlichen Zustand, dem man gut thäte, hier und da durch ein Purgativ beizukommen: er verstand die Tragödie als Purgativ.» Schopenhauer, dem Nietzsche eine «nihilistische Philosophie» zu-

17 *AC* 6 (172). *EH* I, 1, 1–2 und 2 (264–266); siehe S. 35–37. Cf. *Götzen-Dämmerung*, Das Problem des Sokrates 6–9 (p. 70–72).
18 Nietzsche gibt dem Satz in der Fortsetzung eine blasphemische Wendung, indem er das Mit-Leiden der Christen zum Leiden Jesu ins Verhältnis setzt: «unter Umständen kann mit ihm eine Gesammt-Einbusse an Leben und Lebens-Energie erreicht werden, die in einem absurden Verhältniss zum Quantum der Ursache steht (– der Fall vom Tode des Nazareners)» *AC* 7 (173).

spricht, ohne ihn indessen einen Philosophen zu heißen, da ein Philosoph kein Nihilist sein kann, erwies sich als Erbe der christlichen Haltung, als er die «Verneinung des Lebens» auf seinen Schild schrieb.[19] Und er sah richtig, daß das Leben durch das Mitleid «verneint, *verneinungswürdiger* gemacht» wird. Die «Praxis des Nihilismus» zeigt den Pfad zum Kern des Nihilismus. Der Schluß der Rede an die Hyperboreer und deren mögliche Alliierte schlägt den Bogen zurück zum Beginn, der den Blick auf die Modernität richtete, an der «wir krank waren». Und er verweist noch einmal auf die neue Liebe zum Menschen, die der Forderung der Umwertung zugrunde liegt: «Nichts ist ungesunder, inmitten unsrer ungesunden Modernität, als das christliche Mitleid. *Hier* Arzt sein, *hier* unerbittlich sein, *hier* das Messer führen – das gehört zu *uns*, das ist *unsre* Art Menschenliebe, damit sind *wir* Philosophen, wir Hyperboreer! – – –»[20]

Die erste Erwähnung der Philosophen fällt mit dem letzten Aufruf der Hyperboreer zusammen. Nachdem der transhistorische Charakter des Wir, für das Nietzsche die Frage, was ein Philosoph sei, untersucht, in der Eröffnung des *Antichrist* festgestellt ist, bezeichnet er das Wir nicht länger durch einen Eigennamen. Um das Wir näher zu bestimmen, setzt Nietzsche die Kontrastierung mit dem Widerpart fort. Die Opposition

19 Beachte *Götzen-Dämmerung*, Streifzüge eines Unzeitgemässen 32 (p. 131). Unter der Überschrift *Schopenhauer* erklärt Nietzsche elf Aphorismen zuvor, Schopenhauer sei «für einen Psychologen ein Fall ersten Ranges: nämlich als bösartig genialer Versuch, zu Gunsten einer nihilistischen Gesammt-Abwerthung des Lebens gerade die Gegen-Instanzen, die grossen Selbstbejahungen des ‹Willens zum Leben›, die Exuberanz-Formen des Lebens in's Feld zu führen. Er hat, der Reihe nach, die *Kunst*, den Heroismus, das Genie, die Schönheit, das grosse Mitgefühl, die Erkenntniss, den Willen zur Wahrheit, die Tragödie als Folgeerscheinungen der ‹Verneinung› oder der Verneinungs-Bedürftigkeit des ‹Willens› interpretiert – die grösste psychologische Falschmünzerei, die es, das Christenthum abgerechnet, in der Geschichte giebt. Genauer zugesehn ist er darin bloss der Erbe der christlichen Interpretation: nur dass er auch das vom Christenthum *Abgelehnte*, die grossen Cultur-Thatsachen der Menschheit noch in einem christlichen, das heisst nihilistischen Sinne *gutzuheissen* wusste (– nämlich als Wege zur ‹Erlösung›, als Vorformen der ‹Erlösung›, als Stimulantia des Bedürfnisses nach ‹Erlösung› …)» Streifzüge eines Unzeitgemässen 21 (p. 125).

20 *AC* 7 (172–174). Siehe *AC* 1 und 2, 4 (169–170). Zu Aristoteles' Sicht der Tragödie siehe S. 94, Anm. 14. Zur Menschenliebe der «Hyperboreer» cf. *Jenseits von Gut und Böse* 295 (p. 239).

Antichristianus versus Christianus in den ersten sieben Abschnitten wird gefolgt von der Trennung der Philosophen von den Theologen. Ein Jesus-Wort aufnehmend und abwandelnd, überschreibt Nietzsche die Abschnitte 8 bis 14 zunächst «Für uns – wider uns».[21] Die Bestimmung beginnt mit der Abgrenzung von der entscheidenden Gegenposition. Prima determinatio est negatio. Die Scheidung ist für das typologische Unternehmen des Buchs grundlegend. Denn die kritische Integration der verschiedenen Typen bzw. ihrer markantesten Züge im Philosophen erfordert Klarheit in Rücksicht auf das Wichtigste, das nicht verwirrt werden darf, das in keiner Synthese aufzuheben ist, das die Überlegenheit der Integration begründet, ebenweil es ihr konzeptionell vorausliegt. Tatsächlich verschärft und vertieft Nietzsche die Scheidung, indem er die Trennung von den Theologen von Anfang an zum Thema der Selbstkritik der Philosophie macht: «Es ist nothwendig zu sagen, *wen* wir als unsern Gegensatz fühlen – die Theologen und Alles, was Theologen-Blut im Leibe hat – unsre ganze Philosophie ...» Die Trennung von den Theologen verlangt die Kritik der philosophischen Tradition. Sie gebietet, die «Verderbniss» offenzulegen, die der Einfluß von «Theologen-Blut» und «Theologen-Instinkt» in der Philosophie bewirkte. Nietzsche setzte beim äußersten Ende an, als er im siebten Paragraphen dem jüngsten Glied der Kette eine «nihilistische Philosophie» bescheinigte, einem Glied, das ihn vor seiner Periagoge unmittelbar betraf. «Man muss das Verhängniss aus der Nähe gesehn haben, noch besser, man muss es an sich erlebt, man muss an ihm fast zu Grunde gegangen sein, um hier keinen Spaass mehr zu verstehn». Eine Tradition, die den «Nihilismus» beförderte, das Nein zur Welt, wie sie ist, stützen half und schließlich dem Spruch des Silen beipflichtete, daß es für den Menschen das Allerbeste wäre, nicht geboren zu sein, nicht zu sein, nichts zu sein, eine solche Tradition bedarf einer radikalen Revision. Die Revision ist für das Wir, zu dem Nietzsche spricht, dringlich, nicht nur in Rücksicht auf die Wirkung, die das Christentum auf die Philosophie, sondern ebenso im Hinblick auf den Einfluß, den die Philosophie auf das Christentum hatte.[22] Das Wir muß die Lehren und die Haltung der «Theo-

21 So lautete die Überschrift zu den sieben Abschnitten ursprünglich im Druckmanuskript (*KSA* 14, p. 438). *Matthäus* XII, 30; *Lukas* XI, 23; cf. *Markus* IX, 40.

22 In der Vorrede zu *Jenseits von Gut und Böse* bezeichnete Nietzsche das Christentum als «Platonismus für's ‹Volk›» und nannte er die «Erfindung vom reinen

logen» auf beiden Seiten und in beiden Richtungen ins Auge fassen. Den existentiellen Ernst der Auseinandersetzung unterstreicht Nietzsche mit einem Seitenblick auf Wissenschaftler, die im Glauben, sich von jedem theologischen Einfluß befreit zu haben, ihrer Wissenschaft nachgehen, ohne dem politisch-philosophischen Streit von Umwertung und Umwertung der Umwertung Beachtung zu schenken oder in die Nähe der Frage zu kommen, welcher Typus an der Spitze stehen solle: «die Freigeisterei unsrer Herrn Naturforscher und Physiologen ist in meinen Augen ein *Spaass*, – ihnen fehlt die Leidenschaft in diesen Dingen, das *Leiden* an ihnen». Den Gegensatz, an dem das Wir seiner selbst inne werden muß, macht Nietzsche im «Theologen-Instinkt des Hochmuths», im Glauben, der Wirklichkeit überlegen zu sein, anschaulich, von dem er sagt, daß er ihn überall wiederfand, «wo man sich heute als ‹Idealist› fühlt». Der Idealist spiele, «ganz wie der Priester», alle großen Begriffe «mit einer wohlwollenden Verachtung gegen den ‹Verstand›, die ‹Sinne›, die ‹Ehren›, das ‹Wohlleben›, die ‹Wissenschaft› aus», die er «wie schädigende und verführerische Kräfte» unter sich sehe und darüber verkenne, daß *Heiligkeit* dem Leben «bisher unsäglich mehr Schaden» tat als alle «Furchtbarkeiten und Laster». Der Hochmut gegen die Wirklichkeit im allgemeinen und gegen das Leben im besonderen gründet in der Vorstellung eines Geistes, der «in reiner Für-sich-heit schwebt». Der «reine Geist» aber ist die «reine Lüge». Damit stoßen wir zum Kern des Gegensatzes vor, um den es Nietzsche zu tun ist: In der Selbstkritik der Philosophie geht es wie zuvor in der Gegenstellung von Antichrist und Christ um die *Wahrheit*: die Wahrheit, die dem Leben gerecht wird.

Geiste und vom Guten an sich» im Hinblick auf deren Verbindung zum christlichen Gott den «schlimmsten, langwierigsten und gefährlichsten aller Irrthümer». Nietzsches Antwort auf die beiden Dogmatiker-Irrtümer des reinen Geistes und des Guten an sich findet ihren Niederschlag im Aufbau von *Jenseits von Gut und Böse*. Jeweils im Zentrum der beiden ungleichen Hälften, in die das vierte Hauptstück, *Sprüche und Zwischenspiele*, das Buch teilt (I–III und V–IX), stehen die Kapitel *Der freie Geist* und *Unsere Tugenden*. Gegen die zwei Doktrinen des Platonismus bietet Nietzsche einen Typus auf, den er nach seinen Tugenden und durch eine philosophische Aufgabe prägnant bestimmt. Dieser Ausrichtung entspricht, daß die dreimalige Charakterisierung «wir freien, *sehr* freien Geister» dem Ende der Vorrede sowie dem zweiten und dem siebten Hauptstück (Aph. 44 und 230) vorbehalten bleibt. Es ist folgerichtig, daß das philosophische Argument des Buchs im zweiten der beiden Zentren, in den Aphorismen 227–230, kulminiert.

Der «Theologen-Instinkt des Hochmuths» verwehrt den Zugang zu ihr. «So lange der Priester noch als eine *höhere* Art Mensch gilt, dieser Verneiner, Verleumder, Vergifter des Lebens von *Beruf*, giebt es keine Antwort auf die Frage: was *ist* Wahrheit? Man *hat* bereits die Wahrheit auf den Kopf gestellt, wenn der bewusste Advokat des Nichts und der Verneinung als Vertreter der ‹Wahrheit› gilt ...» Der Streit um die Wahrheit wird als Kampf um den Typus Mensch ausgetragen, der fähig und imstande ist, sich der Wahrheit auszusetzen. Die Umwertung zielt auf den «Theologen-Instinkt», der bewirkt, daß, wer sich von ihm leiten läßt, «von vornherein zu allen Dingen schief und unehrlich» steht. Sie richtet sich gegen einen Typus, der mit dem Pathos des Glaubens das Auge vor sich schließt, «um nicht am Aspekt unheilbarer Falschheit zu leiden». Sie macht Front gegen eine unwahre Perzeption der Wirklichkeit: «Man macht bei sich eine Moral, eine Tugend, eine Heiligkeit aus dieser fehlerhaften Optik zu allen Dingen, man knüpft das *gute* Gewissen an das *Falsch*-sehen, – man fordert, dass keine *andre* Art Optik mehr Werth haben dürfe, nachdem man die eigne mit den Namen ‹Gott› ‹Erlösung› ‹Ewigkeit› sakrosankt gemacht hat.» Es ist Teil von Nietzsches Politik der Umwertung, daß sie ein *Vorurteil* gegen die Theologen zu wecken und zu pflanzen sucht. Dazu zählen die polemische Faustregel, was ein Theologe als wahr empfindet, das muß falsch sein, woran man *beinahe* «ein Kriterium der Wahrheit» habe, oder die nicht weniger hyperbolische Behauptung, der «Selbsterhaltungs-Instinkt» des Theologen verbiete, «dass die Realität in irgend einem Punkte zu Ehren oder auch nur zu Worte käme». Die Politik der Umwertung übersetzt den Streit um die Wahrheit in einen Kampf, in dem die Bejahung des Lebens auf den «Willen zum Ende» trifft, und in einen Konflikt, in dem das Wir der Philosophen sich gegen den «nihilistischen Willen» der Theologen wappnen muß, der zur Macht will.[23]

Die notwendige Selbstkritik der Philosophie beginnt Nietzsche – eingedenk der heuristischen Maxime der intellektuellen Redlichkeit, die Grausamkeit an das zu wenden, was einem am nächsten ist – bei dem Umkreis, dem er selbst entstammt. «Unter Deutschen versteht man sofort, wenn ich sage, dass die Philosophie durch Theologen-Blut verderbt ist. Der protestantische Pfarrer ist Grossvater der deutschen Phi-

23 *AC* 8 und 9 (174–176); cf. *EH* Vorwort 3, 3 (259). *Die Geburt der Tragödie* 3, 2 (p. 35); siehe S. 63 und 93–95.

losophie, der Protestantismus selbst ihr peccatum originale.» Wenn er der deutschen *Philosophie* unter Hinweis auf das Tübinger Stift vorhält, sie sei im Grunde «eine *hinterlistige* Theologie», stellt er die Dringlichkeit der Selbstkritik in ein helles Licht. Zugleich ruft das ironische Urteil der Erbsünde in Erinnerung, was Nietzsche nicht eigens erwähnt: wie viele *Philosophen* der Protestantismus hervorgebracht hat. Denn es ist kein Zufall, daß in dem konfessionell gemischten Land vor Nietzsche und weit über Nietzsche hinaus beinahe alle Philosophen von Gewicht protestantischer Herkunft waren: Für zukünftige Philosophen, die im Protestantismus aufwuchsen, war, ähnlich wie für einen Philosophen jüdischer Herkunft, ungleich leichter zu erkennen, daß ein philosophisches Leben eine «Wanderung im Verbotenen» bedeuten und mithin einer Wahl von denkbar weitreichender, um nicht zu sagen «unendlicher» Konsequenz gleichkommen würde, einer Wahl, von der keine Institution entlasten und die mit keiner Autorität geteilt werden kann. Zur Schärfung des Entweder-Oder hatte Luthers Kritik der Philosophie, oder genauer gesagt, sein Angriff auf die Scholastik, die der Philosophie einen Platz als Magd der Theologie einräumte, entscheidend beigetragen. Nietzsche erwähnt den Dienst, den Luther den Philosophen erwies, nicht. Vielmehr wirft er ihm im Verein mit Leibniz und Kant vor, ein «Hemmschuh» in der «an sich nicht taktfesten deutschen Rechtschaffenheit» gewesen zu sein. Im Falle Luthers besteht der Vorwurf, wie Nietzsche in *Ecce homo* klarmachte, darin, daß er ein bereits moribundes Christentum wiederhergestellt und mithin dessen Überwindung aufgehalten habe. Der Angriff ist jedoch, da die theologische Belastung der deutschen Philosophie in Rede steht, in der Hauptsache gegen Kant gerichtet. Ihm hält Nietzsche vor, dem «Theologen-Instinkt» einen «Schleichweg zum alten Ideal» eröffnet zu haben. Kants Unterscheidung von Ding an sich und Erscheinung brachte den Begriff der «*wahren* Welt» und, in Konjunktion mit der Behauptung eines allgemeinen Sittengesetzes, den Begriff der «Moral als *Essenz* der Welt» zurück. Die «zwei bösartigsten Irrthümer, die es giebt», sollten, «Dank einer verschmitzt-klugen Skepsis, wenn nicht beweisbar, so doch nicht mehr *widerlegbar*» sein. «Die Vernunft», lautete die Einrede des Glaubens, «das *Recht* der Vernunft reicht nicht so weit ...» Der Hochmut gegen die Wirklichkeit hatte aus der Realität eine «Scheinbarkeit» und eine «vollkommen *erlogne* Welt» zur Realität gemacht. Im Zentrum der Kritik steht Kant als *Moralist*. Der moralische Universalismus verfehlt nicht nur die Wirklichkeit, sondern ist dem Leben abträglich: «Was nicht unser Leben bedingt, *schadet* ihm». Kants Begriff der Pflicht und seine Bezugnahme auf das Gute an sich, «das Gute mit dem Charakter der Unpersönlichkeit und Allgemeingültigkeit», nennt Nietzsche «Hirngespinnste», in denen sich der Niedergang, «die letzte Entkräftung des Lebens» ausdrücke. Kants kategorischer Imperativ, der der Hierarchisierung der Moralen wie deren Verständnis als Mittel widerspricht, erscheint Nietzsche als «lebensgefährlich», und Kants Abwertung der Lust bestärkt ihn in seinem Urteil, der Königsberger Anwalt des moralischen Gesetzes sei ein «Nihilist mit christlich-dogmatischen Eingeweiden». Legt man Nietzsches Maßstab der Lebensdienlichkeit oder Lebenssteigerung an, nehmen sich Kants Unterfangen, ein Phänomen der Menschengeschichte, das sich nicht mehr vergißt, nämlich die «uneigennützige Theilnehmung» der Zuschauer am Ereignis der Französischen Revolution, als Beweis für die «moralische Tendenz des Menschengeschlechts» aufzubieten, und die daran geknüpfte geschichtsphilosophische Spekulation, die Menschheit befinde sich – dem «Endzweck der Schöpfung» entsprechend – im «Fortschreiten zum Besseren», als Fehlgriffe minderen Rangs aus.[24] Den Vorwurf, ein Hemmschuh in der deutschen Rechtschaffenheit gewesen zu sein, den Nietzsche zu Beginn seiner Kritik an Kant erhebt, präzisiert er an deren Ende: Kant habe den «Mangel an intellektuellem Gewissen», die Überzeugung für ein Kriterium der Wahrheit zu halten, mit seinem Begriff der praktischen Vernunft «zu verwissenschaftlichen versucht: er erfand eigens eine Vernunft dafür, in welchem Falle man sich nicht um die Vernunft zu kümmern habe, nämlich wenn die Moral, wenn die erhabne Forderung ‹du sollst› laut wird.» Die Kritik des Mangels an intellektueller Redlichkeit zielt auf nichts Geringeres als die «moralisch nothwendigen» Postulate der praktischen Vernunft oder des Kantischen «Vernunftglaubens»: Unsterblichkeit, Freiheit und Dasein Gottes.[25]

Nietzsche weitet die Kritik an Kant und der deutschen Philosophie zu einer Kritik der Philosophie der Vergangenheit insgesamt aus. Allent-

24 Immanuel Kant: *Der Streit der Fakultäten in drei Abschnitten* II, §§ 6–7 (Akademie Ausgabe, Bd. 7, p. 85–89).

25 *AC* 10–12 (176–178); siehe *Zur Genealogie der Moral* III, 25 (p. 405). Cf. Kant: *Kritik der praktischen Vernunft* Zweites Hauptstück, IV–VI (Akademie Ausgabe, Bd. 5, p. 122–134, insbes. p. 125, 126 und 132).

halben habe man die «ersten Forderungen der intellektuellen Rechtschaffenheit» nicht gekannt. Lediglich einen Typus nimmt er von dem Verdikt aus. Im ersten Paragraphen, der im *Antichrist* mit *Ich* beginnt, stellt er den *Skeptiker* gegen den Rest: «Ich nehme ein Paar Skeptiker bei Seite, den anständigen Typus in der Geschichte der Philosophie». Nietzsche wird den Skeptiker, auf den er den Leser schon in *Ecce homo* als den einzigen ehrenwerten Typus «unter dem so zwei- bis fünfdeutigen Volk der Philosophen» hinwies, später näher charakterisieren. Die Bestimmung des Typus ist Paragraph 54, einem der anspruchsvollsten und wichtigsten, wenn nicht *dem* wichtigsten Abschnitt des Buchs, vorbehalten. Aber bei der ersten Erwähnung des Skeptikers springt bereits ins Auge, daß *anständig* bzw. *ehrenwert* im Sinne der Umwertung der genannt wird, der bei dem Bestreben, sich der Wahrheit zu nähern und sich ihr auszusetzen, nicht Wünschbarkeiten nachgibt, nicht gute Absichten mit stichhaltigen Argumenten verwechselt und nicht bei seiner Überzeugung haltmacht oder sie als Ausweis nimmt, das Ziel erreicht zu haben. Die «Skeptiker» der Geschichte der Philosophie können als Namengeber dienen, da sie sich für jeden erkennbar von Illusionen mit Rücksicht auf Doktrinen und Systeme fernhielten. Als anständig oder ehrenwert soll den Hyperboreern gelten, wer sich bei seinem Versuch mit der Wahrheit nichts vormacht und nichts durchgehen läßt. Das Verdikt über den «Rest», die Philosophen, denen Nietzsche «*Falschmünzerei vor sich selbst*» zur Last legt, ist die Folie für die Umwertung. Die «Falschmünzerei vor sich selbst», eine Art invertierter Umwertung, bringt als «Erbstück des Priesters» par excellence die Aufstellung der korrumpierenden Wirkungen von «Theologen-Blut» und «Theologen-Instinkt» zum Abschluß und Höhepunkt. «Wenn man heilige Aufgaben hat, zum Beispiel die Menschen zu bessern, zu retten, zu erlösen, wenn man die Gottheit im Busen trägt, Mundstück jenseitiger Imperative ist, so steht man mit einer solchen Mission bereits ausserhalb aller bloss verstandesmässigen Werthungen, – selbst schon geheiligt durch eine solche Aufgabe, selbst schon der Typus einer höheren Ordnung! ... Was geht einen Priester die *Wissenschaft* an! Er steht zu hoch dafür!» Der denkwürdigste Fall eines Philosophen, der Nietzsche Grund gab, ihm anzusinnen, daß er den «Priester» in sich überwinde, und dessen Ringen auf dem Weg zur philosophischen Befreiung Nietzsche aus nächster Nähe beobachtete, war der Fall seines «Sohnes» Zarathustra. Zarathustra, der mit der selbstgewählten Mission, die Menschen zu erlösen, zu ihnen hinabstieg und dem seine Tiere, der Adler und die Schlange, später die Sendung vorsagten, die sein ewiges Schicksal bestimmte, bekannte während seiner Lehrtätigkeit auf den «glückseligen Inseln», daß sein Blut mit dem der Priester «verwandt» sei. Nietzsche gab ihm den Namen eines Propheten. Was er werden sollte, ist ein Skeptiker.[26]

Im Kampf um den maßgebenden Typus, als der der Streit um die Wahrheit ausgetragen wird, treffen der *Priester*, der «bisher *geherrscht*» hat, und der *Skeptiker* oder der Philosoph, der den inneren Theologen überwand, aufeinander. Nachdem Nietzsche die Herrschaft des «Priesters» auf die bündige Formel gebracht hat, «Er *bestimmte* den Begriff ‹wahr› und ‹unwahr›!», eröffnet er den dreizehnten Abschnitt mit einer Mahnung an das Wir: «Unterschätzen wir dies nicht: *wir selbst*, wir freien Geister, sind bereits eine ‹Umwerthung aller Werthe›, eine *leibhafte* Kriegs- und Siegs-Erklärung an alle alten Begriffe von ‹wahr› und ‹unwahr›.» Die Mahnung soll das Wir der Hyperboreer, der Skeptiker, der freien Geister davor bewahren, die «Umwerthung» als Vorhaben der Zukunft zu überschätzen oder die «Umwerthung aller Werthe» mit einer «heiligen Aufgabe» zu verwirren. Die Umwendung der Blickrichtung, das Gewahrwerden der Umwertung, *die sie selbst sind*, läßt den vorzüglichen Sinn des Vorhabens hervortreten. Ebendasselbe Gewahrwerden ist außerdem geeignet, die Zuversicht der freien Geister zu stärken, daß die alte Herrschaft ihre Macht verloren hat, da sie mit ihren «werthvollsten Einsichten», den Methoden der Wissenschaft, allen Angriffen standhielten – «man galt als ‹Feind Gottes›, als Verächter der Wahrheit, als ‹Besessener›» – und sie sich in der ihnen widrigen Ordnung zu behaupten wußten. «Wir haben das ganze Pathos der Menschheit gegen uns gehabt – ihren Begriff von dem, was Wahrheit sein *soll*, was der Dienst der Wahrheit sein *soll*: jedes ‹du sollst› war bisher *gegen*

26 *AC* 12 (178–179). *EH* II, 3 (284). *Also sprach Zarathustra* II, 4, 5 (p. 117). – Andreas Urs Sommer weist in seinem Kommentar zu einer einschlägigen Stelle der *Götzen-Dämmerung* darauf hin, daß die Ausdrücke *Umwerthung der Werthe* und *Falschmünzerei*, die Nietzsche im Spätwerk häufig gebraucht, einen gemeinsamen Referenzpunkt im zweideutigen Bericht des Diogenes Laertius über den Kyniker Diogenes von Sinope haben. In *De vitis* VI, 20 heißt es über den Kyniker, «er habe das Geltende umgeprägt» oder «er habe die Münze gefälscht», da *nomisma* sowohl *Münze* als auch *Wertordnung* bedeuten kann (*NK* 6/1, p. 352–353). Nietzsche war mit Diogenes Laertius, dem er in den Jahren 1868–1870 drei längere Aufsätze und seine zweite selbständige Schrift widmete, bestens vertraut.

uns gerichtet ...» Die Umwertung, die die freien Geister *sind*, ist ihr «Sieg», die Vergegenwärtigung ihrer Selbstbehauptung über mehr als zwei Jahrtausende wird ihnen und ihren Verbündeten zur Ermutigung im «Krieg», den die Umwertung erfordert. Der zu führende Krieg betrifft die *Politik* der Hyperboreer, der erklärte Sieg bezieht sich auf ihre *Natur*. Beide Male verteidigt Nietzsche die Wahrheit gegen das Sollen der Moral. Schließlich verteidigt er sie auch gegen das Sollen der Ästhetik: Der «ästhetische Geschmack» ließ die Menschheit «von der Wahrheit einen *pittoresken* Effekt» verlangen. Die freien Geister verweigern sich diesem wie jedem anderen Ansinnen, die Wahrheit an ästhetischen Erwartungen auszurichten, sie moralischen Forderungen anzupassen oder vorgefaßten Meinungen zu unterwerfen. In kritischer Wendung gegen den «Hochmuth» der Idealisten und Theologen, «Priester» allzumal, die sich über die Wirklichkeit erhaben glauben, spricht Nietzsche von der «Bescheidenheit» seiner Adressaten. «Unsre *Bescheidenheit*» sei es gewesen, die der Menschheit «am längsten wider den Geschmack» ging, die ihren Verdacht erregte, die sie unerträglich fand. Er setzt hinzu: «Oh wie sie das erriethen, diese Truthähne Gottes – –». Die domestizierten Vögel werden den Weg zu den Hyperboreern, zu denen man weder zu Lande noch zu Wasser gelangt, niemals finden. Eis und Hochgebirge bleiben ihnen verwehrt. Mit ihren gestutzten Flügeln erfliegen sie sich keine Wahrheit.[27]

Das Wir, an das sich der *Antichrist* wendet, ist durch die Benennungen und Begriffe *Hyperboreer, Philosophen, Skeptiker, freie Geister* in den ersten dreizehn Abschnitten hinreichend bezeichnet. So kann Nietzsche im vierzehnten Abschnitt, dem einzigen Paragraphen des Buchs, der mit *Wir* beginnt, den Hinweisen zur charakteristischen Aktivität und zum spezifischen Habitus des Wir eine nähere Bestimmung der materialen Position folgen lassen, die das Wir sich als Errungenschaft zuzurechnen vermag. Denn die freien Geister haben «umgelernt». Dank der Befreiung vom theologischen Erbe sind sie «in allen Stücken bescheidner geworden». Indem Nietzsche die neue Bescheidenheit oder Nüchternheit umreißt, markiert er zugleich den Ausgangspunkt der Aufklärung, die der *Antichrist* in den folgenden Paragraphen zu seiner Sache machen wird: «Wir leiten den Menschen nicht mehr vom ‹Geist›, von der ‹Gottheit› ab, wir haben ihn unter die Thiere zurückgestellt. Er gilt uns als das

27 *AC* 13 (179). Cf. S. 153–160.

stärkste Thier, weil er das listigste ist: eine Folge davon ist seine Geistigkeit.» Die Hyperboreer stipulierten nie einen vollkommenen Anfang, dem der Mensch entsprungen und von dem er abgefallen wäre. Als Nietzsche in der *Morgenröthe* sein genealogisches Unternehmen zum erstenmal präsentierte und den Menschen als Teil der Naturgeschichte zum Gegenstand der Untersuchung machte, erklärte er, die «pudenda origo» aufsuchen zu wollen. Die freien Geister halten sich indes ebenso von allen teleologischen Annahmen fern, einerlei ob sie offen vorgetragen oder stillschweigend vorausgesetzt werden. «Wir wehren uns anderseits gegen eine Eitelkeit, die auch hier wieder laut werden möchte: wie als ob der Mensch die grosse Hinterabsicht der thierischen Entwicklung gewesen sei.» Nietzsche erteilt dem Amour-propre des Offenbarungs- wie des Fortschrittsglaubens, der den Menschen zur «Krone der Schöpfung» erhebt, eine Absage. Er ist sich mit den Hyperboreern und freien Geistern von Lukrez bis Rousseau einig, daß jedes natürliche Wesen neben dem Menschen, jede Gattung oder Art, sich «auf einer gleichen Stufe der Vollkommenheit» befindet. Er versieht die Kritik des Anthropozentrismus mit einem Zusatz, den keiner vor ihm schärfer faßte als wiederum Rousseau: «Und indem wir das behaupten, behaupten wir noch zuviel: der Mensch ist, relativ genommen, das missrathenste Thier, das krankhafteste, das von seinen Instinkten am gefährlichsten abgeirrte – freilich, mit alle dem, auch das *interessanteste*!» Das «noch nicht festgestellte Thier», das auf Sitte, Zucht, Gesetz verwiesen ist, das seiner Natur nach der Führung, der Wertung und Umwertung bedarf, bietet dem göttlichen Betrachter das Schauspiel eines extravaganten naturgeschichtlichen Experiments.[28] — Bei der Annäherung an den Menschen setzen die Hyperboreer bewußt und betont auf die Physiologia. Sie beginnen beim Tier unter Tieren: «was überhaupt heute vom Menschen begriffen ist, geht genau so weit als er machinal begriffen ist.» Sie verwerfen das Postulat des «freien Willens» als «Mitgift aus einer höheren Ordnung» oder als Tor zu einer Welt, die dem moralischen

28 *AC* 14, 1 (180); cf. *Genesis* I, 26–28; *Psalm* VIII, 4–9 und S. 108, Anm. 32. *Morgenröthe* 42 und 102 (p. 49–50 und 102–103). *Jenseits von Gut und Böse* 62, 203, 230 (p. 81–83, 126–128, 169). *Zur Genealogie der* Moral III, 13 (p. 367). Cf. Jean-Jacques Rousseau: *Discours sur l'origine et les fondemens de l'inégalité parmi les hommes.* Kritische Edition. Paderborn 1984, 7. Auflage 2019, Première Partie, p. 88, 92, 102–104, 166; Seconde Partie, p. 256; und *Über das Glück des philosophischen Lebens*, Erstes Buch, p. 158–164 sowie Zweites Buch, p. 330–335.

Gesetz untersteht. Die freien Geister betrachten das Bewußtsein des Menschen ebensowenig als Ausweis seiner «höheren Abkunft». Sie rechnen das Nervensystem und die Sinne, die «sterbliche Hülle», nicht vom Geist ab.[29] Nannte Nietzsche den «reinen Geist» zuvor die reine Lüge, so spricht er jetzt von einer reinen Dummheit. Die Zurückweisung des «freien Willens» gibt Nietzsche die Gelegenheit, am Ende des Teils, der unmittelbar an das Wir gerichtet ist, die doktrinale Unterweisung der Proselyten oder der möglichen Alliierten vom Beginn mit einer philosophischen Korrektur zu versehen. Führte die erste der vier Katechismus-Fragen und -Antworten den *Willen zur Macht* ein, so teilt Nietzsche jetzt mit, daß «wir» dem Menschen «selbst den Willen genommen» haben, «in dem Sinne, dass darunter kein Vermögen mehr verstanden werden darf.» Der Wille ist keine Entität, auf die zu bauen, kein letzter Grund, auf den zurückzugehen wäre. «Das alte Wort ‹Wille› dient nur dazu, eine Resultante zu bezeichnen, eine Art individueller Reaktion, die nothwendig auf eine Menge theils widersprechender, theils zusammenstimmender Reize folgt: – der Wille ‹wirkt› nicht mehr, ‹bewegt› nicht mehr …» Der Skeptiker ist weit davon entfernt, den «intelligiblen Charakter» der Welt als Wille zur Macht zu bestimmen. Der Philosoph hat nicht die Absicht, die Metaphysik mit dem Willen zur Macht zum Abschluß zu bringen. Es ist folgerichtig, daß Nietzsche darauf verzichtet, den Hyperboreern und freien Geistern ein Lehrgebäude unter der Überschrift «Der Wille zur Macht» vor Augen zu stellen.[30]

29 Wenn Nietzsche erklärt: «wir leugnen, dass irgend Etwas vollkommen gemacht werden kann, so lange es noch bewusst gemacht wird» (*AC* 14, 2), betont er die Einverleibung einer Fertigkeit bzw. die Aneignung einer Technik, die zur zweiten Natur wird und so ihre Vervollkommnung erfährt. Er leugnet weder die Möglichkeit, das Bewußtsein zu vervollkommnen, noch die Wirklichkeit höchster Bewußtheit. Cf. S. 132–135.

30 *AC* 14, 2 (180–181). *Jenseits von Gut und Böse* 36 (p. 54–55). Beachte *Was ist Nietzsches Zarathustra?*, p. 234–235 mit n. 230.

II

Aufklärung

Der Antichrist gehört den Wenigsten. Der Sinn von Nietzsches Ankündigung nimmt in dem Teil Gestalt an, der die Hyperboreer und freien Geister als ein Wir faßt und anspricht. Das Buch geht sie, die immer wenige sein werden, oder zumindest einige unter ihnen im höchsten Grade an, da es den Antichristen gegen den Christen ins Recht zu setzen und den bisher herrschenden durch einen neuen maßgebenden Typus abzulösen sucht. Es ist indes noch in einem anderen Verstande ihr Buch. Nur die Wenigsten werden in und hinter dem polemischen Vorstoß des *Fluchs auf das Christenthum* das philosophische Unternehmen des *Antichrist* erkennen: die Klärung der Frage, was ein Philosoph sei. *Der Antichrist* gibt die Antwort nicht in Form einer doktrinalen Festlegung oder gar einer katechetischen Unterweisung, sondern auf dem Wege einer typologischen Erörterung. Er stellt die erforderlichen Elemente bereit durch die Charakterisierung von Typen, zu denen der Philosoph ins rechte Verhältnis zu bringen, d. h., von denen er zu unterscheiden ist. In der Verhandlung von Buddha, dem Erlöser, Paulus und Manu, um die großen vier zu nennen, zeigt Nietzsche, was der Philosoph zu überwinden hat, wovon er sich fernhalten, worauf er sich einlassen muß, mit einem Wort: was er zu integrieren vermag oder über was er hinaus ist. Das Buch gibt die Teile an die Hand, die zu einem Ganzen zusammenzufügen, zusammenzudenken, dem Leser obliegt. Auf diese Weise wählt es seinen vorzüglichen Adressaten aus.

Die philosophische Aufklärung ist aufs engste verwoben mit der politischen Aufklärung. Die Typen, die zur Kontrastierung und Profilierung des Philosophen dienen, sind eingebunden in das Programm der Umwertung. Sie werden durchweg aufgerufen im Kontext der Kritik des Christentums. Tatsächlich nimmt sich diese Kritik so umfassend aus, daß die Bedeutung der herangezogenen Figuren in ihr aufzugehen scheint. Spätestens der als letzter unter den genannten vier eingeführte Manu kann den Leser jedoch eines Besseren belehren und ihn mithin auch die Typen, die dem aristokratischen Gesetzgeber vorausgehen, am Ende in einem anderen Licht sehen lehren. Aber beginnen wir beim Beginn. Nietzsche eröffnet die Kritik des Christentums nach der Ansprache der Hyperboreer und der freien Geister mit einer verdichteten Rekapitulation der Kritik, die er in den ersten vierzehn Abschnitten übte. Im Vordergrund steht nicht länger der Einfluß der Theologen auf die Philosophie. Es geht jetzt um das Christentum insgesamt, um die historische Macht und um das soziologische Phänomen. Der Einwand, der Selbsterhaltungs-Instinkt des Theologen verbiete, daß die Realität «in irgend einem Punkte zu Ehren oder auch nur zu Worte käme», wird ausgeweitet zu dem Urteil: «Weder die Moral noch die Religion berührt sich im Christenthume mit irgend einem Punkte der Wirklichkeit.» Wurde den Theologen Hochmut gegen die Wirklichkeit vorgeworfen, erscheint das Christentum als Wirklichkeitsverweigerung durch und durch oder als ein einziger Gegenentwurf zur Wirklichkeit: Es verbinde lauter imaginäre Ursachen («Gott», «Seele», «Ich», «Geist», «freier Wille» oder «unfreier Wille») mit lauter imaginären Wirkungen («Sünde», «Erlösung», «Gnade», «Strafe», «Vergebung der Sünde»), baue auf einen Verkehr zwischen imaginären Wesen («Gott», «Geister», «Seelen»), bediene sich einer imaginären Naturwissenschaft (anthropozentrischen Zuschnitts und ohne jeden Begriff natürlicher Ursachen), vertraue auf eine imaginäre Psychologie (mit der Zeichensprache einer «religiös-moralischen Idiosynkrasie» von «Reue», «Gewissensbiss», «Versuchung des Teufels», «Nähe Gottes») und kulminiere in einer imaginären Teleologie («das Reich Gottes», «das jüngste Gericht», «das ewige Leben»). Nietzsches Zeichnung einer «reinen *Fiktions-Welt*», über die das Christentum gebiete, wirft die Frage auf, die die Kritik des Christentums einem Schatten gleich bis zum Schluß begleiten wird und von vornherein begleiten soll, wie der weltgeschichtliche Aufstieg einer Religion und Moral von so geringer Wirklichkeitsberührung in der realen Welt zu erklären sei. Oder präziser gesprochen: was die Herrschaft des «umgekehrten Typus», der Triumph über das Römische Reich, die Missionierung der Barbaren, die Fesselung der Philosophie usw. über die Religion und die Moral der Heiden, über die Politik der Aristokratie und nicht zuletzt über die Philosophie des Altertums besagen. Die Hyperbolik der Darstellung stößt den Leser mit solchem Nachdruck auf die Frage, daß er sie nicht mehr vergißt. Es versteht sich, daß Nietzsche die Leugnung der Wirklichkeit auf Dekadenz, d. h. auf ein Leiden an der Wirklichkeit, zurückführt: «an der Wirklichkeit leiden heisst eine *ver-*

unglückte Wirklichkeit sein ...» Doch wie wir gelernt haben, verfügt das Christentum über kein Privileg auf Dekadenz, und nicht jede verunglückte Wirklichkeit vermag sich durchzusetzen oder über Jahrtausende zu behaupten. Während Nietzsche zumeist die Szene für das weitere Drama bereitet, gibt er gleich zu Beginn eine Antwort, die einen Punkt größter Wichtigkeit betrifft: Das System, das das Christentum ist – in *Götzen-Dämmerung* nennt Nietzsche das Christentum ausdrücklich «ein System» und «eine *ganze* Ansicht der Dinge» –, gewinnt seine innere Einheit aus der Opposition zur Philosophie. Nietzsche erwähnt die Philosophie nicht, wohl aber den Begriff, den sie eingeführt hat und mit dem sie steht und fällt, die *Natur*. Die Natur ist der Gegenbegriff zum Zentralbegriff des Systems, zum Glauben an Gott, an den moralischen, Gehorsam verlangenden, jenseitigen Gott, den man nicht aus dem Christentum herausbrechen kann, ohne das Ganze zu zerbrechen. «Nachdem erst der Begriff ‹Natur› als Gegenbegriff zu ‹Gott› erfunden war, musste ‹natürlich› das Wort sein für ‹verwerflich›». Die Opposition zur Natur gibt der Umwertung des Christentums ihre besondere Stoßrichtung.[1]

Auf die Kritik des Zentralbegriffs des Christentums verwendet Nietzsche im unmittelbaren Anschluß vier aufeinanderfolgende Abschnitte. Für die erste Auseinandersetzung – eine zweite, tiefergehende und weiterreichende wird im vierten Kapitel ihren Ort haben – wählt er einen politischen Ansatz. Um den christlichen Gottesbegriff von der Natur abzuheben, geht er auf die natürliche, d. h. vorphilosophische und vorchristliche Welt zurück und sucht die Gottesvorstellung zu fassen, die dem Maßstab der Lebensdienlichkeit genügt: «Ein Volk, das noch an sich selbst glaubt, hat auch noch seinen eignen Gott. In ihm verehrt es die Bedingungen, durch die es obenauf ist, seine Tugenden, – es projicirt seine Lust an sich, sein Machtgefühl in ein Wesen, dem man dafür danken kann.» Die Gottesvorstellung ist, mit anderen Worten, natürlicherweise Ausdruck des Willens zur Macht eines Volkes und geschöpft aus seiner Dankbarkeit. Ähnlich hatte Nietzsche Zarathustra in der Rede «Von tausend und Einem Ziele», in der der *Wille zur Macht* zum ersten-

1 *AC* 15 (181–182). *Götzen-Dämmerung*, Streifzüge eines Unzeitgemässen 5 (p. 113–114). Auf den *G. Eliot* überschriebenen Aphorismus sei hier ein für allemal hingewiesen. Der zentrale Satz der zentralen Sektion lautet: «Das Christenthum ist ein System, eine zusammengedachte und *ganze* Ansicht der Dinge.»

mal vorkam, erklären lassen, die «Tafel der Güter», die ein jedes Volk über sich aufhängte, sein Gutes und Böses, «seiner Überwindungen Tafel», sei die Stimme des Willens zur Macht dieses Volkes.[2] Religion ist ursprünglich eine Identität verbürgende, selbstvergewissernde, das Leben bejahende Form der Dankbarkeit. «Man ist für sich selber dankbar: dazu braucht man einen Gott.» Das «noch nicht festgestellte Thier» bedarf des Gottes zur Selbstauslegung und Selbstbestimmung. Das Volk hat ihn als Zuchtmeister und Verbündeten gleichermaßen nötig: er «muss nützen und schaden können, muss Freund und Feind sein können, – man bewundert ihn im Guten wie im Schlimmen.» Auf dieser Ebene der genealogischen Rekonstruktion läge die «*widernatürliche* Castration eines Gottes zu einem Gotte bloss des Guten» für ein Volk, dem es um die Behauptung seiner Freiheit und Einheit zu tun ist, «ausserhalb aller Wünschbarkeit». Mit dem Schwinden der politischen Freiheit oder durch die Unterwerfung unter eine Fremdherrschaft wandelt sich die Gottesvorstellung dramatisch. Wenn dem Volk und dem Einzelnen «die Tugenden der Unterworfenen als Erhaltungsbedingungen in's Bewusstsein treten, dann *muss* sich auch sein Gott verändern». Er unterstützt jetzt den Seelenfrieden, verlangt Demut und fördert die Unterordnung in jeder Weise. Er rät zur unterschiedslosen Liebe gegen Freund und Feind. «Er moralisirt beständig, er kriecht in die Höhle jeder Privattugend, wird Gott für Jedermann, wird Privatmann, wird Kosmopolit ...» Die politische Betrachtung der Völker als Quellgrund der Religion führt zu dem Schluß, daß es «keine andre Alternative für Götter» gibt: «*entweder* sind sie der Wille zur Macht – und so lange werden sie Volksgötter sein – *oder* aber die Ohnmacht wird zur Macht – und dann werden sie nothwendig *gut* ...» Es ist offensichtlich, auf welcher Seite der christliche Gott zu stehen kommt. Zur Verdeutlichung des Befunds fügt Nietzsche der Skizze des natürlichen Ausgangspunkts ein Supplement hinzu, das auf die Stratifizierung des Gemeinwesens in Starke und Schwache oder Herren und Knechte abstellt und die Entstehung des Dualismus von Gott und Teufel erläutern soll. Wiederum weist er dem Niedergang des Willens zur Macht die Schlüsselrolle zu. Diesmal jedoch nicht im Blick auf das Volk als ganzes, sondern mit Rücksicht auf die Schwachen, die er andernorts «Sklaven» nennt und

2 *Also sprach Zarathustra* I, 15, 1–6 und 18–19 (p. 74–75); siehe *Was ist Nietzsches Zarathustra?*, p. 37–41.

die sich selbst «die Guten» heißen. Der Niedergang des Willens zur Macht der *Schwachen* findet seinen Niederschlag in der «dualistischen Fiktion» eines guten und eines anderen, bösen Gottes: «Mit demselben Instinkte, mit dem die Unterworfnen ihren Gott zum ‹Guten an sich› herunterbringen, streichen sie aus dem Gotte ihrer Überwinder die guten Eigenschaften aus; sie nehmen Rache an ihren Herrn, dadurch dass sie deren Gott *verteufeln*.» Der Wille zur Macht der *Starken*, und folglich dessen mögliche Defizienz, kommt mit keinem Wort zur Sprache. Im Falle der Versklavung einer Nation wie der Babylonischen Gefangenschaft des jüdischen Volkes mag sich die Frage nicht stellen. Bei der Betrachtung der Stratifizierung im Innern eines Gemeinwesens wie des Römischen Reichs kann die Antwort der Herren oder das Fehlen einer Antwort auf die Aktion der «Schwachen» nicht ausgeblendet werden. Tatsächlich gilt Nietzsches Augenmerk bei der ersten Exposition seiner Kritik nicht so sehr der Dekadenz der historischen Akteure als vielmehr der Dekadenz sit venia verbo des Gottesbegriffs selbst. Worauf es Nietzsche ankommt, ist die Umwertung des Entwicklungsgangs «vom ‹Gotte Israels›, vom Volksgotte zum christlichen Gotte, zum Inbegriff alles Guten». Was die christliche Theologie und die nichtchristliche Historiographie als *Fortschritt* werteten, wertet er, gemessen am Maßstab der Lebenssteigerung, als *Niedergang*. Er zieht die Linie des Abstiegs über den «Kosmopoliten», der «‹die grosse Zahl› und die halbe Erde auf seine Seite bekam», bis zu dem Stadium aus, da sich «die Herrn Metaphysiker» des Gottes bemächtigten und ihn in ein «Ideal», einen «reinen Geist», ein «absolutum» oder in etwas noch Unfaßlicheres verwandelten. «*Verfall eines Gottes*: Gott ward ‹Ding an sich› ...»[3]

Der Verfallsprozeß, den Nietzsche nachzeichnet, ist das genaue Gegenteil der christlichen Erzählung von der Heilsgeschichte und ihrer Teleologie. «Der christliche Gottesbegriff» stelle *vielleicht* «selbst den Pegel des Tiefstands in der absteigenden Entwicklung des Götter-Typus dar.» Doch die Nachzeichnung des Abstiegs dient der Vorbereitung. Der «Tiefstand» verweist auf ein Höchstmaß. Nietzsche stellt dem Leser die schwerste und die dringlichste Herausforderung vor Augen, die den größten Einsatz, die höchste Anspannung der Kräfte verlangt. Der Zen-

3 *AC* 16 und 17 (182–184). Die letzten beiden der insgesamt vier Verwendungen von *Wille zur Macht* im *Antichrist* sind den Paragraphen 16 und 17 vorbehalten. Cf. S. 180–181.

tralbegriff des Christentums markiert den äußersten Gegensatz zur Natur. «In Gott dem Leben, der Natur, dem Willen zum Leben die Feindschaft angesagt!» Er zwingt zur Umwertung. «Gott zum *Widerspruch des Lebens* abgeartet, statt dessen Verklärung und ewiges *Ja* zu sein!» Wie zuvor bei der Kritik des Einflusses der Theologen auf die Philosophie ist auch bei der Kritik des christlichen Gottes die Diagnose der Dekadenz nicht das letzte Wort. Nietzsche läßt die Kritik abermals im Vorhalt des Nihilismus kulminieren: «In Gott das Nichts vergöttlicht, der Wille zum Nichts heilig gesprochen! ...» Die Hyperboreer haben Grund, dem «Willen zum Nichts» mit höchster Aufmerksamkeit zu begegnen und das Christentum, das einen «Todkrieg» gegen sie führt, ernst zu nehmen.[4] Nachdem er den äußersten Gegensatz in aller Schärfe bezeichnet hat, richtet Nietzsche zum erstenmal den Blick auf die Rolle, die die Starken oder die vermeintlich Starken beim Aufstieg des christlichen Gottes spielten. Er beschränkt sich auf «die starken Rassen des nördlichen Europa», die sich «keine Ehre» damit erwarben, daß sie der Missionierung nicht widerstanden. Da sie nicht die Kraft aufbrachten, den Gott des Christentums zu überwinden, liege «ein Fluch» auf ihnen: «sie haben seitdem keinen Gott mehr *geschaffen*!» Der *Fluch* betrifft nicht die Dekadenz im allgemeinen, sondern deren politischen Kern, das Erlahmen jenes Willens zur Macht, mit dem die Völker ihren höchsten Aspirationen Ausdruck verleihen und sich selbst in die Pflicht nehmen. Nietzsche hält den «starken Rassen», die die Sukzession des Römischen Reiches antraten, entgegen: «Zwei Jahrtausende beinahe und nicht ein einziger neuer Gott! Sondern immer noch und wie zu Recht bestehend, wie ein ultimatum und maximum der gottbildenden Kraft, des creator spiritus im Menschen, dieser erbarmungswürdige Gott des christlichen Monotono-Theismus!» Offenbar stellt die «Umwerthung aller Werthe» der Menschheit in Aussicht, daß das Versiegen des gemeinschaftlichen Quellgrunds der Lebensbejahung umgekehrt werden kann. Aber sie verspricht nicht, daß neue Götter an die Stelle des «Monotono-Theismus» treten werden. Nietzsche für seinen Teil wird sich nicht dazu verstehen, die Sendung eines Religionsstifters zu übernehmen.[5] Er ist nicht der Prophet eines kommenden Gottes. Er ver-

4 *AC* 5 und 13 (171 und 179). Cf. *Zur Genealogie der Moral* III, 28 und III, 14 (p. 412 und 368, 371–372).
5 Cf. *EH* III, Menschliches Allzumenschliches 6 (328) und siehe S. 110.

kündet auch nicht, daß nur noch ein Gott Rettung bringen könne. Der Gott, als dessen «Jünger» er spricht, ist ein Philosoph.[6]

Welchen Unterschied der Zentralbegriff des Christentums in Rücksicht auf Politik und Lebensführung macht, verdeutlicht Nietzsche am Buddhismus, im vergleichenden Blick auf «eine verwandte Religion», welche «der Zahl der Bekenner nach sogar überwiegt», ohne daß sie einen «Kosmopoliten» zum Herrn hätte. Die Verwandtschaft, die den Vergleich nahelegt, wird in äußerster Knappheit festgehalten. «Beide gehören als nihilistische Religionen zusammen», beiden ist mithin der Glaube an die Erlösungsbedürftigkeit oder die Nichtigkeit der Welt gemeinsam, beide Male handelt es sich um «décadence-Religionen», d. h. um Religionen, die sich von den natürlichen Bedingungen des politischen Lebens abgelöst haben. Weit mehr als die Gemeinsamkeiten, die sie verbinden, interessiert Nietzsche, daß beide «von einander in der merkwürdigsten Weise getrennt» sind. Er verliert kein Wort über das *Mitleiden*, das dreizehn Abschnitte zuvor als *die* «Praxis des Nihilismus» im Mittelpunkt stand. Ebensowenig spricht er von *Erlösung* oder *Nirwana*. Im ersten Satz des Vergleichs erwähnt der Kritiker des Christentums den Kardinalpunkt, der die beiden Religionen trennt: «der Begriff ‹Gott› ist bereits abgethan», als der Buddhismus auftritt. In engstem Zusammenhang damit steht, daß der Buddhismus – «dies unterscheidet ihn tief vom Christenthum» – auch «die Selbst-Betrügerei der Moral-Begriffe bereits hinter sich» hat. Kein christlicher Gott, keine christliche Moral. Daß der Buddhismus, in Nietzsches Sprache geredet, «*jenseits* von Gut und Böse» stehe, daß er nicht mehr «Kampf gegen die *Sünde*», sondern «Kampf gegen das *Leiden*» sage, daß er «hundert Mal realistischer» als das Christentum sei, das führt Nietzsche – wie die kardinale Differenz selbst, aus der die übrigen folgen – auf eine «Hunderte von Jahren dauernde philosophische Bewegung» zurück, die dem Buddhismus vorausging. Sind der christliche Gottesbegriff und die christliche Moral also auf einen Mangel oder ein Versagen der philosophischen Tradition zurückzuführen, die das Christentum vorfand und die seinen Aufstieg begünstigte? Der Auftakt des Vergleichs läßt keinen Zweifel daran, daß in der Verhandlung des Buddhismus nicht allein die Kritik des Christentums, sondern zugleich die Philosophie und der Phi-

6 *AC* 18–19 (185); cf. *Jenseits von Gut und Böse* 53 (p. 73). Siehe S. 134–135 und 165–166 mit Anm. 19.

losoph in Rede stehen. Das ist der Moment, in dem Buddha aufgerufen wird. Der Typus, für den Buddha im *Antichrist* einsteht, ist der Lehrer einer Diätetik, Hygiene, Kunst des Lebens, die das Glück oder den Zustand der Wunschlosigkeit an ihm selbst zum Ziel hat. Buddha setzt beim Leiden, bei der Krankheit, bei der Abhängigkeit an. Er geht hygienisch, d. h. vorbeugend, vermeidend, vermindernd, gegen eine «Depression» vor, als deren «physiologische Bedingungen» Nietzsche zum einen eine übergroße Reizbarkeit der Sensibilität mit ausgeprägter Schmerzfähigkeit, zum andern eine «Übergeistigung» als Folge «allzulangen Lebens in Begriffen und logischen Prozeduren», einer Hingabe unter Vernachlässigung des eigenen Guten, anführt. Nietzsche unterstreicht die Einschlägigkeit der Diagnose, indem er, in Parenthese, hinzufügt, daß «wenigstens Einige» seiner Leser, die «Objektiven», gleich ihm selbst beide Zustände «aus Erfahrung kennen werden». Die therapeutischen Ratschläge, die Nietzsche aus Buddhas Diätetik nennt, erinnern an die Regeln der Klugheit, die er in *Ecce homo* erörtert: «das Leben im Freien, das Wanderleben, die Mässigung und die Wahl in der Kost; die Vorsicht gegen alle Spirituosa; die Vorsicht insgleichen gegen alle Affekte, die Galle machen, die das Blut erhitzen». Dies gilt indes nicht mehr für das letzte Glied der Reihe: «keine *Sorge*, weder für sich, noch für Andre», und die Überlappung davor kann nicht darüber hinwegtäuschen, daß Nietzsches «Casuistik der Selbstsucht» im Dienst der Aufgabe, der Selbststeigerung, des Werdens zu sich steht. Die Kunst Buddhas «fordert Vorstellungen, die entweder Ruhe geben oder erheitern», und «erfindet Mittel, die andren sich abzugewöhnen.» Gebet, Askese, Zwang, insbesondere der eines kategorischen Imperativs, sind ausgeschlossen, da sie in der Abhängigkeit erhalten oder die Reizbarkeit verstärken. Aus demselben Grund widerrät Buddha dem Agon, und er «wehrt sich gegen nichts mehr» als gegen die Rach- und Nachgefühle – «‹nicht durch Feindschaft kommt Feindschaft zu Ende›: der rührende Refrain des ganzen Buddhismus ...» Die Hygiene verwirft das Ressentiment als ungesund und empfiehlt die Güte als gesundheitsfördernd. Der geistigen «Ermüdung», die sich «in einer allzugrossen ‹Objektivität› (das heisst Schwächung des Individual-Interesses, Verlust an Schwergewicht, an ‹Egoismus›)» niederschlägt, begegnet seine Diätetik mit «einer strengen Zurückführung auch der geistigsten Interessen auf die *Person*». In der Lehre Buddhas ist das unum est necessarium weder der Glaube noch die Erkenntnis – die *Erkenntnis* wird von Nietzsche ebenso mit Schweigen übergangen wie die *Wahrheit* –, sondern der alles beherrschende Gedanke, «wie kommst *du* vom Leiden los?» Buddha wendet den Blick konsequent zurück auf das eigene Gute, aber er beschneidet es radikal. Am Ende des Abschnitts bringt Nietzsche «jenen Athener» ins Spiel, «der der reinen ‹Wissenschaftlichkeit› gleichfalls den Krieg machte» und «der den Personal-Egoismus auch im Reich der Probleme zur Moral erhob». Sokrates, dessen Name als einziger neben dem Buddhas genannt wird und der im *Antichrist* nur diesen Einen Auftritt hat, verband die Exploration des «Reichs der Probleme», die Artikulation der Welt vermittels der Frage, was etwas ist, mit der Frage, was daran gut ist – was sein Gutes an der Exploration und Artikulation sei. Sokrates ist der prominenteste Fall, den Nietzsche anführen kann, um an den Typus zu erinnern, der das «Eins ist Noth» als *Erkenntnis um meiner selbst willen* zu bestimmen weiß. In der *Götzen-Dämmerung* spricht Nietzsche ihm zu, für seine Unternehmung eine neue Form des Agon erfunden und durchgesetzt zu haben: die sokratische Dialektik.[7]

Der Buddhismus wird der Menschheit nicht zu der Bejahung des Lebens verhelfen, deren sie bedarf. Er wird sie nicht ausgreifen, über sich hinaus streben, an einer hohen oder höchsten Aufgabe wachsen lassen. Er eröffnet nicht die Aussicht auf einen Aufstieg. Außerdem ist er an eine Anzahl geographischer, politischer und historischer Besonderheiten gebunden. Als Religion der Spätzeit, die auf eine lange philosophische Vorgeschichte zurückblicken kann, erlaubt sie Nietzsche deshalb nicht weniger die Kontrastierung mit dem Christentum und mit der Philosophie. Die «Bewegung», die in den «höheren und selbst gelehrten Ständen» ihren «Heerd» hat, bietet dem Einzelnen einen Weg an, der nicht mit dem der Philosophie zu verwechseln ist: «Man will die Heiterkeit, die Stille, die Wunschlosigkeit als höchstes Ziel, und man *erreicht* sein Ziel.» Heiterkeit, Stille, Wunschlosigkeit sind hier der Ausweis einer richtig angewandten Kunst, die sie unmittelbar zum Zweck oder zur eigentlichen Materie hat. Sie stellen sich nicht wider Erwarten oder un-

7 *AC* 20 (186–187); 7 (173). *Götzen-Dämmerung*, Das Problem des Sokrates 5–8 (p. 69–71). Cf. Seth Benardete: *The Being of the Beautiful. Plato's «Theaetetus», «Sophist», and «Statesman».* Chicago 1984, III, p. 69 und *Socrates' Second Sailing. On Plato's «Republic»*. Chicago 1989, p. 44 und 163. – Im Druckmanuskript standen die Abschnitte 20–23 ursprünglich unter der Überschrift: *Buddhismus und Christenthum* (*KSA* 14, p. 440).

verhofft ein. Sie sind nicht das Ergebnis oder die Begleitung einer «Wanderung im Verbotenen», die sich der Negativität bewußt aussetzt. Dagegen scheint eine Religion, für die das Erreichen des Ziels «der normale Fall» ist, der anderen «nihilistischen Religion» in der wichtigsten, wenn nicht in jeder Hinsicht überlegen zu sein. Der Katalog der Kennzeichnungen des Christentums, den Nietzsche aufstellt, fällt gemessen am Buddhismus deutlich aus, zumal Nietzsche sich stillschweigend an den älteren Hinayana Buddhismus hält und den jüngeren Mahayana Buddhismus beiseite läßt, der einen Götterhimmel einrichtet und das Mitleid zur entscheidenden Tugend erklärt. An der Spitze stehen «die Instinkte Unterworfner und Unterdrückter», die mit dem Christentum die Oberhand gewinnen, da es – anders als bei dem aristokratisch am Vorbild des Weisen ausgerichteten Buddhismus – «die niedersten Stände» sind, die in ihm «ihr Heil suchen». Den Schluß bildet der Haß gegen den Geist, «gegen Stolz, Muth, Freiheit, libertinage des Geistes», gegen die Sinne, gegen deren Freuden, mit einem Wort: «gegen die Freude überhaupt». Dazwischen rangieren unter anderem «die Casuistik der Sünde, die Selbstkritik, die Gewissens-Inquisition» und der «Affekt gegen einen *Mächtigen*, ‹Gott› genannt», der durch das Gebet «beständig aufrecht erhalten» werde, wobei das Höchste als unerreichbar gilt und nur als Gnade empfangen werden kann. An der korrespondierenden Stelle des Katalogs ist von der «Todfeindschaft gegen die Herren der Erde» die Rede, gegen die «Vornehmen». In die Mitte der Liste plaziert Nietzsche zunächst, wenig überraschend, die Verachtung des Leibes, dann, für die Ambivalenz des Vergleichs mit dem Buddhismus von einiger Wichtigkeit, die Grausamkeit: «Christlich ist ein gewisser Sinn der Grausamkeit, gegen sich und Andre; der Hass gegen die Andersdenkenden; der Wille, zu verfolgen.» Denn aus der Grausamkeit gegen sich selbst, die das Christentum einübt, gewinnt Nietzsche die Tugend des Aufklärers par excellence, die Redlichkeit. Und aus dem Haß und der Verfolgung wird ein Stachel, der die Selbsterkenntnis des Philosophen vorantreibt. Der *Antichrist* ist ein Zeugnis dafür. — Der Vergleich wird politisch nachjustiert, sobald Nietzsche sich der Erklärung des geschichtlichen Siegeszugs des Christentums zuwendet. Er beginnt gegenchronologisch mit der Phase, «als es seinen ersten Boden verliess, die niedrigsten Stände», und unter «Barbaren-Völkern nach Macht ausgieng». Hier traf es im Unterschied zum Buddhismus nicht auf müde Menschen von übermäßiger Reizbarkeit, die danach trachteten, vom Leiden loszukommen, sondern auf «innerlich verwilderte und sich zerreissende», die danach verlangten, die innere Spannung «in feindseligen Handlungen und Vorstellungen» zu entladen. «Das Christenthum hatte *barbarische* Begriffe und Werthe nöthig, um über Barbaren Herr zu werden». Etwa die «Verachtung des Geistes und der Cultur». Bei der Unterwerfung der Barbaren handelt es sich um nicht weniger als die Domestizierung von «Raubthieren» oder um deren erfolgreiche Schwächung. Denn das «christliche Rezept» zur Zähmung ist die Schwächung. Die Missionierung betraf also «den starken Menschen», «aber», wie Nietzsche unverzüglich hinzusetzt, «den missrathenen». Der wahrhaft Starke läßt sich durch das Christentum nicht schwächen. Abermals lenkt Nietzsche den Blick im Vorübergehen auf den Mangel der Starken. Dazu zählt auch der Hinweis, daß dem Barbaren «Leiden an sich nichts Anständiges» sei, weshalb er einer Auslegung bedürfe, «um es sich einzugestehn, *dass* er leidet». Seine Moral, sein Mangel an Selbsterkenntnis, macht ihn empfänglich für die christliche Sündenlehre.[8] Die zivilisatorische Leistung schlägt für das Christentum zu Buche. Während der Buddhismus eine Religion für «den Schluss und die Müdigkeit der Civilisation» ist – «Europa ist noch lange nicht reif für ihn» –, findet das Christentum bei seiner Expansion über die Grenzen der antiken Welt die Zivilisation «noch nicht einmal vor». Vielmehr begründet es sie «unter Umständen».[9]

Aber Nietzsche kann nicht bei der Zivilisierung der Barbaren stehenbleiben. Er muß das Christentum in der antiken Welt aufsuchen. Er muß bis zu den Anfängen zurückgehen. Er tut dies, indem er die Wurzeln des späteren Erfolgs am Leitfaden der Paulinischen Trias *Glaube, Hoffnung, Liebe* zum Gegenstand einer anthropologischen Erörterung macht, die er der historischen Betrachtung vorausschickt. «Das Christenthum hat einige Feinheiten auf dem Grunde, die zum Orient gehören.» Zuallererst das Wissen, «dass es an sich ganz gleichgültig ist», ob etwas *wahr* ist, «aber von höchster Wichtigkeit», *sofern* es *als* wahr *geglaubt* wird. Der *Glaube* macht den Unterschied. Jedoch nicht in dem Sinne, daß der Glaube zur Wahrheit hinzuträte, gleichsam als deren politische Aktivie-

8 «Hier war das Wort ‹Teufel› eine Wohlthat: man hatte einen übermächtigen und furchtbaren Feind, – man brauchte sich nicht zu schämen, an einem solchen Feind zu leiden» *AC* 23, 1 (189–190). Beachte die Herleitung des Dualismus von Gott und Teufel aus der Befindlichkeit der «Schwachen» in *AC* 17, 1–2 (183). Siehe S. 201.
9 *AC* 21–23, 1 (187–190).

rung. Man kommt zur Wahrheit und zum Glauben «auf grundverschiednen Wegen». Wenn die Wege nicht auseinandergehalten werden, untergräbt die Suche nach der Wahrheit den Glauben, und die Festigung des Glaubens verwehrt den Zugang zur Wahrheit. «Hierüber wissend zu sein – das *macht* im Orient beinahe den Weisen: so verstehn es die Brahmanen, so versteht es Plato, so jeder Schüler esoterischer Weisheit.» Das Christentum zieht aus dem Wissen des Konflikts die Konsequenz, daß es den Glauben zum unum necessarium erhebt. Wenn aber «vor allem *Glaube* noth thut, so muss man die Vernunft, die Erkenntniss, die Forschung in Misskredit bringen: der Weg zur Wahrheit wird zum *verbotnen* Weg.» Es gehört zur Größe des Christentums, oder seines Stifters, daß es eine klare Wahl trifft.[10] In der *Hoffnung* setzt das Christentum auf eine Kraft, die zu einem weit stärkeren «Stimulans des Lebens» zu werden vermag «als irgend ein einzelnes wirklich eintretendes Glück». Eben ihr imaginärer Charakter begründet ihre Macht, ihre Dynamik, ihren Zug ins Unendliche, ihre schiere Unerschöpflichkeit. Wenn sie auf eine jenseitige Welt ausgerichtet wird, kann sie den Menschen in einem Glauben aufrechterhalten, der nicht Gefahr läuft, «durch eine Erfüllung *abgethan*» oder durch den Widerspruch der Wirklichkeit enttäuscht zu werden. Nietzsche merkt an, daß die Hoffnung wegen ihrer Fähigkeit, den Unglücklichen hinzuhalten, «bei den Griechen als Übel der Übel» galt, «als das eigentlich *tückische* Übel»: allein das Übel der Hoffnung, der trügerischen Erwartung an die Zukunft, blieb im Faß der Pandora zurück.[11] Die *Liebe* ist mit der Hoffnung und dem Glauben durch die Imagination aufs engste verbunden. Sie ist «der Zustand, wo der Mensch die Dinge am meisten so sieht, wie sie *nicht* sind.» Nietzsche stellt in der Liebe die *illusorische* Kraft heraus, aber er vergißt nicht, die *versüßende* zu erwähnen, die das Dasein angenehm macht, und ebensowenig die *verklärende*, die dem Leben Schönheit verleiht. Damit die Liebe den Glauben erfülle und trage, muß Gott als Person vorgestellt werden. Und wenn das Christentum «auf einem Boden» Herr werden sollte, wo «aphrodisische oder Adonis-Culte den *Begriff* des Cultus» bestimmten, bedurfte es außerdem eines jungen Gottes, schöner Heiliger und einer sichtbaren Maria. Die Forderung der Keuschheit schließlich «verstärkt die Vehemenz und Innerlichkeit des religiösen Instinkts». Das Christen-

10 Cf. *AC* Vorwort, 2 (167) und 5 (171); *EH* Vorwort 3, 2 (258).
11 Siehe Hesiod: *Werke und Tage* 80–100.

tum trägt im Kultus mithin nicht nur der griechisch geprägten Umgebung Rechnung, sondern entspricht tief verankerten menschlichen Dispositionen. Im Blick auf das Paulus-Wort über die Liebe: «Sie verträgt alles, sie glaubt alles, sie hofft alles, sie duldet alles», resümiert Nietzsche: «Es galt eine Religion zu erfinden, in der geliebt werden kann: damit ist man über das Schlimmste am Leben hinaus – man sieht es gar nicht mehr.» Nietzsche nennt die drei christlichen Tugenden am Ende die *drei christlichen Klugheiten*, wobei er jetzt – der Paulinischen Gewichtung der Liebe entsprechend – die Reihenfolge *Glaube, Liebe, Hoffnung* wählt. Die drei Klugheiten sind in ihrem Zusammenwirken die Grundlage des weltgeschichtlichen Aufstiegs des Christentums, den der *Antichrist* weiter untersuchen wird. Doch während Paulus der Liebe zu Gott den Vorrang einräumt, zeichnet Nietzsche die Hoffnung des Menschen besonders aus. Anders als der Glaube, den Nietzsche im Orient verortet, und im Unterschied zur Liebe, die er mit dem Boden von Hellas verbindet, bleibt die Klugheit der Hoffnung, gleichsam freischwebend, ganz dem Christentum zugeordnet. Mehr noch, einzig die Hoffnung wird ausdrücklich von der Wertung «der Griechen» abgesetzt, ihr entgegengesetzt. Die Hoffnung verweist auf die eigentliche Umwertung des Christentums. Sie führt nicht nur die beiden anderen christlichen Tugenden in Eins zusammen und wird so gleichsam zur Quintessenz jener «Fiktions-Welt», die das Christentum in Nietzsches Darstellung gegen die Wirklichkeit aufbietet. Sie ist der Angriffspunkt für die Veränderung der Welt, die das Christentum ins Werk setzt. Die besondere christliche Klugheit steht für eine umfassende Dynamisierung, für eine Zukunftsgespanntheit, die den geschlossenen Horizont der antiken Welt aufbricht, für eine Verheißung, die die bestehenden Verhältnisse, wenn sie sie nicht zum Tanzen bringt, jedenfalls in der Erwartung verfügbar macht, auf Abruf stellt, zeitlich verflüssigt. Die Hoffnung ist der Schlüssel zum Raum der *Geschichte*, die das Christentum zwischen der Menschwerdung Gottes und der Wiederkunft Christi am Ende der Zeit aufspannt.[12]

12 *AC* 23, 2 (190–191). Paulus: *1. Korinther* XIII, 7 und 13. Wenn Nietzsche die Reihenfolge «Glaube, Hoffnung, Liebe, diese drei» im Licht des Zusatzes, «aber die Liebe ist die größte unter ihnen», in «Glaube, Liebe, Hoffnung» umstellt, entspricht er der Intention des Paulus, und er gibt dem Leser zugleich einen Hinweis, wie, über diese Stelle hinaus, seine eigene Intention in der Reihung von Begriffen zum Ausdruck kommt.

III

Geschichte

Die Geschichte des Christentums, seines Aufstiegs und seines Niedergangs, ist für den *Antichrist* von zentralem Interesse. Zum einen handelt es sich bei ihr um die Vorgeschichte der Aufgabe, deren Größe und Dringlichkeit der Autor herausstellt. Die Umwertung aller Werte ist historisch situiert. Sie antwortet auf die Umwertung, die das Christentum heraufführte, wie der Antichrist dem Typus begegnet, der durch das Christentum befördert, «gezüchtet», erreicht wurde.[1] Zum anderen betrifft die Geschichte des Christentums den Philosophen in Rücksicht auf die Verstrickung der Philosophie in diese Geschichte als ein Gegenstand der Selbsterkenntnis und der Selbstkritik. Nietzsche sieht vom Einfluß der Philosophie zunächst ab, wenn er sich den Anfängen des Christentums zuwendet, und deutet das durch den Auftakt seiner genealogischen Skizze an: «Ich *berühre* hier nur das Problem der Entstehung des Christenthums.» Eine eingehende Verhandlung der Ausgangsbedingungen und des schließlichen Triumphs des Christentums erforderte die Erörterung der Rolle, die der Philosophie als Wegbereiterin und Helferin zufiel.[2]

Nietzsche stellt im ersten Schritt seiner historischen Annäherung an

1 In dem Buch, in dem Nietzsche zum erstenmal von der «Umwerthung der Werthe» spricht, achtet er darauf, daß der Formulierung der Aufgabe, mit der er die «neuen Philosophen» betraut, der Hinweis auf die «Umwerthung aller antiken Werthe» durch das Christentum vorausgeht: *Jenseits von Gut und Böse* 46 und 203; cf. 195 (p. 67 und 127; 116).

2 *AC* 24 (191, meine Hervorhebung). Siehe S. 187 mit Anm. 22, S. 198 und 203. – Im Druckmanuskript lautete die Überschrift des Abschnitts zunächst: *Die Wurzeln des Christenthums* (*KSA* 14, p. 440). Das *Ich*, mit dem Paragraph 24 beginnt, verweist auf *meine Verurteilung des Christentums* in Paragraph 20 zurück. Der Kampf mit dem Christentum ist in einer anderen Weise an Nietzsche gebunden als etwa der Streit um die Stellung des Menschen innerhalb des Ganzen, der Gegenstand des mit *Wir* beginnenden Paragraphen 14 ist und alle Hyperboreer im gleichen Maße angeht.

das «Problem der *Entstehung* des Christenthums» ganz auf den Ursprung im Judentum ab (24–26). Das Christentum sei «einzig aus dem Boden zu verstehn, aus dem es gewachsen ist». Es folge der «furchteinflössenden Logik» des Judentums. «In der Formel des Erlösers: ‹das Heil kommt von den Juden›.» Im zweiten Schritt zieht Nietzsche den «psychologischen Typus des Galiläers» heran, um ihn von der «vollständigen Entartung» zu trennen, deren sich das Christentum bedient habe, als es den «Typus eines *Erlösers* der Menschheit» schuf (27–35). Das Christentum soll, mit anderen Worten, aus seiner Herkunft rekonstruiert und in seinem Kern dekonstruiert werden. Die Rekonstruktion beginnt bei der Natur. Sie setzt an beim «merkwürdigsten Volk der Weltgeschichte», das der Natur folgend und um seiner Natur willen eine allseitige Verkehrung der Haltung zur Natur heraufbeschwor. Politisch «vor die Frage von Sein und Nichtsein gestellt», bot das jüdische Volk auf, was es aufzubieten hatte, um sich im Sein zu erhalten: angesichts der äußersten Gefahr entschied es sich für das Leben. Es stellte seinen Willen zur Macht unter Beweis, indem es, wie Nietzsche in einer Mischung aus kaum verhohlener Bewunderung und scheinbarer Entrüstung feststellt, «mit einer vollkommen unheimlichen Bewusstheit das Sein *um jeden Preis*» vorzog. Der Preis war «die radikale *Fälschung* aller Natur, aller Natürlichkeit, aller Realität, der ganzen inneren Welt so gut als der äusseren.» Die «Fälschung» der Realität erwies sich geschichtlich als höchst real. Ganz ebenso wie das «*Falsch*-sehen» der Theologen sich als im höchsten Grade real erwies, über die Nietzsche in Paragraph 9 urteilte, ihr «Selbsterhaltungs-Instinkt» verbiete, «dass die Realität in irgend einem Punkte zu Ehren oder auch nur zu Worte käme». Im einen wie im anderen Fall geht es Nietzsche nicht um die Lebensdienlichkeit der Fälschung für die Handelnden, sondern um die Folgen für die Menschheit, vor allem aber um die Wahrheit. Die Selbstbehauptung unter Bedingungen, unter denen kein anderes Volk leben und sich erhalten konnte, ließ das jüdische Volk einen «Gegensatz-Begriff» zu den natürlichen Bedingungen schaffen und Religion, Moral, Psychologie «in den *Widerspruch zu deren Natur-Werthen*» umdrehen. Die Umwertung, die Nietzsche der christlichen *Religion* zuschreibt, wird in der historischen Rekonstruktion auf das jüdische *Volk*, der von der politischen Wirklichkeit abgelöste Universalismus wird auf eine konkrete politische Existenz zurückgeführt. Der beispiellose Erfolg ihrer Imagination und Innovation trägt den Juden das Urteil ein, nicht nur das «merkwürdigste», sondern «das *verhängnissvollste* Volk der Weltgeschichte» zu sein: «in ihrer Nachwirkung haben sie die Menschheit dermaassen falsch gemacht, dass heute noch der Christ antijüdisch fühlen kann, ohne sich als *die letzte jüdische Consequenz* zu verstehn.»[3]

Zur Erklärung des Übergangs vom jüdischen Volk zur christlichen Kirche rekurriert Nietzsche auf die Agenten-Theorie der Moral, die er in der *Genealogie* entwickelte und die er auch im letzten Kapitel von *Ecce homo* heranzieht. Denn obwohl er der christlichen Kirche «im Vergleich zum ‹Volk der Heiligen›» jede Originalität abspricht und sie «nur als Copie» einstuft, verlangt der Übergang von der Sorge des In suo esse perseverare einer Nation zur Sendung einer Kirche im Dienst der sittlichen Weltordnung und der Erlösung aller Gläubigen eine Erklärung. Das Verbindungsglied sind die Priester. Wenn sie die «ressentiment-Moral» gegen die «vornehme Moral» stellen und «die Partei aller décadence-Instinkte» ergreifen, handeln sie im ersten Fall im Einklang mit dem Lebensinteresse der Nation, deren Identität sie unter der Fremdherrschaft und während der Zerstreuung stiften oder stützen und sichern. Im zweiten Fall dagegen tritt ihr Wille zur Macht, der sich der Décadence als eines *Mittels* bedient, gleichsam ungefiltert, politisch emanzipiert zutage. Die Priester, so lautet Nietzsches Verdikt, haben nicht weniger als «ein Lebens-Interesse daran, die Menschheit *krank* zu machen und die Begriffe ‹gut› und ‹böse›, ‹wahr› und ‹falsch› in einen lebensgefährlichen und weltverleumderischen Sinn umzudrehn.» Die Umwertung aller Werte, die die Priester inaugurierten, unterscheidet sich von der Umwertung, mit der Nietzsche antwortet, grundlegend darin, daß die Priester die Umwertung lehrten, ohne sie wie die Hyperboreer *selbst zu sein*: «sie haben sich, mit einem non-plus-ultra des schauspielerischen Genies, an die Spitze aller décadence-Bewegungen zu stellen gewusst», um aus ihnen, zur Mehrung und zur Ausübung der eigenen Macht, «Etwas zu schaffen, das stärker ist als jede *Ja-sagende*

3 *AC* 24, 2 (191–192). *Johannes* IV, 22, 25–26; cf. *Jesaja* II, 3. Zu Nietzsches politischer Einordnung des jüdischen Volkes beachte *Morgenröthe* 205 (p. 181–183); cf. *Jenseits von Gut und Böse* 250 und 251 (p. 192–193). – Benjamin Disraeli ließ den Helden seines Romans *Tancred* aussprechen, was der *Antichrist* vier Jahrzehnte später als genealogischen Befund vorträgt: «Christianity is Judaism for the multitude, but still it is Judaism, and its development was the death-blow of the Pagan idolatry.» *Tancred: or, The New Crusade*. London 1847, VI, 4 (Ed. Bernard N. Langdon–Davies, London–Edinburgh 1904, p. 505–506).

Partei des Lebens». Hier nennt Nietzsche das «Christenthum des *Paulus*». Paulus, die Verkörperung der «priesterlichen Art» par excellence, schuf den Übergang, das Neue. Nietzsche führt den Namen des Stifters des Christentums in das Buch ein, bevor er den Namen *Jesus* zum erstenmal erwähnt, der bis zum siebenundzwanzigsten Abschnitt ausschließlich als «der Nazarener», «der Galiläer» und «der Erlöser» auftritt.[4]

Die Entstehung des Christentums «aus dem Boden» des Judentums betrifft sowohl den christlichen Gott als auch die christliche Moral. Während Nietzsche dem Gott Israels in der Entwicklungsgeschichte des Gottesbegriffs, auf die er vier Abschnitte verwandte (16–19), die ersten beiden Etappen vorbehielt, verhandelt er in Paragraph 25 die Entwicklungsgeschichte, die die Ablösung und Verallgemeinerung der Moral umreißt, ganz anhand der Geschichte Israels. Offenbar ist die letztere Entwicklungsgeschichte für die erstere bestimmend. Die Geschichte Israels bietet Nietzsche, instruiert durch die historischen Untersuchungen Julius Wellhausens, was er benötigt, um die Heraufkunft des Glaubens an eine sittliche Weltordnung nachzuzeichnen. Seinem philosophischen Interesse entsprechend, nennt er sie in Rücksicht auf die Logik, die sich an ihr ablesen läßt, *unschätzbar*. Sie ist ihm «unschätzbar als typische Geschichte aller *Entnatürlichung* der Natur-Werthe». Den Verlauf gliedert er in vier Etappen. (1) Der Beginn genügt dem Satz, daß das Richtige das Natürliche ist: «Ursprünglich, vor allem in der Zeit des Königthums, stand auch Israel zu allen Dingen in der *richtigen*, das heisst der natürlichen Beziehung. Sein Javeh war der Ausdruck des Macht-Bewusstseins, der Freude an sich, der Hoffnung auf sich: in ihm erwartete man Sieg und Heil, mit ihm vertraute man der Natur, dass sie giebt, was das Volk nöthig hat – vor allem Regen.» Der Regen steht für das, worauf ein Volk von Viehzüchtern und Ackerbauern angewiesen ist, was sich seinem Einfluß indes entzieht oder seine Macht übersteigt. Israel versuchte vermittels seines Gottes die Kontrolle über das menschlich nicht Kontrollierbare zu gewinnen, den Zufall zu beherrschen. Jahve sollte die Macht des Volkes in dieser Welt steigern. Um mit Wellhausen zu reden: «Gott bedeutete Helfer, das war der Begriff des Wortes. Hilfe, Unterstützung in irdischen Angelegenheiten wurde von

4 *AC* 24, 3 (192–193); cf. 13 (179). *Daniel* VII, 18–27. Siehe S. 164.

Jahve erwartet, kein Heil im christlichen Sinne.»[5] Die Stärkung der eigenen Macht durch Jahve ist die erste von «fünf Thatsachen», die Nietzsche «anzudeuten» verspricht. Die zweite betrifft den abgeleiteten Charakter der Gerechtigkeit im ursprünglichen Verhältnis des Volkes zu seinem Gott. «Javeh ist der Gott Israels und *folglich* Gott der Gerechtigkeit: die Logik jedes Volks, das in Macht ist und ein gutes Gewissen davon hat.» Der Kultus spiegelt die beiden Seiten der Selbstbejahung Israels wider: «es ist dankbar für die grossen Schicksale, durch die es obenauf kam, es ist dankbar im Verhältniss zum Jahreskreislauf und allem Glück in Viehzucht und Ackerbau.» (2) Nachdem der politische Niedergang – «die Anarchie im Innern, der Assyrer von aussen» – Israel von seinem natürlichen Zustand entfernt hat, ist das Richtige «noch lange das Ideal», aber es ist nicht mehr die gelebte Wirklichkeit. Das Volk hält an der «Vision eines Königs fest, der ein guter Soldat und ein strenger Richter ist». Jesaja, der «typische Prophet», verhilft der «höchsten Wünschbarkeit» zum Wort. (3) Die herrschaftliche Hoffnung des Propheten bleibt unerfüllt, die politische Sehnsucht des Volkes ungestillt. «Der alte Gott *konnte* nichts mehr von dem, was er ehemals konnte. Man hätte ihn fahren lassen sollen.» Nur um den Preis seiner Entrückung und Entweltlichung konnte man weiter an ihm festhalten: «man *entnatürlichte* seinen Begriff». Doch durch ebendiesen Kunstgriff erhielt sich die Nation unter den Bedingungen der Fremdherrschaft. Die politische Machtlosigkeit mündet in die Moralisierung Gottes, der Geschichte und der Welt. Nachdem Jahves Einheit mit dem Volk Israel zerbrach, tritt für das Judentum der Gott der Gerechtigkeit an seine Stelle. Er wird «ein Werkzeug in den Händen priesterlicher Agitatoren, welche alles Glück nunmehr als Lohn, alles Unglück als Strafe für Ungehorsam gegen Gott, für ‹Sünde›, interpretiren: jene verlogenste Interpretations-Manier einer angeblich ‹sittlichen Weltordnung›». (4) In der *sittlichen Weltordnung* erreicht Nietzsches Urteil der «radikalen *Fälschung* aller Natur, aller Natürlichkeit, aller Realität» ihr Ziel, da mit ihr, «ein für alle Mal, der Naturbegriff ‹Ursache› und ‹Wirkung› auf den Kopf gestellt» wird. «Wenn man erst, mit Lohn und Strafe, die natürliche Causalität aus der Welt geschafft hat, bedarf man einer *widernatür-*

5 Julius Wellhausen: *Geschichte Israels und Juda's im Umriss*, in: *Skizzen und Vorarbeiten*. Erstes Heft. Berlin 1884, p. 44. Neben dieser Schrift schöpfte Nietzsche vor allem aus Wellhausens *Prolegomena zur Geschichte Israels*. Berlin 1883.

lichen Causalität: der ganze Rest von Unnatur» folgt daraus. Mit der Ablösung von der politischen Existenz des Gemeinwesens gerät die Moral, unbedingt und allgemein geworden, nicht nur in einen «Gegensatz zum Leben», sondern wird zum «bösen Blick» für alle Dinge. So bringt Nietzsche die jüdische und die christliche Moral am Ende seiner Skizze auf Einen Nenner: «Der Zufall um seine Unschuld gebracht; das Unglück mit dem Begriff ‹Sünde› beschmutzt; das Wohlbefinden als Gefahr, als ‹Versuchung›; das physiologische Übelbefinden mit dem Gewissens-Wurm vergiftet ...» Das erste Glied des viergliedrigen Schlusses weist den aufmerksamen Leser darauf hin, daß der erste Schritt zur Moralisierung von Gott und der Welt mit dem Versuch getan war, des Zufalls vermittels Gebet und Opfer Herr zu werden. Der Zufall verliert seine Unschuld mit dem Glauben an das Walten der göttlichen Vorsehung.[6]

Die doppelte «Fälschung», die Nietzsche der jüdischen Priesterschaft zur Last legt, die Entnatürlichung des Moralbegriffs und die Moralisierung des Gottesbegriffs, geht zurück auf eine dritte «Fälschung». Oder sie ist vielmehr eins mit ihr: mit der «Fälschung» der Geschichte Israels und der Bibel. Der *Antichrist* zieht seine Schlüsse aus Wellhausens Revolution, die die Redaktion der einschlägigen Schriften der Zeit nach der Zäsur des babylonischen Exils zuwies und das Mosaische Gesetz zum Ausgangspunkt nicht der Geschichte *des alten Israel*, sondern der Geschichte *des Judentums* machte, «d. h. der religiösen Gemeinde, welche das von Assyrern und Chaldäern vernichtete Volk überlebte».[7] Die Priester haben, folgert Nietzsche, «jenes Wunderwerk von Fälschung zu Stande gebracht, als deren Dokument uns ein guter Theil der Bibel vorliegt: sie haben ihre eigne Volks-Vergangenheit mit einem Hohn ohne Gleichen gegen jede Überlieferung, gegen jede historische Realität *ins Religiöse übersetzt*». Jetzt, da Nietzsche sich dem religiösen Kern des Judentums nähert, geht er, anders als zuvor in Paragraph 24 oder danach in Paragraph 27, mit keinem Wort auf die Selbsterhaltung der Nation ein. Er legt alles Gewicht auf die Selbstermächtigung der Priester, die mit der Berufung auf den Willen Gottes, mit ihrer Geschichtsschreibung und

6 *AC* 25, 1–4 (193–194); 24, 2 (191). Beachte *Also sprach Zarathustra* III, 4, 25–28 (p. 209); siehe *Was ist Nietzsches Zarathustra?*, p. 121–123; cf. *Politische Philosophie und die Herausforderung der Offenbarungsreligion*, p. 101–102.
7 Wellhausen: *Prolegomena zur Geschichte Israels*, p. 1.

Gesetzgebung, ihre Herrschaft begründen. Sie machen aus der «grossen Zeit» Israels eine «Verfalls-Zeit» und verwandeln das «lange Unglück» des Exils in eine «ewige *Strafe* für die grosse Zeit – eine Zeit, in der der Priester noch nichts war». Die Deutung aller Ereignisse der Geschichte und die Regelung aller Verhältnisse des Lebens unterwerfen sie der Formel *Gehorsam oder Ungehorsam gegen Gott.* Eine Formel, die in concreto die Forderung des Gehorsams gegen die Priester bedeutet. An dieser Stelle, im Zusammenhang des Herrschaftsanspruchs der Priester, im arithmetischen Zentrum des sechsundzwanzigsten Abschnitts, führt Nietzsche die Offenbarung in den *Antichrist* ein. Der «‹Wille Gottes›, das heisst die Erhaltungs-Bedingungen für die Macht des Priesters, muss *bekannt* sein, – zu diesem Zwecke bedarf es einer ‹Offenbarung›. Auf deutsch: eine grosse litterarische Fälschung wird nöthig, eine ‹heilige Schrift› wird entdeckt». Die Offenbarung ist als geschichtliches Ereignis weit in die Vergangenheit entrückt. «Moses schon war der ‹Wille Gottes› offenbart». Um so mehr bedürfen Auslegung und Durchsetzung des offenbarten Willens in der Gegenwart des Priesters als seines Sachverwalters. Der umfassende Charakter des Gesetzes macht den Priester allenthalben zuständig und unentbehrlich. Aus der Offenbarung leitet er den Auftrag ab, die natürlichen Vorkommnisse des Lebens zu *heiligen*, d. h., sie zu *entnatürlichen*. «Denn dies», hebt Nietzsche hervor, «muss man begreifen: jede natürliche Sitte, jede natürliche Institution (Staat, Gerichts-Ordnung, Ehe, Kranken- und Armenpflege), jede vom Instinkt des Lebens eingegebene Forderung, kurz Alles, was seinen Werth *in sich* hat, wird durch den Parasitismus des Priesters (oder der ‹sittlichen Weltordnung›) grundsätzlich werthlos, werth-*widrig* gemacht: es bedarf nachträglich einer Sanktion, – eine *werthverleihende* Macht thut noth, welche die Natur darin verneint, welche eben damit erst einen Werth *schafft* ... Der Priester entwerthet, *entheiligt* die Natur: um diesen Preis besteht er überhaupt.» Die politische Betrachtung der Offenbarungsreligion geht über in die historische Bestimmung dessen, was Nietzsche andernorts den Nihilismus nennt. Die Umwertung durch die Offenbarungsreligion «heiligt» die Welt, d. h. spricht ihr Sinn und Bedeutung einzig im Bezug auf den jenseitigen Gott, den allmächtigen Schöpfer, unergründlichen Herrn und allwissenden Richter zu. Wenn dieser Bezug nicht geglaubt wird, sobald «Gott todt ist», bleibt von Sinn und Bedeutung Nichts, so daß die Formel Gehorsam oder Ungehorsam gegen Gott ihre Wahrheit zuerst in der Wahl erweisen soll und zuletzt in der Gleichung enthüllt: *Offenbarungsglaube oder Nihilismus*.[8]

Daß Nietzsche in Paragraph 26 nicht von der Selbsterhaltung der Nation spricht, sondern sich ganz auf den Willen zur Macht der Priester im Dienst ihres Eigeninteresses konzentriert, erlaubt ihm, in der Behandlung der Entstehung des Christentums die Kontinuität herauszustellen, in der die «christliche Kirche» zur «jüdischen Kirche» steht. Mit der Verwendung des anachronistischen Begriffs, der die Kontinuität unterstreicht, folgt er ein weiteres Mal Wellhausen. Die Kirche steht im einen wie im anderen Fall im Kontrast zum politischen Gemeinwesen. Außerdem gibt ihm das Ausziehen der Linie der Tradition nach vor- und nach rückwärts Gelegenheit, den Beitrag der Philosophen ins Spiel zu bringen und ein Gravamen von besonderer Bedeutung kenntlich zu machen. Denn, merkt Nietzsche an, «der Kirche sekundirten die Philosophen: die *Lüge* ‹der sittlichen Weltordnung› geht durch die ganze Entwicklung selbst der neueren Philosophie.» Ein Hinweis, dem weitere folgen werden.[9]

Der zweite Schritt der historischen Annäherung, der den Namen *Jesus* in den *Antichrist* einführt, beginnt mit einem Paradox. Nietzsche bietet den Bruch, die Diskontinuität des Christentums auf, um dessen Kontinuität mit dem Judentum zu betonen. Er nimmt die Entstehung

8 *AC* 26, 1–3 (194–197).

9 *AC* 24, 2; 26, 1; 27, 2 (192, 195, 198). Wellhausen: *Prolegomena zur Geschichte Israels*, p. 84 und 448. – Der emphatischen Berufung auf die «sittliche Weltordnung» begegnete Nietzsche u. a. bei der Lektüre des beinahe gleichaltrigen Eduard von Hartmann, der über den Germanen und dessen Mission im Entwicklungsgang des religiösen Bewußtseins der Menschheit erklärt: «den Begriff der sittlichen Weltordnung als unpersönlicher Macht und objektiver geistiger Substanz des geistigen Lebens gewann er unmittelbar für seine Götter, dadurch aber mittelbar auch für sich, insofern das Verhalten der Götter zur sittlichen Weltordnung ihm als Vorbild diente für sein eigenes Verhalten zu derselben. Wie die Pflanze absterben darf, wenn sie ihren Zweck durch Hervorbringung der Frucht erfüllt hat, so durfte der Germane seine Götterwelt der sittlichen Weltordnung opfern, nachdem sie ihre sittliche Aufgabe in der Herausstellung dieser sittlichen Weltordnung erfüllt hatte; grade indem er seine Götter als vergänglich anschaute, erblickte er in ihnen und über ihnen *das Göttliche*, das in ihrem Untergang *seinen höchsten Triumph* feierte. So konnte und musste er seine Götter der Vergänglichkeit weihen, weil sie ihre Aufgabe erfüllt hatten, ihm den Weg zu dem unvergänglichen Göttlichen zu weisen.» *Das religiöse Bewusstsein der Menschheit im Stufengang seiner Entwickelung*. Berlin 1882, p. 179. Cf. *EH* III, Der Fall Wagner 2 (358).

des Christentums nicht als Erweiterung oder Ausdehnung, sondern als *Aufstand* gegen die «jüdische Kirche» in den Blick. Aber als *jüdischen* Aufstand, als eine Verneinung des Judentums, die aus dem Judentum die letzte Konsequenz zieht. Das Christentum – «eine Todfeindschafts-Form gegen die Realität, die bisher nicht übertroffen worden ist» – setzt mit seiner Wendung gegen das Judentum ebenjenen Prozeß der «Fälschung», der Entnatürlichung und Moralisierung fort, den Nietzsche dem Judentum zuschreibt und den er mit dessen Abwendung vom alten Israel einsetzen läßt. Die Diskontinuität erweist sich, näher besehen, als Verschärfung und Zuspitzung einer tiefer reichenden Kontinuität. Das Christentum erwuchs aus einer Konstellation, in der «jede Natur, jeder Natur-Werth, jede *Realität* die tiefsten Instinkte der herrschenden Klasse», d. h. der Priester, gegen sich und das Volk «für alle Dinge nur Priester-Werthe, nur Priester-Worte» übrig behalten hatte. In dieser Lage brachte das Volk «eine letzte Formel» hervor: «es verneinte, als *Christenthum*, noch die letzte Form der Realität, das ‹heilige Volk›, das ‹Volk der Ausgewählten›, die *jüdische* Realität selbst.» Nietzsche berichtigt sich gleich im nächsten Satz. Nicht das Volk, sondern eine aufbegehrende Minderheit scheint jetzt die welthistorische Umwälzung in Gang gebracht zu haben – geradeso wie nicht das Volk, sondern die Priesterschaft die Abkehr von der Geschichte Israels vollzog und das Judentum begründete: «die kleine aufständische Bewegung, die auf den Namen des Jesus von Nazareth getauft wird, ist der jüdische Instinkt *noch einmal*, – anders gesagt, der Priester-Instinkt, der den Priester als Realität nicht mehr verträgt, die Erfindung einer noch *abgezogneren* Daseinsform, einer noch *unrealeren* Vision der Welt, als sie die Organisation einer Kirche bedingt.» Der Bruch war so einschneidend, die Verneinung der Realität derart weitgehend, daß für die Aufständischen offenbar kein Weg von der in ihrer Welthaltigkeit negierten «jüdischen Kirche» zur christlichen Kirche führte. «Das Christenthum», Nietzsche spricht ausdrücklich nicht von Urchristentum, «*verneint* die Kirche ...» Abermals stellt sich die Frage, wer oder was das Christentum in den Stand setzte, zu einer politischen Macht aufzusteigen, die sich die Welt auf Jahrhunderte, wenn nicht Jahrtausende unterwerfen sollte.[10]

Nietzsche bekräftigt den Bruch und bereitet zugleich die Unterscheidung des Christentums von Jesus oder, präziser gesprochen, vom Typus

10 *AC* 27, 1 (197).

des Erlösers vor, wenn er in einem Absatz, den er mit *Ich* eröffnet, den Aufstand, «als dessen Urheber Jesus verstanden oder *missverstanden* worden ist», einen Aufstand gegen die Kirche «genau in dem Sinn genommen» nennt, «in dem wir heute das Wort nehmen»: Die Erhebung richtete sich gegen «die Guten und Gerechten», gegen die Repräsentanten der bestehenden Ordnung, gegen die Hierarchie der Gesellschaft, «gegen Alles, was Priester und Theologe war». Die subversive Stoßrichtung der Bewegung der Anhänger Jesu wurde zur politischen Gefahr für das Judentum. Denn die Theokratie oder Hierokratie, die durch den Aufstand, «wenn auch nur für einen Augenblick, in Frage gestellt wurde, war der Pfahlbau, auf dem das jüdische Volk, mitten im ‹Wasser›, überhaupt noch fortbestand», vermittels dessen sich die Nation zu erhalten vermochte. Ein Angriff auf die durch die Priester bestimmte und von den Priestern vertretene Ordnung war ein Angriff nicht nur auf die Kaste der Priester und deren Privilegien – zuallererst auf den privilegierten Zugang zum Willen Gottes –, sondern «auf den tiefsten Volks-Instinkt, auf den zähesten Volks-Lebens-Willen, der je auf Erden dagewesen ist», einen Lebenswillen, dem, wie wir gehört haben, kein Preis zu hoch war, wenn es galt, die eigene Existenz zu sichern. Kein Wunder also, daß der «heilige Anarchist», der nach dem Neuen Testament an der Spitze der Bewegung stand, dem Verdikt verfiel, ein «politischer Verbrecher» zu sein. Daß er «die *Tschandala* innerhalb des Judenthums zum Widerspruch gegen die herrschende Ordnung aufrief – mit einer Sprache, falls den Evangelien zu trauen wäre, die auch heute noch nach Sibirien führen würde», brachte ihn ans Kreuz: Der «Beweis dafür ist die Aufschrift des Kreuzes», die den politischen Antagonismus markiert: *Rex Judaeorum*.[11]

Aber Nietzsche bleibt nicht beim politischen Aufrührer stehen. Weder gibt er sich damit zufrieden, den Nachweis zu führen, daß das Christentum von allem Anfang an eine Bewegung zur Mobilisierung

11 *AC* 27, 2 (198). Die Aufschrift des Kreuzes wird in den vier Evangelien jeweils unterschiedlich wiedergegeben. Die Wiedergaben stimmen nur in den Worten *Rex Judaeorum* überein. Nietzsche, der im selben Abschnitt von der «auf den Namen des Jesus von Nazareth» getauften Bewegung gesprochen hat, bezieht sich vermutlich an erster Stelle auf die einzig im Johannesevangelium genannte Fassung: *Jesus Nazarenus Rex Judaeorum*. Ihm steht der Jesus der ultima verba «Es ist vollbracht» vor Augen. *Johannes* XIX, 19 und 30; cf. *Matthäus* XXVII, 37 und 46; *Markus* XV, 26 und 34; *Lukas* XXIII, 38 und 46.

der «Tschandala» gewesen sei – so wichtig ihm diese Charakterisierung im übrigen ist. Noch verfolgt er die Absicht, die Empörung der frühen Gemeinde gegen den Herrschaftsanspruch der Kirche in Stellung zu bringen. Er zielt auf nichts Geringeres als darauf, dem Christentum den Erlöser zu entwinden. Wie, wenn den Evangelien nicht zu trauen wäre? Wenn man den Urheber des Aufstands mißverstanden hätte? Wenn die Bewegung fälschlich seinen Namen trüge? Wenn das Christentum sich zu Unrecht auf Jesus von Nazareth beriefe? Nietzsche stellt die Frage, ob der «heilige Anarchist» sich des Gegensatzes zur herrschenden Ordnung, zur Kirche, zum Judentum überhaupt bewußt war oder «ob er nicht bloss als dieser Gegensatz *empfunden* wurde». Erst mit ihr, läßt er den Leser wissen, «berühre» er «das Problem der *Psychologie des Erlösers*», das Problem, das ihn vorzüglich interessiert. Es interessiert ihn nicht allein im Hinblick auf das «Problem der *Entstehung* des Christenthums». Es interessiert ihn im *Antichrist* nicht einmal zuerst mit Rücksicht auf eine historische Frage. Nietzsche hat nicht vor, ein neues Kapitel zur Leben-Jesu-Forschung beizusteuern. Er will ausdrücklich nicht an David Friedrich Strauß anknüpfen: «Die Zeit ist fern, wo auch ich, gleich jedem jungen Gelehrten, mit der klugen Langsamkeit eines raffinirten Philologen das Werk des unvergleichlichen Strauss auskostete. Damals war ich zwanzig Jahr alt: jetzt bin ich zu ernst dafür. Was gehen mich die Widersprüche der ‹Überlieferung› an?» Ebensowenig will er die Evangelienkritik von Bruno Bauer fortschreiben. «Die Geschichten von Heiligen sind die zweideutigste Litteratur, die es überhaupt giebt: auf sie die wissenschaftliche Methode anwenden, *wenn sonst keine Urkunden vorliegen*, scheint mir von vornherein verurtheilt». Nietzsches Intention bleibt unverstanden, das Wichtigste wird verfehlt, solange man seine Verhandlung des Erlösers dem Streit um den historischen Jesus zuschlägt. «Was *mich* angeht, ist der psychologische Typus des Erlösers.» Nietzsches philosophisches Interesse gilt dem Typus. Für seine Verhandlung des Erlösers ist entscheidend, daß sie, bei aller polemischen Zuspitzung, nicht in der Kritik des Christentums aufgeht, sondern ihren Ort in der Typologie des *Antichrist* hat.[12]

Das typologische Unternehmen des *Antichrist* greift auf historische Gestalten zurück, um die natürlichen Möglichkeiten der in Rede ste-

12 *AC* 28 und 29, 1 (198–199).

henden Typen zu durchdenken, d. h., ihre innere Hierarchie und ihre charakteristischen Konturen zu bestimmen, und um die Typen ihrerseits an diesen Gestalten zu veranschaulichen. Die Gestalt des Erlösers ist der bei weitem verwickeltste Fall, da sie, nach Nietzsches Deutung, nicht nur in seinem typologischen, sondern, wie wir sehen werden, desgleichen im politischen Unternehmen des Paulus eine zentrale Rolle spielt, in einem Unternehmen, auf das der *Antichrist* politisch antwortet. Nietzsche zeigt an, daß er dem philosophischen Interesse Vorrang vor dem politischen einräumt, wenn er erklärt, der psychologische Typus des Erlösers «*könnte* ja in den Evangelien enthalten sein trotz den Evangelien, wie sehr auch immer verstümmelt oder mit fremden Zügen überladen: wie der des Franciscus von Assisi in seinen Legenden erhalten ist trotz seinen Legenden.» Es geht ihm nicht darum, die Geschichtlichkeit der vom Christentum gezeichneten Gestalt Jesu zu verneinen. Deshalb der Seitenblick auf den Heiligen aus Assisi. Worauf es ihm ankommt, ist, daß der Typus «überhaupt noch vorstellbar» bleibt und so in seiner Kohärenz untersucht und vergleichend herangezogen werden kann. Der Typus steckt die Grenzen dessen ab, was in Eins zusammengebracht werden kann. Da Nietzsche die philosophische Präsentation des Erlösers mit der politischen Polemik gegen das Christentum aufs engste verwoben hat, muß das Bild des Typus Zug um Zug freigelegt werden. Die Erörterung in der Hauptsache setzt mit einer entschiedenen Zurückweisung aller Versuche ein, aus den Evangelien «die *Geschichte* einer ‹Seele› herauszulesen». Sie zeugen für Nietzsche von «einer verabscheuungswürdigen psychologischen Leichtfertigkeit», die dazu führt, daß das Wesentliche des Typus des Erlösers verfehlt wird: das Aufgehen im Hier und Jetzt, die Existenz in reiner Gegenwärtigkeit, die Abwesenheit jeder wirklichen Entwicklung oder Geschichte. Der prominenteste unter den zeitgenössischen Geschichtsschreibern, die ein «Leben Jesu» vorlegten, Ernest Renan, liefert Nietzsche «die zwei *ungehörigsten* Begriffe» zur Erklärung des Typus, *Genie* und *Held*, von denen er sich abzustoßen und die eigene Exposition abzuheben vermag. Der Begriff «Held» ist *unevangelisch* und mit Jesus nicht übereinzubringen: «Gerade der Gegensatz zu allem Ringen, zu allem Sich-in-Kampf-fühlen ist hier Instinkt geworden». Das Evangelium, das Nietzsche zur Berufungsinstanz für die richtige Erklärung des Typus macht, atmet weder Heroismus, noch gibt es dem Fanatismus eine Handhabe. Die Tragödie ist ihm nicht zugehörig, aber dasselbe gilt für die Selbststeigerung und für jede substantielle Unterscheidung. «Unfähigkeit zum Widerstand» wird in ihm Moral, «die Seligkeit im Frieden, in der Sanftmuth, im Nicht-feind-sein-*können*». In der Aufforderung «widerstehe nicht dem Bösen» erkennt Nietzsche «das tiefste Wort der Evangelien», ihren «Schlüssel»: Es erlaubt das Einverständnis mit dem gegenwärtigen Zustand als Ergebung ohne Einschränkung, ohne Vorbehalt. «Was heisst ‹frohe Botschaft›? Das wahre Leben, das ewige Leben ist gefunden – es wird nicht verheissen, es ist da, es ist *in euch*: als Leben in der Liebe, in der Liebe ohne Abzug und Ausschluss, ohne Distanz.» Die frohe Botschaft der erfüllten Gegenwart gibt keinen Anhalt für die kardinale «christliche Klugheit» der Hoffnung, die die Zeit der Geschichte anstößt und für die Eroberung der Welt öffnet. Dagegen begründet sie, da ihr nichts ferner ist als das Pathos der Distanz, die egalitäre Ausrichtung der christlichen Sendung: «Jeder ist das Kind Gottes – Jesus nimmt durchaus nichts für sich allein in Anspruch – als Kind Gottes ist Jeder mit Jedem gleich ...» Der als die Verkörperung des evangelischen Geistes vorgestellte Jesus bekräftigt den universellen Zuschnitt der christlichen Lehre. An die Stelle des Einen Sohnes Gottes tritt die Gotteskindschaft Aller. Die Moral der Widerstandslosigkeit und das Glück der erfüllten Gegenwart sind verallgemeinerbar in dem Sinn, daß sie allgemein zugänglich, an keine besonderen Fähigkeiten oder Tugenden gebunden, keinen besonderen Naturen vorbehalten sind. Um so schärfer tritt der Kontrast zwischen dem Universalismus des Evangeliums und der Partikularität Jesu hervor, sobald Nietzsche sich bei der Charakterisierung des Typus vom zweiten der «ungehörigsten Begriffe» absetzt. Die Provokation auf die Spitze treibend, hält der Antichrist Renans «Genie» entgegen, daß «ein ganz andres Wort eher noch am Platz» wäre: «das Wort Idiot.» Wie immer es um die «Strenge des Physiologen» bestellt sein mag, der mit der Bezeichnung ein spezifisches Krankheitsbild vor Augen habe – «einen Zustand krankhafter Reizbarkeit des *Tastsinns*, der dann vor jeder Berührung, vor jedem Anfassen eines festen Gegenstandes zurückschaudert» –, und einerlei, ob er sich bei der Wahl des Wortes von Dostojewskijs Figur des Fürsten Myschkin inspirieren ließ, der Gehalt, den Nietzsche mit dem Begriff verbindet und für den er mit seiner Beschreibung selbst einsteht, ist eine radikale Innerlichkeit: das Ausweichen ins Unbestimmte und die Selbstverkapselung treffen sich in der Abwendung von der Wirklichkeit. Nietzsche spricht von der «Flucht in's ‹Unfassliche›, in's ‹Unbegreifliche›», vom

«Widerwillen gegen jede Formel, jeden Zeit- und Raumbegriff, gegen Alles, was fest, Sitte, Institution, Kirche ist», endlich vom «Zu-Hausesein in einer Welt, an die keine Art Realität mehr rührt, einer bloss noch ‹inneren› Welt, einer ‹wahren› Welt, einer ‹ewigen› Welt». Der Universalismus des Evangeliums hat seine Kehrseite in der Partikularität des Erlösers. Der Preis der verallgemeinerbaren Moral und der erfüllten Gegenwart für Alle ist der Verlust der Realität.[13]

Am Ende des ersten Durchgangs seiner Kritik des Christentums, den vergleichenden Blick auf den Buddhismus einbegriffen, faßt Nietzsche seine Diagnose der «physiologischen Realitäten» zusammen, aus denen die «Erlösungs-Lehre» wuchs. Er führt noch einmal den «Instinkt» gewordenen Haß gegen die Realität sowie die ebenfalls zum «Instinkt» erklärte «Ausschliessung aller Abneigung, aller Feindschaft, aller Grenzen und Distanzen im Gefühl» an, die er beide – das ist die «physio-

13 *AC* 29, 1–3 (199–200). Das Nietzsche Archiv unterdrückte in den unter seiner Ägide veranstalteten Ausgaben des *Antichrist* die Stelle: *das Wort Idiot*. Es strich den Begriff *Idiot* nicht in Paragraph 11, wo Nietzsche ihn auf Kant anwendet. (Der Wilhelm Hoffritz Verlag fügte seiner Einzelausgabe des *Antichrist* 1932 einen Zettel mit folgendem Hinweis bei: «*Achtung*! Im Kapitel 29 ist ein einziges Wort fortgelassen worden, welches eine sehr scharfe Bezeichnung für Jesu darstellt. Der Verlag ist gerne bereit dieses scharfe Wort jedem Leser mitzuteilen, wenn untenhängender Zettel durch Drucksache mit einer 4 Pfg. Marke für Rückporto übersandt wird.») Die Stoßrichtung von Nietzsches Kritik – die Befangenheit in einer anderen, moralischen, innerlichen Welt und der Verlust der Wirklichkeit – tritt in einer Vorstudie des Nachlasses, die *Typus «Jesus»* überschrieben ist, noch deutlicher zutage: «Jesus ist das *Gegenstück eines Genies*: er ist ein *Idiot*. Man fühle seine Unfähigkeit, eine Realität zu verstehen: er bewegt sich im Kreise um fünf, sechs Begriffe, die er früher gehört und allmählich verstanden, d. h. falsch verstanden hat – in ihnen hat er seine Erfahrung, seine Welt, seine Wahrheit, – der Rest ist ihm fremd. Er spricht Worte, wie sie Jedermann braucht – er versteht sie nicht wie Jedermann, er versteht nur seine fünf, sechs Begriffe. […] Nicht der entfernteste Hauch von Wissenschaft, Geschmack, geistiger Zucht, Logik hat diesen <Wildling> heiligen Idioten angeweht: so wenig als ihn das Leben berührt hat. Natur? Gesetze der Natur? – Niemand hat ihm verrathen, daß es eine Natur giebt. Er kennt nur moralische Wirkungen: Zeichen der untersten und absurdesten Cultur. Man muß das festhalten. Er ist *Idiot* inmitten eines sehr klugen Volkes … Nur daß seine Schüler es nicht mehr [waren] – Paulus war ganz und gar kein Idiot! – daran hängt die Geschichte des Christenthums.» Nachgelassene Fragmente Frühjahr 1888 14 [38], *KSA* 13, p. 237, berichtigt nach *KGW* IX 8, p. 168–169. (Das Wort *Wildling* hat Nietzsche gestrichen und durch *heiligen Idioten* ersetzt.)

logische» Einordnung – aus einer extremen Leid- und Reizfähigkeit herleitet. Soweit die Wiederholung. Neu ist in dem rekapitulierenden Abschnitt, in dem weder das Christentum noch der Buddhismus namentlich vorkommt und auch der Erlöser keine Erwähnung findet, daß mit Epikur ein Philosoph in die Verhandlung des Typus eingeführt wird. Nietzsche nennt die «Erlösungs-Lehre» eine «sublime Weiter-Entwicklung des Hedonismus auf durchaus morbider Grundlage» und setzt sie ausdrücklich ins Verhältnis zum Epikureismus. «Nächstverwandt» sei dieser ihr, wenngleich «mit einem grossen Zuschuss von griechischer Vitalität und Nervenkraft». Als nächstverwandt wird ihr ebendie philosophische Lehre zur Seite gestellt und von ihr unterschieden, die das Christentum und das Judentum wie keine andere in Bann getan haben. Eine Feindschaft, die die Jahrhunderte überdauerte. Selbstverständlich ist sich Nietzsche bewußt, daß die «Erlösungs-Lehre des Heidenthums», die Epikurs Namen trägt, in schärfstem Gegensatz zu strafenden und belohnenden Göttern stand und die sittliche Weltordnung ebenso verneinte wie das Walten der Vorsehung. Von Epikur führte kein Weg zur «Religion der Liebe». Wir werden später von Nietzsche hören, daß Epikur der «Präexistenz-Form» des Christentums «den Krieg gemacht hatte» und die Schüler Epikurs im Römischen Reich das letzte nennenswerte Hindernis waren für den Aufstieg des Christentums. In der Erörterung des Typus des Erlösers hat Epikur die Funktion, die Sokrates in der Erörterung Buddhas zukam. Er verweist auf das eigentliche Ziel des typologischen Unternehmens: die Klärung des Typus des Philosophen. Nietzsche sorgt dafür, daß der Philosoph in der Verhandlung jedes Typus präsent ist. Daß er Epikur als «typischen décadent» vorstellt, tut dem keinen Abbruch. Es verbindet ihn mit Sokrates und mit – Nietzsche.[14]

Der Erlöser des Christentums unterscheidet sich vom Erlöser der Typologie des *Antichrist* grundlegend. Der als Sohn Gottes verehrte Heiland, der erklärt, daß der Glaube das Eine ist, was not tut, und diesen Glauben verlangt; der die Menschheit mit dem Entweder-Oder konfrontiert: *Wer nicht für mich ist, der ist wider mich*; der von sich sagt:

14 *AC* 30, 1–3 (200–201); 58, 3–5 (246); cf. 20 (186–187). Siehe S. 34–37 und 50. – Sokrates und Epikur kündigen in der Erörterung Buddhas und des Erlösers die Rolle an, die Nietzsche und Platon in der Erörterung von Paulus und Manu zukommen wird.

«Ich bin nicht gekommen, Frieden zu senden, sondern das Schwert»; der zur Entscheidung aufruft und zur Entscheidung zwingt, dieser Gesandte, Streiter und Verkünder ist durch eine Welt getrennt von dem Erlöser, der Alles bejaht und Nichts widersteht, in sich selbst das wahre Leben findet, im Dienst keiner Sendung steht und niemandes Bekehrung fordert. Der Erlöser Nietzsches erlöst sich selbst, nicht die Menschheit. Er ist nicht zu verwechseln mit Christus. Das heißt umgekehrt: damit der Erlöser in der Geschichte seine Wirkung entfalten konnte, damit er den Anforderungen genügte, die die Bewegung gegen die jüdische Kirche, die frühe Gemeinde und die christliche Kirche an ihn richteten, waren Veränderungen notwendig, die eine «starke Entstellung» des Typus bedeuteten. Er wurde «mit Zügen bereichert, die erst aus dem Kriege und zu Zwecken der Propaganda verständlich werden.» Mit einem Wort: die Unterschiede zwischen dem Typus des Erlösers und dem christlichen Erlöser erklären sich aus der geistigen Kriegsführung. Sie sind politisch begründet. Um das Bild historisch aufzuklären, das die christliche Überlieferung von der Gestalt Jesu gezeichnet hat, bringt Nietzsche zunächst Bedürfnis und Fassungsvermögen der Anhänger in Anschlag: «die ersten Jünger in Sonderheit übersetzten ein ganz in Symbolen und Unfasslichkeiten schwimmendes Sein erst in die eigne Crudität, um überhaupt Etwas davon zu verstehn – für sie war der Typus erst nach einer Einformung in bekanntere Formen *vorhanden* ... Der Prophet, der Messias, der zukünftige Richter, der Morallehrer, der Wundermann, Johannes der Täufer – ebensoviele Gelegenheiten, den Typus zu verkennen». In der Dynamik der Rezeption hat auch die unbewußte Umgestaltung ihren Platz. Nietzsche weist darauf hin, daß «das proprium aller grossen, namentlich sektirerischen Verehrung» nicht unterschätzt werden dürfe: «sie löscht die originalen, oft peinlich-fremden Züge und Idiosynkrasien an dem verehrten Wesen aus – *sie sieht sie selbst nicht.*» Des weiteren erwägt er eine alternative Erklärung der Abweichungen von der Kohärenz, die dem Diagnostiker der Dekadenz besonders naheliegt: «der Typus *könnte*, als décadence-Typus, thatsächlich von einer eigenthümlichen Vielheit und Widersprüchlichkeit gewesen sein.» Inkohärenz wäre für ihn mithin kennzeichnend und machte die Rede von einer Entstellung gegenstandslos. Obwohl Nietzsche die Möglichkeit der intrinsischen Inkohärenz «nicht völlig auszuschliessen» vermag, hält er angesichts der historischen Zeugnisse und der Interessen, die in ihnen ihren Niederschlag finden, dafür, daß «Alles» von der Alternative abrät: «gerade die Überlieferung würde für diesen Fall eine merkwürdig treue und objektive sein müssen: wovon wir Gründe haben das Gegentheil anzunehmen.» Es bleibt also dabei, daß die Widersprüche in der Gestalt Jesu – etwa die Kluft zwischen dem «Berg-, See- und Wiesen-Prediger, dessen Erscheinung wie ein Buddha auf einem sehr wenig indischen Boden anmuthet,» und dem «Fanatiker des Angriffs, dem Theologen- und Priester-Todfeind, den Renan's Bosheit als ‹le grand maître en ironie› verherrlicht hat» – auf die Fähigkeiten der Jünger, die Erwartungen der Gemeinde und, im ganzen gesehen, auf den Willen zur Macht des Stifters des Christentums zurückzuführen sind. Die Besonderheiten des überlieferten Bildes ergeben sich aus der «christlichen Propaganda».[15]

Ins Zentrum des Buchs stellt Nietzsche die Aussage, daß die erste Gemeinde, als sie im Kampf gegen Theologen einen überlegenen Theologen nötig hatte, «sich ihren ‹Gott› nach ihrem Bedürfnisse» schuf und ihm «jene völlig unevangelischen Begriffe in den Mund gab», in denen die zeitliche Erwartung des Glaubens und die ersehnte Verheißung zum Ausdruck kommen: «Wiederkunft» und «jüngstes Gericht». Die Lehre von der Ewigen Wiederkunft, die Nietzsche den Tieren Zarathustras, dem Adler und der Schlange, in den Mund legte, antwortet auf einen zentralen Begriff des Christentums und dessen geistiger Kriegsführung: auf die siegreiche Wiederkunft Christi, des Herrn und Richters, am Ende der Geschichte.[16]

Verwendet Nietzsche den ersten der beiden zentralen Abschnitte des *Antichrist* auf den christlichen Erlöser, so widmet er den zweiten – beide beginnen mit *Ich* – dem Idealtypus, den er der historischen «Entstellung» kontrastiert, um schließlich auf das zu sprechen zu kommen, was ihn bei der Verhandlung des Erlösers im besonderen «angeht». Er wehrt sich, «nochmals gesagt», dagegen, daß man den Fanatiker in den Typus «einträgt». Bei der neuerlichen Zurückweisung des Fanatismus unter Berufung auf das Evangelium, das er jetzt die «gute Botschaft» nennt

15 *AC* 31 (201–203). *Lukas* X, 42; *Matthäus* XII, 30, *Lukas* XI, 23; *Matthäus* X, 34.

16 *AC* 31 (202–203). Nietzsche erwähnt die Lehre von der Ewigen Wiederkunft im *Antichrist* mit keinem Wort. Er behält den Begriff *Wiederkunft* der christlichen Lehre vor. Siehe die Wiederholung von Paragraph 31 in Paragraph 41 (215) und beachte S. 202–203.

und in die Mitteilung faßt, «dass es keine Gegensätze mehr giebt», zieht er das Jesus-Wort von den Kindlein heran, deren das Himmelreich sei, um den Glauben des Erlösers vor jeder theologischen und politischen Inanspruchnahme zu schützen: «der Glaube, der hier laut wird, ist kein erkämpfter Glaube, – er ist da, er ist von Anfang, er ist gleichsam eine ins Geistige zurückgetretene Kindlichkeit.» Mit dem christlichen Glauben hat der «Glaube» der seligen Gegenwart kaum mehr als den Namen gemeinsam. «Ein solcher Glaube zürnt nicht, tadelt nicht, wehrt sich nicht: er bringt nicht ‹das Schwert›, – er ahnt gar nicht, in wiefern er einmal trennen könnte.» Er unterscheidet nicht zwischen Gläubigen und Ungläubigen. Er kennt keine Ordnung und Unordnung. Er will nicht herrschen und nicht überreden. «Er beweist sich nicht, weder durch Wunder, noch durch Lohn und Verheissung, noch gar ‹durch die Schrift›: er selbst ist jeden Augenblick sein Wunder, sein Lohn, sein Beweis, sein ‹Reich Gottes›. Dieser Glaube formulirt sich auch nicht – er *lebt*». Der Glaube des Erlösers ist nicht der Glaube eines Propheten. Er ist sich in jeder Hinsicht, nach vor- und nach rückwärts, innen und außen selbst genug. Von dem solcherart als Gegen-Jesus vorgestellten «Jesus» sagt Nietzsche, man könnte ihn, «mit einiger Toleranz im Ausdruck», als einen «freien Geist» bezeichnen. Als *frei* mag er gelten, insofern er sich durch nichts Festes oder Verbindendes bestimmen läßt. Leben bedeutet ihm Beweglichkeit, Flüssigkeit, Unbestimmtheit: «Der Begriff, die *Erfahrung* ‹Leben›, wie er sie allein kennt, widerstrebt bei ihm jeder Art Wort, Formel, Gesetz, Glaube, Dogma. Er redet bloss vom Innersten: ‹Leben› oder ‹Wahrheit› oder ‹Licht› ist sein Wort für das Innerste, – alles Übrige, die ganze Realität, die ganze Natur, die Sprache selbst, hat für ihn bloss den Werth eines Zeichens, eines Gleichnisses.» Der Typus des Erlösers ist frei von Gesetz und Dogma, aller Pflichten und Weisungen ledig und in der Inständigkeit seines Ja-Sagens bei sich selbst. Doch im Unterschied zum *freien Geist* liegt seiner Bejahung kein Wissen der Verneinung zugrunde. Seinem Ja entspricht kein Nein. Die Verneinung von Kultur, Staat, Religion liegt außerhalb seines Horizonts. Vom christlichen Begriff «Welt» hat er keine Ahnung. «Das *Verneinen* ist eben das ihm ganz Unmögliche.» Daraus resultiert ein weiterer Unterschied. Anders als der freie Geist hat er keinen Zugang zur Dialektik. Ihm «fehlt die Vorstellung dafür, dass ein Glaube, eine ‹Wahrheit› durch Gründe bewiesen werden könnte (– *seine* Beweise sind innere ‹Lichter›, innere Lust-Gefühle und Selbstbejahungen, lauter ‹Beweise der Kraft› –).» Da er nicht zu verneinen weiß und Gründe ihm nichts bedeuten, kann er keiner Lehre entgegentreten und ihr widersprechen. Er ist mithin außerstande, selbst eine Lehre zu entwickeln oder eine Lehre vorzutragen.[17]

Der Erlöser der Menschheit hat eine Lehre. Das Heil, das er verheißt, ist wesentlich ein Werk der Lehre. Der Gehorsam des Glaubens, den er verlangt, bezieht sich auf die Lehre. Sie ist umfassend. Sie reicht vom rechten Glauben hinsichtlich der ersten und der letzten Dinge, über die Gebote und Verbote des rechten Handelns bis zur Unterweisung in der rechten Art des Betens und des künftigen Gedenkens der Erlösungstat. Der christliche Erlöser wendet sich mit ihr nicht nur an den Kreis der Jünger, sondern an alle Menschen. Und er trägt sie gleichsam in einem fort vor, wo er geht und wo er steht. Seine Reden und Predigten machen den Kern des Evangeliums aus. Wenn Nietzsche sich auf die «frohe Botschaft» beruft, um den Typus des Erlösers zu profilieren, muß er sich auf diese Reden und Predigten beziehen, ohne indes anzuerkennen, daß es sich um die Reden und Predigten des Erlösers seiner selbst handelte, der keinerlei Absicht hat, die Welt zu verändern, und niemandes Lehrer sein will. Nietzsches Scheidung der beiden Erlöser setzt voraus, daß das Evangelium auf Worte, Handlungen, Gesten Jesu zurückgeht, aus denen die Anhänger, die ihn umgaben und ihm nachfolgten, die Lehrreden schufen. Sie machten ihn zu ihrem Lehrer und zum Lehrer der Menschheit, indem sie Äußerungen seines Lebensgefühls, Zeugnisse seiner Seligkeit, Mitteilungen seiner inneren Bewegtheit in eine Botschaft für andere verwandelten, in eine Botschaft, die eine Forderung enthält und früheren oder mit ihr unverträglichen Lehren ausdrücklich widerspricht. Die Bergpredigt schuldete ihre Form und ihren Zweck demnach dem Ingenium der Anhänger – am augenfälligsten etwa im Refrain des Widerspruchs, der dem Erlöser Nietzsches fernliegt: «Ich aber sage euch». Wenn Nietzsche im dreiunddreißigsten Abschnitt des *Antichrist* seinen Erlöser und den christlichen Erlöser zusammentreffen läßt und auf geflügelte Worte aus der bekanntesten Predigt der Überlieferung Bezug nimmt, sollte dies den Leser nicht darüber hinwegtäuschen, daß Nietzsche den «Berg-, See- und Wiesen-Prediger» sowenig in den Typus des Erlösers einträgt wie den «Fanatiker».

In der Psychologie des nach Maßgabe der Typologie rekonstruierten

17 *AC* 32, 1–3 (203–205). Cf. *Was ist Nietzsches Zarathustra?*, p. 205–210.

oder dekonstruierten Evangeliums haben die Begriffe Schuld und Strafe, Lohn und Verdienst keinen Platz mehr. Die Sünde, die Voraussetzung der christlichen Lehre von der Erlösung, ist «abgeschafft» und mit ihr «jedwedes Distanz-Verhältniss zwischen Gott und Mensch». Ebendarin besteht nach Nietzsches Lesart die frohe Botschaft, die der Erlöser *lebt*. «Die Seligkeit wird nicht verheissen, sie wird nicht an Bedingungen geknüpft: sie ist die *einzige* Realität – der Rest ist Zeichen, um von ihr zu reden …» Weder bedarf es eines Opfertods zur Entsühnung der Menschheit noch eines Mittlers oder von ihm eingesetzter Brückenbauer, auch keines Sprungs des Glaubens, um eine Kluft zum Göttlichen zu schließen oder eines künftigen Heils teilhaftig zu werden. Der Zustand der Seligkeit findet seinen Ausdruck in einer «neuen Praktik», die, wie der Zustand selbst, ansteckend wirkt. Das Handeln unterscheidet den wahrhaften Christen, der nach dem Vorbild des Erlösers keine Unterscheidungen vornimmt, der denen, die ihm Böses tun, keinen Widerstand leistet, Zugehörige nicht von Nichtzugehörigen trennt, Gerechtigkeit weder für sich sucht noch ihr dienstbar ist. «Das Leben des Erlösers war nichts andres als *diese* Praktik, – sein Tod war auch nichts andres …» Wer sich der Praktik anschließt, kann sich wie er «göttlich», «selig», «evangelisch», zu jeder Zeit als «Kind Gottes» fühlen. Mit der Praktik, die Nietzsche *evangelisch* nennt, war nicht nur die «ganze jüdische *Kirchen*-Lehre» in ihren Begriffen von der *Sünde* über die *Vergebung der Sünde* und den *Glauben* bis zur *Erlösung durch den Glauben* «abgethan», sondern ist vor allem die Lehre der *christlichen* Kirche, auf die die Wahl der Begriffe zielt, verneint. Der Wandel des «Christen» in Paragraph 33 dementiert nichts mehr als den christlichen Glauben. Der Ertrag für das typologische Unternehmen findet sich in dem Satz ausgesprochen: «Der tiefe Instinkt dafür, wie man *leben* müsse, um sich ‹im Himmel› zu fühlen, um sich ‹ewig› zu fühlen, während man sich bei jedem andren Verhalten durchaus *nicht* ‹im Himmel fühlt›: dies allein ist die psychologische Realität der ‹Erlösung›.»[18]

Der Verneinung der Soteriologie folgt der Angriff auf die christologische Mitte: den Messias und den eingeborenen Sohn Gottes. «Wenn ich irgend Etwas von diesem grossen Symbolisten verstehe, so ist es das, dass er nur *innere* Realitäten als Realitäten, als ‹Wahrheiten› nahm, – dass er den Rest, alles Natürliche, Zeitliche, Räumliche, Historische nur

18 *AC* 33, 1–4 (205–206). Cf. *Matthäus* V, 3–10, 14–16, 22, 32, 34, 39–41, 44–48.

als Zeichen, als Gelegenheit zu Gleichnissen verstand.» Der Erlöser, der sich die Bezeichnung «des Menschen Sohn» zu eigen machte, beanspruchte damit nicht, der Messias zu sein. Er sprach nicht von einer Person, «die in die Geschichte gehört». Vielmehr hatte er «eine ‹ewige› Thatsächlichkeit, ein vom Zeitbegriff erlöstes psychologisches Symbol» im Sinn. Obgleich er keinen Begriff von der Natur hatte, befreite er sie auf seine Weise von der geschichtlichen Verkürzung und zeitlichen Verengung des Einmaligen zur beständigen Möglichkeit. In der Rede von Gott, die ihm das Evangelium zuschreibt, vom Reich Gottes, vom Himmelreich, von der Kindschaft Gottes, erkennt Nietzsche die Semiotik der inneren Welt und Wahrnehmung des «typischen Symbolikers». Was ihn nicht daran hindert, die Rede zu einer christlichen zu erheben, um sie, einer langen christlichen Tradition der Rückbesinnung und Erneuerung folgend, gegen das real existierende Christentum zu wenden: «Nichts ist unchristlicher als die *kirchlichen Cruditäten* von einem Gott als Person, von einem ‹Reich Gottes›, welches *kommt*, von einem ‹Himmelreich› *jenseits*, von einem ‹Sohne Gottes›, der *zweiten Person* der Trinität.» Das christliche Glaubensbekenntnis, die Berufung des Christentums auf Christus, als unchristlich zu tadeln, ist ein Fest der antichristlichen Ironie, aber kein Höhepunkt der philosophischen Kritik. Ähnliches läßt sich von der Polemik sagen, die Kirche habe aus dem Symbolismus ihres Hauptes «eine Amphitryon-Geschichte» gemacht – in der der Heilige Geist dem Beispiel Zeus' folgte und Maria in der Lage Alkmenes wäre –, um sie «an die Schwelle des christlichen ‹Glaubens›» zu setzen. Auf einem anderen Boden bewegt sich der Typologe, wenn er den «Cruditäten» der Überlieferung, in retrograder Abfolge, seine Deutung der Symbolsprache des Erlösers entgegenhält: Der *Sohn* steht für die Seligkeit oder, wie wir jetzt hören, den «*Eintritt* in das Gesammt-Verklärungs-Gefühl aller Dinge», während der *Vater* «*dieses Gefühl selbst*, das Ewigkeits-, das Vollendungs-Gefühl» ausdrückt, in dem der Erlöser sich geborgen findet, seinen Halt hat und zur Ruhe kommt. Das *Himmelreich*, das den Kindlein gehört, ist ein Zustand des Herzens und nichts, das «über der Erde» angesiedelt oder «nach dem Tode» zu erhoffen wäre. Der «Begriff des natürlichen Todes» fehlt im rekonstruierten Evangelium. Er ist wie «die Zeit, das physische Leben und seine Krisen» für den «Lehrer der ‹frohen Botschaft›» schlicht «nicht vorhanden». Das *Reich Gottes* schließlich verweist auf die Erfahrung der Vollendung. Es ist nichts, das erwartet wird; «es hat kein Gestern und kein Übermorgen, es kommt nicht in ‹tausend Jahren›»; es bezeichnet das Zusammenfallen von Augenblick und Ewigkeit.[19]

Der Tod am Kreuz ist die einzige Bestimmung, oder jedenfalls die einzige «äußere» Tatsache, die Nietzsche aus dem christlichen Credo beibehält. «Dieser ‹frohe Botschafter› starb wie er lebte, wie er *lehrte* – *nicht* um ‹die Menschen zu erlösen›, sondern um zu zeigen, wie man zu leben hat.» Das «Um zu» ist retrospektiv und objektivierend gesprochen, da der Erlöser seiner selbst, wie wir gesehen haben, im strengen Sinne niemanden lehren und nichts zeigen will. Wenn Nietzsche ihn gleichwohl einen Lehrer nennt, tut er das im Kontrast zum Lehrer der Kirche und mit Rücksicht auf die *gelebte* Botschaft, die *Hinterlassenschaft*: «Die *Praktik* ist es, welche er der Menschheit hinterliess: sein Verhalten vor den Richtern, vor den Häschern, vor den Anklägern und aller Art Verleumdung und Hohn, – sein Verhalten am *Kreuz*.» Nietzsche sammelt die ganze Praktik in der Botschaft: «nicht dem Bösen widerstehen», die er schon zu Beginn der Erörterung als die tiefste Lehre der Evangelien herausstellte, und setzt am Ende hinzu: «– ihn *lieben* ...» Denn die Liebe wehrt dem Wider-Willen und wirkt dem Aufkommen von Rach- und Nachgefühlen entgegen.[20] Nietzsche verleiht seiner Lesart des Evangeliums Nachdruck, indem er aus dem Stoff der Überlieferung in freier Gestaltung einen knappen Dialog schafft, den er als augenfälliges Zeugnis der Schrift aufruft: «Die Worte zum *Schächer* am Kreuz enthalten das ganze Evangelium. ‹Das ist wahrlich ein *göttlicher* Mensch gewesen, ein Kind Gottes› sagt der Schächer. ‹Wenn du dies fühlst – antwortet der Erlöser – *so bist du im Paradiese*, so bist auch du ein Kind Gottes ...›»[21] Nietzsche legt dem Verbrecher eine Aussage in

19 *AC* 34, 1–3 (206–207).

20 Zur Übereinstimmung mit und zum Unterschied von Nietzsches *amor fati* beachte S. 72–74 mit Anm. 30.

21 Im Erstdruck des *Antichrist* von 1894 und in allen auf der Textgestaltung durch das Nietzsche Archiv fußenden Editionen (einschließlich der ersten Einzelausgaben von 1932 und des über mehr als ein halbes Jahrhundert verbreiteten Nachdrucks innerhalb der Kröner-Taschenausgabe Alfred Baeumlers) ist die Stelle unterdrückt. Die Worte, die nach Nietzsche «das ganze Evangelium» enthalten, blieben den Lesern bis zur Edition von Karl Schlechta im Jahr 1956 unbekannt. Verschiedene Kommentatoren äußerten die Vermutung, daß Nietzsches Schwester und das Weimarer Archiv die beiden Sätze strichen, da sie eine mangelnde «Bibelfestigkeit» Nietzsches zeigten. Man kann das, was Nietzsche in Abschnitt 35 tut, kaum mehr verkennen.

den Mund, die das Evangelium des Lukas einem römischen Hauptmann nach dem Tode Jesu zuschreibt. Der Verbrecher versteht das Handeln des Erlösers, der bittet, leidet, liebt «*mit* denen, *in* denen, die ihm Böses thun», als göttlich. Durch die «Praktik» wird für sein Gefühl offenbar, daß er einen göttlichen Menschen vor sich hat. Und ebendieses Gefühl wird für ihn – darin ist «das ganze Evangelium» beschlossen – zum Paradies und erweist ihn als Kind Gottes, ohne Aufschub, unmittelbar, in diesem Augenblick. Nietzsche ersetzt in der Aussage des Hauptmanns das Urteil *gerechter Mensch* (*anthropos dikaios*) durch *göttlicher Mensch* und gibt mit der Erweiterung *ein Kind Gottes* die Verbindung zwischen dem Erlöser und dem Schächer an. In der «frohen Botschaft» des Erlösers tritt an die Stelle der Gerechtigkeit und der Frömmigkeit die Gotteskindschaft – die Seligkeit.[22]

Nachdem Nietzsche den Erlöser in die Typologie des *Antichrist* eingeführt und im eigenen Namen einen von Grund auf erneuerten frohen Botschafter gegen den Erlöser der christlichen Tradition aufgeboten hat, bringt er das Wir in den Text zurück, für das er in den ersten vierzehn Abschnitten programmatisch, politisch und philosophisch, die Stimme erhob. «Erst wir, wir *freigewordenen* Geister, haben die Voraussetzung dafür, Etwas zu verstehn, das neunzehn Jahrhunderte missverstanden haben». Die freien Geister von Paragraph 13 haben sich in Paragraph 36 in freigewordene Geister verwandelt. Nietzsche spricht für und zu freien Geistern, die gleich ihm durch das Christentum hindurchgegangen sind. Er verwendet zur Kennzeichnung des Wir, das den Autor und die vorzüglichen Adressaten umfaßt, einen Begriff, der den Hinweis auf das geschichtliche Werden und die geschichtliche Stellung in sich trägt. Die Voraussetzung, die es dem Wir erlaubt, den Erlöser, das Evangelium und das Christentum zu verstehen, ist, wie Nietzsche erläuternd fortfährt, «jene Instinkt und Leidenschaft gewordene Rechtschaffenheit, welche der ‹heiligen Lüge› noch mehr als jeder andren Lüge den Krieg macht …» Die Rechtschaffenheit oder Redlichkeit, über die die freigewordenen Geister gebieten, wurde durch das Christentum, durch die moralische Forderung unbedingter Wahrhaftigkeit, und im Streit mit

22 *AC* 35 (207–208) und 29 (200). *Lukas* XXIII, 39–47; cf. *Matthäus* XXVII, 44 und 54; *Markus* XV, 27 und 39. In dem von Nietzsche bevorzugten Evangelium des Johannes kommt weder der Schächer noch der Hauptmann vor. Luther übersetzt *anthropos dikaios/homo iustus* in *Lukas* XXIII, 47 mit *frommer Mensch*.

dem Christentum, im «Krieg» gegen seine Pia fraus, so geschärft, daß jetzt die Unterscheidung des Erlösers seiner selbst und des Erlösers der Menschheit, der Botschaft des Evangeliums und der Lehre der Kirche möglich ist. Die freigewordenen Geister verfügen über die *Voraussetzung*. Aber es ist der Autor des *Antichrist*, der das Sensorium nutzt und das Instrument einsetzt, um die Trennung zu vollziehen. Dabei hat er keine Scheu, sich der dichterischen Mittel zu bedienen, die seine Rechtschaffenheit im Werk der christlichen Überlieferung offenlegt: Indem er den Erlöser «die Worte» sprechen läßt, die «das ganze Evangelium» nach seinem Verständnis zum Ausdruck bringen, zeigt er, was die Evangelisten taten, um den Erlöser der Menschheit zu erschaffen, der der Lehre der Kirche entspricht. Wie sehr das Herausschälen des Typus in das Unternehmen der geistigen Kriegsführung eingebettet ist, tritt nicht nur an der Frontstellung der Rechtschaffenheit gegen die Lüge und an der Pose der Entrüstung über die «unverschämte Selbstsucht» hervor, die dem Aufbau der Kirche «aus dem Gegensatz zum Evangelium» zugrunde liege. Es wird besonders sinnfällig an dem Crescendo, mit dem Nietzsche die Polemik gegen das Christentum bis zur Imagination eines «grossen Welten-Spiels» treibt, in dem eine «ironische Göttlichkeit» gegen die Vorsehung der sittlichen Weltordnung antritt und sich des Christentums als eines «ungeheuren Fragezeichens» bedient. Denn Nietzsche hält der Menschheit vor, «dass sie in dem Begriff ‹Kirche› gerade das heilig gesprochen hat, was der ‹frohe Botschafter› als *unter* sich, als *hinter* sich empfand», und bescheinigt dem Christentum aus höchster Warte, daß man «vergebens nach einer grösseren Form *welthistorischer* Ironie» suche. Aber der Angriff selbst beruft sich auf «das *Recht* des Evangeliums» und bekräftigt so den bedenkenswerten Gehalt des *Typus* des Erlösers. Daß das Christentum für den göttlichen Betrachter zu einem ungeheuren Fragezeichen wird, hebt die Polemik zudem auf eine andere Ebene und weist auf einen fundamentalen Perspektivenwechsel voraus, den Nietzsche wenig später explizit machen wird.[23]

Doch zunächst wird die Dekonstruktion der Tradition fortgesetzt und der Angriff auf die Kirche weiter verschärft. Der historische Sinn, auf den sich das Zeitalter so viel zugute hält, kam der Geschichte des Christentums nicht auf den Grund, da es ihm an der typologischen Ein-

23 *AC* 36, 1–2 (208); siehe S. 157. Cf. *Jenseits von Gut und Böse* 62 und 218 (p. 83 und 153).

sicht mangelt, die für das Verständnis des «grossen Symbolisten» erforderlich ist. So blieb die «grobe Wunderthäter- und Erlöser-Fabel», die die Kirche an den Anfang stellte, unangetastet, und es wurde verkannt, daß die Geschichte des Christentums eine Geschichte des Abfalls und des Verfalls ist, daß es sich um die Geschichte «des schrittweise immer gröberen Missverstehns eines *ursprünglichen* Symbolismus» handelt. Aufstieg und Ausbreitung des Christentums führten zu seiner Vulgarisierung: «es hat Lehren und Riten aller *unterirdischen* Culte des imperium Romanum, es hat den Unsinn aller Arten kranker Vernunft in sich eingeschluckt.» Dem Bild zufolge, das Nietzsche im Rückgang auf den Symbolismus des Erlösers vom Fortschritt des Christentums zeichnet, verdarb nicht so sehr das Christentum die Barbaren. Vielmehr unterlag offenbar das Christentum durch die Missionierung den im Niedergang begriffenen Barbaren. «Als Kirche summirt sich endlich die *kranke Barbarei* selbst zur Macht, – die Kirche diese Todfeindschaftsform zu jeder Rechtschaffenheit, zu jeder *Höhe* der Seele, zu jeder Zucht des Geistes, zu jeder freimüthigen und gütigen Menschlichkeit.» Der Preis der Universalisierung der «jüdischen Kirche» war die Barbarisierung: die Verkleinerung des Menschen, das Beschneiden, Verkümmern und Verkennen seiner höchsten Möglichkeiten. Der Angriff auf die Kirche soll diese Möglichkeiten neu sichtbar machen. Dazu gehört die Unterscheidung der beiden Erlöser ebenso wie die Erinnerung an die vom Christentum besiegte aristokratische Ordnung, vor allem aber die Freilegung und Belebung des grundsätzlichen Gegensatzes zu den Hyperboreern. Nietzsche bringt die Unterscheidung, Erinnerung und Freilegung auf die schlichte binäre Formel: *christlich oder vornehm*. «Die christlichen – die *vornehmen* Werthe: erst wir, wir *freigewordnen* Geister, haben diesen grössten Werth-Gegensatz, den es giebt, wiederhergestellt!»[24]

Mit der Gegenstellung der freigewordenen Geister zum Christentum ist Nietzsches Geschichtsbetrachtung in der Gegenwart angelangt. Die Rechtschaffenheit, die der Lüge im Christentum «den Krieg macht», bezeichnet das äußerste Ende der christlichen Wirkungsgeschichte. Mit der von ihm gepriesenen Rechtschaffenheit geht, wie Nietzsche bekennt, ein Gefühl der «Menschen-Verachtung» einher, das ihn an manchen Tagen heimsucht: die Verachtung für den Menschen, der es in seiner Haltung zum Christentum an der nötigen Rechtschaffenheit fehlen läßt.

24 *AC* 37, 1–2 (208–209); cf. 21, 2; 22; 24, 2–3 (188–189 und 192–193).

Die Verachtung gilt ausdrücklich dem Menschen der Gegenwart. Gegen das Vergangene ist Nietzsche, «gleich allen Erkennenden» – nicht anders als die zuvor ins Spiel gebrachte «ironische Göttlichkeit» –, «von einer grossen Toleranz, das heisst *grossmüthigen* Selbstbezwingung». Er gehe «durch die Irrenhaus-Welt ganzer Jahrtausende, heisse sie nun ‹Christenthum›, ‹christlicher Glaube›, ‹christliche Kirche› mit einer düsteren Vorsicht hindurch», ohne die Menschheit verantwortlich zu machen. Aber in der Gegenwart schlage sein Gefühl um. «Was ehemals bloss krank war, heute ward es unanständig, – es ist unanständig, heute Christ zu sein. *Und hier beginnt mein Ekel.*» Abermals tritt Nietzsche aus dem Wir hervor. Er spricht, ohne «einen Seufzer» zu unterdrücken, von seinem Gefühl. Er stellt seinen Ekel aus. Er bekundet seine Entrüstung, um die moralische Entrüstung im Kampf gegen das Christentum zu mobilisieren, den er mit seiner Person verbindet. Die Verurteilung der Lüge, der Vorwurf der Unanständigkeit, die Rekapitulation des Sündenregisters der Kirche, deren Begriffe er «als bösartigste Falschmünzerei» brandmarkt – alles dient der Ächtung des Christentums. Die Entrüstung soll politisch bewirtschaftet werden. Die Anklage, daß die Kirche den Zweck verfolge, «die Natur, die Natur-Werthe zu *entwerthen*», und daß es sich beim christlichen Priester um «die eigentliche Giftspinne des Lebens» handle, zeigt an, daß Nietzsche den Ekel außerdem in seiner Abwehr- und Schutzfunktion zu aktivieren sucht. Die Absicht, den Ekel in zweifacher Weise nutzbringend einzusetzen, verbietet jeden Hinweis darauf, daß Nietzsche den Ekel seit langem als seine größte Gefahr erkannt hat. Für den ersten Adressaten des Buchs erübrigt sich die Wiederholung.[25]

Das politische Ziel der Diatribe gegen das Christentum zeichnet sich deutlicher ab, wenn Nietzsche gegen Ende des achtunddreißigsten Abschnitts «unsere Staatsmänner» ins Visier nimmt und sie als «Antichristen der That» apostrophiert, eine Bezeichnung, die er nur an dieser Stelle gebraucht. Als Handelnde sind die Staatsmänner der Gegenwart «Antichristen der That durch und durch», denn «jede zur *That* werdende Werthschätzung ist heute antichristlich». Doch sie ziehen aus ihrem habituellen Antichristentum nicht die nötigen Konsequenzen und verbergen ihr Nichtchristsein vor sich selbst oder vor der Öffentlichkeit. Um die politisch Handelnden als Verbündete zu gewinnen, hält

25 *AC* 38, 1–2 (209–211); cf. S. 193, Anm. 26. Siehe S. 48–50.

Nietzsche ihnen, leicht faßlich, vor Augen, was das Christentum in ihrem Gesichtskreis verneint: «Dass man Soldat, dass man Richter, dass man Patriot ist; dass man sich wehrt; dass man auf seine Ehre hält; dass man seinen Vortheil will; dass man *stolz* ist ...» Vor allem aber setzt er diejenigen unter ihnen, die die Trennung vom Christentum noch nicht vollzogen haben, dem Vorwurf der Falschheit, wahlweise der Inkohärenz oder der Hypokrisie, aus. Dem jungen Kaiser des Deutschen Reichs etwa legt er zur Last, daß er sich, «an der Spitze seiner Regimenter, prachtvoll als Ausdruck der Selbstsucht und Selbstüberhebung seines Volks» zeige und gleichzeitig «*ohne* jede Scham» als Christ bekenne. Die Antichristen der Tat sollen es als Schande ansehen, mit dem Christentum in Verbindung gebracht zu werden. Der Philosoph, der die Welt aus einer Warte jenseits von Gut und Böse betrachtet, weiß, daß die Moral ein unverzichtbarer Teil der Politik ist. Der Autor des «Fluchs auf das Christenthum» bedient sich der Anklage der Unanständigkeit und Schamlosigkeit als einer Waffe der geistigen Kriegsführung.[26]

26 *AC* 38, 2 (211). Cf. *Jenseits von Gut und Böse* 295 (p. 239). – Der Erstdruck des *Antichrist* unterdrückte im Satz: «Ein junger Fürst, an der Spitze seiner Regimente[r] ...» das Adjektiv *junger*, das die Bezugnahme auf Wilhelm II. offensichtlich machte. Er war erst wenige Monate Kaiser, als Nietzsche das Druckmanuskript redigierte. In seiner Thronrede vom 22. November 1888 legte der Neunundzwanzigjährige ein Bekenntnis zum Christentum ab. Zu Einzelheiten siehe Andreas Urs Sommers Hinweise in *NK* 6/2, p. 187–188.

IV

Glaube

Die Erkenntnis, auf die das typologische Unternehmen zielt, die Selbsterkenntnis und Selbstverständigung des Philosophen, hält mit der Polemik des *Antichrist* Schritt. Wenn die geistige Kriegsführung in der Vorhand ist, sorgt Nietzsche dafür, daß die Betrachtung aus ihrem Schatten tritt und die Spitze übernimmt. Die im Wechsel, versetzt, voranschreitende Parallelordnung kommt in den beiden Paragraphenpaaren sinnfällig zum Ausdruck, die Nietzsche mit *Ich* beginnt: Die Abschnitte 31 und 32, die die Mitte des Buchs bilden, kontrastieren, wie wir gesehen haben, den Erlöser des Christentums mit dem Erlöser der Typologie. Die Abschnitte 38 und 39 verbindet der konträre Umgang mit dem Ekel in Rücksicht auf das Christentum.[1] Während im achtunddreißigsten Paragraphen die antichristliche Propaganda einen Höhepunkt erreicht und Nietzsche den Angriff auf das Christentum der Gegenwart in der Bekundung seines Ekels gipfeln läßt, nimmt der neununddreißigste Paragraph einen grundsätzlichen Perspektivenwechsel vor.

Zum einen erklärt Nietzsche das Christentum – in Übereinstimmung mit der typologischen Rekonstruktion, die von der Geschichte auf die Natur zurückgeht oder die Geschichte zur Natur übersteigt – zu einer Art ewigen Möglichkeit. Die typologische Aufwertung bedeutet indes keine Entlastung des geschichtlichen Christentums. Denn sie betrifft ausdrücklich das «echte» Christentum, die christliche Praktik im Unterschied zur christlichen Glaubenslehre, «ein Leben so wie der, der am Kreuze starb, es *lebte*». Ein solches Leben «wird zu allen Zeiten möglich sein …» Auch wenn Nietzsche herausstellt, daß das Christentum schon als Bezeichnung «ein Missverständniss» sei, da es «im Grunde nur Einen Christen» gegeben habe, liegt die Frage nahe, ob das «Christenthum», das in der christlichen Glaubenslehre seinen Niederschlag

1 Nietzsche beginnt acht Paragraphen des *Antichrist* mit *Ich*: 12, 24, 31, 32, 38, 39, 45, 50. Im Zentrum stehen die Paare, die vom Erlöser sprechen (31–32) und den Ekel behandeln (38–39).

fand, nicht gleichfalls typologisch einzuordnen ist. Ob mit dem Christentum, das aus der Verwandlung des Evangeliums in ein «Dysangelium», eine «schlimme Botschaft», entstand und seinen Aufstieg begann, also nicht in anderer Gestalt immer aufs neue zu rechnen sei. Diese Frage der Wiederkehr wird das Buch bis zum Schluß begleiten. Sollte der *Antichrist* mit dem Sieg über das geschichtliche Christentum etwa seine politisch-philosophische Bedeutung einbüßen?[2]

Zum anderen nimmt Nietzsche das geschichtliche Christentum, dem der «Fluch» des Autors gilt, selbst neu in den Blick. Er macht dabei weder Abstriche von seiner Kritik, noch vermindert er die Vehemenz der Attacke. Vielmehr wiederholt er das Verdikt, daß das Christentum, gleich seinem Erlöser, vom «Instinkt-Hass *gegen* jede Wirklichkeit» getrieben sei, und er nennt es eine «*nur* in schädlichen, *nur* in leben- und herzvergiftenden Irrthümern erfinderische und selbst geniale Religion». «Aus der Höhe gesehn» aber bleibe «diese fremdartigste aller Thatsachen» ein «*Schauspiel für Götter*», nämlich «für jene Gottheiten, welche zugleich Philosophen sind». Zur näheren Kennzeichnung bezieht er sich auf die Gottheiten, denen er «bei jenen berühmten Zwiegesprächen auf Naxos» begegnete – Begegnungen, die sich der Kraft seines Denkens, und Zwiegespräche, die ihre Berühmtheit der dichterischen Darstellung in *Jenseits von Gut und Böse* und *Götzen-Dämmerung* verdanken. Für die göttlichen Philosophen macht die Betrachtung den Unterschied. Aus der Distanz der höchsten Warte haben sie den Ekel unter sich.[3] «Im Augenblick, wo der *Ekel* von ihnen weicht (– *und* von uns!), werden sie dankbar für das Schauspiel des Christen: das erbärmliche kleine Gestirn, das Erde heisst, verdient vielleicht allein um *dieses* curiosen Falls willen einen göttlichen Blick, eine göttliche Antheilnahme ...» Wie eine solche göttliche Anteilnahme aussehen mag, imaginierte Nietzsche im ersten Zwiegespräch, das er «auf Naxos» führte, als er Dionysos über den Menschen sagen ließ: «ich denke oft darüber nach, wie ich ihn noch vorwärts bringe». Ein Beispiel hat er gerade mit der Überwindung des Ekels in Dankbarkeit gegeben.[4]

2 *AC* 39, 2 (211–212).

3 Siehe S. 72–74.

4 *AC* 39, 2–3 (212–213); zum «Instinkt-Hass gegen jede Wirklichkeit» 15 (181–182), 29, 3 (200), 30, 1 (200). Cf. 36, 2 (208) und S. 233–234. *Jenseits von Gut und Böse* 295 (p. 238–239). *Götzen-Dämmerung*, Streifzüge eines Unzeitgemässen 19

Nietzsche setzt in Abschnitt 39, nach drei Gedankenstrichen am Ende von Abschnitt 38, noch einmal neu an. «Ich kehre zurück, ich erzähle die *echte* Geschichte des Christenthums.» Die echte Geschichte folgt dem Leitfaden der christlichen Glaubenslehre. Zwar wertet Nietzsche eingangs den Glauben, gegen Luthers *sola fide* gewendet, zu einem Mantel, Vorwand, Vorhang ab, hinter dem zu allen Zeiten «die Instinkte ihr Spiel spielten». Gleichwohl richtet er in den nächsten vierzehn Paragraphen die Aufmerksamkeit auf den Glauben, nicht nur weil die Kritik des Glaubens für die Selbstverständigung des Philosophen unverzichtbar, sondern wissend, daß die Geschichte des Christentums nicht zu erzählen ist, wenn man es nicht beim Wort nimmt und seine Lehre außer acht läßt. Deshalb verweist er sogleich auf das innere Gefüge des Glaubens, das er in *Götzen-Dämmerung* emphatisch als «System» charakterisierte: «*Ein* Begriff hier weg, eine einzige Realität an dessen Stelle – und das ganze Christenthum rollt in's Nichts!»[5] Die Wegscheide von christlicher Praktik und christlicher Glaubenslehre sieht Nietzsche im Tod am Kreuz, den die Jünger nicht als «die stärkste Probe» der frohen Botschaft verstanden, sondern der sie als «das schreckliche Fragezeichen» traf, «warum gerade so?», und ihr Augenmerk auf den Feind lenkte, der für den Tod verantwortlich zu machen war. «Hier *musste* Alles nothwendig sein, Sinn, Vernunft, höchste Vernunft haben; die Liebe eines Jüngers kennt keinen Zufall.» Den Ausweg aus dem Engpaß der Sinn- und Hoffnungslosigkeit wies der Glaube an die Providenz Gottes, die alles zum Heil wendet. Der natürliche Feind wurde faßbar im «obersten Stand» des Judentums. Die Anhänger Jesu verschafften sich Genugtuung, indem sie ihren Meister nachträglich als «*im Aufruhr gegen die Ordnung*» auslegten. «Bis dahin *fehlte* dieser kriegerische, dieser neinsagende, neinthuende Zug in seinem Bilde; mehr noch, er war dessen Widerspruch. Offenbar hat die kleine Gemeinde gerade die Hauptsache *nicht* verstanden, das Vorbildliche in dieser Art zu sterben, die Freiheit, die Überlegenheit *über* jedes Gefühl von ressentiment». Das Ressentiment verwandelte das Evangelium in ein Dysangelium. Der Glaube der Ohnmächtigen hielt sich durch die Verlegung des Rei-

(p. 123–124). Siehe S. 82–83 und beachte *Was ist Nietzsches Zarathustra?*, p. 58–59.

5 *AC* 39, 2 (212). *Götzen-Dämmerung*, Streifzüge eines Unzeitgemässen 5 (p. 113–114). Siehe S. 199 mit Anm. 1 und S. 217–218.

ches Gottes in die Zukunft für die Niederlage in der Gegenwart schadlos und nahm Rache an der Welt, indem er, anknüpfend an die überlieferte Erwartung eines Messias, Jesus aus der «evangelischen Gleichberechtigung von Jedermann zum Kind Gottes» emporhob und als Sohn Gottes von den Jüngern, von der Menschheit, von allem Irdischen ablöste, «ganz so, wie ehedem die Juden aus Rache an ihren Feinden ihren Gott von sich losgetrennt und in die Höhe gehoben haben.» Auf diese Weise hat Nietzsche gleich zu Beginn seiner Erzählung die zentralen Begriffe der christlichen Glaubenslehre, Gott als Herrn der sittlichen Weltordnung und Christus als Sohn Gottes, auf Eine Wurzel zurückgeführt und aus den Rach- und Nachgefühlen hergeleitet.[6]

Die Überwindung der Verzweiflung und die Aussöhnung der Gemeinde mit sich selbst im Glauben war eine Sache, die Universalisierung des Glaubens zur Menschheitsreligion und die Missionierung der Ungläubigen in allen Himmelsstrichen war eine andere. Die Brücke zeichnet sich in der Antwort ab, die die «kleine Gemeinschaft» auf die Frage fand, wie Gott den Kreuzestod Jesu zulassen konnte: «Gott gab seinen Sohn zur Vergebung der Sünden, als *Opfer*.» Er opferte den Unschuldigen für die Sünden der Schuldigen, d.h. für *alle* Menschen. Nietzsche nennt dieses Schuldopfer «schauderhaftes Heidenthum» und betont den Gegensatz zum Evangelium seiner Rekonstruktion: «Jesus hatte ja den Begriff ‹Schuld› selbst abgeschafft, – er hat jede Kluft zwischen Gott und Mensch geleugnet, er *lebte* diese Einheit von Gott und Mensch als *seine* ‹frohe Botschaft› ...» Der Aufstieg des Christentums zur Weltreligion setzt die Abkehr von der frohen Botschaft oder, genauer gesagt, die Umdeutung des Erlösers seiner selbst in den Erlöser der Menschheit voraus. In den Typus des Erlösers, den Nietzsche jetzt zum Ausgangspunkt der geschichtlichen Entwicklung macht, «tritt schrittweise hinein»: die Lehre vom Gericht, die Jedermann Gerechtigkeit und insonderheit den Machtlosen Vergeltung verspricht; die Lehre von der Wiederkunft, die den Sieg über den Alten Feind und das Ende der Geschichte verheißt; die Lehre vom Tod als einem Opfertod, die dem Dasein ein moralisches Schwergewicht verleiht, und schließlich die Lehre von der Auferstehung, «mit der der ganze Begriff ‹Seligkeit›, die ganze und einzige Realität des Evangeliums eskamotirt ist – zu Gunsten eines Zustandes *nach* dem Tode! ...» Beim letzten und für alles Weitere entscheidenden Schritt

6 *AC* 39, 1–2 und 40 (211–214).

zur christlichen Glaubenslehre kehrt Paulus, mit Invektiven versehen, in den *Antichrist* zurück. Nietzsche legt ihm zur Last, daß durch ihn aus dem Evangelium «die verächtlichste aller unerfüllbaren Versprechungen» wurde, «die *unverschämte* Lehre von der Personal-Unsterblichkeit… Paulus selbst lehrte sie noch als *Lohn*! …» Der Weltmissionar verstand sich nicht nur auf Rache und Vergeltung, sondern wußte um die Eigenliebe und Eitelkeit der Menschen.[7]

Paulus verfügte über das nötige Wissen und den einschlägigen Willen zur Macht, um aus dem Glauben einer verstreuten Gemeinde eine weltumspannende Religion zu schaffen. Nietzsche widmet seiner näheren Kennzeichnung und dem Ausblick auf die politischen Folgen seiner Wirksamkeit zwei Abschnitte, die den Fortgang der Geschichtserzählung anhalten, aber die Typologie entscheidend erweitern. Denn er führt den wahren Begründer des Christentums als den «Gegensatz-Typus zum ‹frohen Botschafter›» ins Feld. Geht der Erlöser des Evangeliums in der Seligkeit der Gegenwart auf, ist der Stifter der Religion der Menschheit ganz auf die Zukunft gespannt. Lebt jener ohne Unterschied im Diesseits und beschränkt sich seine Lehre auf das Beispiel der Praktik, so richtet dieser den Glauben konsequent am Jenseits aus und gibt ihm die Festigkeit eines Systems, das allen katechetischen Anforderungen genügt. Hat für den einen die Trennung von Mensch und Gott in der Innerlichkeit seines Gefühls keinen Bestand, stellt der andere die Souveränität Gottes und den Gehorsam des Glaubens heraus. Verbindet sich mit Jesus in der Typologie die Unfähigkeit zum Widerstehen, zur Verneinung, zur Feindschaft, so verkörpert Paulus für Nietzsche «das Genie im Hass, in der Vision des Hasses, in der unerbittlichen Logik des Hasses.» Der Antichrist spitzt den Gegensatz aufs äußerste zu und hält dem Lehrer des christlichen Glaubens vor, er habe den einzigen Christen für sein Werk geopfert: «*Was* hat dieser Dysangelist Alles dem Hasse zum Opfer gebracht! Vor allem den Erlöser: er schlug ihn an *sein* Kreuz.» Wie zuvor im Falle des Erlösers wird die typologische Charakterisierung im Gewand schärfster Polemik präsentiert: «Das Leben, das Beispiel, die Lehre, der Tod, der Sinn und das Recht des ganzen Evangeliums» – nichts von dem, was Nietzsche dem Erlöser zugute hielt, blieb übrig, als der «Falschmünzer aus Hass» erst einmal begriff, «was allein er brauchen konnte». Der Heidenapostel ordnete alles dem Einen

7 *AC* 41, 1–2 (214–215); cf. 24, 3 (192–193) und S. 213–214.

Zweck seiner Gründung unter. Dazu gehörte der Umgang mit der Geschichte des ersten Christentums, die er «sich erfand», und mit der Geschichte Israels, die er, anknüpfend an die Priester des Judentums, «nochmals verfälschte», damit sie als «Vorgeschichte für *seine* That» erscheine: «alle Propheten haben von *seinem* ‹Erlöser› geredet … Die Kirche fälschte später sogar die Geschichte der Menschheit zur Vorgeschichte des Christenthums …» Nach dem Auftritt des Paulus war der Weg zurück zu dem verlegt, was das Christentum in der Nachfolge des Erlösers auch hätte sein können: «ein neuer, ein durchaus ursprünglicher Ansatz zu einer buddhistischen Friedensbewegung, zu einem thatsächlichen, *nicht* bloss verheissenen *Glück auf Erden.*» Mit diesem Urteil scheint die Fallhöhe für die folgende Verhandlung angegeben zu sein.[8]

Aber Paulus brach einer Bewegung anderer Art Bahn. Der Typus, der im *Antichrist* seinen Namen trägt, gibt sich weder mit Diätetik zufrieden, noch nimmt er an der Kunst des guten Lebens Maß. Er will die Veränderung der Welt. Es geht ihm um Herrschaft und Gehorsam. Er ist ganz Wille im Geschirr gespannter Zielstrebigkeit. Das Bild, das Nietzsche zeichnet, hat sein ikonisch-emblematisches Gegenstück im späten Meisterwerk Albrecht Dürers, das Paulus im Unterschied zu den Aposteln Johannes und Petrus und dem Evangelisten Markus nicht in die Schrift versenkt oder den Blick zum Himmel gewandt, sondern in höchster Wachsamkeit für das zeigt, was außerhalb des Gemäldes, was in der Welt geschieht, so daß der Betrachter, wie sehr er es auch versuchen mag, dem Auge der Gestalt nicht entkommen kann, die als einzige neben einem geschlossenen Buch ein scharfes Schwert in Händen hält. Wer diesen Apostel zum Feind hat, hat Grund, ihm auf der Höhe seines Anspruchs zu begegnen. Nietzsche bekräftigt das Priestertum von Paulus, das er bei der ersten Erwähnung hervorhob: «*Sein* Bedürfniss war die *Macht*; mit Paulus wollte nochmals der Priester zur Macht». Doch er versäumt nicht nachzutragen, daß Paulus «seine Heimath an dem Hauptsitz der stoischen Aufklärung hatte». Mit der Erinnerung an die Schule der Stoa von Tarsus gibt Nietzsche einen pointierten Hinweis auf die philosophischen Einflüsse, die in die Gründung des Christen-

8 *AC* 42, 1–2 (215–216); cf. 26, 1–2 (194–195) und S. 216–218. – Zur Erörterung von Paulus außerhalb der Typologie des *Antichrist* siehe *Morgenröthe* 68 (p. 64–68) und *Die fröhliche Wissenschaft* V, 353 (p. 589–590).

tums Eingang fanden.[9] Im unmittelbaren Kontext dient sie ihm dazu, die Darstellung, die Paulus vom Wunder seiner Bekehrung und Berufung zum Apostel gab – Nietzsche spricht von «Hallucination» –, als den politischen Kunstgriff eines Wissenden auszuweisen: «Paulus wollte den Zweck, *folglich* wollte er auch die Mittel …» Paulus' charismatische Legitimation war Ausdruck seines Willens zur Macht.[10] Der unbedingte Wille zur Macht, der ihn auszeichnete, ließ ihn die Universalisierung der Offenbarungsreligion in Angriff nehmen und vermittels der von ihm virtuos adaptierten und applizierten platonisch-stoischen Unsterblichkeitslehre zum Erfolg führen. Er verlieh ihm welthistorische Statur. Nietzsche zieht die Linie bis zum Islam aus und macht Paulus' Synthese und Innovation so zum Kreuzungspunkt der drei Offenbarungsreligionen: «*Was* allein entlehnte später Muhamed dem Christenthum? Die Erfindung des Paulus, sein Mittel zur Priester-Tyrannei, zur Heerden-Bildung den Unsterblichkeits-Glauben – *das heisst die Lehre vom ‹Gericht›* …» Das Gericht enthüllt die politisch-theologische Bedeutung der *Personal-Unsterblichkeit*. Sie hält Lohn *und* Strafe bereit.[11]

9 Unter den Zeitgenossen, die Nietzsche las und die ihn lasen, hat Bruno Bauer den Einfluß der stoischen und durch sie der platonischen Doktrinen auf das entstehende Christentum am stärksten betont. In *Christus und die Caesaren. Der Ursprung des Christenthums aus dem römischen Griechenthum* (Berlin 1877) beansprucht er, nachgewiesen zu haben, «dass die Grundsätze des Christenthums, der Gewinn des Sterbens, die Weisheit der Flucht aus der Welt und die Vollendung im Tode, (dazu das Bild vom Logos als dem Offenbarer des Göttlichen) von der Philosophie Griechenlands aufgestellt waren und von dem Christenthum als Eine Thatsache für die Nachfolge zur Anschauung gebracht sind», p. 325. Cf. p. 36–43.
10 *Apostelgeschichte* IX, 1–31. Beachte *1. Korinther* XV, 1–17. – Zu einer Erklärung von Paulus' «Hallucination», die es nicht beim Priestertrug bewenden läßt, siehe *EH* III, Also sprach Zarathustra 3 (339–340) und S. 127–128 mit Anm. 15.
11 *AC* 42, 2–4 (216–217). Im Druckmanuskript lautete die Stelle über die Heimat des Paulus zunächst: «der seine Heimath an der Hauptuniversität des antiken Stoicismus hatte» (*KSA* 14, p. 443). Cf. Strabon: *Geographika* XIV, 5, 13–15. – Bei Julius Wellhausen las Nietzsche, daß für den Propheten des Islam «im Mittelpunkte seiner Gedanken das Gericht über die Individuen» stand, «wo jede Seele nackt vor Gott erscheint und Gott das Facit aus ihrem Leben zieht […]. Dieses individuelle Gericht nun ist den Juden kaum in der Theorie bekannt, in der Praxis jedenfalls ganz unbekannt. Von der allgemeinen Verantwortung am jüngsten Tage, von Himmel und Hölle im Sinne des Neuen Testamentes wissen die Juden nichts, so nahe diese Vorstellungen ihnen auch zu liegen scheinen. Vielmehr sind dies specifisch christliche Gedankenmächte […]. Wenn also die Rückkehr des Menschen

Die politischen Folgen der Paulinischen Gründung in ein scharfes Licht zu rücken, verlangt Nietzsche keine zusätzlichen Anstrengungen ab, da die Polemik des *Antichrist* diese Folgen von Anfang an ins Visier nahm. Das heißt nicht, daß er kein schweres Geschütz auffährt. Bevor er sich den politischen Auswirkungen im engeren Verstande zuwendet, macht er die Lehre von der Personal-Unsterblichkeit zu einem Unter- oder Anwendungsfall seiner Nihilismus-Diagnose des Christentums: Indem sie das Schwergewicht des Lebens *ins Jenseits* verlegt, verlegt sie es *ins Nichts*. Nicht nur widerspricht die «grosse Lüge von der Personal-Unsterblichkeit» der Vernunft und der Natur. Sie setzt auch «Alles, was wohlthätig, was lebenfördernd, was zukunftverbürgend in den Instinkten ist», dem Mißtrauen aus. «*So* zu leben, dass es keinen *Sinn* mehr hat, zu leben, *das* wird jetzt zum ‹Sinn› des Lebens ...» Mit einem Wort: es ist die Sinngebung des Christentums, die den Nihilismus schafft. Der nihilistischen Verkehrung im ganzen ordnet Nietzsche die politischen Auswirkungen im einzelnen ein. Zunächst, daß Gemeinsinn, Dankbarkeit für Herkunft und Vorfahren, Einsatz für «irgendein Gesammt-Wohl» fortan als «Versuchungen» oder als Ablenkungen vom «*Eins* ist noth» des Glaubens und von dem Heil erscheinen, das an den Glauben gebunden ist. Die Lehre hat indes nicht allein eine passive, die politische Macht der Gegenpartei schwächende, sie hat zuallererst eine aktive, die politische Macht der Kirche stärkende Konsequenz. Daß Jedermann als unsterbliche Seele gleichen Rang besitzt, daß sein Heil innerhalb der Gesamtheit aller Wesen «eine ewige Wichtigkeit in Anspruch nehmen darf», daß um seinetwillen Wunder getan, «die Gesetze der Natur beständig *durchbrochen* werden», das könne man «nicht mit genug Verachtung brandmarken». Gleichwohl «verdankt das Christenthum *dieser* erbarmungswürdigen Schmeichelei vor der Personal-Eitelkeit seinen *Sieg*». Hatte Nietzsche im sechsundzwanzigsten Abschnitt die Macht herausgestellt, die die Lehre von der Sünde dem Priester in die Hand gibt, und den Satz «Gott vergiebt dem, der Busse thut», übersetzt: «– auf deutsch: *der sich dem Priester unterwirft*», so übersetzt er jetzt das «Heil der Seele», das die Lehre von der Personal-Unsterblichkeit

zu Gott und seine Verantwortlichkeit vor ihm nach dem Tode bei Muhammed, besonders zu Anfang, als die Seele seines Monotheismus hervortritt, so entstammt die Seele des Islams dem Christentum.» *Skizzen und Vorarbeiten*. Drittes Heft. *Reste arabischen Heidentumes*. Berlin 1887, p. 209–210.

verheißt: «– auf deutsch: ‹die Welt dreht sich um *mich*› …» Die verità effettuale della cosa ist im Falle beider Lehren die Stärkung der Schlüsselgewalt des Priesters als Mittler des Heils und mithin die Ermächtigung der Kirche.[12] Nietzsche gräbt im dreiundvierzigsten Abschnitt tiefer, da er erst hier das anthropologisch tief verwurzelte Verlangen freilegt, auf das die Offenbarungsreligion antwortet, die er im sechsundzwanzigsten Abschnitt einführte: den Wunsch, als Volk, als Gattung, als Einzelner im Mittelpunkt zu stehen und sich der unendlichen Bedeutsamkeit seiner Einzigkeit zu versichern. Nietzsches Rede von der «Personal-Eitelkeit», die den anthropozentrischen Stolz einbegreift und überragt, macht den Gegensatz zu den Hyperboreern augenfällig, denen er im Kontrast zu ihren Widersachern Bescheidenheit zuerkannte.[13]

Ihrem Höhepunkt nähert sich die politische Kritik, sobald Nietzsche den egalitären Zuschnitt der Doktrin ins Auge faßt. «Das Gift der Lehre ‹*gleiche* Rechte für Alle› – das Christenthum hat es am grundsätzlichsten ausgesät». Am *grundsätzlichsten*, da es den Zug zum Egalitarismus *theologisch* begründete und ihn über die Jahrhunderte in den Hoffnungen, Erwartungen und Wertschätzungen der Menschen *religiös* verankerte. Die vielfältigen Akkommodationen, zu denen sich das Christentum verstand, vom Gottesgnadentum der Könige bis zur Stützung der Ständeordnung, überdeckten den fundamentalen Egalitarismus, ohne ihm auf lange Sicht Abbruch zu tun und seine Durchschlagskraft am Ende mindern zu können. Die Verbindung des Christentums mit den «modernen Ideen», gegen die Nietzsche die Allianz mit einer neuen Aristokratie in Stellung zu bringen sucht, beruht also keineswegs auf einem historischen Mißverständnis. Der Egalitarismus der Moderne zieht die politische Konsequenz aus der Lehre von der Personal-Unsterblichkeit. Nietzsche hat den politischen Fluchtpunkt des Feindes und des imaginierten Verbündeten gleichermaßen im Blick, wenn er dem Christentum entgegenhält, es habe aus dem Ressentiment der Massen «seine *Hauptwaffe* geschmiedet gegen *uns*, gegen alles Vornehme, Frohe, Hochherzige auf Erden, gegen unser Glück auf Erden.» Abermals öffnet Nietzsches Rede

12 Nietzsche gebraucht die Wendung «– auf deutsch» im *Antichrist* nur an den beiden angeführten Stellen der Paragraphen 26 und 43, an denen er biblische bzw. christliche Redeweisen übersetzt, deren sich die Priester bedienen.

13 *AC* 43, 1 (217); cf. 14 (180–181) und siehe S. 194–195 mit Anm. 28. Cf. Rousseau: *Discours sur l'inégalité*, Note XV, p. 370.

das Wir der Hyperboreer für den vornehmen Adressaten. Und sie konfrontiert ihn mit der Feststellung des späten politischen Triumphs des Paulinischen Unternehmens: «Niemand hat heute mehr den Muth zu Sonderrechten, zu Herrschafts-Rechten, zu einem Ehrfurchts-Gefühl vor sich und seines Gleichen, – zu einem *Pathos der Distanz* ...» Die Feststellung wird zur Mahnung. «Unsre Politik ist *krank* an diesem Mangel an Muth!» Die Vornehmen sind zum Handeln aufgerufen. Wenn sie von Nietzsche hören, daß der «Aristokratismus der Gesinnung» durch die Lehre von der Seelengleichheit «am unterirdischsten untergraben» wurde und daß es «*christliche* Werthurteile sind, welche jede Revolution bloss in Blut und Verbrechen übersetzt», sollen sie die Umwertung aller Werte offenbar als Aufforderung zu einer Gegenrevolution verstehen. Nur über den Charakter der Gegen-Revolution – wo und wann sie stattfinden soll, auf welcher Ebene sie ansetzen, wie sie eingreifen muß und wen genau sie betrifft – ist damit noch nichts ausgemacht.[14]

Von Paulus und dem Vorgriff auf die spätesten Auswirkungen der Paulinischen Gründung kehrt Nietzsche zu den Evangelien und den Anfängen des Abfalls von der christlichen Praktik zurück, der «mit dem Tode des Erlösers» einsetzte. Der Antichrist hält sich an den Kanon des Neuen Testaments, der die Evangelien und die Apostelgeschichte als die fünf Geschichtsbücher den einundzwanzig Lehrbüchern vorangehen läßt, unter denen die Briefe des Paulus die ersten dreizehn ausmachen. Daß er die Evangelien als Zeugnis der «unaufhaltsamen Corruption *innerhalb* der ersten Gemeinde» heranzieht und Paulus' Tat «später» einordnet, stimmt mit seinem Gebrauch der Evangelien in der Verhandlung des Erlösers überein: Einerseits betonte er die Verderbtheit des Berichts, das Unverständnis der Anhänger und Nachfolger Jesu für dessen Weg und Wandel, andererseits diente ihm die Überlieferung der Jünger und der frühen Gemeinde als Quelle für das Bild, das er vom Typus des Erlösers zeichnete. Ein zweites Mal also wendet Nietzsche sich den Evangelien zu, von denen er beim ersten Mal *bekannte*, daß er «wenige Bücher mit solchen Schwierigkeiten» lese. Er bekräftigt, daß man sie nicht «behutsam», d.h. nicht aufmerksam und vorsichtig genug lesen könne, da sie «ihre Schwierigkeiten hinter jedem Wort» haben, Schwierigkeiten, die er auf eine «Künstlerschaft in der psychologischen Verderbniss» zurückführt. Bevor er auf «das Raffinement par excellence»

14 *AC* 43, 1–2 (217–218). Cf. 13 (179); 21, 2 (188); 24, 2 (192); 36, 1 (208).

eingeht, das die Evangelien «für sich stehn» läßt, und zu einer scharfen Polemik ausholt, *bekennt* er, wiederum, daß die Evangelien mit ebenden Schwierigkeiten, die sie auszeichnen, «für einen Psychologen ein Vergnügen ersten Ranges sind». Während er zuvor, in den Abschnitten 38 und 39, die Freude der Betrachtung auf den Ekel folgen ließ, verweist er jetzt auf das Vergnügen des Entzifferns und Erforschens, ehe er die «Lüge», die «Falschmünzerei», die «Selbstverstellung ins ‹Heilige›» in den Evangelien der Entrüstung der Leser preisgibt. Die Freude, die dem Erkennen eignet, ist weder an die moralische noch an die ästhetische Qualität des Gegenstands gebunden, auf den die Erkenntnis gerichtet ist. Die Polemik selbst wiederholt zugespitzt, überbietend, in gesteigerter Drastik, was Nietzsche bereits in der Verhandlung der Kontinuität von jüdischer und christlicher «Kirche» über das Fortwirken des Judentums in dem gegen das Judentum gekehrten Christentum und über die Durchsetzung des Eigeninteresses der Priester sagte. Über den Christen heißt es etwa – um die schrillsten Äußerungen beiseite zu lassen –, in Anspielung auf die Lehre von der Trinität, er sei «der Jude noch einmal – *drei* Mal selbst ...», oder, im Blick auf die Verneinung des Gesetzes und die Ablösung von der Nation, er sei «nur ein Jude ‹freieren› Bekenntnisses». Der durchschlagende Erfolg, den der Priester vermöge seiner Kunstfertigkeit und seines Willens errang, «nur Begriffe, Symbole, Attitüden anzuwenden, welche aus der Praxis des Priesters bewiesen sind», wird so zusammengefaßt: «Die ganze Menschheit, die besten Köpfe der besten Zeiten sogar – (Einen ausgenommen, der vielleicht bloss ein Unmensch ist –) hat sich täuschen lassen. Man hat das Evangelium als *Buch der Unschuld* gelesen ...: kein kleiner Fingerzeig dafür, mit welcher Meisterschaft hier geschauspielert worden ist.» Der Eine, der ausgenommen bleibt, bedarf keiner weiteren Erläuterung.[15]

Wie ein erratischer Block, der aus dem Text herausragt, steht in der Mitte der Polemik, durch Gedankenstriche abgetrennt und als eigene Sektion des vierundvierzigsten Abschnitts markiert, der Satz: «Zum Glück sind Bücher für die Allermeisten bloss *Litteratur* –». Daß die Allermeisten den Gegenpol zu dem Einen bilden, der sich nicht täuschen läßt, ist offenkundig. Doch für wen soll es ein Glück sein, daß den Allermeisten Bücher nur Literatur sind? Für *sie*, die Allermeisten, da die

15 *AC* 44, 1–3 und 5–6 (218–221), 28, 2 und 29, 1 (199); cf. 24; 26; 27 (191–193; 194–198) und siehe S. 213–214, 218–219.

Täuschung sie einer Aufgabe enthebt, die sie beschwerte und überforderte? Oder für *uns*, die Wenigsten, da der Irrtum sie davor bewahrt, das Buch der Bücher als das zu nehmen, was es zu sein beansprucht? Und da er darüber hinaus ein Buch wie den *Antichrist* davor schützt, von ihnen als das verstanden zu werden, was es ist: eine politische Tat oder ein Werk der Erziehung, ein Medium des Lebens und Denkens, das «Dynamit» enthält? Nietzsche jedenfalls ist weit davon entfernt, die Evangelien für bloße Literatur zu halten. Er fordert dazu auf, sie «als Bücher der Verführung mit *Moral*» zu lesen: «Die Menschheit wird am besten *genasführt* mit der Moral!» Vor allem aber präsentiert er sie als Schriften, in denen die Selbstermächtigung der Priester und die Selbsterhöhung der Gläubigen zum Ausdruck kommt bzw. ihren Ausdruck findet: «Indem sie Gott richten lassen, richten sie selber; indem sie Gott verherrlichen, verherrlichen sie sich selber».[16]

Nietzsche verwendet einen besonderen Paragraphen darauf – es ist der zweitletzte, den er mit *Ich* eröffnet –, anhand von dreizehn Stellen des Neuen Testaments den Zuschnitt der Autoren der Schrift vor Augen zu führen und ihren Horizont abzustecken: «Ich gebe ein Paar Proben von dem, was sich diese kleinen Leute in den Kopf gesetzt, was sie ihrem Meister *in den Mund gelegt haben*». Die ironisch-lakonische Bemerkung: «lauter Bekenntnisse ‹schöner Seelen›» schlägt den Ton der knappen Kommentare an, die die Auswahl der zehn Herren- und drei Paulus-Worte begleiten. Es geht um Hypokrisie und Ressentiment, Belege für Beschränktheit und Selbstüberhebung, die Ausstellung von Verächtlichkeit und Niedrigkeit. Gleichwohl enthält der antichristliche Schriftbeweis, inmitten von Sarkasmen und umstellt von Sottisen, ein theologisches Argument, das für den weiteren Gang der Auseinandersetzung von Bedeutung ist. Nietzsche zieht für die Stellen aus den Geschichtsbüchern ausschließlich die synoptischen Evangelien heran, wobei er durchweg Lehr- und Gleichnisreden Jesu zitiert. Das Evangelium des Markus ist mit fünf Stellen vertreten (1–5), Matthäus mit vier (6–9) und Lukas mit einer (10). Das Johannesevangelium, dessen Pilatus-Worte in *Ecce homo* und im *Antichrist* eine prominente Rolle spielen, bleibt ausgespart. Nietzsche ist sich offenbar bewußt, daß die Synoptiker früher anzusetzen sind als Johannes, und will mit seinen «Proben», vom Rang des Autors einmal abgesehen, der Sicht der Jünger und der «ersten Ge-

16 *AC* 44, 4 und 5 (219–220). Cf. *Jenseits von Gut und Böse* 247 (p. 191).

meinde» so nahe kommen wie eben möglich, um den «Verfalls-Process, der mit dem Tode des Erlösers begann», anschaulich zu machen. Gleich die ersten beiden Stellen sollen dartun, wie wenig *evangelisch* Markus Jesus reden läßt: Die Drohungen mit Strafe und Vernichtung, die der Erlöser des Evangelisten gegen Ungläubige und die Feinde der Jünger ausstößt, sind mit dem Typus des Erlösers nicht übereinzubringen. Sie zeigen außerdem, daß der Haß nicht «erst» mit Paulus in die Lehre des Christentums Einzug hält – oder daß Paulus «schon» in den synoptischen Evangelien seine Spuren hinterließ. Die dritte Probe – «Ärgert dich dein Auge, so wirf es von dir», der Nietzsche erläuternd hinzusetzt: «Es ist nicht gerade das Auge gemeint ...» – zielt auf die Leibfeindschaft, die Herabsetzung der Geschlechtlichkeit, die Widernatur. Die vierte soll die Leichtfertigkeit und Haltlosigkeit der Reich-Gottes-Verheißung unterstreichen. Die fünfte und letzte Markus-Stelle – «Wer mir will nachfolgen, der verleugne sich selbst und nehme sein Kreuz auf sich und folge mir nach. *Denn* ...» – kommentiert Nietzsche als «Psychologe»: «Die christliche Moral wird durch ihre *Denn's* widerlegt: ihre ‹Gründe› widerlegen, – so ist es christlich». Die *Denn's* legen die Wertschätzungen offen, auf denen die christliche Lehre beruht und die ihr der Antichrist entgegenhält – die Abwertung des Leibes, der Welt, der Erkenntnis usw. Aber sie zeigen auch die Motive, die Erwartungen und Hoffnungen an, die die christliche Moral adressiert und die der Lehre selbst widersprechen. So rekurriert das *Denn*, das im herangezogenen Fall dem Gebot der Selbstverleugnung folgt, auf das Selbstinteresse. «Denn», fährt das Evangelium an der von Nietzsche abgebrochenen Stelle fort, «wer sein Leben will behalten, der wird es verlieren, und wer sein Leben verliert um meinet und des Evangelii willen, der wird es behalten.» Die Proben 6–10, die alle der Bergpredigt entnommen sind, verbindet, daß Nietzsche sie für Einen Ad-hominem-Einwand nutzt: Der Christ spricht von Gerechtigkeit und Liebe, aber was er will, ist Lohn und Schonung. Dabei werfen die Stellen 6, 8 und 9 die sehr viel weiter reichende Frage auf, von was für einem Wesen in der christlichen Rede von Gott gesprochen wird, welche Charakteristika ihm beigelegt, welche Handlungen ihm angesonnen werden. Sie mündet in und geht zurück auf die Frage der Philosophie: Was ist ein Gott?[17]

17 *AC* 45, 1–11 (221–222). Zur fünften Stelle, *Markus* IX, 34–35, heißt es in einer vorbereitenden Aufzeichnung: «Wenn [das] Christenthum nur ein kluger Eigen-

Auf den Erlöser des Christentums folgt dessen Stifter. Paulus, der Dreizehnte, der sein Amt im Unterschied zu den zwölf Aposteln nicht auf eine Art traditionaler Legitimation, sondern auf sein eigenes Wort gründet, wird von Nietzsche dreimal zu Gehör gebracht. Die Stellen 11, 12 und 13 stammen jeweils aus dem 1. Korintherbrief, der für alle Lehrbücher des Neuen Testaments einzustehen hat. Die Proben 11 und 12 illustrieren den Vorhalt der «Schmeichelei vor der Personal-Eitelkeit», von der Nietzsche zuvor sagte, daß das Christentum ihr den Sieg verdanke. Anders steht es mit der dreizehnten Stelle. Bei ihr handelt es sich nicht so sehr um eine Verdeutlichung oder Bekräftigung des bereits Gesagten. Sie bildet die politische Spitze. In ihr erreicht Nietzsches Auswahl ihr Ziel. Sie führt Paulus' Angriff auf die *Weisheit dieser Welt* ein: «Hat nicht Gott die Weisheit dieser Welt zur Thorheit gemacht? Denn dieweil die Welt durch ihre Weisheit Gott in seiner Weisheit nicht erkannte, gefiel es Gott wohl, durch thörichte Predigt selig zu machen die, so daran glauben.» Das Paulus-Wort bildet den Auftakt des Streits zwischen Glaube und Philosophie, der für die folgenden dreizehn Paragraphen bestimmend ist. Die existentielle Bedeutung des Streits stellt Nietzsche durch die Wiedergabe von vier weiteren Versen heraus, die er den ersten beiden unmittelbar folgen läßt: «Nicht viel Weise nach dem Fleische, nicht viel Gewaltige, nicht viel Edle sind berufen. Sondern was thöricht ist vor der Welt, *das hat Gott erwählet*, dass er die Weisen zu Schanden mache; und was schwach ist vor der Welt, das hat Gott erwählet, dass er zu Schanden mache, was stark ist. Und das Unedle vor der Welt und das Verachtete hat Gott erwählet, und das da Nichts ist, dass er zu Nichte mache, was Etwas ist. Auf dass sich vor ihm kein Fleisch rühme». Der Angriff geht die beiden Adressaten des *Antichrist*, die Philosophen und die Vornehmen oder die Aristokraten der Zukunft, unmittelbar an. Zum Verständnis der Paulus-Stelle verweist Nietzsche den Leser ausdrücklich an die Verhandlung der aus Ressentiment und Rache geborenen «Tschandala-Moral» in der *Genealogie*. Der politische Streit

nutz ist, so ist es ein noch klügerer Eigennutz, es aus dem Wege zu schaffen – / Alles ist gefälscht und verdorben: / der Tod als Strafe; das Fleisch; das Irdische; die Erkenntniß / das ewige Leben als Lohn / die sämmtlichen Handlungen der Liebe, Mildthätigkeit und seelischen Delikatesse als Schlauheiten der Auserwählten in Hinsicht auf die überreichlichste Belohnung / die ganze Tugend ist um ihre ‹Unschuld› gebracht … / – *Die Widerlegung der evangelischen Reden liegt in ihrem ‹Denn›*». *KGW* IX 6, W II 2, p. 4.

wird dort auf die Frage zurückgeführt, ob die Priester über die Herrschaft gebieten oder die Vornehmen. Der Autor des *Antichrist* hat eine deutliche Vorstellung davon, was es für die Philosophen heißt, unter dem Auge des Paulus zu leben.[18]

Auf den Wahrheits- und Erwähltheitsanspruch, den Paulus gegen die «Weisen» und die «Edlen» geltend macht, antwortet Nietzsche politisch. Nach der Präsentation der dreizehn Schrift-Zeugnisse übt er sich in praktischer Umwertung: «*Was folgt daraus?* Dass man gut thut, Handschuhe anzuziehn, wenn man das neue Testament liest. Die Nähe von so viel Unreinlichkeit zwingt beinahe dazu.» Was als heilig verehrt wurde, wird als anrüchig stigmatisiert. Die vornehmen Leser sollen ein Gebot der Selbstachtung darin sehen, Abstand zu halten. Wenn sie sich auf Paulus eingelassen haben, wird ihnen nahegelegt, sich anschließend bei einem Heiden, dem «anmuthigsten, übermüthigsten Spötter Petronius», schadlos zu halten. Sein Werk, wie «jedes Buch», werde «reinlich, wenn man eben das neue Testament gelesen hat». Ein weiteres Mal appelliert Nietzsche an den vornehmen Affekt. Und wiederum nimmt er ein Vorurteil auf, um es gegen dessen Urheber oder Nutznießer zu kehren. Die Evangelisten und Apostel können nur Unrecht haben. Sie müssen das Rechte verneinen: «Alles, was von ihnen angegriffen wird, ist damit *ausgezeichnet*.» Der entscheidende Angriff, die Verneinung der *Weisheit dieser Welt*, «welche ein frecher Windmacher, ‹durch thörichte Predigt› umsonst zu Schanden zu machen sucht», findet dabei seine zweite Erwähnung. Der Antichrist steigert die Gegenpropaganda bis zur Kippfigur, wenn er den «ersten Christen» zu einem Exemplum mit vertauschtem Vorzeichen macht: «alle seine Werthe, alle seine Ziele sind schädlich, aber *wen* er hasst, *was* er hasst, *das hat Werth* ...» Hatte er in der Kritik der Theologen das, was ein Theologe als wahr und falsch empfindet, nur «beinahe» als «ein Kriterium der Wahrheit» e contrario ausgegeben, so erklärt er jetzt den «Priester-Christ» zu einem veritablen «*Kriterium für Werthe*». Die rhetorische Überzeichnung muß dem Leser ins Auge springen. Am Ende der Attacke ruft Nietzsche den historischen Gewährsmann aus dem christlichen Glaubensbekenntnis als Ver-

18 *AC* 45, 12–14 (222–223); 43 (217). *1. Korinther* I, 20–21 und 26–29. Paulus greift die «Weisheit dieser Welt» dreimal an: I, 20 (*kosmos*); II, 6 (*aion*); III, 19 (*kosmos*). Cf. *Jesaja* XXIX, 14. *Zur Genealogie der Moral* I, 7–8 (p. 266–269). Siehe S. 244 und 247.

bündeten auf. In denkbar scharfem Kontrast erhebt er Pontius Pilatus zur «einzigen Figur» des Neuen Testaments, «die man ehren muss». Pilatus, dessen Rede Nietzsche den Titel des anderen Buchs der Dyade entnimmt, habe «das neue Testament mit dem einzigen Wort bereichert, *das Werth hat*, – das seine Kritik, seine *Vernichtung* selbst ist: ‹was ist Wahrheit!›» Der Ausruf des römischen Statthalters bringt die Suprematie der politischen Autorität gegenüber dem religiösen Wahrheitsanspruch zum Ausdruck. Doch der Wert des «einzigen Worts» erschöpft sich nicht in der Behauptung der *auctoritas*. Keine geringere Bedeutung mißt Nietzsche dem Dienst bei, den es der *veritas* erweist. Deshalb spricht er vom «vornehmen Hohn» des Römers, «vor dem ein unverschämter Missbrauch mit dem Wort ‹Wahrheit› getrieben wird». Die Antwort des Repräsentanten der weltlichen Macht hält die Frage offen, die den Philosophen seinen Weg beginnen läßt: *quid est veritas?*[19]

Die Philosophen, die *quid est veritas?* zu ihrer Frage machen, sind genötigt, jene andere Frage zu stellen – und eine Antwort auf sie zu geben: *quid est deus?* Nietzsche weist auf diese Notwendigkeit hin, wenn er, scheinbar unvermittelt, zum *Wir* zurückkehrt und ohne Übergang von Gott zu sprechen beginnt: «Das ist es nicht, was *uns* abscheidet, dass wir keinen Gott wiederfinden, weder in der Geschichte, noch in der Natur, noch hinter der Natur, – sondern dass wir, was als Gott verehrt wurde, nicht als ‹göttlich›, sondern als erbarmungswürdig, als absurd, als schädlich empfinden, nicht nur als Irrthum, sondern als *Verbrechen am Leben* …» Der politische Schluß lenkt die Aufmerksamkeit auf die Gläubigen. Aber der Folgesatz läßt keinen Zweifel an der philosophischen Frage, die in Rede steht: «Wir leugnen Gott als Gott …» Die Frage *Was ist ein Gott?* macht die Qualitäten zum Gegenstand der Erörterung, die einen Gott *als* Gott bestimmen. Sie richtet die Aufmerksamkeit auf die Kriterien, die es erlauben oder verwehren, ein Wesen der Spezies zuzuordnen, nach der sie fragt. Entsprechend fährt Nietzsche fort: «Wenn man uns diesen Gott der Christen *bewiese*, wir würden ihn noch weniger zu glauben wissen.» Der Nachweis der Existenz wäre, in

19 *AC* 46, 1–4 (223–225); 9 (175). *Johannes* XVIII, 37–38; siehe XIV, 6. Cf. *AC* 8 (175) und siehe S. 186–189. – Vier Jahre zuvor notierte Nietzsche: «Es wird erzählt [daß] der berühmte Stifter des Christenthums vor Pilatus sagte ‹ich bin die Wahrheit›; die Antwort des Römers darauf ist Roms würdig: als die größte Urbanität aller Zeiten.» Nachgelassene Fragmente Frühjahr 1884 25 [338], *KSA* 11, p. 100.

anderen Worten, nicht gleichbedeutend mit der Erkenntnis und Anerkenntnis als Gott, er schlösse noch keineswegs unsere Verehrung als göttliches Wesen ein. Die politische Feindbestimmung und die philosophische Frage werden im zweiten Teil des Abschnitts zusammengeführt, der aus einer knappen Sentenz besteht: «In Formel: deus, qualem Paulus creavit, dei negatio.» Denn die Formel setzt voraus, daß Nietzsche über die Frage *quid est deus?* zur Klarheit gelangte, zumindest hinsichtlich der Kriterien, die den Ausschluß gestatten.[20]

Der Gott, «wie ihn Paulus erschaffen hat», hat die Weisen gegen sich, weil er, wie Paulus weiß, der Weisheit widerspricht. In der Religion, die sich um ihn bildete und die sich auf ihn beruft, findet dieser Widerspruch zur Weisheit seinen Niederschlag darin, daß sie sich «an keinem Punkte mit der Wirklichkeit berührt». Nietzsche verwandte die hyperbolische Formulierung schon einmal, als er in Paragraph 15 die «Fiktions-Welt» des Christentums von der Welt unterschied, in der die Hyperboreer leben und der die freien Geister in der Auseinandersetzung mit dem Christentum gerecht zu werden suchen. Doch erst jetzt stellt er den Zusammenhang zwischen der Haltung zur Wirklichkeit und zur Weisheit und dem Zentralbegriff des christlichen Glaubens her. Die Religion, die der Paulinischen Theologie entspricht, «muss billiger Weise der ‹Weisheit der Welt›, will sagen, *der Wissenschaft*, todtfeind sein». Dreimal bezieht sich Nietzsche in rascher Folge auf den Angriff des Paulus, der, in Luthers Übersetzung, dreimal der «Weisheit dieser Welt», d. h. der Weisheit der diesseitigen, zeitlichen, vergänglichen Welt, entgegentritt, wobei Nietzsche, da es um die Eine wirkliche Welt geht, die «Weisheit dieser Welt» dreimal durch die *Weisheit der Welt* ersetzt. «Der ‹Glaube› als Imperativ», der Glaube, den Paulus wesentlich als Gehorsam bestimmte und den – wie Nietzsche zum dritten Mal in Erinnerung ruft – Jesus nach dem Evangelisten Lukas zum «Einen, was not tut», erhob, dieser Glaube «ist das *Veto* gegen die Wissenschaft». Insofern der Glaube wissentlich gegen Wissenschaft und Weisheit aufgeboten wird, spricht Nietzsche von *Lüge*: «Paulus *begriff*, dass die Lüge – dass ‹der Glaube› noth that; die Kirche begriff später wieder Paulus.» Der Gott der Paulinischen Theologie sollte «im engern Sinn die beiden grossen Gegnerinnen alles Aberglaubens» zuschanden machen: die Philologie

20 *AC* 47, 1–2 (225). Cf. *Die Lehre Carl Schmitts*, p. 300. Siehe S. 53 mit Anm. 4, S. 70, 72, 140 und 165–166.

und die Medizin, die die Wirklichkeit des Textes und des Lebens zum Gegenstand haben. Paulus' Feinde seien insonderheit die guten Philologen und Ärzte alexandrinischer, d. h. griechischer Schulung. Und tatsächlich könne man nicht wahrhaft Philologe und Arzt sein, «ohne nicht zugleich auch *Antichrist* zu sein.» Was für die Philologen und Ärzte gilt, die ihre Wissenschaft verstehen, das gilt um so mehr für die Hyperboreer, die in der Annäherung an die Weisheit werden, was sie ihrer Natur nach sind.[21]

Vom Gott des Paulus, den der Apostel «den Juden ein Ärgernis und den Griechen eine Torheit» nennt,[22] geht Nietzsche auf den Gott des «Priester-Buchs par excellence» zurück. Das Bild des Gottes, der am Anfang aller Offenbarungsreligion steht, soll vor Augen führen, weshalb die Hyperboreer ihm die Anerkenntnis versagen. Nietzsche zieht dafür die Geschichte des Sündenfalls heran, die Darstellung des Widerstreits von Glaube und Philosophie schlechthin. Da «man» die «berühmte Geschichte» nicht verstanden habe, erzählt Nietzsche sie neu als die Geschichte «von der Höllenangst Gottes vor der *Wissenschaft*», d. h. vor dem *Wissen*, vor der *Erkenntnis*. Dabei läßt er sich von der Maxime leiten, die Goethe in seiner Betrachtung «Israel in der Wüste» zum Buch *Exodus* in die Worte faßte: «wie der Mann so auch sein Gott».[23] Das «Priester-Buch» verhandelt im Sündenfall die Alternative zum Gehorsam des Glaubens und gibt eine Antwort auf die eigentliche «Schwierigkeit» des Priesters: «*er* hat nur Eine grosse Gefahr, *folglich* hat ‹Gott› nur Eine grosse Gefahr». Die «Höllenangst» Gottes ist die «Höllenangst» des Priesters vor der Erkenntnis. In dem in zwölf Teile gegliederten Abschnitt tritt die *Höllenangst* nach dem ersten noch je einmal im fünften und im achten Teil auf, so daß sie das Zentrum der Exegese symmetrisch umgibt, abgrenzt und hervorhebt.

Der Auftakt der Erzählung zeigt Gott, wie er in seinem Garten lustwandelt und – sich langweilt. Gleich der erste Blick auf den «alten Gott» dementiert das entscheidende Attribut, das Nietzsche ihm, der Inten-

21 *AC* 47, 3–4 (225–226); 14–15 (180–181); cf. 38 (211). *Römer* I, 5 und XVI, 26. *Lukas* X, 42, dazu *AC* 23 (190), 43 (217), 47 (225); cf. 20 (187). Siehe S. 198–199 und 253, Anm. 18.

22 *1. Korinther* I, 23; cf. II, 14 und *Römer* IX, 32.

23 Johann Wolfgang Goethe: *West-östlicher Divan. Besseren Verständniss.* Ed. Hendrik Birus. Frankfurt am Main 1994, p. 246.

tion der Autoren des Buchs *Genesis* folgend, zuschreibt: nicht nur «ganz ‹Geist›» und «ganz Hohepriester», sondern «ganz Vollkommenheit» zu sein. Die Langeweile widerspricht der Vollkommenheit. Sie verträgt sich nicht mit der Selbstgenügsamkeit. Langweilen sich die Hyperboreer? Durch die Abwandlung eines Jedermann geläufigen Schiller-Zitats – «Gegen die Langeweile kämpfen Götter selbst vergebens» – bringt Nietzsche die Langeweile schließlich mit der Dummheit zusammen. In jedem Fall bezeugt die «einzige Noth, die alle Paradiese an sich haben», einen schwerwiegenden Mangel an Voraussicht. Es überrascht deshalb nicht, daß der Mangel an Vorsehung der rote Faden ist, der die elf Etappen der Geschichte in Nietzsches Darstellung verbindet: Der Gott des Moses geht nach dem Grundsatz von Versuch und Irrtum zu Werke und wird Schritt für Schritt eines Besseren, oder Schlechteren, belehrt. Aus Langeweile «erfindet» er den Menschen, von dem zu erwarten steht, daß er «unterhaltend» sei. Der Mensch langeweilt sich indes ebenfalls, weshalb Gott ihm «andre Thiere» zugesellt. «*Erster* Fehlgriff Gottes: der Mensch fand die Thiere nicht unterhaltend», mehr noch, «er wollte nicht einmal ‹Thier› sein». Im nächsten Versuch «schuf Gott das Weib». Sein zweiter Fehlgriff.[24] Zwar hatte es «mit der Langeweile nun ein Ende», dafür nimmt das Drama der Erkenntnis seinen Lauf. Denn «jeder Priester» weiß, daß das Weib «seinem Wesen nach Schlange, Heva», ist

24 Bei Julius Wellhausen, der die Priorität der Kapitel *Genesis* II und III vor *Genesis* I vertritt, las Nietzsche: «Jahve legt überall selber Hand an und setzt dabei das Bestehen der Welt im grossen und ganzen voraus. Er pflanzt und wässert den Garten, er formt den Menschen und haucht ihm den Atem in die Nase, er baut das Weib aus des Mannes Rippe, nachdem er vorher in dem Streben ihm Gesellschaft zu verschaffen nicht das Rechte getroffen: die Tiere sind lebendige Zeugen seiner mislungenen Experimente. Auch sonst verfährt er wie ein Mensch. Er geht Abends wie es kühl wird im Garten spazieren, dabei entdeckt er zufällig die Übertretung und führt eine Untersuchung, in welcher er von seiner Allwissenheit nicht den mindesten Gebrauch macht. Und wenn er sagt: ‹siehe der Mensch ist geworden wie unser ein zu erkennen Gut und Böse: und nun – dass er seine Hand nicht ausstrecke und nehme auch vom Baume des Lebens und esse und lebe ewiglich›, so ist das eben so wenig Ironie als wenn er in Anlass des Baues von Babel äussert: ‹siehe *ein* Volk und alle haben sie *eine* Sprache, und dies ist nur der Anfang ihres Thuns, und nun – es wird ihnen nichts zu schwer sein was sie sich unterfangen; auf lasst uns herniederfahren und ihre Sprache verwirren!› Dass mit alle dem gleichwohl der Majestät Jahve's nichts vergeben wird, ist das Geheimnis des Geistes.» *Prolegomena zur Geschichte Israels,* p. 322.

und daß von ihm «*jedes* Unheil in der Welt» kommt – mithin auch die «Wissenschaft». «Erst durch das Weib lernte der Mensch vom Baume der Erkenntniss kosten.» Mit dem scharfsichtigen Auge des Feindes sehen die Autoren von *Genesis* II und III die Verbindung zwischen Eros und Erkenntnis, die die Philosophen, von Platons *Symposion* bis zu Nietzsches *Jenseits von Gut und Böse*, hervorheben werden. Und im Baum der Erkenntnis des Guten und Bösen gelingt es ihnen, das Symbol eines Lebens zu pflanzen, das nicht auf Gehorsam gegründet ist.

Die «Höllenangst» antwortet auf den «grössten Fehlgriff», als der sich der Mensch selbst herausstellt, da die Erkenntnis ihn in den Stand setzt, zum Rivalen zu werden. Eritis sicut dii: «es ist mit Priestern und Göttern zu Ende, wenn der Mensch wissenschaftlich wird!» Die Moral der Geschichte vom Sündenfall lautet: «die Wissenschaft ist das Verbotene an sich, – sie allein ist verboten. Die Wissenschaft ist die *erste* Sünde, der Kern aller Sünde, die *Erb*sünde.» Sie ist die Verkörperung des Ungehorsams, sein erster Fall und seine beständige Wiederholung. Die sechste Etappe der Erzählung ist dem Einen Gebot und Gesetz vorbehalten, auf das Nietzsches Auslegung den säkularen Streit zurückführt: «‹Du sollst *nicht* erkennen›: – der Rest folgt daraus.» Die «Höllenangst» inspiriert zu einer Reihe von Gegenmaßnahmen, angefangen bei der Vertreibung aus dem Paradies: «Das Glück, der Müssiggang bringt auf Gedanken, – alle Gedanken sind schlechte Gedanken … Der Mensch *soll* nicht denken.»[25] Danach wird dem «Priester an sich» zugeschrieben, «die Noth, den Tod, die Lebensgefahr der Schwangerschaft» usw. als ebenso viele Mittel im Kampf mit der Wissenschaft einzusetzen. Da den Versuchen außerhalb des Gartens derselbe Mangel an Voraussicht eigen ist, wie den Versuchen, von denen in der ersten Hälfte der Geschichte die Rede war, steuert die Erzählung über Sprachverwirrung und Kriege geradewegs auf ihr Ende in der Strafe der Sintflut zu. Sie ist das sichtbarste Eingeständnis der fortwährenden Fehlschläge und der sprechendste Ausdruck der Gewalt der Rach- und Nachgefühle.[26]

Nach der Deutung der Geschichte des Sündenfalls sorgt Nietzsche dafür, daß die politische Absicht nicht unverstanden bleibt: «Man hat

25 Cf. Aristoteles: *Metaphysik* I, 2 982b22–24.

26 *AC* 48, 1–12 (226–227). Cf. *EH* I, 6 (273); II, 1 (279); III, Jenseits von Gut und Böse 2 (351) und S. 43–45, 53, 140.

mich verstanden. Der Anfang der Bibel enthält die *ganze* Psychologie des Priesters.» Die Erörterung der Frage, was ein Gott sei, die die vorangegangenen vier Paragraphen verband, tritt in den Hintergrund. Vom «alten Gott» ist nicht länger die Rede. Die Aufmerksamkeit des vornehmen Adressaten wird ungeteilt auf den weltgeschichtlichen Widersacher, auf den Priester gelenkt, der, so resümiert Nietzsche seine Exegese, der Feind der Wissenschaft ist. «Der Priester kennt nur Eine grosse Gefahr: das ist die Wissenschaft – der gesunde Begriff von Ursache und Wirkung.» Die Vornehmen der Gegenwart und die Aristokraten der Zukunft werden nicht umhin können, die Wissenschaft zu schützen und zu fördern, sofern sie ihren wahren Feind begreifen. Vor Gericht und in der politischen Auseinandersetzung steht die Frage *cui bono?* im Vordergrund. Es liegt im vitalen Interesse des Priesters, den Menschen in der Abhängigkeit zu erhalten. «Der Schuld- und Strafbegriff, die ganze ‹sittliche Weltordnung› ist erfunden *gegen* die Wissenschaft, – *gegen* die Ablösung des Menschen vom Priester». Die Herrschaft des Priesters ist auf die Lehre von der Sünde gegründet. Wer die Priesterherrschaft brechen will, muß die Sündenlehre überwinden. Die Vornehmen haben mithin in den Philosophen ihre natürlichen Verbündeten. Die Allianz ist zu ihrem Nutzen und wird ihnen Ruhm und Ehre eintragen. Nietzsche stellt ihnen nicht weniger in Aussicht, als an der Abwehr des größten Verbrechens mitwirken zu können. Um dieses Verbrechen geht es beim «Attentat» der Priester gegen den «Ursachen-Sinn» des Menschen: «Wenn die natürlichen Folgen einer That nicht mehr ‹natürlich› sind», sie vielmehr «als bloss ‹moralische› Consequenzen, als Lohn, Strafe, Wink, Erziehungsmittel» vorgestellt werden, «so ist die Voraussetzung zur Erkenntniss zerstört, – *so hat man das grösste Verbrechen an der Menschheit begangen.*» Das größte Verbrechen ist die Verhinderung der Erkenntnis.[27]

Um der politischen Zuspitzung willen läßt Nietzsche den Anteil der philosophischen Tradition an der Einrichtung der «sittlichen Weltord-

27 *AC* 49, 1–7 (228–229). In einer vorbereitenden Aufzeichnung notierte Nietzsche: «Der Schuld- und Strafbegriff, eingerechnet die Lehre von der ‹Gnade› der ‹Erlösung›, verdirbt ein für alle Mal den *Ursachen-Sinn* des Menschen. Wenn die natürlichen Folgen einer That *nicht* mehr ‹natürlich› sind, sondern Lohn oder Strafwirkungen einer jenseitig waltenden Macht, so ist die *Voraussetzung* zum Erkennen zerstört. Mit dem Begriff ‹Lohn und Strafe› ist die Wissenschaft *abgeschafft*» *KGW* IX 10, W II 8, p. 130.

nung» unerwähnt. Er sieht auch davon ab, daß der «Geist der Rache», der gegen die Ohnmacht vor der Notwendigkeit aufbegehrt, seinen Niederschlag in philosophischen Doktrinen fand, ohne daß es dazu des korrumpierenden Einflusses bedurfte, der von der Sündenlehre des 1. Buchs Mose oder des Römerbriefs ausging.[28] Der Beginn von Paragraph 50 macht den philosophischen Adressaten subtil darauf aufmerksam, daß unverändert *seine Sache* – in Gestalt der Gefahr, der Herrschaft des Priesters Vorschub zu leisten oder selbst zum «Priester» zu werden – verhandelt wird: «Ich erlasse mir an dieser Stelle eine Psychologie des ‹Glaubens›, der ‹Gläubigen› nicht, zum Nutzen, wie billig, gerade der ‹Gläubigen›.» Gewiß, die Psychologie des Glaubens schließt fugenlos an die Psychologie des Priesters an, die in den Paragraphen 48 und 49 zur Sprache kam. Nietzsche schwächt auch die Polemik nicht im mindesten ab, sondern erklärt es, an die scharfe Attacke im Zentrum des Buchs anknüpfend, für schlichtweg *unanständig*, «gläubig» zu sein. Ja, er scheint sich denkbar weit von der Ansprache der Wenigsten entfernt zu haben, an die er sich im Vorwort wandte, wenn er im Gestus des Propheten oder Gesetzgebers verkündet: «Meine Stimme erreicht auch die Harthörigen.» Für den sorgfältigen Leser schlägt der letzte Abschnitt, der mit *Ich* beginnt, den Bogen indes zurück zum ersten Abschnitt, der mit *Ich* begann und den «Skeptiker» gegen den «priesterlichen Typus» stellte, um den Philosophen zu ermahnen, daß er das «Erbstück des Priesters, die Falschmünzerei vor sich selbst» überwinde. Paragraph 12 forderte die «intellektuelle Rechtschaffenheit» ein und wies die «Überzeugung» in aller Form als Kriterium der Wahrheit zurück.[29] Daran schließt die Erörterung des Verhältnisses von Glaube und Wahrheit in den Paragraphen 50–53 an, die ihrerseits Teil der Verhandlung der Frage ist, wie die Annäherung an die Wahrheit gelingen könne.[30]

28 Beachte *Also sprach Zarathustra* II, 20, 31–38 (p. 180–181) und *Was ist Nietzsches Zarathustra?*, p. 97–101 mit n. 105.

29 Wie sehr Nietzsche im Übergang von Abschnitt 49 zu Abschnitt 50 an Abschnitt 12 anknüpft, zeigt im übrigen dessen Schluß: «Was geht einen Priester die *Wissenschaft* an! Er steht zu hoch dafür! – Und der Priester hat bisher *geherrscht*! Er *bestimmte* den Begriff ‹wahr› und ‹unwahr›! …» *AC* 12 (179). Cf. S. 191–193.

30 *AC* 50, 1 (229). Die acht Abschnitte, die im *Antichrist* mit *Ich* beginnen, haben durchweg eine strategische, die Rhetorik und den Gang des Arguments gliedernde Bedeutung. Siehe Anm. 1.

Das erste Ziel von Nietzsches Kritik ist der «Beweis der Kraft», der «unter Christen» als eine Art Kriterium der Wahrheit gelte: «Der Glaube macht selig: *also* ist er wahr.» Soweit es sich bei der Seligkeit um ein Versprechen handelt, das «an die Bedingung des ‹Glaubens› geknüpft» ist, Glaube und Hoffnung mithin eins sind, fällt es Nietzsche nicht schwer, den «Beweis der Kraft» auf ein Credo quia absurdum zu reduzieren: «‹ich glaube, dass der Glaube selig macht; – *folglich* ist er wahr.› – Aber damit sind wir schon am Ende. Dies ‹folglich› wäre das absurdum selbst als Criterium der Wahrheit.» Anders steht es mit der beseligenden Erfahrung, anders steht es insbesondere mit der Seligkeit, von der der Typus des Erlösers hier und jetzt, in der Welt, in seinem Leben erfüllt wird. Sie veranlaßt Nietzsche, die grundsätzliche Frage zu stellen: «wäre Seligkeit, – technischer geredet, *Lust* jemals ein Beweis der Wahrheit?» Er gibt sich nicht mit der offenkundigen Antwort zufrieden, daß weder Lust noch Unlust als Beweis der Wahrheit taugen, sondern erwidert, eingedenk der starken Neigung zur Lust nicht nur «unter Christen», daß es *beinahe den Gegenbeweis*, «jedenfalls den höchsten Argwohn gegen ‹Wahrheit› abgiebt, wenn Lustempfindungen über die Frage ‹was ist wahr› mitreden.» Die Lust kann ein Anhalt für die Lebensdienlichkeit von Tätigkeiten sein, da das Leben sich ohne Lust nicht selbst zu überwinden, zu steigern und zu erhalten vermag.[31] Sie erweist aber nicht die Wahrheit von Urteilen, da es keinen Grund für die Annahme einer «prästabilirten Harmonie» gibt, der zufolge wahre Urteile *mit Notwendigkeit* «angenehme Gefühle hinter sich drein zögen». Um denen, die sich der Wahrheit nähern wollen, die Schwere der Aufgabe und den Unterschied zwischen Zurwahrheitwollen und Fürwahrhaltenwollen vor Augen zu rücken, verweist Nietzsche auf die Ausgangserfahrung «aller tief gearteten Geister»: «Man hat jeden Schritt breit Wahrheit sich abringen müssen, man hat fast Alles dagegen preisgeben müssen, woran sonst das Herz, woran unsre Liebe, unser Vertrauen zum Leben hängt.» Die Ansprache des einen wie des anderen Adressaten des *Antichrist* erfordert die Betonung der Härte, die der «Dienst der Wahrheit» gebietet, der Strenge «gegen sein Herz», des «Gewissens», das sich aus jedem Ja und Nein zu machen hat, wer den Weg zur Wahrheit gehen will. Die Seligkeit des

31 Cf. *AC* 11 (177).

Erkennens stellt sich wider Erwarten ein. Sie ist das Umgekehrte eines Versprechens.[32]

Der Glaube des Christentums wird in den Paragraphen 51 und 52, den beiden Adressaten entsprechend, in einer doppelten Frontstellung zur Wahrheit gezeigt: Zunächst im Kontrast zur Wahrheit der vornehmen Natur, dann in Opposition zur Wahrheit des Lebens der Erkenntnis. Der christliche Priester leugne «aus Instinkt», daß Krankheit Krankheit ist, und, was schwerer wiegt, fördere die Krankheit bewußt zur Durchsetzung seines Herrschaftsinteresses. So werde durch die Riten des «ganzen christlichen Buss- und Erlösungstrainings» eine «folie circulaire» induziert, die Zerrissenheit und das Schwanken zwischen haltlosem Außersichsein und sich erniedrigender Zerknirschung. Die Gesundheit werde als «eine Art Feind, Teufel, Versuchung bekämpft», in der Heiligkeit dagegen «eine Symptomen-Reihe des verarmten, entnervten, unheilbar verdorbenen Leibes» zum Leitbild erhoben. Das Christentum, das auf die Kranken setzt und «die Krankheit nöthig hat», begann seinen Aufstieg, wie Nietzsche eigens versichert, nicht zu einer Zeit, als das vornehme Altertum in Korruption begriffen, sondern «der *Gegentypus,* die Vornehmheit, in ihrer schönsten und reifsten Gestalt vorhanden» war. Wie das Christentum siegen und «eine *vornehme* Gesinnung» an ihm zugrunde gehen konnte, erscheint von Mal zu Mal rätselhafter und erklärungsbedürftiger. Die erste Botschaft für die Vornehmen ist um so klarer: «Die grosse Zahl wurde Herr; der Demokratismus der christlichen Instinkte *siegte* ...» Nietzsche kommt auf das «unschätzbare Wort des Paulus» zurück, das er in Paragraph 45 als dreizehnte Probe aus dem Neuen Testament anführte, und gibt es erneut wieder, verkürzt auf die Aussage, die die Herrschaft der Vornehmen am nächsten betrifft: «‹Was *schwach* ist vor der Welt, was *thöricht* ist vor der Welt, das *Unedle* und *Verachtete* vor der Welt hat Gott erwählet›: *das* war die Formel, in *hoc* signo siegte die décadence.» Die Stelle gewinnt ihre besondere Bedeutung dadurch, daß Nietzsche ihr in *Ecce homo* sein «in diesem Zeichen siegt einmal meine Philosophie» entgegensetzt und sich dabei auf die grundsätzlich verbotene Wahrheit beruft. Er fährt in der Explikation des siegreichen Christentums fort: «*Gott am Kreuze* – versteht man immer noch die furchtbare Hintergedanklichkeit dieses Symbols nicht? – Alles, was leidet, Alles, was am

32 *AC* 50, 2–9 (229–230). Cf. *1. Korinther* II, 4–5.

Kreuze hängt, ist göttlich ... Wir Alle hängen am Kreuze, folglich sind *wir* göttlich ... Wir allein sind göttlich ...» Der Streit, der zwischen dem Christentum und dem Gegentypus der Vornehmheit ausgetragen wird, betrifft in letzter Instanz die Frage, was als göttlich gelten könne.[33]

«Das Christentum steht auch im Gegensatz zu aller *geistigen* Wohlgerathenheit». Das *auch* in der Eröffnung des zweiundfünfzigsten Abschnitts setzt die Opposition, der sich Nietzsche jetzt zuwendet, ab vom Gegensatz zur Vornehmheit, den er im einundfünfzigsten Abschnitt als Kontrast von Krankheit und Gesundheit zeichnete. Das *auch* erweist sich sogleich als ein *vor allem*, denn noch im selben Satz erfahren wir, daß das Christentum «den Fluch» ausspricht «gegen den ‹Geist›, gegen die superbia des gesunden Geistes.» Es ist dieser Fluch gegen den «Geist», gegen die Wissenschaft, gegen die Erkenntnis – gegen die Philosophie, auf den der Fluch im Untertitel des *Antichrist* vor allem antwortet. Der Fluch gegen die «superbia des gesunden Geistes» wiederholt Verbot und Urteil des Sündenfalls. Er ist sinnfälliger Ausdruck der Sündenlehre, die Nietzsche in der Erörterung des Gottes von Paulus und von Moses verhandelte. Vor dem Hintergrund der Geschichte vom Baum der Erkenntnis im Buch Genesis und der Bestimmung des Glaubens als Gehorsam im Römerbrief charakterisiert Nietzsche den Glauben schließlich als «Nicht-wissen-*wollen*, was wahr ist». Damit liegt die Notwendigkeit der Opposition zum Leben der Erkenntnis am Tage: Zur Verteidigung des Glaubens «*müssen* alle geraden, rechtschaffnen, wissenschaftlichen Wege zur Erkenntniss von der Kirche als *verbotene* Wege abgelehnt werden. Der Zweifel bereits ist eine Sünde ...» Ohne Zweifel keine Wissenschaft, ohne Ungehorsam keine Philosophie. Ein Verbot des Zweifels oder der Suspension des Urteils, wo fehlende Evidenz zum Zweifel nötigt, ist contra naturam. Wir haben die Basis der Opposition erreicht.[34] Von den Gläubigen und den Priestern kehrt Nietzsche zu den Theologen zurück, die er im ersten Teil des Buchs den Philosophen gegenüberstellte. Neben der «Unfreiheit zur Lüge» schreibt er ihnen, nachdem der fundamentale Konflikt benannt ist, als «andres Abzeichen» das «Unvermögen zur Philologie» zu. Als *Philolo-*

33 *AC* 51, 1–5 (230–232); cf. *Jenseits von Gut und Böse* 188 (p. 109). *EH* Vorwort, 3 (259). *1. Korinther* 27–28; cf. *AC* 45, 14 (223).

34 Cf. *Politische Philosophie und die Herausforderung der Offenbarungsreligion*, p. 81–83.

gie versteht er dabei *die Kunst, gut zu lesen*, im umfassenden Sinne: «Thatsachen ablesen können, *ohne* sie durch Interpretation zu fälschen, *ohne* im Verlangen nach Verständniss die Vorsicht, die Geduld, die Feinheit zu verlieren. Philologie als *Ephexis* in der Interpretation: handle es sich nun um Bücher, um Zeitungs-Neuigkeiten, um Schicksale oder Wetter-Thatsachen, – nicht zu reden vom ‹Heil der Seele› …» Die Kritik am Unvermögen zur Philologie hält sich nicht mit Einzelheiten der Schriftauslegung auf, sondern nimmt ohne Umschweife die Deutung der Welt als Ausdruck der göttlichen Vorsehung ins Visier. Sie konzentriert sich auf das Walten der partikularen Providenz, die der Glaube durch Gebet, Fürbitte und Opfer zu beeinflussen hofft. Sie zielt, mit anderen Worten, auf das Verständnis, das die christlichen Theologen in ihrer Auslegung der Welt, des Menschen, des Lebens von Gott offenbaren: «Mit einem noch so kleinen Maasse von Frömmigkeit im Leibe sollte uns ein Gott, der zur rechten Zeit vom Schnupfen kuriert oder der uns in einem Augenblick in die Kutsche steigen heisst, wo gerade ein grosser Regen losbricht, ein so absurder Gott sein, dass man ihn abschaffen müsste, selbst wenn er existirte.» «Die ‹göttliche Vorsehung›», resümiert Nietzsche, «wäre ein Einwand gegen Gott, wie er stärker gar nicht gedacht werden könnte.» Die Umwertung aller Werte nimmt ihren Ausgang von der Frage *quid est deus?*[35]

Die Erörterung der Haltung des christlichen Glaubens zur Wahrheit, die mit der Kritik des «Beweises der Kraft» begann, endet mit der Kritik des Märtyrers als «Zeugen der Wahrheit». Das Opfer, das der Märtyrer für seinen Glauben bringt, taugt sowenig als Bestätigung der Wahrheit des Glaubens wie die Seligkeit, die ihm der Glaube verspricht oder von der er im Vorgefühl des Siegs über sich und seines Lohns erfüllt wird. Weder die Lust noch der Schmerz, noch die Verbindung von Schmerz und Lust in der Grausamkeit kann als Kriterium für die Wahrheit des Urteils dienen. Deshalb auch vermag die Grausamkeit gegen sich selbst, die Redlichkeit, für den Erkennenden nur ein Mittel, kein Zweck zu sein, so wichtig in Anbetracht der Neigungen, Vorlieben und Voreingenommenheiten des Menschen der Beitrag dieser Tugend zur Heuristik ist. Die Wirkung, die von den Märtyrern ausging, ihr Anteil am Erfolg des Christentums, steht auf einem anderen Blatt. Nietzsche nennt die Märtyrer-Tode «ein grosses Unglück in der Geschichte: sie *verführ-*

35 *AC* 52, 1–2 (232–234); cf. 5 (171); 8–14 (174–181).

ten …» Sie gaben ein Beispiel, riefen, wie die Passion selbst, zur Nachfolge auf. Nietzsche wagt sich im Blick auf den vornehmen Adressaten weit vor, wenn er im Zentrum des Abschnitts die Frage stellt: «Wie? ändert es am Werthe einer Sache Etwas, dass Jemand für sie sein Leben lässt?» In der Politik, für die Wahrnehmung der Sache und die Durchsetzung ihres «Werths», ändert sich ganz offensichtlich sehr viel. In den Augen des Christen und des Vornehmen gleichermaßen. Daß Nietzsche sich dessen bewußt ist, geht aus seinem Urteil über die Verfolgung der Christen hervor: «Gerade das war die welthistorische Dummheit aller Verfolger, dass sie der gegnerischen Sache den Anschein des Ehrenhaften gaben, – dass sie ihr die Fascination des Martyriums zum Geschenk machten …» Die Vornehmheit «in ihrer schönsten und reifsten Gestalt» war dem Christentum nicht gewachsen. Dem «Gegentypus» mangelte es an Einsicht, Vorausschau, politischer Klugheit.[36] Die römischen Aristokraten *schufen* die Märtyrer, die, wie Nietzsche herausstellt, der Wahrheit *schadeten*. Ihre Unvernunft trug entscheidend zum Aufstieg des Christentums bei, von dem der Antichrist sagt, daß es «bisher das grösste Unglück der Menschheit» war. Zum Schluß bekräftigt Nietzsche die Kritik an den Märtyrern, den Schrift-Beweis des Glaubens parodierend, durch drei Verse aus *Also sprach Zarathustra*, das er in *Ecce homo* in den Rang eines kanonischen Buchs erhob und dessen Autorität er im *Antichrist* nur hier bemüht. Das Wort, «das man seit Jahrtausenden nöthig gehabt hätte», habe allein Zarathustra gesprochen. Der zweite Vers lautet: «Aber Blut ist der schlechteste Zeuge der Wahrheit; Blut vergiftet die reinste Lehre noch zu Wahn und Hass der Herzen.» Die Aristokraten der Zukunft haben ihre Losung.[37]

36 Ernest Renan fällt ein nicht weniger scharfes Urteil über die politische Elite des Römischen Reichs: «La faute que commirent les classes éclairées de l'Empire en provoquant cette exaltation fiévreuse ne saurait être assez blâmée. Souffrir pour sa croyance est quelque chose de si doux à l'homme que cet attrait seul suffit pour faire croire. Plus d'un incrédule s'est converti sans autre raison que celle-là; […] Un secret instinct nous porte, d'ailleurs, à être avec ceux qui sont persécutés. Quiconque s'imagine arrêter un mouvement religieux ou social par des mesures coercitives fait donc preuve d'une complète ignorance du cœur humain et témoigne qu'il ne connaît pas les vrais moyens d'action de la politique.» *L'Antéchrist* (1873), in: *Œuvres complètes.* Paris 1949, IV, p. 1229.

37 *AC* 53, 1–6 (234–235); 51 (230). *Also sprach Zarathustra* II, 4 (Von den Priestern), 30–32 (p. 119); beachte Vers 5 (p. 117).

Die Kritik des Märtyrers als Zeuge der Wahrheit des Glaubens erlaubt es Nietzsche, ohne jedes Aufheben klarzustellen, daß der «Dienst der Wahrheit» nicht mit dem Dienst an einer Gottheit zu verwechseln ist, die ein Martyrium verlangt. Der Philosoph muß um der Wahrheit willen, zu ihrer Verteidigung, nicht sein Leben lassen.[38] Außerdem weist Nietzsche den vorzüglichen Adressaten des Buchs gleichsam im Vorübergehen darauf hin, daß die Wahrheit notwendigerweise anonym bleibt. Eine Einsicht, die zur *Bescheidenheit* der Hyperboreer gehört: «Die Wahrheit ist Nichts, was Einer hätte und ein Andrer nicht hätte: so können höchstens Bauern oder Bauern-Apostel nach Art Luther's über die Wahrheit denken.» Die Wahrheit wird durch niemandes Lehre erschöpft oder bezeichnet. Sie trägt keinen Namen. Weder den von Heraklit oder Platon noch den von Spinoza oder Nietzsche.[39]

38 «Das Martyrium des Philosophen, seine ‹Aufopferung für die Wahrheit› zwingt an's Licht heraus, was vom Agitator und vom Schauspieler in ihm steckte; und gesetzt, dass man ihm nur mit einer artistischen Neugierde bisher zugeschaut hat, so kann in Bezug auf manchen Philosophen der gefährliche Wunsch freilich begreiflich sein, ihn auch einmal in seiner Entartung zu sehn (entartet zum ‹Märtyrer›, zum Bühnen- und Tribünen-Schreihals).» *Jenseits von Gut und Böse* 25 (p. 43); cf. Vorrede, erster Satz.

39 *AC* 53, 1 (234); 13 (179); 50, 7 (230). Beachte *AC* 46, 4 (225) und *Jenseits von Gut und Böse* 295 (p. 238) sowie S. 166 und 254.

V

Herrschaft

Zarathustra hat im *Antichrist* einen doppelten Auftritt. Zuerst spricht er als Wahr-Sager. Dann verkörpert er den Skeptiker. Im dreiundfünfzigsten Abschnitt wird ihm die Kritik des Zeugen der Wahrheit, des Glaubens und des Opfers übertragen. Im vierundfünfzigsten verbindet sich mit ihm die Frage der Herrschaft. Der Abschnitt, der wie kein anderer vom Philosophen handelt, setzt unvermittelt ein: «Man lasse sich nicht irreführen: grosse Geister sind Skeptiker. Zarathustra ist ein Skeptiker.» Irregeleitet ist die Meinung, große Geister seien Menschen des Glaubens oder Menschen der Überzeugung. Ein Geist ist nicht groß, weil er groß im Glauben wäre oder sich von einer großen Überzeugung bestimmen ließe. Groß verdient er genannt zu werden, insofern er, im Gegenteil, den Glauben überwunden und zu seinen Überzeugungen Abstand gewonnen hat – insofern er ein *freigewordner Geist* ist. «Die Stärke, die *Freiheit* aus der Kraft und Überkraft des Geistes *beweist* sich durch Skepsis. Menschen der Überzeugung kommen für alles Grundsätzliche von Werth und Unwerth gar nicht in Betracht. Überzeugungen sind Gefängnisse. Das sieht nicht weit genug, das sieht nicht *unter* sich: aber um über Werth und Unwerth mitreden zu dürfen, muss man fünfhundert Überzeugungen *unter* sich sehn, – *hinter* sich sehn ...» Zarathustra wird von Nietzsche als Zeuge für die Wahrheit des Zusammenhangs von Größe des Geistes und Skepsis aufgeboten. Offenbar geht Nietzsche davon aus, daß der Leser Zarathustra für einen großen Geist hält, ohne daß er in ihm deshalb einen Skeptiker sähe, oder weil er, umgekehrt, in ihm keinen Skeptiker, sondern einen Menschen der Überzeugung vor sich zu haben glaubt. Tatsächlich ist die Annahme nicht weit hergeholt, daß die Mehrzahl derer, die das *Buch für Alle und Keinen*, sei es aus eigener Lektüre, sei es vom Hörensagen kennen, Zarathustra für einen Propheten oder jedenfalls für einen Überzeugungstäter halten. Trägt er nicht den Namen eines Propheten? Und ist er nicht erfüllt von der Sendung, der Menschheit die Lehren vom Übermenschen, vom Willen zur Macht, von der Ewigen Wiederkunft bringen zu müssen? Verheißt er ihr etwa nicht den Weg zur Erlösung? Angesichts dieses naheliegenden Verständnisses, mit dem Nietzsche zu rechnen hat, dient der zweite Auftritt Zarathustras im *Antichrist* nicht so sehr dazu, den Skeptiker zu belegen und den freigewordenen Geist an einem berühmten Beispiel zu erläutern, sondern das Beispiel allererst zu konstituieren und durch einen pointierten Hinweis darauf aufmerksam zu machen, daß die Gestalt aus Nietzsches Dichtung am Ende nicht als Prophet, sondern als Philosoph zu verstehen ist.[1]

Wenn Nietzsche Zarathustra einen Skeptiker nennt, bezeichnet er ihn als Philosophen. Paragraph 54 erörtert nicht den Skeptiker im allgemeinen. Er unterscheidet auch nicht, wie Nietzsche dies andernorts tut, eine Skepsis der Stärke von einer Skepsis aus Schwäche, um etwa Friedrich dem Großen «die Skepsis der verwegenen Männlichkeit» zu attestieren. Er verwendet den Namen des «anständigen Typus in der Geschichte der Philosophie», um den Philosophen vor jeder Verwechslung mit einem Priester, Propheten oder Politiker zu schützen, die Selbstverwechslung eingeschlossen.[2] Der Satz: «Ein Geist, der Grosses will, der auch die Mittel dazu will, ist mit Nothwendigkeit Skeptiker», bezieht sich gleichfalls nicht auf irgendeinen «Geist» oder ein beliebiges Vorhaben, das «Grosses» für sich beansprucht. Er zielt nicht auf das große Unternehmen eines Politikers wie Napoleon oder eines Priesters wie Paulus, der, wie wir gehört haben, für seine Gründung «auch die Mittel» will. Vielmehr hat er die *Wahrheit* im Auge, den *Wahrhaftigen* und den *freigewordnen Geist*, die alle drei im zweiten Teil des Paragraphen aufgerufen werden. Entsprechend lautet der Folgesatz: «Die Freiheit von jeder Art Überzeugungen *gehört* zur Stärke, das Frei-Blicken-*können …*» Erst recht und vor allem aber gilt die Bestimmtheit der philosophischen Ausrichtung für die *Leidenschaft*, von der Nietzsche sagt, der Skeptiker habe in ihr nichts Geringeres als den Grund und die Macht seines Seins: «Die grosse Leidenschaft, der Grund und die Macht seines Seins, noch aufgeklärter, noch despotischer als er selbst es ist, nimmt seinen ganzen Intellekt in Dienst; sie macht unbedenklich; sie giebt ihm Muth sogar zu unheiligen Mitteln; sie *gönnt* ihm unter Umständen Überzeugungen. Die Überzeugung als *Mittel*: Vieles erreicht

1 *AC* 54 (236–237). Dieselbe Intention verfolgt Nietzsche mit dem Auftritt Zarathustras im Vorwort von *Ecce homo*. Siehe S. 26–28.

2 *Jenseits von Gut und Böse* 208 und 209 (p. 137–142). *AC* 12 (178).

man nur mittelst einer Überzeugung. Die grosse Leidenschaft braucht, verbraucht Überzeugungen, sie unterwirft sich ihnen nicht, – sie weiss sich souverain.» Was Paragraph 54 über die «grosse Leidenschaft» feststellt, trifft im eminenten Verstande auf die Leidenschaft zu, die Nietzsche seit *Morgenröthe* zur Kennzeichnung des Philosophen heranzieht: die *Leidenschaft der Erkenntnis*. Sie ist die Eine Leidenschaft, die sich souverän *wissen* kann, weil ihr im Unterschied zu allen anderen Leidenschaften die Rückwendung auf sich selbst in der Erkenntnis wesentlich ist. Der Skeptiker vermag in ihr den Grund und die Macht seines Seins zu finden, da die inneren Herrschaftsverhältnisse, die ihn zum Skeptiker machen, in der Leidenschaft der Erkenntnis ihr architektonisches Prinzip haben. Sie bestimmt die Rangordnung, die ihn auszeichnet, sowohl durch das höchste Ziel, das die Führung übernimmt, als auch durch den tiefsten Antrieb, der die Bewegung aufrechterhält. Ihre Herrschaft ist darin begründet, daß sie über jede seiner Leidenschaften hinausreicht: sie versteht alle, *despotisch*, zu ihrem Zweck einzusetzen oder sie beständig im Sinne ihres Zwecks, *aufgeklärt*, zu prüfen. Indem sie sich selbst einsetzt und selbst prüft, bestätigt sie ihre Herrschaft. Zu ihrer Herrschaft, die Eins ist mit der Freiheit des Skeptikers, gehört der Gebrauch der Überzeugungen: das Ausspielen, Ausagieren und Austesten, der Überzeugungen bis zu der Grenze, an der sie als «Überzeugungen» überwunden sind, an der ihre Bedingtheit verstanden und ihr Wahrheitsgehalt erkannt ist. Die Annäherung an die Wahrheit, die die Leidenschaft der Erkenntnis vermittels der Überzeugungen vorantreibt, korrespondiert dem Werden zu sich des Philosophen vermittels der Aufgabe, die ohne Überzeugungen nicht zu denken ist. In beiden Fällen bedeutet das instrumentelle Verhältnis, daß der Überzeugung bzw. der Aufgabe der gebotene Ernst zuteil werden muß, damit das Mittel seinen Zweck – das Durchdringen und Begreifen, die Entfaltung und Vertiefung – erfüllen und damit es aus der höchsten Perspektive als «*unter* sich, *hinter* sich» betrachtet werden kann. In beiden Fällen ist die so despotische wie aufgeklärte Herrschaft Ausdruck der Natur des Philosophen.[3]

Ein Seitenblick auf Aphorismus 230 in *Jenseits von Gut und Böse* – er ist für das «Vorspiel einer Philosophie der Zukunft» von vergleichbarer Bedeutung wie Paragraph 54 für die «Umwerthung aller Werthe» – mag

3 *AC* 54, 1 (236). Siehe S. 72–74 und 123.

die zugrundeliegende Konzeption schärfer hervortreten lassen. Nietzsche verhandelt dort die Herrschaft der Natur des Philosophen in zwei deutlich voneinander unterschiedenen Schritten. Im ersten geht er auf einen «Grundwillen des Geistes» zurück, der der Welt durch Begreifen und Aneignung, Auslegen und Einverleibung Herr zu werden sucht, aber, indem er seine Dominanz forciert und der Selbsttäuschung unterliegt, die Wahrheit verfehlt. Er nimmt das «befehlerische Etwas, das vom Volke ‹der Geist› genannt wird», als Ausgangspunkt und präsentiert es als «einen zusammenschnürenden, bändigenden, herrschsüchtigen und wirklich herrschaftlichen Willen.» Die «Bedürfnisse und Vermögen» des Geistes sind in ihrer herrschaftlichen Ausrichtung dieselben, «wie sie die Physiologen für Alles, was lebt, wächst und sich vermehrt, aufstellen.» Mit einem Wort: der Grundwille des Geistes ist Eins mit dem Willen, der im Leben überhaupt am Werk ist. «Die Kraft des Geistes, Fremdes sich anzueignen, offenbart sich in einem starken Hange, das Neue dem Alten anzuähnlichen, das Mannichfaltige zu vereinfachen, das gänzlich Widersprechende zu übersehen oder wegzustossen: ebenso wie er bestimmte Züge und Linien am Fremden, an jedem Stück ‹Aussenwelt› willkürlich stärker unterstreicht, heraushebt, sich zurecht fälscht.» Wie das Leben ist er auf Wachstum aus, «bestimmter noch, auf das *Gefühl* des Wachsthums, auf das Gefühl der vermehrten Kraft». Spätestens hier kann der Leser nicht länger im Zweifel sein, von welchem Willen die Rede ist. Demselben Willen dient, wie Nietzsche betont, «ein scheinbar entgegengesetzter Trieb des Geistes»: Ein plötzlicher «Entschluss zur Unwissenheit», ein «Zumachen seiner Fenster», eine «Art Vertheidigungs-Zustand gegen vieles Wissbare», eine «Zufriedenheit mit dem Dunkel, mit dem abschliessenden Horizonte», selbst der «gelegentliche Wille», sich täuschen zu lassen, «ein frohlockender Selbstgenuss an der willkürlichen Enge und Heimlichkeit eines Winkels, am Allzunahen, am Vordergrunde, am Vergrösserten, Verkleinerten, Verschobenen, Verschönerten», schließlich «jene nicht unbedenkliche Bereitwilligkeit des Geistes, andere Geister zu täuschen und sich vor ihnen zu verstellen». Die Zufriedenheit mit dem Dunkel, mit dem abschließenden Horizont können wir auch als ein Haltmachen bei der Überzeugung, als ein Sicheinrichten im Glauben bezeichnen. — Dem Grundwillen des Geistes und des Lebens zu Schein und Oberfläche, zu Vereinfachung und Angleichung, den Nietzsche für gewöhnlich *Wille zur Macht* nennt, tritt im zweiten Schritt «jener sublime Hang des Erkennenden *entgegen*, der die Dinge tief, vielfach, gründlich nimmt und nehmen *will*: als eine Art Grausamkeit des intellektuellen Gewissens und Geschmacks, welche jeder tapfere Denker bei sich anerkennen wird, gesetzt dass er, wie sich gebührt, sein Auge für sich selbst lange genug gehärtet und gespitzt hat und an strenge Zucht, auch an strenge Worte gewöhnt ist.» Im *Erkennenden* erfährt der Grundwille die Rückwendung auf sich selbst. Es kommt zu einer Bifurkation des Willens zur Macht, in der der Wille zur Oberfläche auf den Willen zur Gründlichkeit trifft. Oder der Eine herrschaftliche Wille muß sich, sobald der Erkennende in Frage steht, in den Willen, der der Welt, und den Willen, der seiner selbst Herr werden will, aufspalten. Der Vorteil der Konzeption, die auf die Leidenschaft der Erkenntnis des Philosophen zurückgeht, besteht darin, daß beide Stränge zwingend aufeinander bezogen sind, ineinander greifen und sich in die Höhe treiben, da die Erkenntnis der Welt und die Selbsterkenntnis in ihr notwendig Ein Ziel haben. Dafür stellen die zwei Schritte, die aufeinander folgen, aber gegeneinander gekehrt sind, das Erfordernis der Redlichkeit für die Wahrhaftigkeit so scharf heraus, wie es nur herausgestellt werden kann, ohne deshalb im geringsten von dem Kurs abzuweichen, daß auf die Natur des Philosophen zurückzugehen sei. Im Gegenteil, Nietzsche, der die Redlichkeit im Zentrum des «Siebten Hauptstücks: unsere Tugenden» als die Tugend einführt, «die allein uns übrig blieb», macht an der Stelle, an der er in *Jenseits von Gut und Böse* zum dritten und letzten Mal in der Stimme der «freien, *sehr* freien Geister» spricht, ebendiese Tugend zum Prüfstein und Beispiel des Rückgangs auf die Natur.[4] Sie soll als *Grau-*

4 Im selben Aphorismus (VII, 227), in dem Nietzsche die Redlichkeit als «unsre Tugend» herausstellt, «von der wir nicht loskönnen, wir freien Geister», warnt er davor, daß sie nicht «unsre Dummheit werde». Denn jede Tugend «neigt zur Dummheit» – sobald sie als Zweck mißverstanden wird. Der Aphorismus bezieht sich in signifikanter Weise auf den Aphorismus zurück, in dem die *Liebe zur Wahrheit* und der *Wille zur Macht* eingeführt wurden (I, 9): Nietzsche reiht sich ein unter die «Stoiker» – «wir letzten Stoiker» –, und er spricht zum zweiten und letzten Mal in *Jenseits von Gut und Böse* vom «geistigsten Willen zur Macht». In Aphorismus 9 hielt er den Stoikern entgegen, daß sie ihre Moral, ihr Ideal in die Natur hineinlegten, d. h. dem Text zuschrieben, was tatsächlich ihre Interpretation war, weil sie keine Klarheit über ihre eigene Natur hatten. Sie *glaubten* an ihre Philosophie, da sie, im Unterschied zu den «letzten Stoikern», nicht erkannten, daß die Philosophie der «geistigste Wille zur Macht» ist, der der Grausamkeit gegen sich selbst bedarf, wenn er despotisch *und* aufgeklärt sein Werk tun soll. *Jenseits von Gut und Böse*, 9 und 227 (p. 21–22 und 162–163).

samkeit gegen sich selbst in «unserer» Natur verankert werden. Gewiß, «es klänge artiger, wenn man uns, statt der Grausamkeit, etwa eine ‹ausschweifende Redlichkeit› nachsagte, nachraunte, nachrühmte – uns freien, *sehr* freien Geistern». Überhaupt gilt von den Tugenden, Auszeichnungen, Lobeserhebungen, die den Philosophen zugesprochen werden: «Redlichkeit, Liebe zur Wahrheit, Liebe zur Weisheit, Aufopferung für die Erkenntniss, Heroismus des Wahrhaftigen, – es ist Etwas daran, das Einem den Stolz schwellen macht.» Doch «wir Einsiedler und Murmelthiere» haben «uns» in Eis und Hochgebirge oder in freiwillig aufgesuchten Wüsten «überredet», daß auf dergleichen soziablen Prunk und moralischen Putz zu verzichten sei und «dass auch unter solcher schmeichlerischen Farbe und Übermalung der schreckliche Grundtext homo natura wieder heraus erkannt werden muss.» Denn das ist die Aufgabe, die sich die «freien, *sehr* freien Geister» stellen: Den Menschen «zurückübersetzen in die Natur; über die vielen eitlen und schwärmerischen Deutungen und Nebensinne Herr werden, welche bisher über jenen ewigen Grundtext homo natura gekritzelt und gemalt wurden». Der «Grundwille des Geistes», der «Herr sein und sich als Herrn fühlen will», genügt, an ihm selbst, nicht für diese Aufgabe, da das Gekritzel und die Übermalungen wesentlich sein Werk sind. Damit der Grundtext unter den Interpretationen freigelegt werden kann, die ihn verdecken, gilt es, die Aufmerksamkeit zunächst auf den Interpreten und die interpretierende Aktivität zu richten. Deshalb rückt Nietzsche den *Willen zur Macht* im *Willen zur Wahrheit* in ein so helles Licht: seine Sichtbarkeit ist die Voraussetzung der Steuerung. Erst die Einsicht in seine Dysfunktionalität erlaubt die Kontrolle. So läßt Nietzsche Zarathustra die Forderung erheben, daß der Wille zur Macht «abgeschirrt» werden muß. Im *Antichrist* verlangt er, wie wir sahen, Ephexis in der Interpretation.[5] In Aphorismus 230 ist es die Redlichkeit, die er dem «Grundwillen des Geistes» und seinen zurechtmachenden, verschönernden, schmeichlerischen Interpretationen entgegensetzt. Genau die Redlichkeit, die als Grausamkeit gegen sich selbst eine adäquate Interpretation des schrecklichen, ewigen Grundtextes der *Natur*, die der Mensch *ist*, exemplarisch

5 *Also sprach Zarathustra* II, 13, 27 und II, 20, 43 (p. 152 und 181), siehe S. 44 und 181 mit Anm. 13. *AC* 52, 2 (233); cf. *Götzen-Dämmerung*, Was den Deutschen abgeht 6 (p. 108–109); außerdem *Jenseits von Gut und Böse* 22, 38 und 47 (p. 37, 56 und 69).

veranschaulichen soll. — Die «freien, *sehr* freien Geister», die sich die Aufgabe stellen, den Grundtext homo natura zu erkennen und dafür Sorge zu tragen, daß der Mensch vor dem Menschen stehe, wie er «vor der *anderen* Natur» steht, machen den Anfang damit, daß sie ihre eigene Natur ins Auge fassen. Nietzsche beendet den Aphorismus mit den Sätzen: «Warum wir sie wählten, diese tolle Aufgabe? Oder anders gefragt: ‹warum überhaupt Erkenntniss?› – Jedermann wird uns darnach fragen. Und wir, solchermaassen gedrängt, wir, die wir uns hunderte Male selbst schon ebenso gefragt haben, wir fanden und finden keine bessere Antwort....» Wir können die Antwort vervollständigen und die vier Auslassungspunkte ersetzen durch: als unsere Natur. Oder: als die Leidenschaft der Erkenntnis.[6] —

Der Weg, den er in den vier Teilen von Nietzsches philosophischer Dichtung zurücklegt, macht Zarathustra zu einem sprechenden Beispiel für den *freigewordnen Geist*, den der vierundfünfzigste Abschnitt als Skeptiker einführt und näher charakterisiert. Nicht nur «gönnt» die Leidenschaft der Erkenntnis Zarathustra Überzeugungen, die er zu überwinden hat – den Kern der futuristischen Lehre für die Menschheit, die eigene Erlösungsbedürftigkeit, den Glauben an die consummierende Tat des Opfertods. Die Befreiung, die Zarathustra und Nietzsche in den gemeinsam verbrachten Jahren durchlaufen, findet ihren Niederschlag auch in der veränderten Ausrichtung der Handlung, die mit der Ankündigung einer Tragödie beginnt und in einer Komödie endet. Außerdem liefert Zarathustra gleichsam das Motto für das, was der Abschnitt über den Typus des freigewordenen Geistes zu sagen hat, wenn er sich im Kapitel «Der Wanderer» zu Beginn des Dritten Teils auffordert, über sich selbst hinüber- und hinaufzusteigen, bis er seine Sterne unter sich hätte: «Hinab auf mich selber sehn und noch auf meine Sterne: das erst hiesse mir mein *Gipfel*».[7] In scharfem Kontrast dazu zeichnet Nietzsche den Menschen, der vom «Bedürfniss nach Glauben, nach irgend etwas Unbedingtem von Ja und Nein» erfüllt ist, nach einem Unbedingten, an dem er Halt findet, das ihm Sicherheit verheißt, auf das hin, von dem her, unter dessen Gebot er sich als Mittel eines höheren Zwecks zu

6 *Jenseits von Gut und Böse* 230 (p. 167–170) und 229 (p. 166–167); cf. 210 (p. 142). Beachte S. 187, Anm. 22.

7 *Also sprach Zarathustra* III, 1, 16–17 (p. 194); cf. *Was ist Nietzsches Zarathustra?*, p. 110–111 und 120–123.

verstehen vermag. «Der Mensch des Glaubens, der ‹Gläubige› jeder Art ist nothwendig ein abhängiger Mensch, – ein Solcher, der *sich* nicht als Zweck, der von sich aus überhaupt nicht Zwecke ansetzen kann.» Von sich aus Zwecke setzen zu können, setzt die Freiheit des Blickes voraus, die niemandem zufällt, sondern die errungen werden muß. Nietzsche führt den Gegensatz zwischen dem «Skeptiker» und dem «Menschen der Überzeugung» auf den Gegensatz von Freiheit und Glaube, Herrschaft und Sklaverei, innerer Hierarchie und äußerer Abhängigkeit zurück. Der «Mensch des Glaubens» gibt einer «Moral der Entselbstung die höchste Ehre: zu ihr überredet ihn Alles, seine Klugheit, seine Erfahrung, seine Eitelkeit. Jede Art Glaube ist selbst ein Ausdruck von Entselbstung, von Selbst-Entfremdung ...» Ist der Skeptiker, der starke, der freigewordene Geist, die Verkörperung der Selbstbestimmung par excellence, die zum Setzen von Zwecken und zur Offenheit für die Wahrheit befähigt, so nimmt sich der Mensch des Glaubens, der Mensch der Überzeugung, der in der Überzeugung «sein Rückgrat» hat, der ohne den Glauben nicht sein kann, als «der *Antagonist* des Wahrhaftigen» und schließlich der *Wahrheit* aus. Das ist der tiefste Gegensatz, den der *Antichrist* freilegt. Der Fanatiker, der am Ende von Paragraph 54 auftritt, ist nur mehr die «pathologische» Spitze des Gegensatz-Typus und macht auf ebendiesen Typus Eindruck: «die Fanatiker sind pittoresk, die Menschheit sieht Gebärden lieber als dass sie *Gründe* hört ...» Dem Leser, der sich an die frühere Zurückweisung des Verlangens nach einem «pittoresken Effekt» der Wahrheit erinnert, steht jetzt vor Augen, weshalb Nietzsche von Anfang an solchen Wert darauf legte, den Streit um die Wahrheit als Kampf um den maßgebenden Typus auszutragen.[8]

Die Herrschaft des Philosophen über sich selbst ist eines, die Herrschaft über andere ist ein anderes. Was für den Zugang zur Wahrheit taugt, reicht deshalb noch nicht aus, um die Maßgeblichkeit eines Typus durchzusetzen. Auch wenn die «Umwerthung aller Werthe» ihren Fluchtpunkt in der Wahrheit haben soll,[9] bleibt sie politisch darauf an-

8 *AC* 54, 2 (236–237); cf. 8 (175); 12 (179); 13 (179). Siehe S. 191–194. – Rousseau, den Nietzsche unter die «Fanatiker» einreiht, nahm eine Bestimmung des grundlegenden Gegensatzes vor, die sich mit derjenigen Nietzsches in der Sache trifft. Cf. *Discours sur l'inégalité*, Seconde Partie, p. 268 und Note XV, p. 370.

9 «Wie viel Wahrheit *erträgt*, wie viel Wahrheit *wagt* ein Geist? das wurde für mich immer mehr der eigentliche Werthmesser» *EH* Vorwort, 3 (259). Siehe S. 24–25.

gewiesen, daß dem Eintreten für die antichristlichen Überzeugungen mehr Achtung gezollt wird als deren Infragestellung.[10] Nietzsches Angriff auf die Überzeugung ist ein gewagtes Spiel. Gleichwohl setzt er das kritische Unterfangen fort und verweist darauf, schon vor Jahren «zur Erwägung anheimgegeben» zu haben, «ob nicht die Überzeugungen gefährlichere Feinde der Wahrheit sind als die Lügen». Die Erwägung bereitet keine Schwierigkeiten, da bei der Lüge, im Unterschied zur Überzeugung, ein Bewußtsein des Widerspruchs zur oder der Abweichung von der Wahrheit zu unterstellen ist. Entsprechend fällt Nietzsches Definition aus: «Ich nenne Lüge Etwas *nicht* sehn wollen, das man sieht, Etwas nicht *so* sehn wollen, wie man es sieht: ob die Lüge vor Zeugen oder ohne Zeugen statt hatt, kommt nicht in Betracht. Die gewöhnlichste Lüge ist die, mit der man sich selbst belügt; das Belügen Andrer ist relativ der Ausnahmefall.» Was nicht heißt, daß der Ausnahmefall, jemanden anderen etwas sehen machen wollen, das man nicht so sieht, nicht der Fall ist, auf den am Ende alles ankommt. Nietzsche beginnt mit dem gewöhnlichsten Fall, den er zuvor als die «Falschmünzerei vor sich selbst» bezeichnete, um die, wie er sagt, «entscheidende Frage» ins Spiel zu bringen: «besteht zwischen Lüge und Überzeugung überhaupt ein Gegensatz?» Die Antwort lautet: nein, da Nietzsche den Gegensatz in ein Nacheinander, in eine geschichtliche Abfolge überführt. «Mitunter bedarf es bloss eines Personen-Wechsels: im Sohn wird Überzeugung, was im Vater noch Lüge war.» Die «Falschmünzerei vor sich selbst» gerinnt zur Überzeugung oder sie wird zu einer Gewißheit des Glaubens, die in dem Maße an Ansehen gewinnt, in dem der Ursprung in Vergessenheit gerät oder verklärt wird. Der «Parteimensch jeder Art» fordert für seinen Glauben Respekt ein: «Dies ist *unsre* Überzeugung: wir bekennen sie vor aller Welt, wir leben und sterben für sie, – Respekt vor Allem, was Überzeugungen hat!»[11] Diesen allgemeinen Relativis-

10 In einer vorbereitenden Aufzeichnung zu *AC* 53 heißt es: «Ein sehr populärer Irrthum: den Muth zu seiner Überzeugung haben –? aber den Muth zum Angriff auf seine Überzeugung haben!!!» *KGW* IX 8, W II 5, p. 47.

11 Nietzsche fährt fort: «– dergleichen habe ich sogar aus dem Mund von Antisemiten gehört. Im Gegentheil, meine Herrn! Ein Antisemit wird dadurch durchaus nicht anständiger, dass er aus Grundsatz lügt ...» Andreas Urs Sommer kommentiert die Stelle: «So kurz der Einschub gegen die Antisemiten ausfällt, so deutlich macht er doch Nietzsches schroffe Distanzierung sichtbar.» Er verweist außerdem auf einen Brief vom 14. September 1888 an Franz Overbeck, in dem Nietzsche

mus der respektablen Überzeugungen unterbrechen die Priester, «die in solchen Dingen feiner sind», indem sie sich auf eine höhere, maßgebliche, göttliche Autorität berufen. «Auch Kant», den Nietzsche im Blick auf die Postulate der praktischen Vernunft schon früher als moralischen Erben des «priesterlichen Typus» heranzog, war, «mit seinem kategorischen Imperativ, auf dem gleichen Wege: seine Vernunft wurde hierin *praktisch.*» An dieser Stelle, an der klar wird, weshalb er die Frage nach dem Verhältnis von Lüge und Glaube *entscheidend* genannt hat, erteilt Nietzsche den Verteidigern der Offenbarung das Wort: «Es giebt Fragen, wo über Wahrheit und Unwahrheit dem Menschen die Entscheidung *nicht* zusteht; alle obersten Fragen, alle obersten Werth-Probleme sind jenseits der menschlichen Vernunft ... Die Grenzen der Vernunft begreifen – *das* erst ist wahrhaft Philosophie ... Wozu gab Gott dem Menschen die Offenbarung? Würde Gott etwas Überflüssiges gethan haben? Der Mensch *kann* von sich nicht selber wissen, was gut und böse ist, darum lehrte ihn Gott seinen Willen ...» Nietzsche hält augenscheinlich dafür, daß diese Apologie das Argument nicht zu entkräften vermag, das seiner Verhandlung der Gehorsamsforderung der Offenbarung und des Sündenfalls in Paragraph 48 zugrunde liegt. Die Berufung auf die göttliche Offenbarung enthebt die menschliche Vernunft im übrigen nicht ihrer Zuständigkeit, da sie in der Mehrzahl, in einander widerstreitenden Berufungen, auftritt und da die Offenbarung die Menschen einzig vermittels menschlicher Zeugnisse und menschlicher Auslegungen erreicht. Nietzsche beschränkt sich darauf, den «Priester-Syllogismus», der die Priester gegen den Vorwurf der Lüge schützen soll, auf das Machtinteresse zurückzuführen, das die Behauptung trägt: Die Dinge, von denen Priester reden, entzögen sich dem menschlichen Urteil über «wahr» und «unwahr», weshalb sie den Priestern als Menschen die Lüge gar nicht erlaubten. «Denn um zu lügen, müsste man entscheiden können, *was* hier wahr ist. Aber das *kann* eben der Mensch nicht» – Gott allein kann es. Das Urteil über Wahrheit und Lüge steht bei ihm. Der Priester ist «nur das Mundstück Gottes.» Nietzsche ist so wenig gewillt, noch einmal auf den Wahrheitsanspruch des Offenbarungsglaubens ein-

Wilhelm II. dafür lobt, daß er «neuerdings scharf *anti*-antisemitisch aufgetreten» sei (*KGB* III 5, p. 433). «Die wenig freundlichen Worte gegen ‹die Juden› in *AC* 24–26 lassen sich nur argumentationsstrategisch angemessen begreifen, nämlich als Mittel, das Christentum *ad absurdum* zu führen» (*NK* 6/2, p. 262).

zugehen, daß er den Syllogismus dem Priester ohne Ansehen des Gottes zuordnet. Er spricht als eine Art Herrschaftssoziologe: «das Recht zur Lüge und die *Klugheit* der ‹Offenbarung› gehört dem Typus Priester an». Die *Priester*, die jetzt in Rede stehen, da es um die politische Basis des Glaubens und die ihn formenden Institutionen geht, sind nicht länger nur die Priester der Offenbarungsreligionen, sondern schließen ausdrücklich die Priester des Heidentums ein, die ganz andere Wertschätzungen vertreten: «Heiden sind Alle, die zum Leben Ja sagen, denen ‹Gott› das Wort für das grosse Ja zu allen Dingen ist.» Auch im Heidentum gilt, daß das *Gesetz*, der *Wille* oder das *Vorbild Gottes*, das *heilige Buch*, die *Inspiration* die Mittel und die Bedingungen des Machterwerbs und des Machterhalts der Priester bezeichnen. Endlich und vor allem hält Nietzsche zum Ursprung aller «priesterlichen oder philosophisch-priesterlichen» Herrschaftsgebäude und Herrschaftsentwürfe fest: «Die ‹heilige Lüge› – dem Confucius, dem Gesetzbuch des Manu, dem Muhamed, der christlichen Kirche gemeinsam: sie fehlt nicht bei Plato.» In der Pia fraus hat die Erörterung von Lüge und Glaube ihr Ziel erreicht.[12]

Was der Philosoph in Rücksicht auf sich und das eigene Leben einer eingehenden Kritik unterzieht, das nimmt der Theoretiker der Politik und der Religion, der Gesetzgeber, der Politiker und Priester als Notwendigkeit zur Kenntnis: Überzeugung und Glaube, die Falschmünzerei vor sich selbst und die heilige Lüge am Grunde jeder auf Dauer angelegten politisch-religiösen Einrichtung gehören zu den Beständen, mit denen zu rechnen, auf die zu bauen ist. Nietzsche weiß, daß der Skeptiker von Paragraph 54 sich der Verallgemeinerung entzieht. Und mit einem scharfen Schnitt macht er nach Paragraph 55 deutlich, daß er, wie so oft im *Antichrist*, nicht bei der moralischen Gebärde – «der Priester lügt» – stehenbleibt: «Zuletzt kommt es darauf an, zu welchem *Zweck* gelogen wird. Dass im Christenthum die ‹heiligen› Zwecke fehlen, ist *mein* Einwand gegen seine Mittel.» Der wahre Streit wird um den Zweck ausgetragen. «Nur *schlechte* Zwecke: Vergiftung, Verleumdung, Verneinung des Lebens, die Verachtung des Leibes, die Herabwürdigung und Selbstschändung des Menschen durch den Begriff Sünde». Zur Schärfung des

12 *AC* 55, 1–10 (237–239); 12 (178–179); siehe S. 191. Cf. *Götzen-Dämmerung*, Die «Verbesserer» der Menschheit 5 (p. 102). Zur *Inspiration* siehe *EH* III, Also sprach Zarathustra 3 (339–340) und S. 127–128.

höchsten Gesichtspunkts, von dem das Urteil über die Mittel abhängt, bringt Nietzsche das Gesetzbuch des Manu in Stellung, das er schon in *Götzen-Dämmerung* als heidnisches Zeugnis gegen das Christentum aufbot. Verglich er in der immoralistischen Provokation «Die ‹Verbesserer› der Menschheit» den Kodex des mythischen Gesetzgebers mit dem «armseligen» Neuen Testament, so hebt er ihn jetzt, grundsätzlicher ansetzend, als «ein unvergleichlich geistiges und überlegenes Werk» von der Bibel ab. Das erste, was er an der altindischen Schrift herausstellt, ist, daß sie «eine wirkliche Philosophie hinter sich» habe. Damit ist der tiefste Unterschied zur Bibel bezeichnet.[13] Außerdem gebe sie «selbst dem verwöhntesten Psychologen Etwas zu beissen». Die politische Hauptsache, das, was das Gesetzbuch des Manu vor «jeder Art von Bibel» auszeichnet, besteht aber darin: «die *vornehmen* Stände, die Philosophen und die Krieger, halten mit ihm ihre Hand über der Menge». Nietzsche vermeidet mit Bedacht und, wie wir sehen werden, mit gutem Grund das Wort *herrschen*, wenn er die Philosophen und die Krieger in einem Atem nennt und als «die vornehmen Stände» einander angleicht. Das noch nicht näher bestimmte Zusammenwirken der «vornehmen Stände» vermöge des Kodex prägt die gesamte Ordnung: «vornehme Werthe überall, ein Vollkommenheits-Gefühl, ein Jasagen zum Leben, ein triumphirendes Wohlgefühl an sich und am Leben». Anders als in *Götzen-Dämmerung* betont er nicht die «Schutzmaassregeln» gegen die «Tschandala», gegen «die grosse Zahl», von denen er dort, die Herausforderung grell beleuchtend, sagte, daß es «vielleicht nichts unserm Gefühle Widersprechenderes» gebe. Vielmehr spricht er von der *Sonne*, die auf dem ganzen Buch liege. Insonderheit lenkt er die Aufmerksamkeit darauf, daß die Lebensgrundlagen, daß Zeugung, Weib, Ehe, «mit Ehrfurcht, mit Liebe und Zutrauen» behandelt werden. Zur Veranschaulichung, was für eine Art «diese alten Graubärte und Heiligen» haben, «gegen Frauen artig zu sein», führt er drei Stellen aus dem Gesetzbuch des Manu an, die er einem Paulus-Wort aus dem 1. Korintherbrief kontrastiert. Zur dritten und letzten merkt Nietzsche an, sie sei «vielleicht auch eine heilige Lüge».[14]

13 Beachte Nietzsches Aussage zur «philosophischen Bewegung», die dem Buddhismus vorausging, in *AC* 20, 2 (186). Im Druckmanuskript hatte Nietzsche seine Bestimmung des Heidentums in Abschnitt 55, 9 (239) zunächst mit einem Hinweis auf die «Brahmanen zum Beispiel» versehen (*KSA* 14, p. 447).

14 *AC* 56, 1–3 (239–240). *Götzen-Dämmerung*, Die «Verbesserer» der Mensch-

Die Vollkommenheit, die Nietzsche der durch Manu begründeten Ordnung als bestimmendes Gefühl zuschreibt, ist der zentrale Gegenstand des bei weitem längsten Abschnitts des *Antichrist*. Im siebenundfünfzigsten Paragraphen kulminieren die drei Abschnitte, in denen Manu genannt wird und die heilige Lüge, jeweils einmal, auftritt. Platon ist in ihm so präsent wie in keinem anderen Paragraphen. Der Abschnitt nimmt die Frage auf, was die Herrschaft des Philosophen über sich selbst mit der Herrschaft im Gemeinwesen verbindet. Sein Thema ist durchgängig «Natur und Politik». Der Gegensatz zum Christentum bildet den Rahmen. Die Kritik des Christentums, die Demonstration der «Unheiligkeit» seiner Mittel im Lichte des christlichen Zwecks, begründet den vergleichenden Blick auf den «Zweck des Manu-Gesetzbuchs». Die Gründung Manus ihrerseits gibt Nietzsche Gelegenheit, weiterreichende Aussagen über den hierarchischen Aufbau des Gemeinwesens, die Rangordnung der Typen, Zweck und Grundlage der Herrschaft zu machen. Er beginnt mit einer genealogischen Vergegenwärtigung des Zusammenhangs von Gesetzgebung und geschichtlicher Erfahrung, der Rolle der Überlieferung, der Erhöhung der Vorfahren und der Beglaubigung im Rückgang auf eine erste, höchste Autorität. Das Gesetzbuch des Manu setzt einen Anfang und bezeichnet ein Ende. Es resümiert, «wie jedes gute Gesetzbuch», die «Erfahrung, Klugheit und Experimental-Moral von langen Jahrhunderten». Es beruht auf der Einsicht – wie wir bereits hörten, hat es «eine wirkliche Philosophie hinter sich» –, «dass die Mittel, einer langsam und kostspielig erworbenen Wahrheit Autorität zu schaffen, grundverschieden von denen sind, mit denen man sie beweisen würde». In die Gesetzgebung geht ein, was sich bewährt, was sich für die Ordnung des Gemeinwesens und die Lebensführung der Einzelnen als nützlich erwiesen hat. Aber damit sie ihre Funktion erfülle, darf sie nicht auf ihre Funktionalität rekurrieren. «Ein Gesetzbuch erzählt niemals den Nutzen, die Gründe, die Casuistik in der Vorgeschichte eines Gesetzes: eben damit würde es den impe-

heit 3–5 (p. 100–102). *1. Korinther* VII, 2 und 9. Die Stellen aus dem Gesetzbuch des Manu entnimmt Nietzsche der Kompilation und französischen Übertragung von Louis Jacolliot: *Les législateurs religieux. Manou. Moïse – Mahomet. Traditions religieuses comparées des lois de Manou, de la Bible, du Coran, du rituel égyptien, du Zend-Avesta des Parses et des traditions finnoises*. Paris 1876, p. 225–226. Anders als der Titel nahelegt, ist das ganze, 483 Seiten umfassende Buch Manu und der Übertragung des Kodex gewidmet.

rativischen Ton einbüssen, das ‹Du sollst›, die Voraussetzung dafür, dass gehorcht wird.» In Formel gesprochen: Um des Guten willen muß das Gute als Moral vorgestellt werden. Ein Ende bezeichnet die Gründung im präzisen Sinne, insofern sie dem großen Experimentieren, Versuch und Irrtum, der «Fortdauer des flüssigen Zustands der Werthe» Einhalt gebietet. Nietzsche verbindet mit ihr die Zäsur in der Entwicklung eines Volkes, die dadurch gesetzt wird, daß – im besten Fall – «die umsichtigste, das heisst zurück- und hinausblickendste Schicht desselben, die Erfahrung, nach der gelebt werden soll – das heisst *kann* –, für abgeschlossen» erklärt. Um die Gründung der Kritik zu entziehen, um das Gesetz, die Ordnung des Lebens im ganzen, auf Dauer zu stellen, um, vor allem, der moralischen Forderung des «Du sollst» den größten Nachdruck zu verleihen, nehmen die Gesetzgeber Zuflucht zu zwei Instanzen, die es ihnen erlauben, von ihrer Einsicht fort- und über sich hinauszuweisen: sie berufen sich auf eine Offenbarung und führen die Tradition ins Feld. *Offenbarung* meint hier «die Behauptung, die Vernunft jener Gesetze sei *nicht* menschlicher Herkunft, *nicht* langsam und unter Fehlgriffen gesucht und gefunden, sondern, als göttlichen Ursprungs, ganz, vollkommen, ohne Geschichte, ein Geschenk, ein Wunder». Die *Tradition* verankert die Gesetze in der politischen Wirklichkeit. Sie meint «die Behauptung, dass das Gesetz bereits seit uralten Zeiten bestanden habe, dass es pietätlos, ein Verbrechen an den Vorfahren sei, es in Zweifel zu ziehn.» Offenbarung und Tradition beglaubigen das Gute, dem das Gesetz dient, indem sie für die höchste Einsicht und die längste Erfahrung einstehen und beides auf Eine Quelle, ein Erstes zurückführen. «Die Autorität des Gesetzes begründet sich mit den Thesen: Gott *gab* es, die Vorfahren *lebten* es.» Wenn die «zurück- und hinausblickendsten» Urheber das Gesetzbuch einem mythischen Gesetzgeber zuschreiben, nehmen sie die Vorzüge beider Instanzen für ihr Werk in Anspruch.[15]

Mit der Aufrichtung und Durchsetzung der Autorität des Gesetzes verfolgen seine Urheber die Absicht, «das Bewusstsein Schritt für Schritt von dem als richtig erkannten Leben zurückzudrängen», d. h., die

15 *AC* 57, 1–3 (241–242). Jacolliot sagt über Manu: «L'origine de Manou, le grand législateur de l'Inde, nommé communément ‹le fils de Swayambhouwa, c'est-à-dire de celui qui existe par lui-même,› se perd dans la nuit des âges antéhistoriques.» *Manou. Moïse – Mahomet*, p. 1, n. 1. Cf. *Politische Philosophie und die Herausforderung der Offenbarungsreligion*, p. 177–179.

«durch eine ungeheure und scharf durchgesiebte Erfahrung *bewiesene*» Lebensweise soll in Fleisch und Blut übergehen. Die «höhere Vernunft» der Gründung besteht darin, daß die festgestellte Ordnung ihren Niederschlag in einer Art zweiten Natur findet. Sie hat das Ziel, den Lebensvollzügen eine Sicherheit und Fraglosigkeit zu geben, über die das «noch nicht festgestellte Thier» von Natur aus nicht verfügt. Nietzsche spricht, die Kluft nach beiden Seiten überzeichnend, vom «vollkommnen Automatismus des Instinkts» und erhebt ihn zur Voraussetzung jeder Art Meisterschaft. «Ein Gesetzbuch nach Art des Manu aufstellen heisst einem Volke fürderhin zugestehn, Meister zu werden, vollkommen zu werden, – die höchste Kunst des Lebens zu ambitioniren.» Daß das Leben, und mit ihm das zugrundeliegende Gesetz, im erläuterten Sinn «unbewusst gemacht» werde, daß es sich in Ausrichtung und Ablauf selbstverständlich ausnimmt, ist «der Zweck jeder heiligen Lüge». Der Lehrer der Umwertung kann es nicht bei der anthropologischen Strukturanalyse bewenden lassen, die der Philosoph vorträgt. Die Menschen bedürfen aufgrund ihrer Natur des Gesetzes, der Institutionen, der Ordnung, das begründet die *Vernunft* des Gesetzes, unbeschadet der ihm eigenen *Unvernunft*, der Blindheit für den Einzelfall, der Verallgemeinerung dessen, was sich der Verallgemeinerung entzieht oder widersetzt, der Hilflosigkeit vor der Ausnahme. Aber die Einigkeit über die Notwendigkeit des Gesetzes mindert nicht den Streit über seinen Gehalt. Ähnlich steht es mit dem «moralischen Imperativ der Natur», den Nietzsche in *Jenseits von Gut und Böse* aus der Distanz der Betrachtung formuliert: «Du sollst gehorchen, irgend wem, und auf lange: *sonst* gehst du zu Grunde und verlierst die letzte Achtung vor dir selbst.» Und nicht anders verhält es sich mit der heiligen Lüge, die selbstverständlich *machen* soll, was *nicht* selbstverständlich *ist.*[16] Für den Parteigänger der Umwertung muß alles darauf ankommen, *welchem* Gesetz, *welchen* Institutionen, *welcher* Ordnung Selbstverständlichkeit verliehen wird. Die *Funktion*, die Nietzsche im Falle der heiligen Lüge *Zweck* nennt, bringt uns zur Ausgangsfrage zurück, worin der Zweck Manus sich vom Zweck des Christentums unterscheidet. Die Antwort gibt Nietzsche unmittelbar, nachdem er die heilige Lüge zum letzten Mal genannt hat, wobei er augenscheinlich in der Persona des Gründers

16 Nietzsche hat die basale Struktur in *AC* 55, 4 (237–238) nicht zufällig am Glauben erläutert, der im Übergang vom Vater auf den Sohn Gestalt annimmt.

spricht: «Die *Ordnung der Kasten*, das oberste, das dominirende Gesetz, ist nur die Sanktion einer *Natur-Ordnung*, Natur-Gesetzlichkeit ersten Ranges, über die keine Willkür, keine ‹moderne Idee› Gewalt hat.» Nietzsche folgt dem Beispiel der Gesetzgeber in deren doppelter Berufung auf das Höchste und das Älteste, aber er geht bis auf die Natur zurück, die, beide überbietend, an die Stelle von Offenbarung und Tradition tritt. Das Gesetzbuch des Manu dient zur Illustration einer konventionellen Ordnung, die beansprucht, sich im Einklang mit der natürlichen Ordnung zu befinden: «Es treten in jeder gesunden Gesellschaft, sich gegenseitig bedingend, drei physiologisch verschieden-gravitirende Typen auseinander, von denen jeder seine eigne Hygiene, sein eignes Reich von Arbeit, seine eigne Art Vollkommenheits-Gefühl und Meisterschaft hat. Die Natur, *nicht* Manu, trennt die vorwiegend Geistigen, die vorwiegend Muskel- und Temperaments-Starken und die weder im Einen, noch im Andern ausgezeichneten Dritten, die Mittelmässigen, von einander ab». Der Lehrer der Umwertung macht die Natur zur ersten politischen Autorität.[17]

Da die *Natur* die drei *Typen* trennt, geht Nietzsche auf die Einzelheiten der Kasten-Ordnung Manus nicht weiter ein. Daß er sich über die Schrecken dieser Ordnung im klaren ist, wissen wir aus *Götzen-Dämmerung*. Wie wenig er sich über den Charakter des Gesetzes Illusionen machte, belegen nachgelassene Aufzeichnungen.[18] Im *Antichrist* gilt sein

17 *AC* 57, 4–5 (242); cf. 14, 2 (181). *Jenseits von Gut und Böse* 62 und 188 (p. 81 und 110).

18 «*Kritik Manus*: Reduktion der *Natur* auf die Moral: einen Strafzustand des M[enschen]: es giebt keine natürlichen Wirkungen – die Ursache ist das Brahman. / Reduktion der *menschlichen Triebfedern* auf die *Furcht vor der Strafe und die Hoffnung auf Lohn*: dh. vor dem Gesetz, *das Beides in der Hand hat* … / Man hat absolut conform dem Gesetz zu leben: das Vernünftige wird gethan, *weil* es befohlen ist; der naturgemäßeste Instinkt wird befriedigt, weil das Gesetz es vorgeschrieben hat. / Das ist eine Schule der *Verdummung*: in einer solchen Theologen-Brutanstalt, wo auch der junge Militär und Ackerbauer einen neunjährigen Cursus Theologie durchmachen muß, um ‹confirmirt› zu werden, den neunjährigen ‹Militärdienst› der 3 obersten Kasten, müssen die Tschandala's die Intelligenz und selbst das Interessanteste für sich gehabt haben. Sie waren die einzigen, welche die wahre Quelle des Wissens, die *Empirie* zugänglich hatten … Hinzugerechnet die *Inzucht* der Kasten … Es fehlt die Natur, die Technik, die Geschichte, die Kunst, die Wissenschaft. / Man redet heute viel von dem *semitischen* Geiste des *neuen Testament*[*s*]: aber was man so nennt, ist bloß priesterlich, – und im arischen Gesetzbuche rein-

Interesse vor allem Einer Sache. Es ist auf Einen Typus gerichtet. Ins Zentrum seiner Erörterung der vier Kasten Manus, die er stillschweigend auf drei reduziert und damit nicht nur mit den drei *Typen* der *Natur*, sondern auch mit den drei Klassen in Platons *Politeia* übereinbringt, stellt Nietzsche die oberste Kaste, «die Auswahl», die der «grossen Zahl» der dritten gegenübersteht. Hier gibt er dem Leser gleich in der Eröffnung zu erkennen, daß er sich nicht an die Vorlage hält: «Die oberste Kaste – ich nenne sie *die Wenigsten* – hat als die vollkommne auch die Vorrechte der Wenigsten». Nietzsche benennt die Klasse, die Manu den Priestern vorbehält, nach dem ersten Adressaten des *Antichrist*.[19] Was folgt, geht ihn unmittelbar an. Es gehört den Wenigsten. In einer hierarchischen Ordnung, deren Zweck die Vollkommenheit ist, hat die oberste Klasse die Funktion, der Vollkommenheit Sichtbarkeit zu verleihen, so daß zu ihr aufgeblickt werden kann. Sie hat deshalb das Vorrecht, das von einer Pflicht nicht zu trennen ist, «das Glück, die Schönheit, die Güte auf Erden darzustellen». Nietzsche stellt die mittlere der drei, die Schönheit, heraus und ordnet ihr das Glück und die Güte scheinbar unter, weil die Schönheit aus der Distanz wahrzunehmen ist und ihre Wirksamkeit entfaltet. «Nur die geistigsten Menschen haben die Erlaubniss zur Schönheit, *zum* Schönen: nur bei ihnen ist Güte nicht Schwäche.» Den Wenigsten spricht der Gründer das Recht auf «Schönheit» zu, weil das Schöne in ihrem Fall nicht auf «Falschmünzerei vor sich selbst» oder auf Glaube beruht. Wenn sie das Ganze schön erscheinen lassen oder die gesellschaftliche Ordnung verschönern, ist das Gute, das sie damit allen tun, Ausdruck weder ihres Zurückweichens vor der Wirklichkeit noch ihrer Nachgiebigkeit gegenüber Wünschen und Hoffnungen anderer. Es resultiert nicht aus einer Leugnung des Häßlichen, sondern gründet in der Erkenntnis des Guten. Folgerichtig geht Nietzsche vom Schönen auf das Gute zurück,

ster Rasse; bei Manu ist diese Art ‹Semitismus› dh. *Priester-Geist* schlimmer als irgend wo.» *KGW* IX 8, W II 5, p. 13 (Nachgelassene Fragmente Frühjahr 1888 14 [203–204], *KSA* 13, p. 385–386 mit Abweichungen).

19 In *Götzen-Dämmerung* unterscheidet Nietzsche bei Manu «nicht weniger als vier Rassen»: «eine priesterliche, eine kriegerische, eine händler- und ackerbauerische, endlich eine Dienstboten-Rasse, die Sudras» (Die «Verbesserer» der Menschheit 3, p. 100). Bei Jacolliot las er: «Les quatre castes sont: Les Brahmes ou prêtres; Les Xchatrias ou rois; Les Vaysias ou marchands et cultivateurs; Les Soudras ou esclaves» (*Manou. Moïse – Mahomet*, p. 2–3, n. 2).

wobei er sich eines von ihm wiederholt verwendeten abgewandelten Horaz-Wortes bedient: «Pulchrum est paucorum hominum: das Gute ist ein Vorrecht.» Nicht zugestehen kann der Gründer den Wenigsten dagegen einen «pessimistischen Blick», «ein Auge, das *verhässlicht*», «gar eine Entrüstung über den Gesammt-Aspekt der Dinge». Den Kontrast zur «grossen Zahl» verdeutlichend, setzt er hinzu: «Die Entrüstung ist das Vorrecht der Tschandala; der Pessimismus desgleichen.» Aber was den «Geistigsten» in Rücksicht auf ihre Funktion in der hierarchischen Ordnung nicht «zugestanden» werden kann, wird von den Wenigsten nicht im Ernst beansprucht. Denn weder Pessimismus noch Entrüstung stimmen mit der tiefsten Einsicht zusammen, die ihr Leben trägt, die ihnen in Fleisch und Blut übergegangen ist und über die sie sich gleichwohl zu jeder Zeit Rechenschaft abzulegen wissen.[20] «*Die Welt ist vollkommen* – so redet der Instinkt der Geistigsten, der Jasagende Instinkt: die Unvollkommenheit, das *Unter*-uns jeder Art, die Distanz, das Pathos der Distanz, der Tschandala selbst gehört noch zu dieser Vollkommenheit.» Die Sentenz, «Die Welt ist vollkommen», entnimmt Nietzsche dem Vierten Teil von *Also sprach Zarathustra*, der auf diese Weise, obwohl er im Kapitel «Warum ich so gute Bücher schreibe» mit Schweigen übergangen wird, in beiden Werken der Dyade präsent ist.[21] Zarathustra bringt in dem Satz das Glück des vollkommenen Mittags zum Ausdruck, der ein natürlicher, nicht historisch einmaliger, sondern wiederkehrender Mittag ist: ein Urteil, in dem Denken und Fühlen sich treffen und übereinkommen.[22] Im *Antichrist* besiegelt der Satz die Vollkommenheit der «obersten Kaste». Er bringt an der Spitze der Hierarchie, in den «Geistigsten», die ihn verkörpern und aussprechen, die ihn «unbewusst» leben und bewußt zu ihrem Urteil machen, den Zweck der Gründung zur Darstellung. Das Urteil der «Wenigsten» hat Gewicht, da es die Unvollkommenheit ausdrücklich einbegreift. Das Pathos der Distanz gibt die «Tschandala» nicht dem Ekel preis, sondern nimmt sie auf in die Notwendigkeit des Ganzen und macht sie zu einem Teil seiner Vollkommenheit.[23] Nietzsche unterstreicht die Bedeutung der Stelle

20 Siehe *EH* III, Die Geburt der Tragödie 2 (311) und S. 92–93.

21 *EH* I, 4 (270–271). Siehe S. 41 und 129–130 mit Anm. 17–18.

22 *Also sprach Zarathustra* IV, 10 (Mittags), 13 (p. 343). Siehe *Was ist Nietzsches Zarathustra?*, p. 186–189.

23 Zum *Pathos der Distanz* cf. neben *AC* 43 (218) *Jenseits von Gut und Böse* 257

dadurch, daß er die beiden Schlüsselbegriffe seiner Verhandlung des philosophischen Lebens in *Ecce homo*, Aufgabe und Erholung, im *Antichrist* einzig hier zusammen aufscheinen läßt. Die «geistigsten Menschen» finden ihr Glück «als die *Stärksten*» nicht in Beschwichtigung oder Beschönigung, sondern in Selbsterprobung und Selbststeigerung, im Annehmen und Bestehen der größten Herausforderung: «im Labyrinth, in der Härte gegen sich und Andre, im Versuch; ihre Lust ist die Selbstbezwingung: der Asketismus wird bei ihnen Natur, Bedürfniss, Instinkt.» Ihre zweite Natur steht im Dienst ihrer ersten Natur. «Die schwere Aufgabe gilt ihnen als Vorrecht, mit Lasten zu spielen, die Andre erdrücken, eine *Erholung* ... Erkenntniss – eine Form des Asketismus.» Das Vorrecht der Aufgabe, mit dem Schwersten zu spielen, schlägt den Bogen zurück zum Vorrecht der Schönheit, das der Gründer den Wenigsten zuerkennt: Indem sie tun, was ihrer Natur entspricht, indem sie werden, was sie sind, erfüllen sie ihren Zweck.[24] Als die «ehrwürdigste Art Mensch» genügen sie ihrer politischen Pflicht. «Sie herrschen, nicht, weil sie wollen, sondern weil sie *sind*». Sie herrschen, indem ihr Sein die Ausrichtung der Ordnung bestimmt und die Ordnung selbst rechtfertigt. Ihre Herrschaft entspricht der Herrschaft dessen, den Nietzsche andernorts den *complementären Menschen* nennt.[25]

Aber reicht die Herrschaft der «Wenigsten» über sich selbst, die dem Grund und der Macht ihres Seins folgen, aus, um die Ordnung eines politischen Gemeinwesens zu bestimmen? Löst die Herrschaft par distance, in der die «Geistigsten» gleich epikureischen Göttern das «Unter-ihnen jeder Art» zu sich aufschauen machen, ohne selbst in den Gang der Dinge einzugreifen, das Problem, das mit dem Philosophen-Könige-Satz Platons verbunden ist: daß die Philosophen genötigt werden müßten, als Könige zu herrschen und zu dienen? Wie deutlich Nietzsche dieses Problem sieht, gab er in Paragraph 56 zu erkennen, als er davon sprach, daß die Philosophen und die Krieger mit dem Gesetzbuch «ihre Hand über der Menge halten». In Paragraph 57, in dem er die Philosophen nirgendwo namentlich erwähnt, stellt er fest, daß es den

(p. 205), *Zur Genealogie der Moral* III, 14 (p. 371) und *Götzen-Dämmerung*, Streifzüge eines Unzeitgemässen 37 (p. 138).

24 Beachte *EH* II, 10 (297) und S. 69–74.

25 *AC* 57, 5–6 (242–243); cf. 1 (169), 13 (179) und 54 (236). *Jenseits von Gut und Böse* 207 (p. 136); cf. 28 (p. 47). Siehe S. 68–69.

Wenigsten nicht frei stehe, die Zweiten zu sein. Sie herrschen vermöge ihres Seins, aber nicht als Könige. «Die *Zweiten*: das sind die Wächter des Rechts, die Pfleger der Ordnung und der Sicherheit, das sind die vornehmen Krieger, das ist der *König* vor Allem als die höchste Formel von Krieger, Richter und Aufrechterhalter des Gesetzes.» Die Wenigsten, die Geistigsten, die Philosophen sind von den Vornehmen geschieden. Die Natur weist den König dem zweiten Typus, Manu weist ihn der zweiten Kaste zu. «Die Zweiten sind die Exekutive der Geistigsten, das Nächste, was zu ihnen gehört, das, was ihnen alles *Grobe* in der Arbeit des Herrschens abnimmt – ihr Gefolge, ihre rechte Hand, ihre beste Schülerschaft.» Der Gründer muß der von ihm entworfenen oder eingerichteten politischen Ordnung nicht zugehören. Der Lehrer der Umwertung kann aus der Ferne einen bestimmenden Einfluß gewinnen. Er hat freilich zu gewärtigen, daß seine Absichten von den eifrigsten Schülern mißverstanden werden und daß selbst das treueste Gefolge nicht in seinem Sinne handeln wird. Am Beispiel Zarathustras buchstabierte Nietzsche die Diskrepanz von Lehrer und Schülern in Rücksicht auf Verständnis und Umsetzung der *Lehre* durch. Das grundsätzliche Verkennen der Intention der Gesetzgeber und Lehrer steht ihm deshalb ebenso vor Augen wie die Abweichungen und Abirrungen, die allenthalben auftreten mögen. Die Lage spitzt sich zu, wenn die Gesetzgeber oder Gesetzesausleger und Lehrer als oberste Klasse integraler Bestandteil eines politischen Gemeinwesens sein, wenn die «Wenigsten» in ihm ihren institutionellen Ort haben, wenn sie in ihm herrschen *und* leben sollen. Nicht nur würde von ihnen erwartet, daß sie sich einschalten, sobald die Exekutive vom Kurs abkommt, daß sie bereit sind, in der einen oder anderen Weise die Sorge für das «Grobe» zu übernehmen, das dem König aufgetragen ist, daß sie ihrer providentiellen Pflicht genügen, falls die Gründung in existentielle Gefahr gerät. Noch schwerer wiegt, daß sie, selbst wenn sie sich aus allen exekutiven Verwicklungen herauszuhalten verstünden, ihre Stellung als «die ehrwürdigste Art Mensch» nur in dem Maße bewahren können, in dem sie, in dem ihr Leben, in dem ihre Handlungen und ihre Reden den Vorstellungen der Vornehmen entsprechen, insbesondere den Vorstellungen, die die Vornehmen von Ehre, Schönheit, Größe haben. Die Heiterkeit und Liebenswürdigkeit der Wenigsten wird für das Ansehen nicht ausreichen, das ihre Herrschaft begründet. Die Ersten werden an der vornehmen Moral der Zweiten gemessen. Nietzsche gibt einen Fingerzeig, wenn er unter den Dingen, die den Wenigsten keinesfalls zugestanden werden können, an erster Stelle «hässliche Manieren» aufführt. Dem Vornehmen mag, um ein Beispiel zu nennen, das mehr als ein Beispiel ist, neugieriges Fragen, Suchen, Enthüllen häßlich erscheinen. Für den Philosophen ist die Neugierde dagegen Ausfluß der Leidenschaft der Erkenntnis oder bloß ein weniger ehrwürdiges Wort für die Liebe zur Wahrheit. Die Herrschaft der Wenigsten hängt davon ab, was sie in den Augen der Vornehmen zu sein scheinen, und die Vornehmen kommen nicht aus ohne Glauben. Ihre Vornehmheit ist wesentlich Glaube. Es führt kein Weg daran vorbei: Selbst wenn die Philosophen herrschen sollten, bleibt die Philosophie eine Wanderung im Verbotenen.[26]

Im direkten Anschluß an die Verhandlung des Platonischen Problems wiederholt Nietzsche die Berufung auf die Natur, die der Besprechung der Ersten und der Zweiten, der philosophischen und der politischen Klasse, unmittelbar vorausging: «In dem Allem, nochmals gesagt, ist Nichts von Willkür, Nichts ‹gemacht›; was *anders* ist, ist gemacht, – die Natur ist dann zu Schanden gemacht ...» Die Unterscheidung von Philosophen und Königen oder Kriegern ist in deren jeweiliger Natur begründet. Den Kern der Erörterung hinter sich lassend und weiter ausgreifend, nimmt der Lehrer der Umwertung «das oberste Gesetz des Lebens selbst» für die «Ordnung der Kasten» in Anspruch, die er indes sogleich durch *die* Ordnung ersetzt, auf die es ihm von Anfang an ankam: «die *Rangordnung*». Die Trennung der «drei Typen» sei nicht nur nötig zur Erhaltung der Gesellschaft, sondern «zur Ermöglichung höherer und höchster Typen». In der Ermöglichung höherer und höchster Typen und mithin in der Erhaltung und Förderung der Entwicklungsfähigkeit des Menschen hat der Aristokratismus seinen Rechtsgrund. Was folgt, ist, in äußerster Verknappung, die Skizze der aristokratischen Doktrin. Ihre Hauptsätze lauten: «Ein Recht ist ein Vorrecht. In seiner Art Sein hat Jeder auch sein Vorrecht.» Politisch appliziert, kann auf

26 *AC* 57, 5–7 (242–243). *EH* Vorwort 3, 2 (258); siehe S. 26. Zur Neugierde: *Jenseits von Gut und Böse* 45 (p. 66); cf. 230, 270, 292 (p. 169, 226, 235). Zum Glauben der Vornehmen siehe außerdem 258, 265, 287 (p. 206, 219–220, 232–233). – Daß Nietzsche bei Manu an Platon denkt, belegt – wenn es eines solchen Beleges bedürfte – auch eine vorbereitende Aufzeichnung aus dem Nachlaß: «Plato ist ganz im Geiste Manu's; man hat ihn in Aegypten eingeweiht. Die Moral der Kasten, der Gott der Guten, die ‹ewige einzige Seele›». Nachgelassene Fragmente Frühjahr 1888 14 [191], *KSA* 13, p. 378.

ihnen das ganze Gebäude der aristokratischen Ordnung errichtet werden. Den dritten Typus unterscheidet der Gründer nicht weiter. In der Erörterung kommen die Dritten, oder die Vierten, nicht vor. Nach der «grossen Zahl» ist nur noch von den «Allermeisten» und, abermals, von den «Mittelmässigen» die Rede, in denen alle übrigen unterschiedslos aufgehen. Es liegt auf der Hand, daß die Mittelmäßigen für den Lehrer der Umwertung nur von untergeordnetem Interesse sind. Obgleich die aristokratische Doktrin die Feststellung verlangt, daß dem gesamten hierarchischen Gefüge ohne den dritten Typus die Basis und die Stabilität fehlten: «Eine hohe Cultur ist eine Pyramide: sie kann nur auf einem breiten Boden stehn, sie hat zuallererst eine stark und gesund consolidirte Mittelmässigkeit zur Voraussetzung.» Wenn Nietzsche im Blick auf die gesellschaftliche Arbeitsteilung, auf die sowohl die Philosophen als auch die Vornehmen angewiesen sind, zumindest in groben Zügen die Bereiche unterscheidet, in denen der dritte Typus seine Tätigkeit entfaltet und seine Bestimmung finden soll, bleibt jede Bezugnahme auf die Gesetzgebung Manus aus: «Das Handwerk, der Handel, der Ackerbau, die *Wissenschaft*, der grösste Theil der Kunst, der ganze Inbegriff der Berufsthätigkeit mit Einem Wort, verträgt sich durchaus nur mit einem Mittelmaass im Können und Begehren».[27] Die aristokratische Doktrin spricht dem «Mittelmässigen» nicht nur sein Teil an der Vollkommenheit des Ganzen zu, sondern verweist im Sinne der aristokratischen Gleichheit, des suum cuique, auf die Vollkommenheit des Teils, die ihm in der je besonderen Meisterschaft erreichbar ist. «Für die Mittelmässigen ist mittelmässig sein ein Glück; die Meisterschaft in Einem, die Spezialität ein natürlicher Instinkt. Es würde eines tieferen Geistes vollkommen unwürdig sein, in der Mittelmässigkeit an sich schon einen Einwand zu sehn.» Da, noch einmal, «eine hohe Cultur» durch die Mittelmäßigkeit bedingt ist, da es sich, spezifischer gesprochen, bei der Mittelmäßigkeit um nicht weniger als «die *erste* Nothwendigkeit» dafür handelt, «dass es Ausnahmen geben darf», haben diese Ausnahmen in der aristokratischen Ordnung die *Pflicht*, gerade die Mittelmäßigen «mit zarten Fingern zu handhaben». Die Pflicht ist der Tribut, den der Zweck des politischen Gemeinwesens verlangt.[28]

In der Skizze der aristokratischen Konzeption erreicht die Rede, die

27 Cf. die Aussage zu Manu über Wissenschaft und Kunst in Anm. 18.
28 *AC* 57, 8–9 (243–244).

der *Antichrist* an den politischen Adressaten richtet, ihren Höhepunkt. Zugleich bringt die Erörterung des siebenundfünfzigsten Abschnitts das typologische Tableau zum Abschluß, das das Buch für die Wenigsten bereithält. Manu komplettiert nach Buddha, dem Erlöser und Paulus die vier äußeren und inneren Haltepunkte des Gerüsts, das dem Vergleich und der Abgrenzung des Philosophen dienen kann. Während die beiden Innenfiguren, der Erlöser und Paulus, durch markante Züge als Repräsentanten zweier psychologischer Typen charakterisiert sind, vertreten die beiden Außenfiguren, Buddha und Manu, funktionale Typen. Allen vier ist gemeinsam, daß sie den Philosophen fordern: Der Erlöser, der für die Glückseligkeit in der Gegenwart, und Paulus, der für den auf die Zukunft gespannten Willen zur Macht steht, betreffen die Selbstverständigung der «Wenigsten» unmittelbar. Buddhas Diätetik, die auf die Lebensführung der Individuen zielt, und Manus Gesetzgebung, die die hierarchische Ordnung eines Gemeinwesens begründet, geben ihnen Anlaß, sich über den Umgang mit sich und anderen, über Außenverhältnisse und deren Rückwirkungen in jedem Verstande Klarheit zu verschaffen. Alle vier treffen sich darin, daß der Typus des Philosophen Elemente, die für sie jeweils kennzeichnend sind, integrieren muß, daß die Integration jedoch notwendig mit einer entscheidenden Veränderung einhergeht, d. h. eine Kritik verlangt. Die Verhandlung Manus führt wichtige Gegenstände der vier Diskussionen zusammen – Meisterschaft und Glück, Herrschaft und Vollkommenheit – und sucht sie als Aspekte Einer politisch-philosophischen Konstellation auf. Das erlaubt Nietzsche, den Wenigsten zu vergegenwärtigen, welchen Unterschied es macht, ob die Bezugnahme auf die Natur die Herrschaft des Philosophen über sich selbst oder ob sie die politische Herrschaft betrifft. Weiter gefaßt, ob sie der Hierarchie der Person oder ob sie der Stratifizierung der Gesellschaft gilt. Wenn Nietzsche die «Geistigsten» die «Stärksten» nennt, hat er die Aktualisierung ihres eigenen Potentials, ihr Werden zu sich, die Natur des Typus im Blick. Zu den «Stärksten» innerhalb des Gemeinwesens können die Wenigsten indes nur vermöge des Gehorsams der Vornehmen – oder in einer Allianz mit den «Mittelmässigen» – werden, von deren Macht ihre politische Macht abhängt. Abschnitt 54 führte die innere Ordnung des Philosophen auf den «Grund und die Macht seines Seins», d. h. in letzter Instanz auf die Leidenschaft der Erkenntnis zurück. Abschnitt 57 zeigt, daß die Ordnung des Gemeinwesens, die dem «obersten Gesetz des Lebens» entsprechen soll, nicht ohne die heilige Lüge auskommt. Der Leser, der die Unterscheidungen beider Abschnitte bedenkt und die notwendigen Schlüsse zieht, wird auch in der Lage sein, aus den typologischen Kontrastierungen ein schärferes Bild zu gewinnen und die Frage für sich zu beantworten, was ein Philosoph ist, oder was er sein soll.

VI

Feinde

Nietzsche läßt keinen Leser darüber im unklaren, welchen Feind das Buch ins Auge faßt. Vom Titel und Untertitel über das Zentrum der Schrift bis zum letzten Satz des siebenundfünfzigsten Abschnitts wird die Feindschaft gegen das Christentum immer neu herausgestellt. Der Autor versäumt nicht zu unterstreichen, daß seine Feinderklärung eine Antwort auf den «Todkrieg», die «Todfeindschaft», den «Todhass» des Christentums und die «christliche Propaganda» ist.[1] Wenn nicht ein Akt der Notwehr, so doch der Abwehr und jedenfalls der Befreiung. Auch die politischen Weiterungen im geläufigen Sinn, vor allem die Verantwortlichkeit des Feindes für den Egalitarismus in der Mitte der «modernen Ideen», hat Nietzsche hinlänglich betont. Am Ende seiner Erörterung der Rangordnung der Typen in Paragraph 57 identifiziert er den Christen in einem Atem mit dem Anarchisten als Widersacher der aristokratischen Ordnung und der aristokratischen Politik. Beide, Anarchist und Christ, seien derselben Herkunft, «aus Schwäche, aus Neid, aus *Rache*» geboren – wobei Neid und Rache in der Reihung nicht unversehens zur Schwäche hinzutreten, sondern als Formen der Schwäche auf diese zurückgeführt werden.[2] An den Gegensatz von Aristokratismus und Christentum knüpft Nietzsche in den letzten fünf Abschnitten des *Antichrist* an. Der politische Schluß konzentriert sich auf die Feindschaft zwischen den Vornehmen und dem Christentum, die er in der Betrachtung großer Beispiele der Vergangenheit zu schärfen und zu vertiefen sucht, um sie für das Unternehmen der Umwertung heranzuziehen. Die Feindschaften gegen Juden und Deutsche kommen in den Paragraphen 58 und 61 gleichsam als Kollateralschäden ins Bild. Sie sind der Feindschaft gegen das Christentum untergeordnet. Im Falle der Juden gilt die Feindschaft den Wegbereitern des Christentums und bleibt

1 *AC* 5 (171), 21, 2 (188), 27 (197), 31 (201–202), 43 (218), 58 (245).

2 *AC* 57, 9–10 (244); cf. 2, 2 (170).

historisch. Im Falle der Deutschen gilt sie den Verteidigern des Christentums. Hier betrifft sie die Gegenwart und die Zukunft.

Noch einmal kehrt Nietzsche zur Entstehung des Christentums und zu Paulus zurück. Denn das erste Exempel für die Feindschaft zwischen dem Christentum und den Vornehmen ist das Römische Reich. Das Imperium Romanum, die «grossartigste Organisations-Form unter schwierigen Bedingungen, die bisher erreicht worden ist, im Vergleich zu der alles Vorher, alles Nachher Stückwerk, Stümperei, Dilettantismus ist», dieses unübertroffene Monument politischer Größe, das «aere perennius dastand», wurde vom Christentum zu Fall gebracht. Die «heiligen Anarchisten haben sich eine ‹Frömmigkeit› daraus gemacht, ‹die Welt›, *das heisst* das imperium Romanum zu zerstören, bis kein Stein auf dem andren blieb, – bis selbst Germanen und andre Rüpel darüber Herr werden konnten ...» Von einem «Todhass» erfüllt gegen «Alles, was steht, was gross dasteht, was Dauer hat, was dem Leben Zukunft verspricht», d. h. gegen alles, worauf die vornehmen Wertschätzungen gerichtet sind, machte das Christentum «die ungeheure That der Römer, den Boden für eine grosse Cultur zu gewinnen, *die Zeit hat*, über Nacht ungethan». *Ungetan*, das große *Umsonst* – Nietzsche wählt das stärkste Register vornehmer Klage, nicht nur über eine vergangene Tat und ein vergangenes Reich, sondern über die Vergänglichkeit des Größten und Vortrefflichsten, die Vergänglichkeit schlechthin. Das Christentum, so lautet der Vorhalt, machte eine große Kultur und eine noch größere Zukunft der Vornehmen zunichte. Denn das Imperium Romanum «war ein Anfang, sein Bau war berechnet, sich mit Jahrtausenden zu *beweisen*, – es ist bis heute nie so gebaut, nie auch nur geträumt worden, in gleichem Maasse sub specie aeterni zu bauen!» Wie konnte das Christentum das «bewunderungswürdigste Kunstwerk des grossen Stils» zum Einsturz bringen? Nietzsche gibt an, was er schon früher anführte: das Christentum habe das «Feuer der Rache, der Tschandala-Rache» zu schüren verstanden. Doch dann setzt er hinzu, daß im Christentum schließlich «dieselbe Art von Religion» Herr über Rom wurde, «der schon in ihrer Präexistenz-Form Epicur den Krieg gemacht hatte.» Epikur wußte mit seiner Philosophie die Religion niederzuhalten, die für die politische Autorität nicht nur in Rom zur Gefahr wurde. «Man lese Lucrez, um zu begreifen, *was* Epicur bekämpft hat, *nicht* das Heidenthum, sondern ‹das Christenthum›, will sagen die Verderbniss der Seelen durch den Schuld-, durch den Straf- und Unsterblichkeits-Begriff.»

Die politische Bedeutung von Lukrez' *De rerum natura* – das einen römischen Aristokraten zum ausdrücklichen Adressaten hat – bestand, mit anderen Worten, vorzüglich darin, daß es den Priestern und Parteigängern der «unterirdischen Culte» aller Art mit dem Glauben an ein jenseitiges Strafgericht ihre schärfste Waffe entwandt. Nietzsches Einschub steuert auf eine dramatische Wendung zu, die geeignet ist, den Leser aufhorchen zu lassen: «Und Epicur hätte gesiegt, jeder achtbare Geist im römischen Reich war Epicureer: *da erschien Paulus …*» Der Stifter des Christentums hatte Erfolg, wo dessen «Präexistenz-Form» der Erfolg verwehrt geblieben war. Er schuf eine Religion, der Epikurs Philosophie politisch unterlag. Offenbar gelang es ihm, nicht nur die «Tschandala» in einem bis dahin ungekannten Ausmaß zu ermutigen, zu verbinden und zu einen, sondern auch die «achtbaren Geister» zu beeindrucken und, wenigstens in Teilen, zu gewinnen. Dafür reichten der Haß und die Rache der «Schwachen» nicht aus. Der Glaube an Schuld, Strafe und ein Gericht im Jenseits tat bei ihnen, wie der Rückblick auf Epikur klarstellt, nicht sein Werk. Anders steht es mit der «Schmeichelei vor der Personal-Eitelkeit», der Nietzsche zuvor den *Sieg* des Christentums zuschrieb. Waren die «männlich-vornehmen Naturen» Roms für sie nicht empfänglich? Stimmten die Ansprache im Namen des Heils ihrer Seele und die Verheißung ewigen Lebens nicht mit ihrer Ausrichtung an Ehre, Schönheit, Größe zusammen? Auch im Fall der «Tapfersten» ist die Verwöhnung nicht zu unterschätzen, die in der Vorstellung einer über dem Ganzen waltenden und sich um Jeden sorgenden göttlichen Vorsehung liegt. Epikurs Götter gaben der «Steigerung jeder Art Selbstsucht ins Unendliche» keine Nahrung, und von Philosophen-Königen war bei ihm nicht die Rede. Seine Philosophie verfügte über keine politische Konzeption, die den Vornehmen einen Gegenhalt geboten hätte. Wenn Nietzsche Paulus zum letzten Mal auftreten läßt, verliert er kein Wort über das, was das Christentum für die Vornehmen verlockend oder die Vornehmen für das Christentum anfällig machte. Dem aufmerksamen Leser hat er es bereits gesagt. Er stellt ganz auf die Feindschaft ab, die Paulus gegen die Vornehmen hegte. Er spricht erneut vom «Tschandala-Hass gegen Rom», gegen «die Welt», und nennt Paulus den «*ewigen* Juden par excellence». Der letzte Auftritt gehört dem Gründer der Weltreligion, der Rom bezwang, um ein anderes Rom aufzurichten, und der den Vornehmen ihre größte Niederlage beibrachte. Paulus erriet, «wie man mit Hülfe der kleinen sektirerischen Christen-

Bewegung abseits des Judenthums einen ‹Weltbrand› entzünden könne, wie man mit dem Symbol ‹Gott am Kreuze› alles Unten-Liegende, alles Heimlich-Aufrührerische, die ganze Erbschaft anarchistischer Umtriebe im Reich, zu einer ungeheuren Macht aufsummiren könne. ‹Das Heil kommt von den Juden›.» Bei der letzten Erwähnung seines Namens im *Antichrist* erkennt Nietzsche Paulus ausdrücklich zu, was er Jesus ebenso ausdrücklich bestritt: *Genie*. Das Genie des Paulus bestand in der *Einsicht*, wie das Christentum «als Formel» einzusetzen sei, «um die unterirdischen Culte aller Art, die des Osiris, der grossen Mutter, des Mithras zum Beispiel, zu überbieten – *und* zu summiren». Nicht zu vergessen die Doktrinen der philosophischen Tradition von der Unsterblichkeit.[3]

Auf das «Genie des Paulus» antwortet Nietzsche mit antichristlicher Rhetorik. «Die ganze Arbeit der antiken Welt *umsonst*: ich habe kein Wort dafür, das mein Gefühl über etwas so Ungeheures ausdrückt.» Er steigert die vornehme Klage ins Maßlose, offensichtlich Unhaltbare: «der ganze *Sinn* der antiken Welt umsonst! ... Wozu Griechen? wozu Römer?» Das Umsonst soll Entrüstung schüren über die Verantwortlichen, die einstigen Sieger, die Widersacher. «*Alles umsonst!*» Doch wie in ähnlichen Fällen zuvor nutzt Nietzsche Entrüstung und Anklage als Magneten der Aufmerksamkeit, um scheinbar beiläufig zu Fragen von philosophischem Interesse Stellung zu nehmen. Diesmal betreffen sie den Fortschritt, die Alten und die Neueren und die historische Selbstverortung. Er betont, daß in der Antike *alles Wesentliche* gefunden war, «um an die Arbeit gehn zu können». Er beginnt mit zwei Voraussetzungen, deren Bedeutung er früher im Buch unterstrich: «alle wissenschaftlichen *Methoden* waren bereits da», und «man hatte die grosse, die unvergleichliche Kunst, gut zu lesen, bereits festgestellt – diese Voraussetzung zur Tradition der Cultur, zur Einheit der Wissenschaft».[4] Des weiteren war die Naturwissenschaft, mit Mathematik und Mechanik, «auf dem allerbesten Wege». Der Tatsachensinn, «der letzte und werthvollste aller Sinne», hatte «seine bereits Jahrhunderte alte Tradition». Die historische Selbstverortung bezieht das Christentum notwendig ein: «Was wir heute, mit unsäglicher Selbstbezwingung – denn wir

3 *AC* 58, 1–6 (245–247); 43, 1 (217). Cf. 29, 2 (200) und 42, 2–4 (215–217). *Johannes* IV, 22; cf. *AC* 24, 1 (191) und S. 211–214.
4 Siehe *AC* 13 (179) und 52 (233); cf. S. 193 und 263–264.

haben Alle die schlechten Instinkte, die christlichen, irgendwie noch im Leibe –, uns zurückerobert haben, den freien Blick vor der Realität, die vorsichtige Hand, die Geduld und den Ernst im Kleinsten, die ganze *Rechtschaffenheit* der Erkenntniss – sie war bereits da! vor mehr als zwei Jahrtausenden bereits!» Wenn Nietzsche die intellektuelle Redlichkeit andernorts als unsere «jüngste» oder «letzte» Tugend bezeichnet, nimmt er keine historisch privilegierte Position für sich in Anspruch. Er unterstellt nicht, Philosophen, die lebten, dachten und forschten, bevor das Christentum zur bestimmenden Macht aufstieg, hätten in Rücksicht auf die Rechtschaffenheit der Erkenntnis einer Beschränkung unterlegen, die sie nicht zu überwinden vermochten, da sie geschichtlich bedingt sei, oder es habe ihnen an einer Tugend gemangelt, die das Christentum voraussetze. Er lenkt die Aufmerksamkeit auf die Redlichkeit, weil sie, umgekehrt, «uns» in besonderem Maße not tut, um die Beschränkung zu überwinden, der wir unterliegen, weil wir nach dem Christentum zur «Selbstbezwingung» der Redlichkeit um so mehr bedürfen.[5]

Das *Alles umsonst* von Griechen und Römern, das er dem Christentum zur Last legt, faßt Nietzsche für die Vornehmen in einem übersichtlichen Katalog zusammen, der ihrem Eifer zum Vorbild dienen und ihre Erhebung inspirieren kann: «Die Vornehmheit des Instinkts, der Geschmack, die methodische Forschung, das Genie der Organisation und Verwaltung, der Glaube, der *Wille* zur Menschen-Zukunft, das grosse Ja zu allen Dingen als imperium Romanum sichtbar, für alle Sinne sichtbar, der grosse Stil nicht mehr bloss Kunst, sondern Realität, Wahrheit, *Leben* geworden ...» Nach der Veranschaulichung der vornehmen Wertschätzungen, die der *Antichrist* propagiert, am Beispiel der Alten wendet sich Nietzsche in der zweiten Station der Rückschau und mit dem zweiten Punkt der historischen Anklage dem Islam zu. Denn das Christentum hat «uns» nicht nur um die «Ernte der antiken Cultur», sondern später auch um die «Ernte der Islam-Cultur» gebracht. Nietzsche spricht nur von der Kultur des Islam. Die Begriffe *Religion*, *Glaube*, *Offenbarung* kommen nicht vor. Auch Mohammed bleibt unerwähnt, über den der Leser früher erfuhr, daß er dem Christentum den Unsterblichkeits-Glauben, die Lehre vom Gericht entlehnte, mithin nicht weniger als das «Mittel zur Priester-Tyrannei». Was also preist Nietzsche in

5 *AC* 59, 1–2 (247–248). Beachte S. 96 und 163 sowie 157 mit Anm. 7.

diesem Fall? Die «wunderbare maurische Cultur-Welt Spaniens», die ihre Entstehung «vornehmen» Instinkten, «Männer-Instinkten» verdankte, die «zum Leben Ja sagte auch noch mit den seltnen und raffinirten Kostbarkeiten des maurischen Lebens». Er lobt den Islam, der «Männer zur Voraussetzung» hat. Er erhöht den Feind des Feindes. Das Lob erlaubt ihm, Friedrich den Zweiten, den «grossen Freigeist», in Erinnerung zu rufen, den der Papst in Bann tat und die Kirche als «Antichrist» brandmarkte.[6] Das «Genie unter den deutschen Kaisern» wußte in seiner Welt, in seiner Zeit Freund und Feind richtig zu unterscheiden. Sein Handeln folgte der Maxime: «Krieg mit Rom auf's Messer! Friede, Freundschaft mit dem Islam». Doch auch das Musterbild des vornehmen Königs oder Staatsmanns, das Paragraph 60 zeigt, ändert nichts daran, daß die zweite historische Station vor allem die Funktion hat, eine Brücke zu schlagen vom Altertum zur Renaissance, zwischen den beiden Exempeln, auf denen das Schwergewicht der historisch-politischen Instruktion liegt. Die nähere Verbindung stellt Nietzsche durch die Kritik des deutschen Adels her, der sich in den Kreuzzügen der Kirche anbot und zu Willen war. «Dass die Kirche gerade mit Hülfe deutscher Schwerter, deutschen Blutes und Muthes ihren Todfeindschafts-Krieg gegen alles Vornehme auf Erden durchgeführt hat!» Der deutsche Adel war weit davon entfernt, Freund und Feind zu erkennen. Die Aristokraten der Zukunft können sich an ihm kein Beispiel nehmen und sie dürfen gewiß nicht mit ihm verwechselt werden.[7]

Während Nietzsche im ersten und zweiten Fall das Christentum dafür verantwortlich machte, daß es die Vornehmen um die «Ernte der antiken» bzw. «der Islam-Cultur» gebracht habe, klagt er im dritten Fall die Deutschen an. Sie hätten «Europa um die letzte grosse Cultur-Ernte gebracht, die es für Europa heimzubringen gab, – um die der *Renaissance*.» Indes stellt sich bald heraus, daß ein «deutscher Mönch», ein «religiöser Mensch», daß der Christ Luther die Hauptlast dieser geschichtlichen Bürde zu tragen hat. *Ecce homo* spricht von einem «Verbrechen». Im dritten und letzten Exempel erreicht die Schmeichelei vor dem vornehmen Adressaten ihren Höhepunkt. Der Antichrist gibt in

6 In *Jenseits von Gut und Böse* nennt Nietzsche Friedrich den Zweiten den «*ersten* Europäer nach meinem Geschmack» (200, p. 121), in *Ecce homo* «einen meiner Nächstverwandten» (III, Also sprach Zarathustra 4, p. 340).

7 *AC* 59, 4–6; 60, 1–2 (248–250). 42, 4 (216–217).

einer pittoresken Gebärde die Renaissance als die vorweggenommene Umwertung aus. Er macht ein sich heillos kreuzendes Vielerlei zum Vorläufer eines Unternehmens, das Einer Intention entspringt und gehorcht. «Versteht man endlich, *will* man verstehn, *was* die Renaissance war? Die *Umwerthung der christlichen Werthe*, der Versuch, mit allen Mitteln, mit allen Instinkten, mit allem Genie unternommen, die *Gegen*-Werthe, die *vornehmen* Werthe zum Sieg zu bringen ... Es gab bisher nur *diesen* grossen Krieg, es gab bisher keine entscheidendere Fragestellung als die der Renaissance, – *meine* Frage ist ihre Frage –: es gab auch nie eine grundsätzlichere, eine geradere, eine strenger in ganzer Front und auf das Centrum los geführte Form des *Angriffs*!» Unter den zahlreichen Aufwertungen zum Zweck der kontrastierenden Abwertung steht diese Überbewertung einer historischen Bewegung oder Strömung – ihrer Absicht und Zielgerichtetheit, ihrer Geschlossenheit und ihres Rangs – in Nietzsches Œuvre einzig da. Nicht weniger überzogen sind die Erwartungen, ist die Bedeutung, die er mit einem emblematischen Ereignis verbindet, das seine Einbildungskraft dem Leser kontrafaktisch vor Augen stellt und mit «einem vollkommen überirdischen Zauber und Farbenreiz» ausmalt: *Cesare Borgia als Papst*.[8] «Versteht man mich? ... Wohlan, *das* wäre der Sieg gewesen, nach dem *ich* heute allein verlange –: damit war das Christentum *abgeschafft*!» Wenn der Sohn Alexanders VI. seinem Vater als Papst nachgefolgt wäre, hätte dies nicht den Untergang der Kirche besiegeln müssen. Es wäre, wie Nietzsche weiß, noch lange nicht das Ende des Christentums gewesen, und es hätte erst recht nicht den Sieg einer neuen Ordnung bedeutet. Eine Travestie ist keine Umwertung. Luther «empörte sich in Rom *gegen* die Renaissance». Er berief sich auf Gott, folgte allein seinem Glauben – «Ein religiöser Mensch denkt nur an sich» – und «*stellte die Kirche*

8 Jacob Burckhardt geht auf Pläne Alexanders VI. ein, Cesare zu seinem Nachfolger zu machen: *Die Cultur der Renaissance in Italien. Ein Versuch.* Basel 1860, p. 114–119 (*Jacob Burckhardt Werke. Kritische Gesamtausgabe.* München-Basel 2018, Bd. 4, p. 80–84). Nietzsche las dort u. a.: «... was würde Cesare gethan haben, wenn er im Augenblicke, da sein Vater starb, nicht ebenfalls auf den Tod krank gelegen hätte? Welch ein Conclave wäre das geworden, wenn er sich einstweilen, mit all seinen Mitteln ausgerüstet, durch ein mit Gift zweckmäßig reducirtes Cardinals-Collegium zum Papst wählen ließ, zumal in einem Augenblick da keine französische Armee in der Nähe gewesen wäre! Die Phantasie verliert sich, sobald sie diese Hypothesen verfolgt, in einen Abgrund» (p. 119/84).

wieder her: er griff sie an ...» Reformation und Gegenreformation bezwangen die Renaissance. «Die Renaissance – ein Ereigniss ohne Sinn, ein grosses *Umsonst*!» Mit Luther verbinden sich am Ende der vier Abschnitte der historischen Anklage, die dem Urteil des Gesetzgebers unmittelbar vorausgehen, eine dreifache Wiederkehr und ein dreifacher Schluß. Seine Verhandlung provoziert zum letzten Mal das *Umsonst*, den Refrain der vornehmen Geschichtskritik. Sie führt zurück zu der Kritik, die der *Antichrist* an der deutschen Philosophie in Rücksicht auf deren Verstrickung in die christliche Moral und die christliche Theologie übte. Und sie mündet ein in eine Kritik der Deutschen im allgemeinen, der *Ecce homo* einen ähnlich prominenten Platz zuwies: «Umsonst – das war immer das *Werk* der Deutschen. – Die Reformation; Leibniz; Kant und die sogenannte deutsche Philosophie; die Freiheits-Kriege; das Reich – jedes Mal ein Umsonst für Etwas, das bereits da war, für etwas *Unwiederbringliches* ...» In *Ecce homo* nimmt die Attacke sehr viel mehr Raum ein, und sie ist von größerer Vehemenz. Aber die förmliche Feinderklärung behält Nietzsche dem *Antichrist* vor: «Es sind *meine* Feinde, ich bekenne es, diese Deutschen». Für diese Feinderklärung gibt es offenbar einen gewichtigen Grund. Nietzsche teilt dem Leser mit, daß die Deutschen «die unsauberste Art Christenthum, die es giebt, die unheilbarste, die unwiderlegbarste, den Protestantismus auf dem Gewissen» haben. Mit der Unwiderlegbarkeit des Protestantismus hat er, so dürfen wir annehmen, den Rückzug auf die Festung der Innerlichkeit im Auge, die sich im Zirkel von sola fide und sola gratia hält und alle Gründe an der Unergründlichkeit Gottes zerschellen lassen will. «Wenn man nicht fertig wird mit dem Christenthum, die *Deutschen* werden daran schuld sein ...» Der politisch-historische Rückblick endet mit einem Fragezeichen. Für den politischen Adressaten ein Grund mehr zur Anspannung aller Kräfte, um der Umwertung zum Sieg zu verhelfen.[9]

Um die Notwendigkeit des Unternehmens Jedermann vor Augen zu führen, zieht der Lehrer der Umwertung ein Fazit der antichristlichen Kritik. Es ist so knapp und faßlich gehalten, wie dies einem öffentlichen Anschlag entspricht. Der polemische Ton bezeugt die politische Absicht. «– Hiermit», eröffnet Nietzsche den letzten Abschnitt des *Anti-*

9 *AC* 61, 1–5 (250–252), cf. 10 (176–177). *EH* III, Der Fall Wagner 2–4 (358–364). Beachte S. 146–149.

christ, «bin ich am Schluss und spreche mein Urtheil. Ich *verurtheile* das Christenthum, ich erhebe gegen die christliche Kirche die furchtbarste aller Anklagen, die je ein Ankläger in den Mund genommen hat.» Nietzsche spricht sein Urteil nicht als unbefangener Richter, sondern als betroffener Ankläger. Er spricht nicht aus der Distanz des göttlichen Betrachters, nicht als heiterer Skeptiker, sondern als Parteigänger der Umwertung, als politisch Handelnder. Für seine Tat macht er welthistorische Einmaligkeit geltend. Ein Grund, weshalb er die Anklage nicht dem *Wir* der Hyperboreer zuschreibt, sondern als *Ich* vertritt. Nietzsche gebraucht *Ich* in Paragraph 62 siebenmal. Er macht die Verurteilung des Christentums zu seiner Sache, ohne sich auf einen Auftrag zu berufen oder sich einem fremden Willen unterzuordnen. Es spricht kein Prophet und kein Gesalbter. Es spricht der Antichrist.[10] Die Anklage lautet, die christliche Kirche sei die höchste aller *denkbaren* Korruptionen. Sie habe «mit ihrer Verderbniss» nichts «unberührt» gelassen: «sie hat aus jedem Werth einen Unwerth, aus jeder Wahrheit eine Lüge, aus jeder Rechtschaffenheit eine Seelen-Niedertracht gemacht.» Sie hat mithin die schlechtest mögliche Umwertung zu verantworten, und im Zentrum steht die Verkehrung der Wahrheit. Der Hauptartikel der im engeren Verstand politischen Anklage betrifft die «Gleichheit der Seelen vor Gott». Er nennt diese Vorstellung einen «Sprengstoff von Begriff, der endlich Revolution, moderne Idee und Niedergangs-Princip der ganzen Gesellschafts-Ordnung geworden ist». In *Ecce homo* tritt Nietzsche dem «christlichen Dynamit» mit der Versicherung entgegen, selbst «Dynamit» zu sein. Der Schluß der Anklage zeiht die Kirche summierend, sich unter dem Erkennungszeichen des Kreuzes gegen die vornehmen Wertschätzungen und Zwecke verschworen zu haben: «gegen Gesundheit, Schönheit, Wohlgerathenheit, Tapferkeit, Geist, *Güte* der Seele, *gegen das Leben selbst ...*»[11] Der Antichrist erhebt seine Anklage zur «ewigen Anklage des Christenthums»: Sie soll bestehen, solange es Menschen gibt, die sie zu begreifen vermögen. Was bedeutet, daß auch die Erinnerung an das Christentum «ewig» erhalten bleiben muß. Er will die Botschaft, anders als die gottgesandte Hand im Buch Daniel, nicht an Eine Wand, sondern «an alle Wände schreiben, wo es nur

10 Cf. *EH* III, 2, 2 (302) und S. 78. – Zu den 7 Verwendungen von *Ich* in Paragraph 62 kommen noch 3 von *mir* hinzu. Die erste Person Plural tritt nicht auf.
11 Siehe *AC* 51 (232) und S. 262–263.

Wände giebt». Sie ist nicht für diesen König oder jenes Volk, sondern für alle Könige und alle Völker bestimmt. Und die Schrift an den Wänden bedarf keines Wahrsagers, damit die Botschaft allen die Augen öffne: «ich habe Buchstaben, um auch Blinde sehend zu machen». Daß seine Stimme sogar «die Harthörigen» erreicht, vernahmen wir bereits. Nach dem Christentum wendet sich der Gründer und Gesetzgeber an die Menschheit. Sie ist im neuen Äon der Horizont des Handelns. Der Lehrer der Umwertung klärt sie über den «Einen grossen Fluch» auf, der auf ihr lastet und auf den der Fluch des *Antichrist* die Antwort sein soll. Er wird, auf seine Weise, dafür sorgen, daß die Verbindung mit dem Christentum nicht im «grossen Umsonst» verlischt, die besteht, seitdem der Gründer Paulus die Menschheit in den Blick nahm. Die «ewige» Botschaft heißt das Christentum «den Einen unsterblichen Schandfleck der Menschheit ...»[12]

Das umstürzende Ereignis, das der Sieg über das Christentum bedeutet, soll seinen Niederschlag in einer neuen Zeitrechnung finden. Die alte Zeitrechnung wurde vom Christentum aufgerichtet und unter seiner Herrschaft durchgesetzt. Sie bezieht sich indes nicht auf den Tag des Siegs oder auf den Tag der Gründung, sondern auf die Geburt Jesu, die beiden, Gründung und Sieg, lange vorausliegt. Die christliche Zeitrechnung ist Ausdruck der christlichen Heilsgeschichte, d. h. der christlichen Umwertung. In aller Welt rechnet man die Zeit «nach dem dies nefastus», nach dem fluchwürdigen Tag, mit dem das «Verhängniss anhob»: «nach dem *ersten* Tag des Christentums! – *Warum nicht lieber nach seinem letzten? – Nach Heute?*» Der Beginn des christlichen Äons soll durch die Vollendung des *Antichrist* abgelöst werden. Ein Buch tritt an die Stelle eines eschatologischen Ereignisses. Die welthistorische Parallele ist offenkundig: Der Tag, an dem der *Antichrist* «zu Ende kam», bezeichnet den Tag, an dem die Umwertung «anhob». Und wirklich lauten die drei Worte, die auf *Heute* folgen, die letzten Worte des Buchs, «Umwerthung aller Werthe! ...» Nietzsche hat den Tag sowohl in *Götzen-Dämmerung* als auch in *Ecce homo* mit einem präzisen Datum versehen: 30. September 1888. Aber im *Antichrist* gibt er dieses Datum nicht an. Weder im Vorwort noch am Schluß des Textes. Er schreibt statt dessen: *Heute*. Für wen ist *Heute* der «letzte Tag» des

12 *AC* 62, 1–2 (252–253); 50 (229). *Daniel* V, 5, 14–16, 22–28 und VI, 1. Cf. *AC* 19 und 52 (185 und 232). Siehe *Was ist Nietzsches Zarathustra?*, p. 24–26 und 40–41.

Christentums? Für den Autor, der seine Aufgabe erfüllt hat und deshalb von einem «grossen Sieg» sprechen kann. Er hat sich in der Auseinandersetzung mit dem Christentum von dessen Herrschaft befreit und sich selbst Rechenschaft über seine Gründe gegeben. Aber auch für den Leser, der den *Antichrist* versteht, ist dieser Tag *Heute*. Für den Leser, der nicht nur die welthistorische Parallele sieht, sondern die Aufgabe begreift, die ihm die Intention des Autors zugedacht hat. Für den Leser, der erkennt, in welchem Sinne das Schreiben und das Lesen dieses Buchs ein «grosser Sieg» zu sein vermag. Der Autor und «die Wenigsten», denen der *Antichrist* «gehört», treffen sich *Heute*, an dem Tag, an dem die Leser, jeder für sich, verstehen, *was* ihnen gehört. *Heute* ist für beide der Tag des Wissens der Umwertung. Nietzsche spricht im *Antichrist* nur zweimal von der *Umwertung aller Werte*. Im letzten Satz, in dem er das fortbestehende *Heute* evoziert, und gegen Ende des Hyperboreer-Teils, wenn er das *Wir* von Autor und Leser auffordert, dies nicht zu unterschätzen: «*wir selbst*, wir freien Geister, sind bereits eine ‹Umwerthung aller Werthe›».[13]

Das *Gesetz wider das Christenthum*, das Nietzsche dem *Antichrist* als eine Art Supplement folgen lassen wollte, trägt ein präzises Datum.[14]

13 *AC* 62, 3 (253); 13 (179); Vorwort (167–168). *Götzen-Dämmerung*, Vorwort (p. 58); *EH* III, Götzen-Dämmerung 3 (356). Siehe S. 144, 174–175.

14 Nach Paragraph 62 sollte auf einer neuen Seite der Titel *Gesetz wider das Christenthum* und auf den Seiten danach das Gesetz selbst, beginnend mit den Worten «Gegeben am Tage des Heils», gedruckt werden. Da das Manuskriptblatt am Ende des *Antichrist*, das das Gesetz (nicht den Titel) enthält, nachträglich mit einem weißen Blatt überklebt wurde, ist unklar, ob Nietzsche sich im Dezember 1888 entschied, die Veröffentlichung aufzugeben oder das *Gesetz* vorläufig geheim zu halten – ähnlich wie er sich, ebenfalls im Dezember 1888, vornahm, den Vierten Teil von *Also sprach Zarathustra* «erst nach ein paar Jahrzehnten welthistorischer Krisen» der Öffentlichkeit zugänglich zu machen (Brief an Peter Gast vom 9. Dezember 1888, *KGB* III 5, p. 514–515). Anfang Dezember 1888 schreibt er im Entwurf eines Briefes an Georg Brandes: «Wenn Sie endlich das Gesetz *gegen* das Christenthum unterzeichnet der ‹Antichrist› lesen, das den Schluß macht, wer weiß, so schlottern vielleicht selbst Ihnen, fürchte ich, die Gebeine ...» Im Anschluß zitiert er nicht nur die Überschrift, sondern auch den ersten, den vierten und den sechsten Satz des *Gesetzes* (*KGB* III 5, p. 502). Bei aller Ungewißheit über Nietzsches Erwägungen in den letzten Wochen und Tagen seiner Autorschaft steht außer Frage, daß er während der Überarbeitung von *Ecce homo* Anfang Dezember 1888 den vierten Satz des *Gesetzes* als Zitat neu in den Text aufnahm (*EH* III, 5, p. 307) und später für den Druck freigab («Vorwärts mit *Ecce*!» an den Verleger

«Gegeben am Tage des Heils, am ersten Tage des Jahres Eins (– am 30. September 1888 der falschen Zeitrechnung)».[15] Das Gesetz ist auf den Tag datiert, den Nietzsche der Öffentlichkeit zweimal als Gedenktag der Vollendung des *Antichrist* kundtat, bevor ihr der *Antichrist* selbst bekannt war. Ein Gesetz, das von einer Autorität mit dem Ansinnen des Gehorsams verfügt wird, kann nicht in jenem offenen *Heute* angesiedelt sein, das allererst durch das Verständnis des Lesers eines Buchs bestimmt wird. Da Bücher «für die Allermeisten bloss Litteratur» sind, hielt Nietzsche es im Hinblick auf eine allgemeine Beachtung offenbar für angezeigt, das historische Ereignis des *Antichrist* durch die Gebärde eines Gesetzes zu bekräftigen, das dem Buch politisch assistierte. In der Tat ist alles an dem Gesetz Gebärde.[16] Von der Datierung, die, das Christentum parodierend, die Wende der Zeit verkündet und die Geschichte der Menschheit in zwei Stücke bricht, bis zur Unterzeichnung, die den Titel des Buchs zu einer Persona des Autors macht.[17] Die Überschrift, «*Todkrieg gegen das Laster: das Laster ist das Christenthum*», stellt den Charakter des Gesetzes klar: Es handelt sich um eine Deklaration der politischen Feindschaft und der moralischen Ächtung. Das Gesetz soll nicht Recht setzen. Es instruiert weder Verwaltung noch Polizei. Es spezifiziert keine juristischen Sanktionen. Es zielt in allen seinen «Sätzen» auf die öffentliche Meinung und die durch sie vermittelten Wertschätzungen der Bürger, auf deren Sitten und Gebräuche.[18] Wie in Nietzsches Erörterung des Kodex von Manu ist die *Natur* letzter Maßstab und Berufungsgrund des Gesetzes. Entsprechend kommt die «Widernatur» in dem kurzen Text dreimal vor, dreimal so oft wie im gesamten *Antichrist*. Der «Erste Satz»

Constantin Georg Naumann, 2. Januar 1889, *KGB* III, 5, p. 571). Über Einzelheiten des Manuskripts und der Editionsgeschichte unterrichten Mazzino Montinari, *KSA* 14, p. 448–453, und Andreas Urs Sommer, *NK* 6/2, p. 315–319. Die einzige Edition des *Gesetzes*, die Varianten (vier verbesserte Stellen) mitteilt, legte Erich F. Podach vor: *Friedrich Nietzsches Werke des Zusammenbruchs*. Heidelberg 1961, p. 157–158. Podachs Ausgabe enthält außerdem ein Faksimile des Manuskriptblatts 47 aus *Der Antichrist* mit dem Text des *Gesetzes* (Tafel VIII).

15 Nietzsche hatte zunächst geschrieben: *der alten Zeitrechnung*. Podach: *Werke des Zusammenbruchs*, p. 157. *KGW* und *KSA* teilen die Änderung nicht mit.

16 Siehe *AC* 54, 2 (237).

17 Cf. *EH* IV, 8 (373).

18 Rousseau nennt diese Art von Gesetzen, die im strengen Sinn keine Gesetze sind, «die wichtigste von allen» und fügt hinzu, daß der Gesetzgeber sich mit ihnen «im Geheimen» befasse: *Du contrat social* II, 12, 5.

beginnt mit der Definition: «Lasterhaft ist jede Art Widernatur.» Es folgt unmittelbar die politische Zuordnung: «Die lasterhafteste Art Mensch ist der Priester: er *lehrt* die Widernatur.» Der Lehrer trägt die größte Verantwortung und verlangt deshalb die höchste Aufmerksamkeit. «Gegen den Priester hat man nicht Gründe, man hat das Zuchthaus.» Die Androhung des Zuchthauses ist der erste Akt der gesellschaftlichen Ächtung. Blutzeugen müssen vermieden werden.[19] Der «Zweite Satz» erklärt die Teilnahme am Gottesdienst zum «Attentat auf die öffentliche Sittlichkeit» und statuiert, daß das «Verbrecherische im Christ-sein» nach dem Grade der Annäherung an die Wissenschaft zu bewerten sei. «Man soll härter gegen Protestanten als gegen Katholiken sein, härter gegen liberale Protestanten als gegen strenggläubige.» Der «Verbrecher der Verbrecher» aber ist der *Philosoph*, der sich vom Christentum nicht befreit hat oder es in verwandelter Gestalt fortbestehen macht. Er hat offensichtlich am wenigsten zu seiner Entlastung vorzubringen.[20] Der «Dritte Satz» bündelt den Fluch des *Antichrist* und richtet ihn auf die «Stätte, auf der das Christenthum seine Basilisken-Eier gebrütet hat», ein biblisches Mythologem gegen das Christentum kehrend, um dessen Naturwidrigkeit anzuprangern. Der Ort, dem das Untier, eine Gift sprühende Chimäre aus Hahn und Drache, entsprang, «soll dem Erdboden gleich gemacht werden und als *verruchte* Stelle der Erde der Schrecken aller Nachwelt sein. Man soll giftige Schlangen auf ihr züchten.» Das Christentum soll in den Bann getan *und* in der Erinnerung erhalten werden. Da das Gesetz die «Stätte» nicht lokalisiert, bleibt ihre nähere Bestimmung und alles Weitere den «Zweiten», den Königen und Kriegern, der Exekutive überlassen.[21] Die *Widernatur*, die «öffentliche Aufreizung» zu ihr durch die Predigt der Keuschheit, ist Gegenstand des «Vierten Satzes», der das geschlechtliche Leben vor jeder Verachtung bewahren will und zu dessen Schutz eine «Sünde wider den heiligen Geist des Lebens» proklamiert. Nietzsche führte ihn in *Ecce homo*, der Veröffentlichung des *Gesetzes* vorgreifend, als Satz aus

19 Siehe *AC* 53, 2–5 (235).

20 Beachte *AC* 11 (178); siehe *EH* IV, 7 (371) und S. 163.

21 Siehe *Jesaja* LIX, 5. Andreas Urs Sommer hat die vielfältigen mythologischen Bezüge und Verwendungen des *Basilisken* untersucht und sowohl auf das Drachentötermotiv hingewiesen, das darin enthalten ist, als auch die untergründige Verbindung zu den «Hyperboreern» aufgespürt, die sich über die Perseus-Sage herstellen läßt: *Friedrich Nietzsches «Der Antichrist». Ein philosophisch-historischer Kommentar.* Basel 2000, p. 676–679.

seinem «Moral-Codex gegen das Laster» an.[22] Der «Fünfte Satz» vollendet die gesellschaftliche Ächtung des Priesters durch die Umkehrung des Ausschlusses von der Abendmahlgemeinschaft: «Mit einem Priester an Einem Tisch essen stösst aus: man excommunicirt sich damit aus der rechtschaffnen Gesellschaft.» Und er gibt ein Beispiel politisch-praktischer Umwertung. Waren «*wir selbst*, wir freien Geister» die Tschandala, solange der Priester herrschte, so gilt jetzt: «Der Priester ist *unser* Tschandala, – man soll ihn verfehmen, aushungern, in jede Art Wüste treiben.»[23] Der «Sechste Satz» bringt die Umwertung im einsinnigen Verstande der schlichten Umkehrung zu Ende. Die heilige Geschichte soll fortan die verfluchte Geschichte heißen. Die höchsten Begriffe und die am meisten verehrten Gestalten des alten Äons werden Schimpf und Schande preisgegeben: «man soll die Worte ‹Gott›, ‹Heiland›, ‹Erlöser›, ‹Heiliger› zu Schimpfwörtern, zu Verbrecher-Abzeichen benutzen.» Vorausgesetzt ist bei allen aufgeführten Worten der Gegenstand des Gesetzes: das Christentum. Dasselbe gilt für den Priester, der als der lasterhafteste Mensch gelten soll. Das Adjektiv «christlich» muß jeweils ergänzt werden. Der «Siebte Satz» bekräftigt, daß die Sätze 1–6 das Nötige enthalten, um Ausrichtung und Umfang des «Todkriegs» zu bestimmen. Er lautet: «Der Rest folgt daraus.» Der siebte Satz macht außerdem den vierten, der als einziger den Zentralbegriff der Umwertung, das *Leben*, aufruft, zum zentralen Satz des Gesetzes. Dem einen oder anderen Leser des *Antichrist* mag auch auffallen, daß der «Siebte Satz» einen Satz parodiert, in den der Philosoph die Gegenposition zur Philosophie faßte: «‹Du sollst *nicht* erkennen›: – der Rest folgt daraus.» Im *Gesetz wider das Christenthum* spricht Nietzsche nicht als Philosoph. Er unterzeichnet es mit «*Der Antichrist*», nachdem er zunächst «Nietzsche—Antichrist» geschrieben hatte. Er wählt den zweideutigen Begriff ein zweites Mal, um unter seiner Maske als Gesetzgeber aufzutreten.[24]

Durch *Ecce homo* und *Der Antichrist* hat Nietzsche seinen Namen wie kein Philosoph vor ihm mit dem Christentum verbunden. Was veranlaßt

22 *EH* III, 5 (307). Siehe S. 81–82. Cf. *Götzen-Dämmerung*, Was ich den Alten verdanke 4 (p. 159–160).

23 Siehe *AC* 12 und 13 (179) und beachte 48, 5–8 (227). Cf. *Götzen-Dämmerung*, Streifzüge eines Unzeitgemässen 45 (p. 147).

24 *AC* Gesetz wider das Christenthum 1–7 (254); 44, 4 (219); 48, 7 (227). Podach: *Werke des Zusammenbruchs*, p. 158. *KGW* und *KSA* teilen die Verbesserung nicht mit. Siehe S. 173–174.

ihn, das Christentum in dieser Weise auszuzeichnen?[25] Weshalb kettet er die abschließende Dyade seines Œuvre an die Erinnerung des erklärten Feindes? Warum will der Philosoph, der das Christentum als «Gegner de rigueur» der Kritik unterwirft und als Gesetzgeber einen «Todkrieg» gegen es proklamiert, das Christentum *verewigen*?[26] Die Antwort, es gehe ihm um den Ruhm des Siegs, greift nicht nur zu kurz, sondern verfehlt das Wichtigste. Nietzsche verwechselt sich nicht mit seinen vornehmen Adressaten. Er gibt sich keiner Illusion über die «Ewigkeit» von Ruhm hin, und er weiß, daß das Streben nach Ruhm kein ausreichender Grund ist, um ein Buch zu schreiben, das den «Wenigsten» gehört. Außerdem ist der «grosse Sieg», den der *Antichrist* für ihn bedeutet, nicht Eins mit dem, was die Welt als großen Sieg feiert und wofür sie ihren Lorbeer vergibt. Weder verlieren die beiden Bücher ihr Gewicht, wenn sie den «historischen Sieg» nicht heraufführen, noch büßen sie ihr Leben ein, nachdem dieser eingetreten ist, so er eintritt. Ebendarin besteht der Unterschied zu Tendenzschriften, die der Weltanschauungsliteratur zuzuschlagen sind, oder zu Traktaten, die durch ihren politischen Erfolg wie Mißerfolg überholt werden, da sie im Dienst an einem bestimmten, einmaligen, «historischen» Zweck aufgehen. Man kann Nietzsches Intention nicht mehr verkennen, als wenn man meint, *Ecce homo* und *Der Antichrist* könnten aus Sicht des Autors durch den Sieg über das Christentum entbehrlich oder das Christentum könnte umgekehrt durch sie belanglos werden. Selbst wenn Nietzsche den «letzten Christen» noch erleben sollte oder erlebt hätte – eine Erwägung, die der *Antichrist*, die christliche Naherwartung parodierend, mit einem Vielleicht versehen ins Spiel bringt –, selbst dann wäre das Christentum keineswegs abgetan.[27] Die Auswirkungen auf die Moral und die Folgen für die Politik sind nicht an das Bekenntnis zum Christentum gebunden. Um so weniger trifft dies für den Einfluß auf die Philosophie zu, den der *Antichrist* herausstellt. Die «Umwerthung aller Werthe» wäre, auch wenn man sie als weltgeschichtliches Ereignis begreift, kein punktueller Akt, sondern ein komplexer Prozeß, der Selbstabgrenzung, Selbstbestimmung, Selbstvergewisserung verlangt. Dafür bleibt das Christentum unschätzbar, wie Nietzsche aus der Erkenntnis der Umwertung weiß, die er *ist*. Seine Erinnerung

25 Siehe *EH* I, 7 (275) und S. 47–48.
26 Cf. *EH* III, Der Fall Wagner 4 (364) und *AC* 62, 2 (253).
27 *AC* 46, 3 (224).

daran, daß der Buddhismus im Unterschied zum Christentum «*nach* einer Hunderte von Jahren dauernden philosophischen Bewegung» kam, verweist auf das unausgeschöpfte Potential, das dem Antagonismus zum Christentum innewohnt.[28] Die «Vergeistigung der Feindschaft», die die Sache der Philosophie ist, führt notwendig zur «Verewigung» des Feindes.[29] Vor allem aber ergibt sich aus dem typologischen Unternehmen des *Antichrist* die Konsequenz, daß mit dem Christentum weiter zu rechnen ist. Sei es, daß es in veränderter Weise fortbesteht, sei es, daß es in verwandelter Gestalt wiederkehrt. Nietzsche spricht nicht zufällig davon, daß ein Christentum im Sinne des «Erlösers» der Typologie «zu allen Zeiten möglich sein» werde. Er muß nicht ausdrücklich hinzufügen, daß ein «Paulus» der Zukunft eine Religion stiften kann, die mit dem historischen Christentum wichtige Züge gemeinsam hat.[30] Die Kritik der alten Religion ist nicht an der Kritik der neuen verschwendet. Da die Typologie auf die Natur rekurriert, wird sie durch die Geschichte nicht obsolet.

Die Frage des geschichtlichen Status des *Antichrist* führt uns zur Typologie, und die Typologie verweist uns zurück an *Ecce homo*. *Ecce homo* stellt nicht nur die «Hyperboreer» des *Antichrist* in Einem Fall vor Augen, sondern veranschaulicht an ihm die Integration und Negation, die der Philosoph in Rücksicht auf die Typen des *Antichrist* bedeutet. Dem sorgfältigen Leser wird nicht entgehen, wie «Buddha», «der Erlöser» und «Paulus» im Zwillingsbuch gegenwärtig sind. Im Einklang damit steht, daß der *Antichrist* an den beiden Höhepunkten des Werks, soweit die Verhandlung dem Philosophen unmittelbar gilt, in den Paragraphen 54 und 57, über sich hinaus- und auf *Ecce homo* vorausweist: Der Mensch, der «sich als Zweck» und «von sich aus Zwecke ansetzen» kann, wird im *Antichrist* nicht näher erörtert, er ist indes Gegenstand von *Ecce homo*. Der Satz des großen Jasagens, «Die Welt ist vollkommen», wird im *Antichrist* ausgesprochen, aber seinen Ort erhält er erst in *Ecce homo*, dem auch der Nachweis seines Gewichts zufällt. In emblematischer Verdichtung tritt die philosophische Verwiesenheit des *Antichrist* auf *Ecce homo* an dem Begriffspaar von Aufgabe und Erholung

28 *AC* 20 (186); cf. 56, 2 (240).

29 Siehe *Götzen-Dämmerung*, Moral als Widernatur 3 und 6 in fine (p. 84 und 87). Beachte S. 148, Anm. 44.

30 *AC* 39, 2 (211). Cf. 61, 5 (252) und S. 298.

hervor, das im *Antichrist* nur in Paragraph 57 vorkommt, wohingegen es in *Ecce homo* das zentrale Instrument ist, um die Dialektik von Mittel und Zweck, von Einsatz oder Unterordnung und Selbstbestimmung zu bedenken. Da diese Dialektik den *Antichrist* im höchsten Maße betrifft und im ganzen einbegreift, wird über seinen philosophischen Status in *Ecce homo* entschieden. Er ist, mit anderen Worten, nicht angemessen zu begreifen, solange er nicht als Teil der Dyade begriffen, solange er nicht im Licht von *Ecce homo* verstanden wird. *Ecce homo* erkennt ihm seinen Rang als Moment des Werdens zu sich zu. In gleicher Weise und aus demselben Grund erfordert die Bestimmung des Verhältnisses von Erkenntnis und Überzeugung in Paragraph 54 die Vertiefung in der Diskussion von *Ecce homo.* Das Buch, das untersucht, wie man wird, was man ist, zeigt in concreto, wie «die grosse Leidenschaft» Überzeugungen «verbraucht», ohne sich ihnen zu unterwerfen. Der «Skeptiker» kann sich von seinen Überzeugungen nicht dadurch befreien, daß er eine Äquidistanz zu ihnen einzunehmen behauptet und sich ihrer gleichsam durch Lossprechen auf einen Schlag entledigen will, sondern nur auf dem Weg des Sichaussetzens und Durcharbeitens, das, indem es verwirft und bestätigt, die Überzeugung *als* Überzeugung überwindet und sie in eine höhere Perspektive einbezieht. Ebendas ist das Thema von «Aufgabe und Erholung» in *Ecce homo.* Nietzsche nutzt für sein abschließendes Doppelwerk die Möglichkeiten, die ihm das Zu- und Auseinander der Dyade bietet, um die Zweiheiten von Mittel und Zweck, Leben und Aufgabe, Geschichte und Erkenntnis, Natur und Politik in ihrem Gegen- und Ineinander zu durchdenken und darzustellen. Die Ordnung, in die er die Zweiheiten überführt, spiegelt sich in der Ordnung des Zweigespanns, das er für die Untersuchung wählt. *Ecce homo* beginnt mit dem Anspruch, das grundstürzende Unternehmen des *Antichrist* vorzubereiten. Der erste Teil der Dyade scheint sich zum zweiten wie das Mittel zum höheren Zweck zu verhalten. Doch im Verlauf der Handlung kehrt sich das Verhältnis von Mittel und Zweck um. Es ist das Buch, das sich in den Dienst des anderen stellt, welches dessen dienende Funktion erweist. Es ist *Ecce homo*, in dem Nietzsche die höchste Perspektive einnimmt. Und es ist *Ecce homo*, das den exzentrischen Schluß beider Bücher enthält. Der Leser, der der Anordnung des Autors folgt und mit *Ecce homo* beginnt, wird, wenn er sich auf die Denkbewegung der Dyade einläßt, am Ende des *Antichrist* zurückverwiesen an *Ecce homo.*

ANHANG

Götzen-Dämmerung
oder
Wie man mit dem Hammer philosophirt

Der Philosoph unter Nichtphilosophen

Götzen-Dämmerung ist wie *Der Antichrist* aus Nietzsches Entscheidung geboren, den *Willen zur Macht* aufzugeben. In der Tat ist sie das erste Zeugnis dieser Entscheidung. Denn wenigstens sechs der ursprünglich acht Kapitel, aus denen das Buch bestand, als Nietzsche das Manuskript am 7. September 1888 an den Verleger sandte, waren dem *Willen zur Macht* entnommen. Das zweite Zeugnis liefert der *Antichrist*, der gleichfalls substantielle Teile des *Willens zur Macht* enthielt, als Nietzsche ihn am 30. September 1888 beendete. Die dritte und letzte Station markiert die Verbesserung, die Nietzsche Ende Dezember 1888 im Druckmanuskript von *Ecce homo* vornahm, der zufolge es sich beim *Antichrist* nicht länger um das «erste Buch» der *Umwerthung aller Werthe* handelte, sondern um die *Umwerthung* ohne Einschränkung und ohne Ankündigung einer Fortsetzung. Damit war der *Wille zur Macht* begraben.[1] Zu jener Zeit hatte Nietzsche die ersten Exemplare von *Götzen-Dämmerung* in Turin in Händen. Sie gingen ihm einen Monat zuvor aus Leipzig zu, wo der Druck am 13. November 1888 abgeschlossen worden war. Vor dem Hintergrund des verworfenen *Wille zur Macht*-Projekts, der *Götzen-Dämmerung* und der Dyade gemeinsam ist, angesichts der überlappenden Arbeit an den drei Büchern im Sommer und Herbst 1888 – Nietzsche erweiterte *Götzen-Dämmerung* im September und Oktober erheblich, als er noch mit dem *Antichrist* bzw. schon mit *Ecce homo* befaßt war –, im Blick schließlich auf die thematischen Verschränkungen, unverkennbaren Bezugnahmen und auffälligen Übereinstimmungen bis in Einzelheiten der Begriffsverwendung[2] stellt sich die

1 Zur Korrektur im Druckmanuskript von *Ecce homo* siehe S. 30, Anm. 15. Die Paragraphen 1–24 des *Antichrist* gehen auf das *Wille zur Macht*-Konvolut zurück (*KSA* 14, p. 397–398); siehe S. 181, Anm. 14.

2 So verwendet Nietzsche in *Götzen-Dämmerung* wie in *Ecce homo* und im *Antichrist* den Begriff *Wille zur Macht* viermal: Streifzüge eines Unzeitgemässen 11, 20, 38; Was ich den Alten verdanke 3 (p. 118, 124, 139, 157).

Frage, welchen Ort Nietzsche *Götzen-Dämmerung* im Œuvre zuweist und welche Absicht er mit dem ersten der drei Bücher im Unterschied zu *Ecce homo* und *Der Antichrist* verfolgt. *Götzen-Dämmerung* steht durchaus für sich. Sie ist keine «Art Zwillingswerk des *Antichrist*».[3] Sie erweitert die Dyade, der sie vorausgeht, auch nicht zu einer Triade. In das politische und philosophische Unternehmen, das *Ecce homo* und den *Antichrist* zu einer in sich kreisenden Zweiheit verbindet, ist *Götzen-Dämmerung* nicht eingeschlossen. Macht das Zweigespann das philosophische Leben und den Philosophen in der Exponiertheit durch eine weltgeschichtliche Aufgabe zum Gegenstand der Betrachtung, so zeigt das Buch, das das Philosophieren im Titel führt, den Philosophen, wie er seiner hauptsächlichen Aktivität nachgeht, um nicht zu sagen, wie er sein gewöhnliches Handwerk, die Kritik, ausübt. Da Nietzsche die prominenten Gegenstände der Kritik, mit denen er sich seit *Jenseits von Gut und Böse* in immer neuen Anläufen auseinandergesetzt hat, in *Götzen-Dämmerung* konzentriert verhandelt – von der Kritik der philosophischen Tradition und der modernen Ideen bis zur Kritik des Christentums und der Dekadenz –, verwundert es nicht, daß er von einer «vollkommenen Gesammt-Einführung» in seine Philosophie

3 «Die *Götzen-Dämmerung* stellt eine Art Zwillingswerk des *Antichrist* dar, vor allem auch vom Gesichtspunkt ihrer Entstehungsgeschichte». Mazzino Montinari: *Nietzsche lesen: Die Götzen-Dämmerung*, in: Nietzsche Studien, 13 (1984), p. 72; cf. *KSA* 14, p. 410. Montinari hat Recht, wenn er die Gemeinsamkeit der beiden Bücher in Rücksicht auf ihre Entwicklungsgeschichte herausstellt, zu deren Aufklärung er wesentlich beitrug. Er faßt diese Gemeinsamkeit in die bündige Formulierung: «Aus den Aufzeichnungen zum *Willen zur Macht* sind die *Götzen-Dämmerung* und *Der Antichrist* entstanden; der Rest ist – Nachlaß» (*KSA* 14, p. 400). Aber zu einem *Zwillingswerk* wird ein Buch nicht dadurch, daß der Autor auf das gleiche Ausgangsmaterial zurückgreift, das er auch für ein anderes Buch heranzieht, sondern durch die Intention, die er mit beiden verfolgt, durch den gemeinsamen Zweck, den er für das eine wie das andere Werk bestimmt. Nietzsche sprach übrigens im Blick auf die Schrift, die *Götzen-Dämmerung* unmittelbar vorausging, von einem «Zwilling», ohne daß die Bemerkung die beiden Bücher zu Zwillingswerken im anspruchsvollen Sinn erklärte: «Diese Schrift, in Allem als Zwilling zum ‹Fall Wagner› auftretend (wenn auch etwa doppelt so stark) muß möglichst bald heraus: weil ich eine Zwischenzeit brauche bis zur Veröffentlichung der Umwerthung (– diese mit einem *rigorosen* Ernst und hundert Meilen weit abseits von allen Toleranzen und Liebenswürdigkeiten)». Brief an Peter Gast vom 12. September 1888; cf. Brief an Constantin Georg Naumann vom 7. September 1888; *KGB* III 5, p. 417–418 und 411.

spricht. *Götzen-Dämmerung* genügte mithin dem Auftrag, das Tor zum Œuvre aufzustoßen und den geeigneten Lesern einen Eindruck von Reichweite und Tiefe der Kritik zu vermitteln, die es für sie bereithält. Wenn das Buch Einblick in das gewöhnliche Handwerk des Autors gewährt, dann tut es dies allerdings in einer Weise, die selbst für Nietzsche ungewöhnlich ist. Die Radikalität des Auftretens übertrifft alles, was Nietzsche bis dahin für angezeigt hielt. Die Ankündigung, es handle sich um eine «sehr kühn und präcis hingeworfne Zusammenfassung» seiner «wesentlichsten philosophischen *Heterodoxien*», ist zurückhaltend formuliert. Nietzsche trifft die Sache dagegen sehr genau, wenn er denselben Freund, dem er eine «vollkommene Gesammt-Einführung» in Aussicht stellt, wissen läßt, der Inhalt sei «vom Allerschlimmsten und Radikalsten, obwohl unter viele finesses und Milderungen versteckt.» Daß Nietzsche mit dem provozierenden Buch die Aufmerksamkeit der Öffentlichkeit zu gewinnen sucht und den Boden für die «Umwerthung» bereiten will, aus der dann die Dyade wird, steht außer Frage. Peter Gast gegenüber bezeichnet er die Schrift «als *einweihend* und *appetitmachend*» für die «*Umwerthung der Werthe*», und seinem Verleger gibt er zu erwägen, sie könne «vielleicht auch in dem Sinne wirken, die Ohren etwas für mich aufzumachen: so daß jenes Hauptwerk nicht wieder solchem absurden Stillschweigen begegnet wie mein Zarathustra.»[4]

Sosehr Nietzsche mit seinem Buch auf Härte und Aufsehen setzte, mögen ihm, nachdem er das Manuskript an den Verleger geschickt hatte, Bedenken gekommen sein, ob die «finesses und Milderungen» ausreichten, um das «Allerschlimmste und Radikalste» im gebotenen Maße abzufedern. In der ursprünglichen Konzeption sorgten nur die «Sprüche und Pfeile» und die «Streifzüge eines Unzeitgemässen» für die Rahmung der sechs aus dem *Willen zur Macht* herausgelösten Kapitel. Nach den kompromißlos an den philosophischen Adressaten gerichteten Stücken gingen allein die «Streifzüge» einige Schritte auf die Nichtphilosophen zu. Auch die besondere Ansprache des vornehmen Adressaten, die in allen Schriften seit *Also sprach Zarathustra* eine wichtige Rolle spielt, blieb im wesentlichen dem abschließenden Teil vorbehalten. Während der Text bereits gesetzt wurde, nahm Nietzsche dann so

4 Briefe an Constantin Georg Naumann vom 7. September 1888, Carl Fuchs vom 9. September 1888 und Peter Gast vom 12. September 1888, *KGB* III 5, p. 412, 414, 417.

weitreichende Eingriffe vor, daß spätere Kommentatoren sich in ihrer Einschätzung bestätigt sahen, dem Autor sei das architektonische Gefühl abhanden gekommen, er habe die Konzeption des Buchs zerbrochen oder zerstört: Am 18. September schob Nietzsche das Kapitel «Was den Deutschen abgeht» zwischen die Sechs und die «Streifzüge» ein. In der ersten Oktoberhälfte wurden die «Streifzüge» ihrerseits um dreizehn Aphorismen erweitert, die die Nummern 32–44 erhielten, und Ende Oktober kam «Was ich den Alten verdanke» als neues Schlußkapitel hinzu. Mit dem Vorwort und einem längeren nachgestellten Zitat aus *Zarathustra*, «Der Hammer redet», das den gleichen Platz zunächst im *Antichrist* innehatte, erhielt *Götzen-Dämmerung* den zwölfgliedrigen Aufbau der definitiven Druckfassung.[5] Nietzsche zerstörte die alte Konzeption, doch er schuf eine neue, subtilere und rhetorisch überlegene. So zerbrach er nicht einfach die ursprüngliche Rahmung, sondern ersetzte sie durch eine komplexere, bestehend aus den Kapiteln I und II einerseits, die jetzt zusammen gesehen werden können, und den Kapiteln IX und X andererseits, die ihnen symmetrisch entsprechen, worauf er aufmerksam macht, indem er beiden Paaren jeweils 56 Nummern zuweist.[6] Überlegen ist die endgültige Konzeption, weil sie dem Leser, der sich mit dem Buch und dessen Aufbau näher auseinandersetzt, erlaubt, noch eine andere Gruppierung vorzunehmen und die Schnitte nach der Erweiterung von acht auf zehn Kapitel so zu legen, daß das Kapitel I die Eröffnung bildet und darauf drei Triaden folgen, die jeweils inhaltlich enger verbunden sind.[7] Der triadische Aufbau gibt das Gewicht zu erkennen, das in der neuen Konzeption der dritten

5 Der Aufbau sieht mit der Verteilung der Nummern bzw., im Falle des Vorworts, der Absätze folgendermaßen aus: Vorwort (3). (I) Sprüche und Pfeile (44). (II) Das Problem des Sokrates (12). (III) Die «Vernunft» in der Philosophie (6). (IV) Wie die «wahre Welt» endlich zur Fabel wurde (6). (V) Moral als Widernatur (6). (VI) Die vier grossen Irrtümer (8). (VII) Die «Verbesserer» der Menschheit (5). (VIII) Was den Deutschen abgeht (7). (IX) Streifzüge eines Unzeitgemässen (51). (X) Was ich den Alten verdanke (5). Der Hammer redet.

6 Der Symmetrie der Paare am Beginn und am Schluß entspricht die Symmetrie der beiden Hälften des Buchs, die der Leser auf den ersten Blick erkennen kann: Die Kapitel I–V umfassen 74, die Kapitel VI–X 76 Teile. Wenn das Vorwort und «Der Hammer redet» mitgezählt werden, umfassen die beiden Hälften jeweils 77 Teile.

7 Die triadische Konzeption der *Götzen-Dämmerung* (1–3–3–3) wird durch die der zehn Bücher im dritten Kapitel von *Ecce homo* gespiegelt (3–3–3–1).

Triade zukommt: die rhetorische Abfederung bleibt nicht mehr den «Streifzügen» überlassen, sondern wird nunmehr von drei Kapiteln übernommen. Gleichzeitig wird die mittlere Triade, werden die Kapitel V, VI, VII zusätzlich profiliert, deren Radikalität vor allem anderen des verstärkten Gegengewichts bedarf. In den folgenden Hinweisen und Anmerkungen zum Plan von *Götzen-Dämmerung*, die für den einen oder anderen Leser von Nutzen sein mögen, werde ich zur Verdeutlichung der Konzeption die mittlere Triade ausklammern und die Kapitel V, VI, VII im Anschluß gesondert behandeln.[8]

Die erste Rahmung des Buchs stellen nicht die Kapitel I–II und IX–X, sondern der Titel *Götzen-Dämmerung oder Wie man mit dem Hammer philosophirt* und das Zarathustra-Wort unter der Überschrift *Der Hammer redet* dar. Das Signal des Hammers, mit dem *Götzen-Dämmerung* beginnt und endet, erscheint deutlich genug. Offenbar kündigt der Autor eine Götzendämmerung nicht nur an. Sie soll befördert, herbeigeführt, vollbracht werden. Wo Wagner von *Göttern* redet, spricht Nietzsche von *Götzen* oder, da der Titel doppeldeutig ist, von dem Einen Götzen, zu dessen Zerstörung, zu deren Zertrümmerung er auffordert. Der Hammer als Aufruf zur Tat. Dem entspricht, daß die acht Zarathustra-Verse am Schluß sich auf die letzte der neuen Tafeln beziehen, die der Gesetzgeber-Prophet in der Rede «Von alten und neuen Tafeln» imaginiert, mit der lakonischen Inschrift: «werdet hart!» Das Gebot ist ausdrücklich an die «Schaffenden» gerichtet, die ihre Hand «auf Jahrtausende» drücken wollen «wie auf Wachs». Der Hammer spricht zu den Vornehmen: «Ganz hart allein ist das Edelste.»[9] Die Klammer, die der doppelte Auftritt des Hammers bildet, gehörte zunächst allerdings nicht zur Ausstattung des Buchs. Nietzsche entschied sich für sie, als er begann, die Rhetorik im ganzen nachzujustieren. Gegen den ursprünglichen Titel *Müssiggang eines Psychologen* wandte Peter Gast, als er die ersten Korrekturbogen aus der Druckerei erhielt, in einem Brief an

8 In zwei Seminaren, die ich im Sommer 2015 an der Ludwig-Maximilians-Universität München und im Frühjahr 2016 am Committee on Social Thought der University of Chicago zu *Götzen-Dämmerung* unterrichtete, trug ich eine eingehende Auslegung des Buchs vor. Im Anhang zur Auseinandersetzung mit Nietzsches Dyade muß ich mich auf eine erste Annäherung an seine «Gesammt-Einführung» beschränken.

9 *Götzen-Dämmerung*, Der Hammer redet (p. 161); *Also sprach Zarathustra* III, 12.29, 1–8 (p. 268); cf. *Was ist Nietzsches Zarathustra?*, p. 136–140.

Nietzsche ein, daß er ihm, «wenn ich mir vergegenwärtige, wie er auf Nebenmenschen wirken könne, zu anspruchslos» klinge. Außerdem komme «der Müssiggang gewöhnlich erst *nach* der Arbeit, und das Mü kommt auch in Müdigkeit vor. Ach ich bitte, wenn ein unfähiger Mensch bitten darf: einen prangenderen glanzvolleren Titel!» Nietzsche nennt Gasts Einwand, der ein bezeichnendes Unverständnis für den philosophischen Müßiggang offenbart, im Antwortbrief «sehr human» und versichert dem Korrektor, daß dem Einwand sein «eignes Bedenken» zuvorgekommen sei.[10] Der definitive Titel hat gewiß den Vorzug, «prangender» und «glanzvoller» zu erscheinen. Er ist, zumal mit dem neu hinzugefügten Zarathustra-Zitat am Schluß, geeignet, beim agonalen Geist des vornehmen Adressaten Resonanz zu finden. Er nimmt sich vor allem «humaner» aus als der alles andere denn «anspruchslose», ganz auf Distanz haltende, kühl herausfordernde Vorgänger.

Das Vorwort unterminiert den martialischen Eindruck vom Hammer als dem Werkzeug der großen Zertrümmerung und setzt den Müßiggang wieder in sein volles Recht ein. Wie im äußeren und inneren Vorwort zu *Ecce homo* kontrastiert Nietzsche die *Aufgabe* der *Umwerthung aller Werthe* mit der *Erholung*, die die *Götzen-Dämmerung* für ihn bedeutete. Dabei präsentiert er die *Umwerthung* jedoch nicht als die «schwerste Forderung an die Menschheit», sondern führt sie – unterstellend, der Leser wisse, wovon die Rede ist – als «dies Fragezeichen» ein, «so schwarz, so ungeheuer, dass es Schatten auf Den wirft, der es setzt». Was zur Forderung an die Menschheit wird, ist zuerst ein Fragezeichen für Nietzsche, ein Experiment mit ungewissem Ausgang.[11] Das «Schicksal von Aufgabe», das der Umwerter, Experimentator, Gesetzgeber auf sich nimmt, «zwingt jeden Augenblick, in die Sonne zu laufen, einen schweren, allzuschwer gewordnen Ernst von sich zu schütteln.» Es geht für ihn darum, die «Heiterkeit» aufrechtzuerhalten. Später wird Nietzsche sagen, daß es darauf ankommt, eine Höhe zu erreichen, aus der es möglich und erlaubt ist, mit der schwersten Aufgabe als Spiel zu

10 Brief von Peter Gast an Nietzsche vom 20. September 1888 und Brief von Nietzsche an Peter Gast vom 27. September 1888, *KGB* III 6, p. 309–310 und III 5, p. 443. Nietzsche äußert in seiner Antwort an Gast die Erwartung, der neue Titel werde auch als «*eine Bosheit* gegen Wagner» gehört werden. Zum Titel *Müssiggang eines Psychologen* siehe S. 142 mit Anm. 35.

11 Beachte *EH* III, Menschliches, Allzumenschliches 6 (328) und S. 109–110. Cf. *Jenseits von Gut und Böse* 203 (p. 126–128).

verkehren.[12] Um den Ernst abzuschütteln, sei «jedes Mittel recht» und, wie er in Anspielung auf den zuletzt veröffentlichten *Fall Wagner* fortfährt, «jeder ‹Fall› ein Glücksfall. Vor Allem der *Krieg*.» Der Krieg als Mittel gegen einen allzu schweren Ernst, als Klugheit für «zu innerlich, zu tief gewordne Geister», verträgt sich mit einer agonalen Haltung, aber nicht mit heroischer Hingabe. Die Erläuterung des Untertitels stellt Nietzsche ins Zentrum des Vorworts: «Eine andere Genesung, unter Umständen mir noch erwünschter, ist *Götzen aushorchen* ... Es giebt mehr Götzen als Realitäten in der Welt». Aushorchen nicht Zerschlagen, der Hammer als Instrument der Untersuchung, als Besteck der Diagnostik: «Hier einmal mit dem *Hammer* Fragen stellen und, vielleicht, als Antwort jenen berühmten hohlen Ton hören, der von geblähten Eingeweiden redet» – das stärkt die Heiterkeit, die Nietzsche für seine Aufgabe nötig hat. Es ist eine Freude für den Erkennenden, ein «Entzücken» für den «alten Psychologen und Rattenfänger, vor dem gerade Das, was still bleiben möchte, *laut werden muss* ...» Nietzsche stellt sich als Dialektiker und Verführer der Jungen in eine Reihe mit Sokrates und Dionysos, die er früher als Rattenfänger bezeichnete.[13] Vom Entzücken des Rattenfängers über den gelungenen Nachweis der Haltlosigkeit der «Götzen» zum ursprünglichen Titel des Buchs ist es nur ein kleiner Schritt. Nietzsche tut ihn zu Beginn des dritten Absatzes, indem er den neuen Titel, die Götzen-Dämmerung und das Philosophieren mit dem Hammer, dem alten assimiliert: «Auch diese Schrift – der Titel verräth es – ist vor Allem eine Erholung, ein Sonnenfleck, ein Seitensprung in den Müssiggang eines Psychologen. Vielleicht auch ein neuer Krieg? Und werden neue Götzen ausgehorcht?»[14] Das Buch soll

12 *EH* II, 10 (297); siehe S. 72–74. Bei dem «Schicksal von Aufgabe» im Vorwort von *Götzen-Dämmerung* handelt es sich um die einzige Verwendung von *Aufgabe* im Singular. Es folgen noch drei Verwendungen im Plural: Was den Deutschen abgeht 6, Streifzüge eines Unzeitgemässen 39 und 48 (p. 57, 108, 142, 150).

13 *Die fröhliche Wissenschaft* 340 (p. 569); *Jenseits von Gut und Böse* 295 (p. 237). Siehe S. 82–83 mit Anm. 40.

14 Daß sich der Hinweis «der Titel verräth es» auf den definitiven Titel bezieht – und nicht etwa einer vergessenen Streichung im alten Vorwort geschuldet sein muß, wie manche Kommentatoren mutmaßen –, ergibt sich aus der Einordnung des Kriegs als eines Mittels, um «in die Sonne zu laufen», im ersten Absatz und insbesondere aus der Kennzeichnung des Hammers als Instrument des Psychologen, um Götzen auszuhorchen, im zweiten Absatz. (Siehe auch die zweite der beiden

ausdrücklich beides sein, «eine *grosse Kriegserklärung*» und ein Unternehmen der Erkenntnis, «das Aushorchen von Götzen». Es sind diesmal «keine Zeitgötzen» – gleich jenem, den Zarathustra sich in seiner Rede «Vom neuen Götzen» vornahm –, «sondern *ewige* Götzen», an die «mit dem Hammer wie mit einer Stimmgabel gerührt wird». Nietzsche variiert bei der zweiten und letzten Erwähnung des Hammers im Vorwort die diagnostische Verwendung des Werkzeugs. Im einen wie im andern Fall handelt es sich indes um die Überprüfung des Wirklichkeitsgehalts: «es giebt überhaupt keine älteren, keine überzeugteren, keine aufgeblaseneren Götzen … Auch keine hohleren … Das hindert nicht, dass sie die *geglaubtesten* sind; auch sagt man, zumal im vornehmsten Falle, durchaus nicht Götze …» Der Leser muß die beiden ausgelassenen Wörter am Ende selbst ergänzen.[15]

Das erste Kapitel verlangt die aktive Beteiligung des Lesers. Um seinen Weg durch die vierundvierzig *Sprüche und Pfeile* zu finden, die meist nur zwei Zeilen umfassen – der längste Aphorismus, die Nummer 36 über uns «Immoralisten», hat vier Zeilen –, muß er sich in der Praxis des Sammelns und Sonderns üben, die die folgenden neun Kapitel ebenso verlangen, bei denen das Erfordernis aber nicht gleichermaßen ins Auge springt. Der Autor erwartet offensichtlich, daß der Leser ihm auf der Spur bleibt und es ihm gleich tut, wenn er aus Sprüchen Pfeile macht: wenn er geflügelte Redensarten und gelehrte Zitate, Worte alter und neuer Autoritäten, überlieferte Lehren und verbreitete Meinungen aufgreift, um ihren Wahrheitsgehalt zu prüfen, Widersprüche herauszustellen, zum Zweifel am Geläufigen und zum Neubedenken des Vertrauten anzuhalten, an Selbstverständlichkeiten zu rütteln, durch eine überraschende Wendung die Selbsterkenntnis zu fördern, kurz: um Geschosse zu gewinnen, die ihr Ziel erreichen.[16] Dem propädeutischen

Verwendungen des Titels *Götzen-Dämmerung* im Text: Was den Deutschen abgeht 3, p. 105–106). Nietzsches Auftritt als Psychologe kommt für Leser nicht überraschend, die sich an die Ankündigung in *Jenseits von Gut und Böse* erinnern, daß die Psychologie «nunmehr wieder der Weg zu den Grundproblemen» sei (23, p. 39).

15 Vorwort 1–3 (p. 57–58). Das Vorwort ist datiert: «Turin, am 30. September 1888, am Tage, da das erste Buch der *Umwerthung aller Werthe* zu Ende kam.» Das «Fragezeichen» des ersten Absatzes wird am Ende des Vorworts als Titel eines Buchs bestimmt und angekündigt. Siehe Anm. 1.

16 Sprüche und Pfeile 26, woraus ich im Vorwort den zweiten Satz anführte, sei

Auftakt zu den drei Triaden des Buchs entspricht, daß es hier gilt, Gruppierungen des thematisch Zusammengehörigen vorzunehmen – die Nummern 1–11 etwa verhandeln die Tugenden des Philosophen –, Querverweisen nachzugehen – so beantwortet Nr. 13, recht verstanden, die offene Frage von Nr. 7 – und schließlich den Aufbau der *Sprüche und Pfeile* im ganzen zu betrachten: Er wird durch die drei Aphorismen, die vom Glück reden, die Nummern 12, 33 und 44, artikuliert. Die ersten elf «Pfeile» beziehen sich hauptsächlich auf den Philosophen, die zweiundzwanzig «Sprüche und Pfeile» in der Mitte zumeist auf Nichtphilosophen, die letzten elf «Pfeile» hauptsächlich auf Nietzsche. Am Anfang des Kapitels nimmt Nietzsche die herausfordernde Selbstzuschreibung aus dem Vorwort auf, die ursprünglich als Titel des Buchs dienen sollte, und hält ihr ein Sprichwort entgegen, das den Einwand des Volkes und der Politik, der Vita activa, gegen den Philosophen in sich trägt: «Müssiggang ist aller Psychologie Anfang. Wie? wäre Psychologie ein – Laster?» Der Philosoph beginnt bei der herrschenden Meinung, die ihm entgegensteht, und macht daraus eine Frage. Namentlich tritt der Philosoph auf, sobald Tier und Gott genannt sind (3), Wahrheit (4), Weisheit (5), Natur (6) und ein Gott anderer Art (7) zählen zu seinem nächsten Gefolge. Die Sentenzenreihe zu seinen Tugenden – vom Mut zum Wissen (2), der Kraft zur Einsamkeit (3) und der Wahrhaftigkeit gegen sich (4), über die Mäßigung und Beschränkung auf das Wichtige (5), die geeignete Erholung (6), das rechte Fragen und unbefangene Nachdenken (7), bis zu der Härte des Sichaussetzens (8), dem für die Unabhängigkeit nötigen Selbstvertrauen (9) und der Standhaftigkeit (10), schließlich der Einsicht in die eigenen Fähigkeiten (11) – mün-

hier vollständig wiedergegeben: «Ich misstraue allen Systematikern und gehe ihnen aus dem Weg. Der Wille zum System ist ein Mangel an Rechtschaffenheit.» Dieser «Pfeil», der gleichermaßen die Dysfunktionalität des Willens zur Macht im Willen zur Wahrheit wie das Unternehmen des «systematischen Hauptwerks» trifft, geht auf ein Notat zurück, das Nietzsche im Vorwort des *Willens zur Macht* verwenden wollte: «Ich mißtraue allen Systemen und Systematikern und gehe ihnen aus dem Wege: vielleicht entdeckt man noch hinter diese[m] Buche das System, dem ich *ausgewichen* bin … / Der Wille zum System: bei einem Philosophen moralisch ausgedrückt, eine feinere Verdorbenheit, eine Charakter-Krankheit / unmoralisch ausgedrückt, sein Wille, sich dümmer zu stellen als man ist – Dümmer, das heißt: stärker, einfacher und gebietender / ungebildeter, commandirender / tyrannischer …» *KGW* IX 6, W II 1, p. 1. Beachte S. 44, 180–181 und 270–272.

det in den Befund, daß der Fall des Philosophen kein tragischer Fall ist. Der Müßiggang, der den Meisten als aller Laster Anfang erscheint, ist für die Wenigsten eine Bedingung ihrer Tugenden und ihres Glücks. Ans Ende des Kapitels stellt der Autor, der das Warum seines Lebens gefunden und der verstanden hat, was zum Glück gehört, einen Sinnspruch, in den die Eröffnung des *Antichrist* das Glück der Hyperboreer fassen wird: «Formel meines Glücks: ein Ja, ein Nein, eine gerade Linie, ein *Ziel* ...» Der 44. Aphorismus, der Nietzsches 44. Jahr entspricht, verweist zurück auf die Vorrede von *Jenseits von Gut und Böse*, die den Pfeil der Aufgabe einführte.[17]

Auf die Probe der Dialektik, die das erste Kapitel gibt, folgt im zweiten der Rückgang auf den berühmtesten aller Dialektiker und, in der Mitte des Kapitels, Nietzsches Wettstreit mit dem älteren «Rattenfänger» über die beste Weise, ihn zu begreifen. Nietzsche behandelt *Das Problem des Sokrates* in allen drei Rücksichten, in denen die Überschrift zu lesen ist: Das Problem, vor dem Sokrates aus der Sicht des Diagnostikers der Gegenwart stand, die Dekadenz der Zeit und seiner selbst. Das Problem, zu Sokrates vorzudringen, der kein Œuvre hinterließ und Platon als Semiotik für dessen eigene Zwecke diente. Das Problem, das Sokrates durch die wirkungsmächtige Tradition für uns geworden ist, die sich auf ihn berufen und sein Bild geprägt hat. Dem letzten Problem verleiht das Kapitel die größte Prominenz. Was nicht erstaunt, da *Das Problem des Sokrates* das erste von sechs Kapiteln ist, die die philosophische und die christliche Tradition einer scharfen Kritik unterziehen. Die Kritik richtet sich in Kapitel II insonderheit gegen die Heiligenlegende, die Sokrates zu einer Art Heiland erhob. Nietzsche bringt den *Heiland* im ersten und im letzten Teil des Kapitels gezielt mit Sokrates in Konjunktion, wobei er ihn im ersten Fall, für jeden Leser erkennbar, in ein vorgeblich wörtliches Zitat, in die *ultima verba* aus Platons *Phai-*

17 Sprüche und Pfeile 1, 12, 33, 44 (p. 59–66); zu Nr. 1 siehe S. 140 und 258; zu Nr. 12 siehe S. 178–179; zu Nr. 33 siehe *Also sprach Zarathustra* IV, 10, cf. *Die fröhliche Wissenschaft* V, 383 (p. 638–639); zu Nr. 44 siehe *Jenseits von Gut und Böse* Vorrede 1 und 2 in fine (p. 12 und 13) sowie *AC* 1 in fine (169); zum Pfeil außerdem *EH* IV, 3 (367). Beachte S. 28–31. – Nr. 1 geht, wie eine Anzahl weiterer Nummern des ersten Kapitels, auf ein Notat in «Sprüche eines Hyperboreers» aus dem Frühjahr 1888 zurück: «Müßiggang ist aller Philosophie Anfang. Folglich – ist Philosophie ein Laster?» (15 [188], *KSA* 13, p. 478.)

don einschmuggelt.[18] Dient der Dichter Platon, dessen Name zweimal erwähnt wird (2, 10), als Wegweiser zu den Problemen 2 und 3, so führt Nietzsche Problem 1 selbst dichterisch ein, indem er die Fiktion eines «consensus sapientium» aufrichtet, gegen den er als Neuerer, einsamer Rufer, Herausforderer Aller aufbegehren und der Wahrheit zum Durchbruch verhelfen kann: «Über das Leben haben zu allen Zeiten die Weisesten gleich geurtheilt: *es taugt nichts …*» Nietzsche weiß, daß dieser «consensus», dem «selbst Sokrates» zuzuschlagen sei, seine Erfindung ist, daß die Übereinstimmung im Nein für «unsre Pessimisten» gelten mag, doch schon nicht mehr für alle «décadents» zutrifft, daß die philosophische Kunst des Schreibens allein vom beharrlichen Ja zum Leben Zeugnis ablegt und es seit alters immer aufs neue bekräftigte. Am Ende des ersten Teils macht er hinlänglich klar, daß es sich bei den herangezogenen «Weisen» nicht um wahrhaft Weise handelte: «die Weisesten» stellen sich, am Maßstab einer Weisheit gemessen, die mit sich selbst übereinstimmt und nicht dem Geist der Rache erliegt, als *unweise* heraus. Am gleichen Ort gibt er zu erkennen, daß der Auftakt des Kapitels im strengen Sinne eine Abschweifung war.[19] Die eigentliche Erörterung von Sokrates setzt mit dem zweiten Teil, mit Abschnitt 3 ein, der als einziger Abschnitt mit dem Wort *Sokrates* beginnt. Am Anfang steht die Anstößigkeit des Sokrates (3–5). Nietzsche bietet auf, was er aufbieten kann, um der Fable convenue vom edlen und frommen Sokrates entgegenzuwirken. Er erinnert an die Herkunft aus dem Pöbel, spielt die Häßlichkeit gegen das Bild des Kaloskagathos aus und knüpft an sie, auf die Hochschätzung der Schönheit durch die vornehmen Griechen Bezug nehmend, die Frage: «War Sokrates überhaupt ein Grieche?»[20]

18 «Selbst Sokrates sagte, als er starb: ‹leben – das heisst lange krank sein: ich bin dem Heilande Asklepios einen Hahn schuldig.›» Das Problem des Sokrates 1; siehe 11 (p. 67 und 72). Die ersten zehn der vierzehn Wörter des «Zitats» stammen von Nietzsche. Sokrates wird in Kapitel II insgesamt 33mal beim Namen genannt.

19 Der letzte Satz des ersten Teils lautet: «– Aber ich komme auf das Problem des Sokrates zurück» (2). Vom «Problem des Sokrates» ist nur hier und in der Überschrift die Rede. – Das Kapitel hat einen symmetrischen Aufbau: I Das Leben und die Weisheit (1–2); II Die Anstößigkeit des Sokrates (3–5); III Das Rätsel Sokrates (6–7); IV Die Faszination des Sokrates (8–10); V Das Mißverständnis der Tradition und die Weisheit des Sokrates (11–12).

20 Platon stellte Sokrates nach eigenem Urteil «schöner und jünger» dar (*Zweiter Brief* 314c). Indes ließ er Alkibiades Sokrates' äußere Häßlichkeit betonen und

Unter Hinweis auf die physiognomischen Beobachtungen von «Criminalisten» der Gegenwart und auf den Urteilsspruch des Volkes von Athen anspielend stellt er als nächstes die Frage: «War Sokrates ein typischer Verbrecher?» In zwei Zügen ist die äußerste Gegenposition zur Stilisierung einer Ikone der Verehrung erreicht. Im zweiten der drei Abschnitte über die Anstößigkeit (4) unterfüttert Nietzsche die Gegenposition durch Merkmale der «décadence», von der «Wüstheit und Anarchie in den Instinkten» und der «Superfötation des Logischen» bis zu den «Gehörs-Hallucinationen», die «als ‹Dämonion des Sokrates›, in's Religiöse interpretirt worden sind». Der religiös verklärte Gerechte ist das erste Ziel des Angriffs auf die Tradition.[21] Im selben Abschnitt hält der Kritiker fest, daß am überlieferten Sokrates nicht nur alles «übertrieben, buffo, Karikatur», sondern alles zugleich «versteckt, hintergedanklich, unterirdisch» sei – ein Problem für den Interpreten.[22] Der scharf markierte Gegensatz zu den vornehmen Wertschätzungen führt zu der Frage, wie es Sokrates gelingen konnte, den «vornehmen Geschmack» zu besiegen und sich als Dialektiker durchzusetzen (5). Für den Vornehmen gilt: «Was sich erst beweisen lassen muss, ist wenig werth. Überall, wo noch die Autorität zur guten Sitte gehört, wo man nicht ‹begründet›, sondern befiehlt, ist der Dialektiker eine Art Hanswurst». Sokrates war die Ausnahme. Er war «der Hanswurst, der sich *ernst nehmen machte*: was geschah da eigentlich?» Die Erklärung, die Nietzsche im Zentrum des Kapitels (6–7) gibt, lautet: Der Meister der Dialektik wußte ein Instrument der Notwehr in eine Waffe des Angriffs zu verwandeln, die es ihm erlaubte, seine Überlegenheit in jedem von ihm gewählten und zu seinen Bedingungen ausgetragenen Kampf vor aller Augen unter Beweis zu stellen. «Man hat, als Dialektiker, ein schonungsloses Werkzeug in der Hand; man kann mit ihm den Tyrannen machen; man stellt bloss, indem man siegt.» Mit anderen Worten: dem Rätsel Sokrates liegt ein außerordentlicher Wille zur Macht zugrunde.[23] Die Faszination des Sokrates (8–10) beruht zunächst darauf, daß

ihn als Satyr porträtieren (*Symposion* 215b). Nietzsche wird im Vorwort zu *Ecce homo* von sich sagen: «ich zöge vor, eher noch ein Satyr zu sein als ein Heiliger. Aber man lese nur diese Schrift.» Siehe S. 20.

21 Beachte *AC* 20 (187) und S. 205.

22 Cf. *Jenseits von Gut und Böse* 28 (p. 47).

23 Der Begriff kommt in Kapitel II nicht vor. Der Sache nach ist der Wille zur Macht in den Abschnitten 7 und 9 indes von größter Bedeutung. In den vorberei-

er «eine neue Art *Agon* entdeckte, dass er der erste Fechtmeister davon für die vornehmen Kreise Athen's war». Damit ist die Frage nach seinem Griechentum (4) beantwortet. Er rührte «an den agonalen Trieb der Hellenen» und «brachte eine Variante in den Ringkampf zwischen jungen Männern und Jünglingen.» Hier trifft Nietzsches Auslegung auf die des Platonischen Sokrates,[24] der für sich beansprucht, einzig in Liebessachen Experte zu sein: «Sokrates war auch ein grosser *Erotiker.*» Sokrates faszinierte nicht weniger dadurch, daß er es verstand, der «Wüstheit und Anarchie in den Instinkten» (4) *Herr* zu werden (9). Er gab die Antwort, deren er bedurfte, die die vornehmen Griechen in einer Ära der Dekadenz aber ebenso nötig hatten: «Die Triebe wollen den Tyrannen machen; man muss einen *Gegentyrannen* erfinden, der stärker ist». Die exemplarische Selbstbeherrschung des Sokrates und seine Siege im geistigen Agon beglaubigten die Erhebung der Vernunft zum Tyrannen als das probate Mittel, um die Dekadenz zu überwinden (10). Soviel zur Faszination des Sokrates in seiner wie in Nietzsches Zeit. Von der Lebensführung des Philosophen löste der Moralismus der Tradition eine allgemeine Doktrin ab. Die enigmatische Gleichung Vernunft = Tugend = Glück bedeutete fortan: «man muss es dem Sokrates nachmachen und gegen die dunklen Begehrungen ein *Tageslicht* in Permanenz herstellen – das Tageslicht der Vernunft. Man muss klug, klar, hell um jeden Preis sein». Die Forderung der Aufklärung für jeden und unter allen Umständen, der Glaube an die «Vernünftigkeit um jeden Preis», die «ganze Besserungs-Moral» gehen auf einen verabsolutierten und universalisierten, d. h. mißverstandenen Sokrates zurück (11). Deshalb macht Nietzsche *Das Problem des Sokrates* zum Kopfkapitel der Sechs, die mit *Die «Verbesserer» der Menschheit* enden. Im letzten Abschnitt seiner Verhandlung von Sokrates kommt er noch einmal auf die *Weisheit* von dessen «Muth zum Tode» zu sprechen, zu der er sich schon einige Jahre zuvor äußerte. «Sokrates *wollte* sterben: – nicht Athen, *er* gab sich den Giftbecher, er zwang Athen zum Giftbecher ...» Nietzsche weiß, daß es für Sokrates' Wahl gute Gründe gegeben haben mochte. Er ließ Zarathustra inzwischen eine Rede über den freien Tod halten. Er

tenden Aufzeichnungen für «Das Problem des Sokrates» findet er sich auch ausgesprochen: Nachgelassene Fragmente Frühjahr 1888 14 [92], *KSA* 13, p. 270.

24 Platon: *Symposion* 177d und 198d. Cf. Streifzüge eines Unzeitgemässen 23 (p. 126).

bleibt indes bei der strategischen Entscheidung aus der *Fröhlichen Wissenschaft*, den Platonischen Sokrates des *Phaidon* als Pessimisten und mithin als Zeugen gegen den Optimismus auftreten zu lassen, der sich auf ihn beruft. Er erteilt Sokrates das letzte Wort. Aber wie bei den drei Sokrates-Worten zuvor ist es Nietzsche, der der Figur auf der weltgeschichtlichen Bühne in den Mund legt, was sie zu sagen hat: «‹Sokrates ist kein Arzt, sprach er leise zu sich: der Tod allein ist hier Arzt… Sokrates selbst war nur lange krank…›» Der Name Xenophon kommt in Kapitel II nicht vor.[25]

Das dritte Kapitel macht nach der dreimaligen Zurückweisung einer «Vernünftigkeit um jeden Preis» die Unvernunft in der Philosophie zum Gegenstand der Kritik. Bereitwillig kommt Nietzsche der Aufforderung eines Ungenannten nach, über die Voreingenommenheiten der Philosophen zu sprechen, die der Vernunft entgegenstehen: «Sie fragen mich, was Alles Idiosynkrasie bei den Philosophen ist?» Der Auswahl der Beispiele, auf die er eingeht, ist gemeinsam, daß die jeweilige Idiosynkrasie den Wertschätzungen der Gemeinwesen entspricht, in denen die Philosophen groß geworden sind. Die Kritik der Vernunft der Philosophen betrifft in allen Fällen dieselbe Schwäche und denselben Fehler: die mangelnde Überprüfung der ererbten Urteile und die unzureichende Auseinandersetzung mit den maßgeblichen Meinungen. Der Kritik der Heiligenlegende folgt die Aufklärung über die Grundausstattung der Tradition, die Ausrichtung und Anpassung ihrer Lehren in Rücksicht auf die höchsten Gegenstände. Sie beginnt bei der ältesten und mächtigsten Idiosynkrasie, beim «Ägypticismus», den Nietzsche mit dem «Hass gegen die Vorstellung selbst des Werdens» verbindet: «Sie glauben einer Sache eine *Ehre* anzuthun, wenn sie dieselbe enthistorisiren, sub specie aeterni». «Ägypticismus» verweist politisch auf die Herrschaft der Priester, moralisch auf den Vorrang des Todes vor dem Leben. Zur Verteidigung von Leben und Vernunft trägt Nietzsche eine Frontalattacke auf die Philosophen vor, die «seit Jahrtausenden» mit «Begriffs-Mumien» operierten: «Sie tödten, sie stopfen aus, diese Herren Begriffs-Götzendiener, wenn sie anbeten, – sie werden Allem lebensgefährlich, wenn sie anbeten.» Die «Götzen» der Begriffe und Ideale haben ihren Fluchtpunkt in der «wahren Welt», der sie, verab-

25 Das Problem des Sokrates 1–12 (p. 67–73). *Die fröhliche Wissenschaft* 340 (p. 569–570). *Also sprach Zarathustra* I, 21 (p. 93–96). Siehe S. 112 mit Anm. 37.

solutiert und universalisiert, zugehören. Sie wird der «scheinbaren Welt» entgegengesetzt, der wir durch unsere Sinne verhaftet sind. «Diese Sinne, *die auch sonst so unmoralisch sind,*» lautet die Abwertung der wirklichen Welt, «betrügen uns über die *wahre* Welt. Moral: loskommen von dem Sinnentrug, vom Werden, von der Historie, von der Lüge» (1). In diesem moralisch imprägnierten Streit bringt Nietzsche die Antithese in Stellung: die Sinne «lügen überhaupt nicht. Was wir aus ihrem Zeugniss *machen*, das legt erst die Lüge hinein, zum Beispiel die Lüge der Einheit, die Lüge der Dinglichkeit, der Substanz, der Dauer ...» (2). Die Rehabilitierung der Sinne hat nichts zu schaffen mit einem blinden Realismus. Nietzsche ist sich bewußt, daß die Sinne in die Irre führen können, daß sie fehleranfällig sind und der Kritik bedürfen – deshalb erwähnt er den «Irrthum» der Sonnen-Bewegungen, den «unser Auge» vorgibt und gut heißt (4). Die Sinneswahrnehmung soll als die nicht zu ersetzende Ausgangsbedingung aller Erkenntnis der Wirklichkeit herausgestellt werden – deshalb spricht er davon, daß es darauf ankomme, die Sinne «schärfen, bewaffnen, zu Ende denken» zu lernen (3). Das Plädoyer für die «scheinbare» als die einzige Welt leugnet nicht die Notwendigkeit, in der Wirklichkeit Unterscheidungen vorzunehmen. Es ist keine Aufforderung, sich mit dem Schein zufriedenzugeben oder in der Suche der Wahrheit nachzulassen. Was in Rede steht, ist die Verteidigung der wirklichen Welt, von Leib, Leben und Vernunft, gegen deren Herabsetzung im Namen einer anderen, «wahren» oder «höheren Welt», in der wir vorgeblich früher waren, eigentlich sind, oder einst sein werden (5). Das Starkmachen für das Werden ist wie das Eintreten für die Sinne Teil dieser Verteidigung. Mit subtiler Ironie merkt Nietzsche an, Heraklit werde «ewig Recht behalten, dass das Sein eine leere Fiktion ist» (2). Die «*andre* Idiosynkrasie der Philosophen», das Verwechseln des Letzten und des Ersten, ist mit der vorangegangenen eng verknüpft. Im Einklang mit der hergebrachten Gleichsetzung des Guten und des Angestammten, nach dem Vorbild der verbreiteten Ausrichtung an der ältesten Gesetzgebung, an der überlegenen Einsicht des Gründers, am verehrungswürdigen Ursprung werden die «höchsten Begriffe» – bei denen es sich in Wahrheit um «die allgemeinsten, die leersten Begriffe» handelt – als Anfang gesetzt: «das Höhere *darf* nicht aus dem Niederen wachsen, *darf* überhaupt nicht gewachsen sein ... Moral: Alles, was ersten Ranges ist, muss causa sui sein» (4). Das genealogische Unternehmen, in kritischer Absicht bis auf die «pudenda origo» zurückzugehen, wirkt der Voreingenommenheit für das Erste als das Höchste entgegen, die sich aus dem Anfang der Philosophie herleitet: Die Entdeckung der Physis ging mit dem Überstieg über die einander widerstreitenden Nomoi auf ein ihnen Voraus- oder Zugrundeliegendes einher, das der Wertschätzung des Ältesten als des Höchsten entsprach. Schließlich gibt Nietzsche anhand der «Sprach-Metaphysik» eine Probe, auf welche Art von ihm «das Problem des Irrthums und der Scheinbarkeit in's Auge» gefaßt wird. Nicht anders als im Fall der Sinne handelt es sich bei der Sprache um ein Werkzeug, das zugleich unverzichtbar und eingehender Kritik bedürftig ist: Sie abstrahiert und verallgemeinert, macht gleich, was nicht gleich, vereinheitlicht, was vielfältig ist. Sie enthält im alltäglichsten Umgang die ganze Metaphysik, deren sich die «Begriffs-Götzendiener» bedienen. So befördert sie den Glauben ans Ich als Substanz und an andere Substanzen. Der «Irrthum vom Sein, wie er zum Beispiel von den Eleaten formulirt wurde», hat «jedes Wort für sich, jeden Satz für sich, den wir sprechen». Nietzsches besonderes Interesse gilt der Kritik der Willens-Metaphysik: «Am Anfang steht das grosse Verhängniss von Irrthum, dass der Wille Etwas ist, das *wirkt*, – dass Wille ein *Vermögen* ist ... Heute wissen wir, dass er bloss ein Wort ist ...» (5). Das Ziel, in dem sich alle Teile der Kritik treffen, die Nietzsche an der «Vernunft» in der Philosophie übt, ist der höchste Begriff der überkommenen Metaphysik: vom «Monotono-Theismus», der in einer jenseitigen, in der «wahren Welt» verankert ist, über die Causa sui, das an den Anfang gestellte Vollkommene, bis zum Gott, von dem wir nicht loskommen, solange wir «noch an die Grammatik glauben».[26]

Die Kritik der Vernunft scheint in *Wie die «wahre Welt» endlich zur Fabel wurde* ein historisches Supplement zu erhalten. Das vierte und bei weitem kürzeste Kapitel ist das einzige, das Nietzsche mit einem Untertitel versieht: *Geschichte eines Irrthums*. Doch um welche Art Geschichte handelt es sich? Und was genau hat sie zum Gegenstand? Wird uns die Geschichte – der bestimmte Artikel ist rasch ergänzt – der Vorstellung von der «wahren Welt» vor Augen geführt? Oder umreißt das Kapitel, in dem, anders als in den Kapiteln davor und danach, Gott keine Erwähnung findet, womöglich die Geschichte der Metaphysik, die bei Platon ihren Anfang nimmt und mit Nietzsche an ihr Ende

26 Die «Vernunft» in der Philosophie 1–6 (p. 74–79). Siehe S. 194–196 und 199–202.

kommt?[27] Die Geschichte, die Nietzsche erzählt, hat ohne Zweifel den Zweck darzutun, daß die «wahre Welt» von ihm als Fabel, d. h. als unwahre Erfindung, enthüllt wurde.[28] Sie dient ihm indes zugleich als Fa-

27 Martin Heidegger hat das Kapitel als «Nietzsches kurze Darstellung der Geschichte des Platonismus und seiner Überwindung» gelesen oder es, genauer gesagt, als die Geschichte der Umkehrung der metaphysischen Grundstellung ausgelegt. Sei für Platon das Übersinnliche die wahre Welt (das Obere) und das Sinnliche die scheinbare Welt (das Untere) gewesen, so stelle Nietzsches umgedrehter Platonismus, der die platonische «Baugestalt» von Oben und Unten beibehalte, die sinnliche gegen die übersinnliche Welt. Nietzsche habe «erst im letzten Schaffensjahr (1888)» erkannt, daß «die Umdrehung eine Herausdrehung aus dem Platonismus» werden müsse (daher die Abschaffung der «wahren» und der «scheinbaren» Welt in eins). Mit anderen Worten: Nietzsche sah oder ahnte, ausweislich des vierten Kapitels von *Götzen-Dämmerung*, das Erfordernis eines anderen Anfangs, doch es blieb Heidegger vorbehalten, die Konsequenzen aus dem Ende der Metaphysik zu ziehen (*Nietzsche*. Pfullingen 1961, Bd. I, p. 231–242). Heideggers metaphysischer Auslegung widerspricht, daß in Nietzsches Text weder das Übersinnliche noch das Sinnliche vorkommen (das Gleiche gilt für das Seiende, das Sein oder das Wesen des Seins). Seiner Deutung, Nietzsche habe «die Geschichte des Platonismus» darstellen wollen, wobei die «sechs Abschnitte», in die er «diese Geschichte» gliedere, «leicht als die wichtigsten Zeitalter des abendländischen Denkens kenntlich zu machen» seien, steht nicht nur entgegen, daß Heidegger genötigt ist, sich mit forcierten Zuordnungen zu behelfen. Sie hat außerdem das Zeugnis des Nachlasses gegen sich, den Heidegger für gewöhnlich über Nietzsches Bücher stellt: Das vierte Kapitel von *Götzen-Dämmerung* geht auf einen Text zurück, den Nietzsche noch im Frühjahr 1888 als Auftakt des ersten Kapitels von *Der Wille zur Macht* vorsah. Im nachgelassenen Manuskript erläutert Nietzsche den ersten Abschnitt bzw. Heideggers erstes «Zeitalter» nicht mit Platon, sondern mit Spinoza. Er schreibt zunächst (in nicht weniger als drei Anläufen): «sub specie Spinozae», und wo in der endgültigen Fassung «ich, Plato, *bin* die Wahrheit» zu lesen steht, stand ursprünglich: «ich, Spinoza, *bin* die Wahrheit». Auch an der zweiten Stelle, an der später Platon genannt wird, fehlte der Name zunächst: Im fünften Abschnitt stand nicht «Schamröthe Plato's», sondern «Schamröthe der Vernunft». Der sechste Abschnitt wiederum endete nicht mit den Worten «INCIPIT ZARATHUSTRA», sondern «INCIPIT PHILOSOPHIA». Die Eckpunkte der «Geschichte des Platonismus» markierten mithin Spinoza und der Beginn der Philosophie. Platon fand keine Erwähnung (*KGW* IX 8, W II 5, p. 64 und 65). Beachte *Morgenröthe* 550 (p. 320–321).

28 In derselben Bedeutung von *Fabel* heißt es im Kapitel davor: «Von einer ‹andren› Welt als dieser zu fabeln hat gar keinen Sinn, vorausgesetzt, dass nicht ein Instinkt der Verleumdung, Verkleinerung, Verdächtigung des Lebens in uns mächtig ist: im letzteren Falle *rächen* wir uns am Leben mit der Phantasmagorie eines ‹anderen›, eines ‹besseren› Lebens.» Die «Vernunft» in der Philosophie 6 (p. 78).

bel, d. h. als wahres Lehrstück, um aufzuzeigen, wie eine Aktivität sich in einer Doktrin niederschlägt und aus einer authentischen Erfahrung eine in die Irre führende Konzeption hervorgeht, zu deren Überwindung es am Ende ebender Aktivität bedarf, die am Anfang stand. Nietzsches Geschichte verhandelt die Konzeption der wahren Welt in Rücksicht auf die Wirklichkeit des Lebens, das in ihr zum Ausdruck kommt, sich auf sie hin auslegt, sich an ihr aufrichtet, ihr mit Gleichgültigkeit begegnet, sich gegen sie wendet, sie schließlich verwirft und eine neue Konzeption hervorbringt. Die Fabel beginnt bei einem Zustand, der keinem besonderen Zeitalter vorbehalten ist: (1) «Die wahre Welt erreichbar für den Weisen, den Frommen, den Tugendhaften, – er lebt in ihr, *er ist sie*.» Die «wahre Welt» bedeutet für den Weisen das Leben der Erkenntnis, für den Frommen das Leben im Gefühl der Einigkeit mit Gott, für den Tugendhaften das Leben in der Übereinstimmung mit sich. Die *wahre Welt* entspricht der inneren Gewißheit: *ich lebe das wahre, das höchste, das richtige Leben*. Nietzsche setzt erläuternd hinzu: «(Älteste Form der Idee, relativ klug, simpel, überzeugend. Umschreibung des Satzes ‹ich, Plato, *bin* die Wahrheit›.)» Die «Idee» kann von der Eudaimonia Platons ebenso ihren Ausgang nehmen wie von der Beatitudo Spinozas. Aber sie kann sich auch auf die Glückseligkeit des «Erlösers» beziehen, den der *Antichrist* typologisch bestimmt.[29] Die Umsetzung der charakteristischen Aktivität – im Falle des Weisen: des Erkennens und Denkens – in eine korrespondierende Konzeption und die mit ihr verbundene doktrinale Präsentation der Beatitudo führen zu der Ablösung, Verallgemeinerung und Erstarrung in Lehrgebäuden, die als Platonismus oder Spinozismus ihre historische Wirksamkeit entfalten.[30] (2) «Die wahre Welt, unerreichbar für jetzt, aber versprochen für

29 Nicht nur schrieb Nietzsche in seiner Erläuterung des ersten Abschnitts zunächst: «ich, Spinoza, *bin* die Wahrheit» (siehe Anm. 27). Spinoza ist, anders als Platon, auch im dritten Kapitel, in dem die «wahre Welt» eingeführt wird, durch charakteristische Bezugnahmen auf seine Begrifflichkeit präsent: in Abschnitt 1, zu Beginn des ersten, und in Abschnitt 4, zu Beginn des zweiten Teils von «Die ‹Vernunft› in der Philosophie» (p. 74 und 76). Cf. *Johannes* XIV, 6 und XVIII, 37.

30 Die schärfste Kritik am Platonismus übt Nietzsche in *Jenseits von Gut und Böse*. Der Leser, der den sieben Stellen, an denen Platon namentlich genannt wird, die Aufmerksamkeit schenkt, die ihnen gebührt, kann sich davon überzeugen, daß Nietzsche Platon vom Platonismus zu unterscheiden weiß. Beachte insbesondere die vierte Stelle, Aphorismus 28 (p. 47). Im Nachlaß finden sich aus dem Jahr, in

den Weisen, den Frommen, den Tugendhaften (‹für den Sünder, der Busse thut›).» Was die Philosophie im besonderen angeht, führt der zweite Schritt mit seinem protreptischen Effekt zu einem politischen Sog und einer populären Ausweitung, die auf die Philosophie zurückschlagen.[31] Christlich bedeutet der «Fortschritt der Idee» die Verheißung der Gotteskindschaft für alle, d. h. die Aussaat der Erwartung und die Verwurzelung des Anspruchs auf Gleichheit in der Geschichte. (3) «Die wahre Welt, unerreichbar, unbeweisbar, unversprechbar, aber schon als gedacht ein Trost, eine Verpflichtung, ein Imperativ.» Mit dem dritten Schritt verblaßt die Idee, «sublim geworden, bleich, nordisch, königsbergisch», zur regulativen Idee. Sie wird zum Postulat des Sollens. Was bleibt, ist die Forderung und der Halt des moralischen Gesetzes. (4) Der vierte Schritt bezeichnet die Abkehr von der Idee in jedem lebensbestimmenden Sinn. «Die wahre Welt – unerreichbar? Jedenfalls unerreicht. Und als unerreicht auch *unbekannt*. Folglich auch nicht tröstend, erlösend, verpflichtend: wozu könnte uns etwas Unbekanntes verpflichten? …» Politisch ist der Tiefpunkt in Sicht: Zarathustras «letzter Mensch», der, zu keiner Selbstunterscheidung mehr fähig, in der Gleichgültigkeit gegen alle höheren Zwecke und im Behagen des erreichten Zustands verharrt. (5) Der fünfte Schritt bringt mit der Wendung der «freien Geister» gegen eine Idee, die jede orientierende Kraft einbüßte, Kritik und Unterscheidung, Leben und Heiterkeit zurück. «Die ‹wahre Welt› – eine Idee, die zu Nichts mehr nütz ist, nicht einmal mehr verpflichtend, – eine unnütz, eine überflüssig gewordene Idee, *folglich* eine widerlegte Idee: schaffen wir sie ab!» (6) Den Beginn, den die Abschaffung der «wahren» und der «scheinbaren» Welt kennzeichnet, der durch die Einsicht eröffnet wird, daß «die Welt» nicht ist ohne uns, verbindet Nietzsche mit dem Namen Zarathustras, der die Wirksamkeit des Willens zur Macht im Willen zur Wahrheit heraus- und der Selbsterkenntnis des Philosophen anheimgestellt hat: «(Mittag; Augen-

dem *Jenseits von Gut und Böse* entstand, zwei aufschlußreiche Aussagen: «Plato war gewiß nicht so beschränkt, als er die Begriffe als *fest* und *ewig* lehrte: aber er wollte, daß dies geglaubt werde.» Und im selben Notizbuch: «Zunächst thut die absolute Scepsis gegen alle überlieferten Begriffe noth (wie sie *vielleicht* schon einmal Ein Philosoph besessen hat – Plato: natürlich [hat er] *das Gegentheil gelehrt* –)» Nachgelassene Fragmente April–Juni 1885 34 [179] und 34 [195], *KSA* 11, p. 481 und 487. Siehe S. 187, Anm. 22.

31 Beachte *Die fröhliche Wissenschaft* 328 (p. 555–556).

blick des kürzesten Schattens; Ende des längsten Irrthums; Höhepunkt der Menschheit; INCIPIT ZARATHUSTRA.)» Der Mittag verweist auf das tiefste Glück und die höchste Erkenntnis: auf die Bejahung der Welt, wie sie ist, ohne Abzug und ohne Verdoppelung. Am Ende der Fabel steht die Bekräftigung der Philosophie. Sie konzipiert die Welt aus der Hierarchie der Perspektiven, der die Hierarchie der Lebensweisen entspricht.[32]

Die Kapitel VIII, IX und X geben dem Buch, das bis dahin in anstößiger Schroffheit die Perspektive der Philosophie eingenommen hat, ein «humaneres» Gepräge und machen es politisch verträglicher.[33] Mit der dritten Triade geht Nietzsche auf die Leser zu. Er wendet sich an den vornehmen Adressaten, übt Kritik an den Deutschen und lenkt die Aufmerksamkeit auf sich als Autor, als Zeitgenossen, als Lehrer. Schon die Überschriften der drei Kapitel zeigen den besonderen Bezug der letzten Triade an. In *Was den Deutschen abgeht* spricht einer, der die Deutschen kennt, darüber «was der deutsche Geist sein könnte», aber nicht ist. Dabei wird der Mangel an Kultur, den Nietzsche dem Deutschen Reich in allen späten Schriften vorhält, dieses Eine Mal zu dem Abhilfe heischenden Befund verdichtet, daß «es nicht einen einzigen deutschen Philosophen mehr giebt».[34] Der Titel des mittleren und mit Abstand längsten Kapitels, *Streifzüge eines Unzeitgemässen*, läßt den Autor dann in einer Persona auftreten und lädt zum Vergleich mit dem Frühwerk ein, das der Periagoge vorausliegt. Welchen Weg er seit den vier *Unzeitgemässen Betrachtungen* zurückgelegt hat und welche Kluft ihn von der Vorstellung trennt, die er sich damals von der Philosophie machte, zeigt Nietzsche exemplarisch mit der Kritik an Schopenhauer, den er in der dritten *Unzeitgemässen* zum Musterbild des von ihm imaginierten Philosophen erhob und dem er jetzt in beinahe ebenso vielen Worten abspricht, ein Philosoph zu sein.[35] In der dritten Überschrift schließlich geht der Verfasser der *Götzen-Dämmerung* ohne Umschweife zum Ich über. *Was ich den Alten verdanke* erläutert bis zu einem gewissen Grade den

32 Wie die «wahre Welt» endlich zur Fabel wurde 1–6 (p. 80–81); cf. *Also sprach Zarathustra* IV, 10 (p. 342–345); *Jenseits von Gut und Böse* 9, 150, 186, 230 (p. 21–22, 99, 107, 167–170); *EH* III, Morgenröthe 2 (330) und IV, 1 (365). Siehe S. 268–274.

33 Siehe S. 313–316 mit Anm. 10.

34 Was den Deutschen abgeht 2 und 4 (p. 104, 107).

35 Streifzüge eines Unzeitgemässen 21 und 32 (p. 125, 131). Cf. S. 185–186.

Rückhalt, der den «Unzeitgemässen» in den Stand setzte, die Streifzüge zu unternehmen, deren Ertrag die 51 Aphorismen des Kapitels davor enthalten.[36] Die drei Kapitel eint, daß sie Nietzsche als Erzieher präsentieren. Mit den *Streifzügen eines Unzeitgemässen* gab Nietzsche bereits in der ersten Fassung der *Götzen-Dämmerung* zu erkennen, daß er sich bewußt war, als Philosoph unter Nichtphilosophen zu sprechen. Doch die dreizehn Aphorismen, die er nachträglich in das Kapitel einfügt und die ganz dem Erzieher gehören, verstärken im Zusammenspiel mit den beiden neuen Kapiteln, die die *Streifzüge* flankieren, die Präsentation entscheidend. In *Was den Deutschen abgeht* gilt Nietzsches Augenmerk ausdrücklich der «vornehmen Erziehung». Und wenn er feststellt, «Erzieher thun noth, *die selbst erzogen sind*», läßt er keinen Zweifel, daß er als Erzieher künftiger Erzieher spricht.[37] In *Was ich den Alten verdanke* gibt er ein beredtes Beispiel der Selbsterziehung, um am Ende, im letzten Satz des Kapitels, förmlich als «Lehrer» aufzutreten. Ich muß mich in meinem knappen Überblick auf drei Aspekte beschränken, die für die Erziehung des philosophischen Lesers von besonderem Interesse sind.

Es überrascht nicht, daß die Kunst des Schreibens und Lesens in den für die Rhetorik von *Götzen-Dämmerung* so wichtigen Kapiteln VIII, IX und X ein wiederkehrendes Thema ist. In *Was den Deutschen abgeht* nennt Nietzsche schreiben lernen neben sehen lernen und denken lernen eine der «drei Aufgaben, derentwegen man Erzieher braucht». Die Aufgabe, sehen zu lernen, der die Führung unter den dreien zukommt, bestimmt Nietzsche präzise: «dem Auge die Ruhe, die Geduld, das An-sich-herankommen-lassen angewöhnen; das Urtheil hinausschieben, den Einzelfall von allen Seiten umgehn und umfassen lernen». Um jedes Mißverständnis in dem für die philosophische Erziehung grundlegenden Punkt auszuschließen, setzt er verdeutlichend hinzu: «*Sehen* lernen, so wie ich es verstehe, ist beinahe Das, was die unphilosophische Sprechweise den starken Willen nennt: das Wesentliche daran ist gerade, *nicht* ‹wollen›, die Entscheidung aussetzen *können*.»[38] In Rücksicht auf die

36 In diesem Sinne spiegeln die Kapitel IX und X die Kapitel I und II, so daß sie mit ihnen im doppelten Verbund die alte Rahmung des Buchs ersetzen, die Nietzsche durch die Erweiterung von acht auf zehn Kapitel zerbrach. Siehe S. 314.

37 Was den Deutschen abgeht 5 und 7 (p. 107–108, 110).

38 Beachte S. 264 und 272.

zweite Aufgabe betont Nietzsche die Meisterung des Handwerks, den Sinn für Nuancen und die Übung in Beweglichkeit. Denken will gelernt sein, «wie Tanzen gelernt sein will», als ein «Tanzenkönnen mit den Füssen, mit den Begriffen, mit den Worten». Für die dritte Aufgabe bleibt nur der Hinweis, daß man «auch mit der *Feder*» tanzen können muß. Nach der Verhandlung der notwendigen Voraussetzungen der Kunst des Schreibens bricht das achte Kapitel ab. Dafür stellt das zehnte Meister des Schreibens heraus. Autoren, die sich auf die Schärfung des Epigramms wie auf die Komposition von Mosaiken aus Worten und Klängen verstehen; die die Energie der Zeichen einzusetzen und die Begriffsfelder abzustecken wissen; die die unterschiedlichsten Stile beherrschen und die vielfältigsten Formen der Prosa und der Poesie für ihre Zwecke aufbieten. *Was ich den Alten verdanke* verweist den Leser an das Beispiel der Alten, von denen Nietzsche schreiben lernte, vor allem aber an das Beispiel, das Nietzsche selbst ist und denen gibt, die schreiben lernen wollen. Das zehnte Kapitel macht augenfällig, was das neunte, in dem Schriftsteller aller Art und Güte von Anfang an eine prominente Rolle spielen, auf seine Weise lehrt: Schreiben lernen heißt zuallererst lesen lernen. Damit stimmt zusammen, daß dort, wo im anspruchsvollen Sinn von der Kunst des Schreibens gesprochen werden kann, die Regel gilt: Ein Autor schreibt, wie er liest. Die *Streifzüge eines Unzeitgemässen* werfen nicht zuletzt Licht auf die «Kunst des Schweigens», die Nietzsche für seine Kunst des Schreibens andernorts in Anspruch nimmt.[39] In gedrängter Weise und gleichsam im Vorübergehen erläutert er diese Kunst nach drei Seiten: «Es kann Höhe der Seele sein, wenn ein Philosoph schweigt; es kann Liebe sein, wenn er sich widerspricht; es ist eine Höflichkeit des Erkennenden möglich, welche lügt.» Die Kunst des Schweigens kann darin zum Ausdruck kommen, daß der Autor über etwas nicht spricht, um Einsichten und Erfahrungen davor zu bewahren, vulgarisiert zu werden;[40] daß er sich erkennbar widerspricht, um Einsichten und Erfahrungen zu ermöglichen, die der Leser nur so zu gewinnen und zu machen vermag; daß er nicht die Wahrheit spricht, um die Leser vor Einsichten und Erfahrungen zu bewahren, die

39 *EH* III, Jenseits von Gut und Böse 2 (351).

40 «Die Sprache, scheint es, ist nur für Durchschnittliches, Mittleres, Mittheilsames erfunden. Mit der Sprache *vulgarisirt* sich bereits der Sprechende.» Streifzüge eines Unzeitgemässen 26 (p. 128).

er ihnen nicht zumuten will. Die Kunst des Schweigens kann mithin sowohl dem Schutz dienen als auch einen pädagogischen Zweck verfolgen.[41]

Die *Streifzüge eines Unzeitgemässen*, die mit einem Aphorismus über Nietzsches «Unmögliche» beginnen – dreizehn Namen von Seneca bis Zola werden genannt –, enden mit einem Aphorismus, in dem Nietzsche Goethe als den letzten Deutschen bezeichnet, vor dem er Ehrfurcht habe. Genauer gesagt, handeln die letzten vier Aphorismen der abschließenden Siebenergruppe, in der die *Streifzüge* kulminieren, von Goethe.[42] Der Aufstieg scheint sein Ziel in Goethe zu erreichen, der, wie Nietzsche nicht versäumt hervorzuheben, «kein deutsches Ereigniss, sondern ein europäisches» war. «Er nahm die Historie, die Naturwissenschaft, die Antike, insgleichen Spinoza zu Hülfe, vor Allem die praktische Thätigkeit», um das 18. Jahrhundert zu überwinden, dessen «stärkste Instinkte» er in sich trug: «die Gefühlsamkeit, die Natur-Idolatrie, das Antihistorische, das Idealistische, das Unreale und Revolutionäre». Goethe «löste sich nicht vom Leben ab, er stellte sich hinein; er war nicht verzagt und nahm so viel als möglich auf sich, über sich, in sich.» Goethe dient dem Erzieher Nietzsche als Leitfigur allseitiger Entfaltung: «Was er wollte, das war *Totalität*; er bekämpfte das Auseinander von Vernunft, Sinnlichkeit, Gefühl, Wille (– in abschreckendster Scholastik durch *Kant* gepre-

41 Was den Deutschen abgeht 6–7 (p. 108–110). Streifzüge eines Unzeitgemässen 46 (p. 148). Was ich den Alten verdanke 1–2 (p. 154–155); zur Charakterisierung Platons als «*erster* décadent des Stils» beachte *EH* III, 4 (304–305) und die Verbindung unterschiedlicher Formen und Gattungen in Nietzsches Œuvre. Cf. *Jenseits von Gut und Böse* 30, 40 und 286 (p. 48–49, 57–58, 232); außerdem Leo Strauss: *Persecution and the Art of Writing*. Glencoe, Ill. 1952, p. 36 und 144.

42 Die abschließende Siebenergruppe (45–51) beginnt mit dem Philosophen («Der Verbrecher und was ihm verwandt ist»), so wie die Dreizehnergruppe davor (32–44), die Nietzsche erst im Oktober 1888 in die *Streifzüge* einschob, mit dem Philosophen beginnt («Der Immoralist redet»), um mit dem Aphorismus «Mein Begriff von Genie» zu enden. Die ersten 18 Aphorismen, im Herbst 1887 für den *Willen zur Macht* geschrieben («Unter Künstlern und Schriftstellern»), haben die Kritik von Schriftstellern in Rücksicht auf den Glauben (1–6), die Psychologie des Künstlers und der Künste (7–11) sowie die Psychologie des Glaubens und des modernen Menschen (12–18) zum Gegenstand. Die Aphorismen 19–31 entstanden, wie die Aphorismen 45–51, im Sommer 1888 und trugen, zunächst für den *Willen zur Macht* bestimmt, die Überschrift «Aus meiner Aesthetik». Nietzsche spricht in ihnen als Physiologe im Sinne der Alten.

digt, den Antipoden Goethe's), er disciplinirte sich zur Ganzheit, er *schuf* sich …» Mehr noch: «Goethe concipirte einen starken, hochgebildeten, in allen Leiblichkeiten geschickten, sich selbst im Zaume habenden, vor sich selber ehrfürchtigen Menschen, der sich den ganzen Umfang und Reichthum der Natürlichkeit zu gönnen wagen darf, der stark genug zu dieser Freiheit ist». Goethe wird zum Eideshelfer des «Menschen, für den es nichts Verbotenes mehr giebt, es sei denn die *Schwäche*», so daß Nietzsche die Linie zum «*freigewordnen* Geist» ausziehen kann, zum Geist, der nicht länger verneint, da er vom Glauben erfüllt wird, «dass nur das Einzelne verwerflich ist, dass im Ganzen sich Alles erlöst und bejaht». Der Schluß der Eloge markiert die Grenze, an die Nietzsche den Leser führt: «ein solcher Glaube ist der höchste aller möglichen Glauben: ich habe ihn auf den Namen des *Dionysos* getauft.» Denn auch der höchste aller möglichen Glauben bleibt – Glaube. Im *Fall Wagner* nannte Nietzsche Goethe den «letzten Deutschen vornehmen Geschmacks». In *Götzen-Dämmerung* sagt er über ihn nicht weniger pointiert: «er umstellte sich mit lauter geschlossenen Horizonten».[43] Ebendie Vornehmheit, die Goethe auszeichnet, bezeichnet seine Beschränkung. Dem letzten Kapitel kann der Leser entnehmen, daß Goethes Vornehmheit ihm den Zugang zum Kern des dionysischen Zustands verwehrte und so die «Grundthatsache des hellenischen Instinkts» außerhalb seines Horizonts lag: «*Folglich verstand Goethe die Griechen nicht.*» Aber schon in den *Streifzügen* macht der Aufstieg nicht bei Goethe halt. Nachdem Nietzsche im ersten Satz des letzten Aphorismus Goethe seine «Ehrfurcht» bekundet und vermerkt hat, er verstehe sich mit ihm auch «über das ‹Kreuz›», spricht er nur noch über sich als Autor. Über den Anspruch seines Schreibens – «Dinge schaffen, an denen umsonst die Zeit ihre Zähne versucht; der Form nach, *der Substanz nach* um eine kleine Unsterblichkeit bemüht sein» –, über seine Meisterschaft in der Kunst des Aphorismus, der Sentenz, und über seinen Ehrgeiz, «in zehn Sätzen zu sagen, was jeder Andre in einem Buche sagt, – was jeder Andre in einem Buche *nicht* sagt …» Der letzte Satz des Kapitels läßt den Leser über die Rangordnung nicht im unklaren: «Ich habe der Menschheit das tiefste Buch gegeben, das sie besitzt, meinen *Zarathustra*: ich gebe ihr über kurzem das unabhängigste.»[44]

43 *Der Fall Wagner*, Epilog 1 (p. 52). Streifzüge eines Unzeitgemässen 49 (p. 151).
44 Streifzüge eines Unzeitgemässen 49–51 (p. 151–153). Was ich den Alten ver-

Auf das Dionysische bezieht sich Nietzsche in der dritten Triade vor und nach dem Goethe gewidmeten Aphorismus der «Streifzüge» zweimal in unterschiedlichem Zusammenhang und mit unterschiedlicher Absicht. Bei der ersten Verwendung ruft er die Opposition des Apollinischen und Dionysischen in Erinnerung, mit der er als junger Gelehrter operierte, um sie gleich in der Ausgangsfrage zu unterlaufen oder zu überholen: «Was bedeutet der von mir in die Aesthetik eingeführte Gegensatz-Begriff *apollinisch* und *dionysisch*, beide als Arten des Rausches begriffen?» Denn der Autor der *Geburt der Tragödie* hatte den dionysischen «Rausch» gegen den apollinischen «Traum», den «Rauschkünstler» gegen den «Traumkünstler» gestellt.[45] Jetzt soll von verschiedenen *Arten* des Rauschs die Rede sein, d. h., Nietzsche will erkennbar auf Eine Sache hinaus. «Der apollinische Rausch hält vor Allem das Auge erregt, so dass es die Kraft der Vision bekommt.» Ihm werden Maler, Plastiker, Epiker zugeordnet. «Im dionysischen Zustande ist dagegen das gesammte Affekt-System erregt und gesteigert: so dass es alle seine Mittel des Ausdrucks mit einem Male entladet und die Kraft des Darstellens, Nachbildens, Transfigurirens, Verwandelns, alle Art Mimik und Schauspielerei zugleich heraustreibt.» Neben dem Schauspieler, dem Mimen, dem Tänzer werden hier der Musiker und der Lyriker genannt. Als wesentlich stellt Nietzsche «die Unfähigkeit, *nicht* zu reagiren» heraus, eine Unfähigkeit, die dem genauen Sehen und ruhigen Betrachten entgegensteht.[46] Statt dessen erscheint der «dionysische Mensch» als Virtuose der Einfühlung und Anverwandlung. Nietzsche geht so weit, ihm zu bescheinigen, es sei ihm «unmöglich», «irgend eine Suggestion nicht zu verstehn». Für ihn gilt, was Nietzsche gewöhnlich dem Décadent nachsagt: «Er geht in jede Haut, in jeden Affekt ein: er verwandelt sich beständig.» Die knappe Wiederholung der Rede vom Apollinischen und Dionysischen erreicht ihre besondere Pointe, wenn Nietzsche auf die Architektur zu sprechen kommt, die er, anders als nach seinem Erstling

danke 4 (p. 159). Zum «Verstehen», was das «Kreuz» betrifft, siehe Goethes *Venezianische Epigramme* 66 (*Gedichte 1756–1799*. Ed. Karl Eibl. Frankfurt am Main 1987, p. 457).

45 Das von Schopenhauer entlehnte und mit dem Apollinischen koordinierte Principium individuationis samt der durch das Dionysische erhofften Erlösung lassen wir unter dem Schleier des Vergessens ruhen, den Nietzsche über das Prinzip wie über die Erlösung gebreitet hat.

46 Cf. Was den Deutschen abgeht 6 (p. 108–109). Siehe S. 331 mit Anm. 38.

zu erwarten, nicht dem Apollinischen zuschlägt. Die Architektur sprengt vielmehr die alte Konzeption und gibt ihr einen neuen Sinn. «Der *Architekt* stellt weder einen dionysischen, noch einen apollinischen Zustand dar: hier ist es der grosse Willensakt, der Wille, der Berge versetzt, der Rausch des grossen Willens, der zur Kunst verlangt.» Die Architektur verweist auf ein Drittes, Höheres, das das Apollinische und das Dionysische überwölbt. Sie schafft eine begehbare Ordnung, etwas, worin man leben kann. Der «Rausch» des Architekten betrifft die Gestaltung im Großen und auf Dauer. «Im Bauwerk soll sich der Stolz, der Sieg über die Schwere, der Wille zur Macht versichtbaren». Vom Sieg über die Schwere schreitet Nietzsche zum großen Stil fort, der nicht auf das Errichten von Gebäuden aus Holz, Stein oder Stahl beschränkt ist: «Das höchste Gefühl von Macht und Sicherheit kommt in dem zum Ausdruck, was *grossen Stil* hat.» Spätestens wenn von der «Macht» die Rede ist, «die es verschmäht, zu gefallen», und «die in *sich* ruht», hat der Leser Grund, die Linie weiter auszuziehen und auf die Philosophie zu schauen, die das Sehen, das Tanzen, das Bauen in sich vereinigt und an Einem Ziel ausrichtet.[47] Die letzte Verwendung hat ihren Fluchtpunkt ausdrücklich im «Philosophen Dionysos». Doch Nietzsche setzt, wenn er abermals vom «dionysischen Zustand» spricht, sehr viel tiefer, weit unterhalb der Philosophie, bei der Quelle des Lebens an. Er geht auf den Orgiasmus zurück und stellt die dionysischen Mysterien in den Mittelpunkt, mit denen die Griechen «das triumphirende Ja zum Leben über Tod und Wandel hinaus» bekräftigten und sich «das *wahre* Leben als das Gesammt-Fortleben durch die Zeugung, durch die Mysterien der Geschlechtlichkeit» verbürgten. Er preist die Symbolik der Dionysien als Antidot gegen das Christentum: «In ihr ist der tiefste Instinkt des Lebens, der zur Zukunft des Lebens, zur Ewigkeit des Lebens, religiös empfunden, – der Weg selbst zum Leben, die Zeugung, als der *heilige* Weg ...» Am Ende der *Götzen-Dämmerung* bietet Nietzsche einen Weg auf, der grundsätzlich Jedermann offensteht, Philosophen und Nichtphilosophen.[48]

Die zweite Triade ist ganz am Philosophen ausgerichtet. Sie dient Nietzsche dazu, einen zweistufigen Zugriff einzuüben, der für das Zweigespann *Ecce homo* und *Der Antichrist* charakteristisch sein wird: Zum

47 Streifzüge eines Unzeitgemässen 10–11 (p. 117–119).
48 Was ich den Alten verdanke 4–5 (p. 159–160).

einen die Auseinandersetzung mit der in Rede stehenden Frage, der Streit mit den Widersachern, die Kritik der Tradition, der Kampf in der Gegenwart, zum andern die Distanznahme, die die Betrachtung des Ganzen erlaubt mit der Rückwendung auf den Philosophen als den in besonderer Weise exponierten Teil. Die Kapitel V, VI und VII verbinden, auf engem Raum und an gewichtigen Gegenständen anschaulich gemacht, politische Negation und philosophische Affirmation. Das erste der drei Kapitel gibt den entscheidenden Hinweis für das Verständnis des zugrundeliegenden Gedankens. In *Moral als Widernatur* wiederholt Nietzsche nicht das genealogische Unternehmen früherer Schriften. Sein vorrangiges Interesse gilt nicht der Analyse der Moral oder der Kritik des Offenbarungsglaubens, sondern der Frage, wie sich der Philosoph jenseits von Analyse und Kritik zur Moral und zum Gott der Moral ins Verhältnis setzt. Das Schlüsselwort lautet *Vergeistigung*. Moral *als* Widernatur meint zunächst die Moral, sofern sie auf die «Vernichtung» der Leidenschaften zielt. Der Versuch der Vernichtung ist das Gegenteil aller Vergeistigung. Als Beispiel zieht Nietzsche die Bergpredigt heran, in der «mit Nutzanwendung auf die Geschlechtlichkeit» gesagt wird: «wenn dich dein Auge ärgert, so reisse es aus». Der Kirche hält er entgegen, daß sie «die Leidenschaft mit Ausschneidung in jedem Sinne» bekämpfe. «Aber die Leidenschaften an der Wurzel angreifen heisst das Leben an der Wurzel angreifen: die Praxis der Kirche ist *lebensfeindlich* ...» Mit der Lebensfeindlichkeit wird die *Feindschaft* aufgerufen. Ausdrücklich spricht Nietzsche von der «Feindschafts-Erklärung» gegen die Passion und danach von «radikaler Feindschaft» bzw. «Todfeindschaft gegen die Sinnlichkeit» als einem Symptom der «Degenerescenz». Damit ist die Wendung vorbereitet, die das Kapitel zu Beginn des dritten Abschnitts nimmt. Denn Nietzsche steuert nicht auf die Alternative *Vernichtung* oder *Vergeistigung* im Sinne von *Sublimierung* zu, wie der Auftakt vermuten lassen mag, der die Leidenschaften herausstellt. Nach der denkbar knappen Eröffnungssentenz: «Die Vergeistigung der Sinnlichkeit heisst *Liebe*», in der Vergeistigung als Sublimierung verstanden werden kann, aber nicht muß, geht er unmittelbar zu «unsrer Vergeistigung der *Feindschaft*» über: «Sie besteht darin, dass man tief den Werth begreift, den es hat, Feinde zu haben». Vergeistigen bedeutet jetzt begreifen; begreifen, wofür das Widerstrebende, was am Entgegengesetzten gut ist; begreifen des Guten im Schlechten. Die Alternative *Vernichtung* oder *Vergeistigung* im Sinne von *Begreifen des eigenen Guten* erläutert Nietzsche abermals am Beispiel des Christentums. «Die Kirche wollte zu allen Zeiten die Vernichtung ihrer Feinde: wir, wir Immoralisten und Antichristen, sehen unsern Vortheil darin, dass die Kirche besteht ...» Wir können es auch so ausdrücken: als Antichristen sehen wir, daß die Herausforderung des Feindes uns veranlaßt, alle Kräfte aufzubieten, und daß der Gegensatz uns nötigt, unser Sein festzustellen; als Immoralisten bejahen wir den Feind, der die Erkenntnis unseres Seins fördert, und in der Einsicht, was für uns gut ist, sind wir über den Gegensatz hinaus, ohne ihn vernichten oder verleugnen zu müssen. Die Vergeistigung betrifft nicht nur die Feinde der «grossen Politik», sondern desgleichen den «inneren Feind». Auch hier kommt es darauf an, den «Werth» der Feindschaft bzw. des Gegensatzes zu begreifen: «Man ist nur *fruchtbar* um den Preis, an Gegensätzen reich zu sein; man bleibt nur *jung* unter der Voraussetzung, dass die Seele nicht sich streckt, nicht nach Frieden begehrt ...» Im Namen des «grossen Lebens» stellt Nietzsche den «Krieg» gegen «die *christliche* Wünschbarkeit» vom «Frieden der Seele», gegen das Begehren nach einem Zustand, in dem die Feindschaft vernichtet ist. Nietzsche bleibt indes nicht beim Lob des Agons stehen. Er räumt ein, daß höchst Unterschiedliches als «Friede der Seele» mißverstanden, daß der «Friede der Seele» mithin ganz unterschiedlich verstanden werden kann. Unter den zehn Beispielen, die er für mögliche Verwechslungen mit dem Begriff der christlichen Wünschbarkeit gibt, sind die beiden mittleren: «das Stille-werden des Genesenden, dem alle Dinge neu schmecken und der wartet ...», d. h. der sich bei der Überwindung seiner «Krankheit» – sagen wir seines Ekels – sammelt, um einen neuen Anfang zu wagen; und «der Zustand, der einer starken Befriedigung unsrer herrschenden Leidenschaft folgt, das Wohlgefühl einer seltnen Sattheit», d. h. im Fall der Leidenschaft der Erkenntnis des Philosophen ein Wohlgefühl, das der Fortsetzung des Weges nicht entgegensteht, sondern zu ihr beflügelt. Das letzte Beispiel in der Reihe ist: «der Ausdruck der Reife und Meisterschaft mitten im Thun, Schaffen, Wirken, Wollen, das ruhige Athmen, die *erreichte* ‹Freiheit des Willens› ...», d. h. die lange angestrebte Höhe der Aktivität und Übersicht. Der Satz, den Nietzsche auf die zehn Beispiele folgen läßt und mit dem er den ersten Teil des Kapitels beschließt, enthält die erste von zwei Verwendungen des Titels *Götzen-Dämmerung* im Buch.[49] Sie erlaubt, die Probe aufs Exempel zu machen,

49 Siehe Anm. 14.

ob der Leser den Sinn des zweifachen Zugriffs erfaßt und Nietzsches Rede von Krieg und Müßiggang, von Erholung, Aufgabe und Spiel verstanden hat: «*Götzen-Dämmerung*: wer weiss? vielleicht auch nur eine Art ‹Frieden der Seele› …»[50]

Die entscheidende Bewährung für die Vergeistigung der Feindschaft ist der zweiten Hälfte des Kapitels vorbehalten, die Nietzsche mit *Ich* beginnt. Sie trägt nicht nur die Unterscheidung einer «gesunden», durch «ein Gebot des Lebens» bestimmten und einer «widernatürlichen», gegen die «Instinkte des Lebens» gerichteten Moral nach, die die erste Hälfte voraussetzt. Der vierte Abschnitt führt Gott in die Erörterung ein und nennt den Gott der Moral und des Offenbarungsglaubens, der in Rede steht, nicht weniger als viermal. Die Moral, die sagt, «Gott sieht das Herz an», sage nicht nur zu den «untersten», sondern auch zu den «obersten Begehrungen des Lebens» nein. Sie «nimmt Gott als *Feind des Lebens* …» Den Gegensatz unterstreichend bricht der Abschnitt nach dem Entweder-Oder ab: «Das Leben ist zu Ende, wo das ‹Reich Gottes› *anfängt* …» Die Frage, wie es mit der Vergeistigung der Feindschaft Gottes stehe, wird zurückgestellt oder dem Leser zu bedenken gegeben. Nicht anders als in den Schriften, die *Götzen-Dämmerung* vorausgehen und nachfolgen, führt Nietzsche die Umwertung vor Augen, angefangen beim prominentesten Fall: die «Auflehnung gegen das Leben» tritt an die Stelle der Auflehnung gegen Gott und soll als «das Frevelhafte» begriffen werden. Auch die einschlägige Erklärung fehlt nicht, daß Wertung und Umwertung Rückschlüsse auf das starke oder das schwache Leben zulassen, das in ihnen zum Ausdruck komme. Entsprechend ist die Wertung des aufsteigenden und des niedergehenden Lebens ein Urteil des Lebens selbst und abhängig von der Höhe der Perspektive, aus der das Leben gesehen wird, aus der es sich selbst betrachtet. Nietzsche hält fest, «dass auch jene *Widernatur von Moral*, welche Gott als Gegenbegriff und Verurtheilung des Lebens fasst, nur ein Werthurtheil des Lebens» sei. Mit der fünften und letzten Erwähnung Gottes im fünften Kapitel ist der erste Schritt zur «Vergeistigung» getan. Der zweite folgt, wenn «wir Immoralisten» nach dem ersten Auftritt im dritten Abschnitt im sechsten zurückkehren. Unmittelbar voraus geht ein Angriff auf den Moralisten, der den Menschen anders haben will, als er ist, der ihn seiner Vorstellung von moralischer Tugend unterwirft und gleichmachen

50 Moral als Widernatur 1–3 (p. 82–85). Cf. S. 148 mit Anm. 44 und S. 304–307.

möchte: «er malt sich an die Wand und sagt dazu ‹ecce homo!› ...» Wir hören, daß es «consequente Moralisten» gab, die den Menschen «nach ihrem Bilde, nämlich als Mucker» wollten, «dazu *verneinten* sie die Welt». Soviel zur Kontrastfigur, von der sich die Bejahung des Immoralisten abhebt. «Wir Anderen, wir Immoralisten, haben umgekehrt unser Herz weit gemacht für alle Art Verstehn, Begreifen, *Gutheissen*.» Der Immoralist betrachtet, begreift, bejaht in einer anderen Höhe als der, in der er interveniert, agiert, negiert. «Immer mehr ist uns das Auge für jene Ökonomie aufgegangen, welche alles Das noch braucht und auszunützen weiss, was der heilige Aberwitz des Priesters, der *kranken* Vernunft im Priester verwirft».[51] Der zweite Teil des Satzes stellt die Verbindung zwischen der Betrachtung des Ganzen und dem exponiertesten Teil im Sinne der «Vergeistigung» her: «für jene Ökonomie im Gesetz des Lebens», fährt Nietzsche fort, «die selbst aus der widerlichen species des Muckers, des Priesters, des Tugendhaften ihren Vortheil zieht, – *welchen* Vortheil?» Der Schluß ergibt sich aus dem Gedanken, der die Konzeption der Kapitel V, VI, VII von Beginn an bestimmt: «– Aber wir selbst, wir Immoralisten sind hier die Antwort ...» Der Philosoph vermag nur dann zum Ganzen ja zu sagen, wenn er das Gute des Feindes zu begreifen weiß, der zu seinem Leben am entschiedensten nein sagt, der ihm ein Verbot entgegenhält, der Gehorsam von ihm verlangt, der ihn am grundsätzlichsten herausfordert.[52]

Das mittlere Kapitel der zweiten Triade, *Die vier grossen Irrthümer*, hat seinen Fluchtpunkt in Gott. Die vier Irrtümer, die Nietzsche zum Gegenstand der Kritik macht – die Irrtümer (1) «der Verwechslung von Ursache und Folge», (2) «einer falschen Ursächlichkeit», (3) «der imaginären Ursachen» und (4) «vom freien Willen» – werden nicht aus dem Blickwinkel der Erkenntnistheorie, sondern in ständiger Rücksicht auf Moral und Religion behandelt. Daraus erklärt sich, daß die «grossen Irrthümer» nicht so klar unterschieden sind und ihre Zahl nicht so of-

51 Das *Auge*, das in III, 5 als Organ der Erkenntnis eingeführt wurde und dann für die Sinneswahrnehmung einstand, die dem Irrtum ausgesetzt ist, kehrt in V, 1 als Ausdruck des geschlechtlichen Begehrens wie der Lust des Sehens zurück, die dem biblischen Verbot der Sünde unterliegen, und erreicht sein Ziel in V, 6 als Bezeichnung der Einsicht, in der das Ganze gerechtfertigt wird.

52 Moral als Widernatur 4–6 (p. 85–87). Siehe *Genesis* II, 17; *EH* Vorwort 3, 2 und II, 1 (258–259 und 279); *AC* 48, 6 (227). Cf. *Jenseits von Gut und Böse* 207 (p. 136).

fensichtlich ist, wie der bestimmte Artikel der Überschrift nahelegt. Tatsächlich lassen sich die ersten drei Irrtümer, näher besehen, als der Eine Irrtum begreifen, statt auf die Natur auf Gott zurückzugehen.[53] Mit der Intention, die für die Disposition des Kapitels leitend ist, stimmt zusammen, daß die erste Rede von Gott sich im Unterschied zu den sieben Erwähnungen danach auf einen Gott bezieht, der von Natur aus möglich ist und seinen Ort in Nietzsches Theologie haben kann.[54] Die erste Verkennung der Natur, die darin besteht, daß Moral und Religion auf einen Gesetzgeber rekurrieren, der die unterschiedlichsten Naturen unterschiedslos Einem Gebot und Gesetz unterwirft, erläutert Nietzsche in corpore vili, an einem vielgelesenen Diät-Ratgeber, der an die Stelle der Bibel tritt. Die «allgemeinste Formel» – Nietzsche nennt sie «die grosse Erbsünde der Vernunft», die «*unsterbliche Unvernunft*» – laute: «Thue das und das, lass das und das – so wirst du glücklich! Im andern Falle …» Der Umwerter stellt ihr seine Umkehrung entgegen: «ein wohlgerathener Mensch, ein ‹Glücklicher›, *muss* gewisse Handlungen thun und scheut sich instinktiv vor anderen Handlungen, er trägt die Ordnung, die er physiologisch darstellt, in seine Beziehungen zu Menschen und Dingen hinein». Daß die «Formel: seine Tugend ist die *Folge* seines Glücks», nicht allgemein gilt, sondern der *wohlgeratenen* Natur abgelesen ist, gehört wesentlich zu Nietzsches «Umwerthung». Auch die Aussagen «Alles *Gute* ist Instinkt» und «Mühsal ist ein Einwand» enthüllen ihren besonderen Sinn, wenn sie auf den Begünstigten angewandt werden, der in der Leidenschaft der Erkenntnis den Grund und die Macht seines Seins findet. Das tiefste Glück gründet in der Natur.[55] Vom Imperativ der Verallgemeinerung, der Moral

53 Kapitel VI könnte mit Grund «Die zwei grossen Irrthümer» oder, zu Ende gedacht, «Der grosse Irrthum» überschrieben sein. Wenn wir die Entwürfe berücksichtigen, die Nietzsche bei der Redaktion vorlagen, hätte der Titel auch «Die drei grossen Irrthümer» oder «Die fünf grossen Irrthümer» lauten können. Siehe *KSA* 14, p. 418. Die *vier* Irrtümer, die Nietzsche kennzeichnet, werden folgendermaßen behandelt: I: Abschnitte 1 und 2; II: Abschnitt 3; III: Abschnitte 4, 5, 6; IV: Abschnitt 7. Abschnitt 8 ist keinem der vier Irrtümer im besonderen zugeordnet.

54 Die vier grossen Irrthümer 2 (p. 90). Cf. *Also sprach Zarathustra* I, 7, 22 und 26 (p. 49–50); *Jenseits von Gut und Böse* 295 (p. 297–299) und siehe *Was ist Nietzsches Zarathustra?*, p. 33, 58–59, 233, n. 229.

55 Die vier grossen Irrthümer 1–2 (88–90). Cf. *EH* I, 2 (266–267) und *AC* 54 (236). Siehe S. 72–74.

und Religion kennzeichnet, schlägt Nietzsche den Bogen zur verallgemeinernden Projektion der «inneren Welt», die «voller Trugbilder und Irrlichter» sei. Der Wille als Ursache «ist eins von ihnen». Für den Erkennenden bewegt der Wille nichts mehr, und er «erklärt folglich auch nichts mehr – er begleitet bloss Vorgänge, er kann auch fehlen». Die Kritik des Willens zielt auf eine veritable Trinität: «Der Mensch hat seine drei ‹inneren Thatsachen›, Das, woran er am festesten glaubte, den Willen, den Geist, das Ich, aus sich herausprojicirt» und sich so eine Welt nach seinem Bilde geschaffen. Nietzsche braucht nicht de deo et mundo auszuführen, was das bedeutet. Der Zusammenhang zwischen dem als Ursache vorgestellten Willen und dem über allem waltenden Gesetzgeber liegt auf der Hand. Gleichwohl wird Gott im letzten Satz des Abschnitts, der der «falschen Ursächlichkeit» gewidmet ist, eigens genannt. Die drei Abschnitte zum «Irrthum der imaginären Ursachen» und zu seiner psychologischen Erklärung explizieren auf ihre Weise die alten Sätze timor fecit deos und amor fecit deos. Nietzsche legt das Schwergewicht auf die Furcht und den Wunsch nach Sicherheit. Der «Ursachen-Trieb» werde durch das Gefühl der Furcht bedingt. «Etwas Unbekanntes auf etwas Bekanntes zurückführen» – und sei es auf ein vertrautes Phantasma oder ein überliefertes Credo –, «erleichtert, beruhigt, befriedigt, giebt ausserdem ein Gefühl von Macht.» Für die Psychologie von Moral und Religion gilt der Grundsatz: «irgend eine Erklärung ist besser als keine.» Die meisten «Allgemeingefühle» erregen den «Ursachen-Trieb». Die Menschen wollen einen Grund haben, warum sie sich schlecht oder gut befinden. Die unangenehmen «Allgemeingefühle» werden auf Wesen, die den Menschen feind sind, zurückgeführt oder als Strafe für Sünde, als «Abzahlung für Etwas, das wir nicht hätten thun, das wir nicht hätten *sein* sollen», verstanden.[56] Wohingegen die angenehmen «Allgemeingefühle» als durch Gottvertrauen bedingt, von einem guten Gewissen herrührend oder mit Glaube, Liebe, Hoffnung erklärt werden. Die vermeintlichen Er-

56 Nietzsche fährt, in Parenthese gesetzt, fort: «in impudenter Form von Schopenhauer zu einem Satze verallgemeinert, in dem die Moral als Das erscheint, was sie ist, als eigentliche Giftmischerin und Verleumderin des Lebens: ‹jeder grosse Schmerz, sei er leiblich, sei er geistig, sagt aus, was wir verdienen; denn er könnte nicht an uns kommen, wenn wir ihn nicht verdienten.› Welt als Wille und Vorstellung 2, 666».

klärungen vertauschen Ursache und Wirkung. Moral und Religion unterliegen «ganz und gar» der Psychologie des Irrtums: durchgehend wird «die Wahrheit mit der Wirkung des als wahr *Geglaubten* verwechselt».[57] Auch der vierte Irrtum, der Irrtum vom freien Willen, wird nicht an ihm selbst untersucht oder auf dem Wege einer theoretischen Erörterung aufgeklärt. Nietzsche wiederholt nicht die Argumente, die er andernorts vorgetragen hat. Er folgt vielmehr dem Cui bono? und führt ein weiteres Mal die Agenten-Theorie der Moral ins Feld: «die Lehre vom Willen ist wesentlich erfunden zum Zweck der Strafe, das heisst des *Schuldig-finden-wollens*», und sie «hat ihre Voraussetzung darin, dass deren Urheber, die Priester an der Spitze alter Gemeinwesen, sich ein *Recht* schaffen wollten, Strafen zu verhängen – oder Gott dazu ein Recht schaffen wollten». Mit einem Wort, die Doktrin des freien Willens geht in letzter Instanz auf den politisch-theologischen Willen zur Macht der Priester zurück. «Die Menschen wurden ‹frei› gedacht, um gerichtet, um gestraft werden zu können, – um *schuldig* werden zu können: folglich *musste* jede Handlung als gewollt, der Ursprung jeder Handlung im Bewusstsein liegend gedacht werden». Die Tragweite des vierten «Irrthums» ist offenbar so groß – Nietzsche spricht von der «*grundsätzlichsten* Falschmünzerei in psychologicis» –, die zugrundeliegende Feindschaft so tiefgreifend, die Klärung in der Sache so unverzichtbar, daß «wir Immoralisten» zum dritten und letzten Mal aufgerufen werden, die philosophische Perspektive zur Geltung zu bringen. Ohne Rücksicht auf politische Verträglichkeit oder soziale Zweckdienlichkeit wird die *Unschuld des Werdens* gegen die *sittliche Weltordnung* gestellt. Es gebe «in unsern Augen keine radikalere Gegnerschaft als die der Theologen, welche fortfahren, mit dem Begriff der ‹sittlichen Weltordnung› die Unschuld des Werdens durch ‹Strafe› und ‹Schuld› zu durchseuchen.»[58]

Die «Unschuld des Werdens» bezeichnet kein politisches Programm, sowenig wie die Rede vom «Herausnehmen» des Schuld- und Strafbegriffs «aus der Welt» eine praktische Handlungsanleitung zur Umgestaltung der gesellschaftlichen Verhältnisse bedeutet. Der Immoralist weiß, daß das Leben der Menschen der Moralen bedarf und daß keine

57 Die vier grossen Irrthümer 3–6 (p. 90–95).
58 Die vier grossen Irrthümer 7 (p. 95–96). Cf. *Jenseits von Gut und Böse* 19 und 21 (p. 31–34, 35–36). Siehe S. 163–164 und 245.

Gesellschaft ohne Strafen auskommt. Aber die *Unschuld des Werdens* ist und wird von Nietzsche ausdrücklich eingeführt als ein Gegenbegriff.[59] Sie hat ihren Sinn zunächst in der Verneinung der «sittlichen Weltordnung», die Nietzsche als ein Werk des Geistes der Rache begreift, als das Aufbegehren des Willens zur Macht gegen seine Ohnmacht vor der Kontingenz und angesichts der eigenen Fatalität. Der *Geist der Rache* versucht, über die Welt auf dem Wege ihrer Unterwerfung unter die Moral Herr zu werden. Sei es durch eine Sinngebung, die auf eine der Gerechtigkeit entsprechende Teleologie, sei es vermittels einer Gehorsamsforderung, die auf einen höchsten Gesetzgeber rekurriert. Die Teleologie verheißt eine intelligible Ordnung, der Gesetzgeber verspricht darüber hinaus Möglichkeiten der politischen Einflußnahme, von der Anrufung, über das Opfer, bis zur Ermächtigung durch die souveräne Autorität. Nietzsche läßt keinen Zweifel daran, daß im Zentrum des Streits, der zwischen der Unschuld des Werdens und der sittlichen Weltordnung ausgetragen wird, der Gott der Moral steht.[60] «Der Begriff ‹Gott› war bisher der grösste *Einwand* gegen das Dasein ...» Daß die «Verantwortlichkeit in Gott» geleugnet wird, daß die «Art des Seins» nicht auf die Absicht einer «causa prima» zurückgeführt werden darf, daß die Welt keine durch die Zwecksetzungen des Geistes gestiftete Einheit ist, «*dies erst ist die grosse Befreiung*, – damit erst ist die *Unschuld* des Werdens wieder hergestellt ...» Solange die «Unschuld des Werdens» bei der Erlösung verharrt, für die Nietzsche den Begriff förmlich aufbietet, bleibt sie freilich ein Begriff der Verneinung. Zum Ausdruck der Bejahung im höchsten Sinn wird sie erst, wenn der Philosoph in seiner Betrachtung des Ganzen, wie wir gesehen haben, den größten Einwand in die «Unschuld» aufzunehmen versteht. Dann bezeichnet

59 Die *Unschuld des Werdens* kommt im Œuvre von Nietzsche nur zweimal vor – in *Götzen-Dämmerung*, Die vier grossen Irrthümer 7 und 8 (p. 96 und 97). Im Nachlaß findet sich der Begriff neben einer Reihe weiterer Verwendungen in einem Notat zu einem möglichen Buchtitel aus der Zeit, als Nietzsche mit dem Zweiten Teil von *Also sprach Zarathustra* befaßt war: «*Die Unschuld des Werdens.* Ein Wegweiser zur Erlösung von der Moral». Nachgelassene Fragmente Sommer 1883 8 [26], *KSA* 10, p. 343.

60 In Kapitel VI kommt *Gott* achtmal vor: in vier Abschnitten (2, 3, 6, 7) jeweils einmal, in einem Abschnitt, dem abschließenden (8), viermal. Jeder der vier Abschnitte, in denen Gott einmal erwähnt wird, gehört zur Erörterung eines der «vier grossen Irrthümer».

die *Unschuld des Werdens* die «Erlösung» der Welt von ihrer Erlösungsbedürftigkeit.[61]

Die Erlösung, von der am Ende des zentralen Kapitels die Rede ist, betrifft die Erkenntnis der Welt. Daß sie nicht mit der Verbesserung der Menschheit zu verwechseln sei, stellt das darauffolgende Kapitel heraus, das als einziges mit einer Forderung an den Philosophen beginnt: «Man kennt meine Forderung an den Philosophen, sich *jenseits* von Gut und Böse zu stellen, – die Illusion des moralischen Urtheils *unter* sich zu haben.» Zu dieser Forderung gehört, die Moral als Mittel einzuordnen, sie als die Feststellung des «Gesellschaftsbaus der Triebe und Affekte» zu begreifen und sie als Zeichenrede zu verstehen.[62] *Die «Verbesserer» der Menschheit* exemplifiziert die «Symptomatologie» anhand zweier Spielarten der «Besserungs-Moral», mit der das letzte der sechs dem *Willen zur Macht* entstammenden Kapitel zum ersten zurückkehrt.[63] Nietzsche kontrastiert eine Moral der Besserung, die auf die «*Zähmung* der Bestie Mensch» aus ist, mit einer anderen, die der «*Züchtung* einer bestimmten Gattung Mensch» dient. Die Moral der Zähmung, für die die christliche Kirche einzustehen hat, zielt vermittels der Schwächung der Starken und durch die Unterstützung der Schwachen auf die Beschneidung der Typen und die Einebnung der Unterschiede, wohingegen die Moral der Züchtung, die die indische Kastenordnung vertritt, durch die Mehrung der Starken, die Vergrößerung der Abstände und die Minderung der Schwachen umgekehrt den Versuch der Steigerung und einer Erweiterung der Bandbreite unternimmt. Beide Beispiele, die Nietzsche für Zähmung und Züchtung anführt, treffen sich darin, daß die *Verbesserung* der Menschheit durch *Krankmachen* erreicht werden soll. Im Fall des Christentums sind es die «blonden Bestien», im Fall der Gesetzgebung Manus sind es die «Tschandala», die krank gemacht werden. Hält Nietzsche der Kirche entgegen: «sie *verdarb* den Menschen, sie schwächte ihn», so sagt er über die Maßnahmen, mit denen Manu die Kastenordnung zu bewahren und der Degression zur Mitte entgegenzuwirken

61 Die vier grossen Irrthümer 8 (p. 96–97). Cf. *Also sprach Zarathustra* III, 4, 24–28 (p. 209); *Die fröhliche Wissenschaft* V, 343 (p. 573–574). Siehe S. 74, 91–93, 306–307 und cf. *Über das Glück des philosophischen Lebens* I, 4, 17–21 (p. 158–164).

62 Cf. *Jenseits von Gut und Böse* 12, 19, 62 und 203 (p. 27, 34, 81 und 126–128).

63 Das Problem des Sokrates 11 (p. 73); siehe S. 323.

suchte, daß es vielleicht «nichts unserm Gefühle Widersprechenderes» gibt. In eine historische Abfolge gebracht und in die große Erzählung von Umwertung und Umwertung der Umwertung übersetzt, nimmt sich die Moral der Zähmung als Reaktion auf die Moral der Züchtung aus, und dem Christentum wird sein Platz als «Umwerthung aller arischen Werthe» zugewiesen: «die unsterbliche Tschandala-Rache als *Religion der Liebe …*» Aber in *Die «Verbesserer» der Menschheit* stehen nicht die Diachronie und die Opposition im Vordergrund. Dieses Mal geht es um die Gemeinsamkeit der entgegengesetzten Besserungs-Moralen: den Willen zur Gesetzgebung und zur Veränderung der Welt. «Die Moral der *Züchtung* und die Moral der *Zähmung* sind in den Mitteln, sich durchzusetzen, vollkommen einander würdig: wir dürfen als obersten Satz hinstellen, dass, um Moral zu *machen*, man den unbedingten Willen zum Gegentheil haben muss.» Nietzsche fährt, die Sonderstellung der zu klärenden Frage betonend, mit dem Bekenntnis fort: «Dies ist das grosse, das *unheimliche* Problem, dem ich am längsten nachgegangen bin: die Psychologie der ‹Verbesserer› der Menschheit.» Der «Seitensprung in den Müssiggang eines Psychologen» hat hier den Umwerter selbst zum Gegenstand, der im Vorwort die «Umwerthung aller Werthe» offenbar mit Grund ein «Fragezeichen so schwarz, so ungeheuer» nannte, «dass es Schatten auf Den wirft, der es setzt». Tatsächlich hatte Nietzsche das «unheimliche Problem» in fiktionaler Distanz ausgelotet und für sich durchdacht, als er es zum Kern des Zarathustra-Dramas machte. Bevor er in *Jenseits von Gut und Böse* Philosophen zu geborenen Gesetzgebern erklärte und ihnen die Verantwortlichkeit für «Zucht und Züchtung» zuschrieb, mußte er sich wenigstens in drei Rücksichten Klarheit über das Problem verschaffen: (1) Klarheit über die Diskrepanz des moralischen Zwecks der Verbesserung und der unmoralischen Mittel, die zu dessen Verwirklichung erforderlich sind. (2) Klarheit darüber, daß der Gesetzgeber die Bejahung des Ganzen nicht vom Gelingen seines Werks abhängig macht, d. h., daß er sich nicht einzugestehen hat, er wüßte nicht zu leben, wenn er «nicht noch ein Seher wäre, dessen, was kommen muss». (3) Klarheit über die Haltung, die der Philosoph zum Unternehmen der Verbesserung der Menschheit notwendig einnimmt, oder über den ihm angemessenen Umgang mit seiner Aufgabe.[64] In *Die*

64 Cf. *Also sprach Zarathustra* II, 20, 11–12 (p. 179). *Götzen-Dämmerung*, Streifzüge eines Unzeitgemässen 48 (p. 150). *EH* II, 9 und 10 (295 und 297).

«Verbesserer» der Menschheit äußert sich Nietzsche unumwunden zum ersten Aspekt. «Eine kleine und im Grunde bescheidne Thatsache» habe ihm «den ersten Zugang» zum Problem gegeben: «die pia fraus, das Erbgut aller Philosophen und Priester, die die Menschheit ‹verbesserten›. Weder Manu, noch Plato, noch Confucius, noch die jüdischen und christlichen Lehrer haben je an ihrem *Recht* zur Lüge gezweifelt.» So endet das Kapitel, das mit einer Forderung an den Philosophen beginnt, mit der «Formel»: «*alle* Mittel, wodurch bisher die Menschheit moralisch gemacht werden sollte, waren von Grund aus *unmoralisch*.» Die letzten Worte von *Götzen-Dämmerung* in der Gestalt, die der Autor dem Buch Ende Oktober 1888 gab, lauten dagegen: «ich, der Lehrer der ewigen Wiederkunft ...» Der *Lehrer* wendet sich an die Menschheit. Er verweist auf die Doktrin, die er ihr hinterläßt. Die Philosophen werden sie als Ausdruck der höchsten Bejahung zu verstehen wissen. Den Nichtphilosophen verspricht sie einen neuen Glauben.[65]

65 Die «Verbesserer» der Menschheit 1–5 (p. 98–102); Was ich den Alten verdanke 5 (p. 160). Siehe S. 282–287 und *Was ist Nietzsches Zarathustra?*, p. 228–230.

Namenverzeichnis

Bücher des Autors

Jean-Jacques Rousseau: *Discours sur l'inégalité / Diskurs über die Ungleichheit.* Kritische Edition des integralen Textes mit deutscher Übersetzung, einem Essay über die Rhetorik und die Intention des Werkes sowie einem ausführlichen Kommentar. Paderborn 1984. Siebte Auflage 2019, 640 Seiten.

Carl Schmitt, Leo Strauss und «Der Begriff des Politischen». Zu einem Dialog unter Abwesenden. Stuttgart 1988, 141 Seiten. Erweiterte Neuausgabe. Stuttgart–Weimar 1998, 192 Seiten. Dritte Auflage. Mit einem Nachwort. 2013, 200 Seiten. (Französisch 1990, japanisch 1993, amerikanisch 1995, chinesisch 2002, spanisch 2008, italienisch 2011, russisch 2012, koreanisch 2020.)

Die Lehre Carl Schmitts. Vier Kapitel zur Unterscheidung Politischer Theologie und Politischer Philosophie. Stuttgart–Weimar 1994, 267 Seiten. Zweite Auflage. Mit einem Nachwort. 2004, 272 Seiten. Dritte Auflage. Mit einem Rückblick: «Der Streit um die Politische Theologie». 2009, 304 Seiten. Vierte Auflage 2012. (Amerikanisch 1998, erweiterte Paperback Edition 2011; chinesisch 2004, französisch 2014, japanisch 2015, italienisch 2017, koreanisch 2020.)

Die Denkbewegung von Leo Strauss. Die Geschichte der Philosophie und die Intention des Philosophen. Stuttgart–Weimar 1996, 66 Seiten. (Chinesisch 2002, amerikanisch 2006, französisch 2006, spanisch 2006, japanisch 2010.)

Das theologisch-politische Problem. Zum Thema von Leo Strauss. Stuttgart–Weimar 2003, 86 Seiten. (Chinesisch 2004, französisch 2006, spanisch 2006, japanisch 2010.)

Leo Strauss and the Theologico-Political Problem. Cambridge 2006. Siebte Auflage 2008, 204 Seiten.

Über das Glück des philosophischen Lebens. Reflexionen zu Rousseaus «Rêveries» in zwei Büchern. München 2011, 442 Seiten. (Chinesisch 2014, amerikanisch 2016.)

Politische Philosophie und die Herausforderung der Offenbarungsreligion. München 2013, 238 Seiten. (Chinesisch 2014, amerikanisch 2017, italienisch 2019.)

Politik und Praktische Philosophie. Gedenkrede auf Wilhelm Hennis. Berlin 2014, 30 Seiten.

Was ist Nietzsches Zarathustra? Eine philosophische Auseinandersetzung. München 2017, 240 Seiten. (Chinesisch 2019, amerikanisch 2020.)